"十二五"高等院校工商管理专业

———————— 工商管理系列教材

U0577516

企业资本运营

理论与应用

THEORY AND APPLICATION OF
ENTERPRISE CAPITAL OPERATION

边俊杰　孟　鹰　余来文／编著

经济管理出版社
ECONOMY & MANAGEMENT PUBLISHING HOUSE

图书在版编目（CIP）数据

企业资本运营理论与应用/边俊杰，孟鹰，余来文编著. —北京：经济管理出版社，2014.9
ISBN 978-7-5096-3362-5

Ⅰ.①企…　Ⅱ.①边…　②孟…　③余…　Ⅲ.①中小企业—企业管理—资本经营—研究—中国
Ⅳ.①F279.243

中国版本图书馆 CIP 数据核字（2014）第 211175 号

组稿编辑：申桂萍
责任编辑：申桂萍　梁植睿
责任印制：黄章平
责任校对：陈　颖

出版发行：经济管理出版社
　　　　（北京市海淀区北蜂窝 8 号中雅大厦 A 座 11 层　100038）
网　　址：www. E-mp. com. cn
电　　话：（010）51915602
印　　刷：三河市海波印务有限公司
经　　销：新华书店
开　　本：720mm×1000mm/16
印　　张：22.5
字　　数：403 千字
版　　次：2014 年 10 月第 1 版　　2014 年 10 月第 1 次印刷
书　　号：ISBN 978-7-5096-3362-5
定　　价：49.00 元

"十二五"高等院校工商管理专业精品课程系列编委会名单

总　编：

　　叶仁荪 (江西理工大学党委书记)

　　李良智 (江西财经大学校长助理、研究生院院长)

副总编：

　　赵卫宏 (江西师范大学商学院院长)

　　陈　明 (江西财经大学工商管理学院副院长)

　　黄顺春 (江西理工大学经济管理学院副院长)

　　余来文 (江西师范大学商学院教授、文字传媒总裁)

编委会委员： (排名不分先后)

　　余来文　陈　明　黄顺春　赵卫宏　边俊杰　曾国华　孟　鹰

　　封智勇　林晓伟　孙立新　庞玉兰　王　欣　张明林　嵇国平

　　李继云

前　言

　　资本运营是所有企业的核心议题！它对于当代中国企业，无论是传统企业还是新兴企业都具有特殊的意义。在金融创新日新月异和我国全面深化改革的背景下，目前中国企业的改革是前所未有的。

　　多数从事企业运营的研究者认为，通过跨行业扩张和合并收购行为，企业的规模在全国范围乃至世界范围内逐渐扩大的同时，对资本需求的增长也是史无前例的，这迫使公司从证券市场和业外资本中寻求新的资本。

　　在中国，国有企业改制使许多企业在成立之初就拥有大量资本，但由于国内资本市场的不成熟以及对资本性质和投资者动机的理解不够充分，使得它们吸引外来资本、跨国扩张的能力受到了很大限制。而对于民营企业，多数企业资本运营在理念上存在不同程度的误区，如在当前中国企业融资难的大背景下，这些企业将筹集资金作为资本运营的唯一目的，为上市而上市，对企业进行过度包装，制造和发布虚假信息；又如，有的企业脱离生产经营活动进行资本运营，不是以搞好自身的成长性、提高自身的核心竞争力作为资本运营的基础，而是盲目实行多元化经营，最终失去了长期的发展机遇。

　　事实上，资本的重要性并不仅在于它是所有权的标志，而且在于它是企业运营、发展、成长所依赖的最基础、最根本的资产来源。一个运营良好的企业首先应当获得资本、保护资本、有效地利用资本，最终使资本得以升值。当企业的金融资源用于生产和服务时，企业的资本将得以再造和增长。从另一角度来看，资本也可被视为一种成本。企业获得资本是为了进行再投资，比如购买机器设备、原材料和劳动力以及给经营活动提供资金。在这些情况下，企业可获得的资本是随着宏观经济状况而变化的。在目前我国经济状况下，这一表现更为突出。许多中小企业正面临资金短缺的困境，它们必须越来越多地依靠自己从经营活动中达到资本保值增值，同时也在千方百计寻求资本运营，拓展市场。

　　资本以及资本运营对于企业的重要性不言而喻，考核企业的稳定性、成长性和经营绩效的许多重要指标都以资本作为基础，如投资回报率、市盈率、权益负债比率以及流动资产比率，都与发行股票、出售资产密切联系。因此，企业经营者们需要了解他们的决策将如何影响绩效。

随着我国全面深化改革的深入，大量企业投资机会逐渐出现。在快速获益动机的驱使下，国内和国外的许多资本流向各类市场。投资哪种类型的企业对于投资人和经营者都提出了重要挑战。投资行为本身并非投资者的目的，而是希望他们的投资获得可观的回报，以及他们所投资的公司有着良好的发展。

然而，大量企业经营者没能有效地利用这些资本，甚至陷入了就资本谈资本的误区，即便是获取了渠道其结果也使投资者们感到失望。可以说，资本运营是一柄"双刃剑"，运作成功可以使企业获得超常规的几何级数增长，运作失败则会把企业带入分崩离析的境地。中国企业尤其是中小企业的资本运作需要的不仅是激情，还需要不断地汲取资本运营实践的经验、教训，更需要的是理论的指导。

基于上述逻辑，本书试图围绕中国中小企业的资本运营行为，聚焦前沿性资本运营理论，注重理论与应用的有效结合，具体体现以下特点：

第一，本书主要围绕资本运营的特点和性质，重点关注中国中小型企业的资本运营，每章都收集了大量的案例。为了体现案例的实质性内容和启发作用，本书尽量选取多个行业的案例，避免行业单一、涉及范围狭窄、代表性不强的情况。

第二，本书在编写过程中，理论部分力求简明扼要，同时注重知识更新和前沿性的资本运营知识，力图建立一套注重企业成长性的资本运营理论体系。在此基础上，全书案例部分占总字数的50%左右，每个篇章都有丰富的代表性的案例。其中章首案例引入主题，章末案例总结知识要点，文中小案例主要根据各要点和主题编写，使读者更容易理解与阅读。

第三，本书在案例编写上，一方面，编者注重吸纳国内近两年的代表性案例，如书中的大部分案例都是2011~2014年媒体公布的国内十大资本运营典型案例；另一方面，编者也吸纳了在自身的教学、工作实践中遇到的本土案例，使本书的案例更具新颖性。

《企业资本运营理论与应用》教材由边俊杰、孟鹰、余来文编著，承担了从项目策划、拟订大纲及各章节详细的写作思路、内容的审定、提出具体修改意见与执笔修订、定稿等工作。本书的编排共分三篇九章。第一篇导论篇，包括第一至三章内容。第一章主要介绍了企业资本运营的概念、基本模式以及分析框架，并指出了资本运营的问题、风险控制与对策。第二章分析了资本运营与企业成长的关系。第三章分析了企业开展资本运营的内部资源。第二篇运营篇，包括第四至七章内容，主要围绕风险投资、企业上市、企业资产重组、企业兼并收购四个方面的概念、操作程序等内容进行编写。第三篇管理篇，包括第八、第九章内容，主要介绍了企业资本运营的风险防范与公司治理等。

同时，江西理工大学经济管理学院闫光礼讲师和应用科学学院赵晓霞讲师、江西财经大学赖春泉和丁小迪研究生等参与了本教材相关章节的编写工作，具体参与本教材编写的人员分工为：第一章，闫光礼、孟鹰；第二章，赖春泉、余来文；第三章，丁小迪、余来文；第四章，赵晓霞、孟鹰；第五章，边俊杰；第六章，边俊杰；第七章，边俊杰；第八章，边俊杰、孟鹰；第九章，边俊杰、余来文。

在这里，我们必须感谢本书参考文献的所有作者！没有你们的前期贡献，就不会有"巨人肩上的我们"。我们还必须感谢本书案例中的中国企业！没有你们的业界实践，《企业资本运营理论与应用》将成为"无本之木"。特别需要说明的是，本教材在编写过程中，学习、借鉴、吸收和参考了国内外众多专家学者的研究成果及大量相关文献资料，并引用了一些书籍、报纸、杂志、网站的部分数据和资料内容，尽可能地在参考文献中列出，也有部分由于时间紧迫，未能与有关作者一一联系，敬请见谅，在此，对这些成果的作者深表谢意。

限于编写者的学识水平，书中难免还有这样或那样的瑕疵，敬请广大读者批评指正，使本书将来的再版能够锦上添花！如您希望与作者进行沟通、交流、扬长补短，发表您的意见，请与我们联系。联系方式：76060742@qq.com；eleven9995@sina.com。

目　录

第二篇　运营篇

第二篇　管理篇

第一篇

导论篇

第一章　资本运营概论

【学习要点】

☆ 了解资本运营的概念、功能以及特点；

☆ 把握资本运营的类型与方式；

☆ 知晓资本运营的基本模式；

☆ 重视资本运营的问题与风险控制对策。

【章首案例】

资本运作助推华策影视屡创新高

一、资本运作过程

浙江华策影视股份有限公司创立于 2005 年 10 月，是一家致力于制作和发行影视产品的文化创意企业，旗下全资子公司有浙江金球影业有限公司、浙江金溪影视有限公司、杭州大策广告有限公司。

图片来源：www.huacemedia.com.

浙江华策影视股份有限公司是经国家商务部、文化部、国家广电总局、新闻出版总署批准的首批国家文化出口重点企业，是国内目前规模最大、实力最强的民营影视企业之一，并于 2010 年 10 月 26 日于深圳证券交易所创业板上市，成为国内第一家以电视剧为主营业务的上市企业，公司旗下艺人有韩栋、张檬、贾青、毛林林、吴倩等，主要作品有《天龙八部》、《天涯明月刀》、《鹿鼎记》、《钟馗传说》、《流星蝴蝶剑》、《命运交响曲》、《中国往事》等，其中多部作品曾获"金鹰奖"、"飞天奖"、"五一工程奖"等。

2013 年 6 月 14 日，《证券时报》报道：继光线传媒、华谊兄弟等影视公司走出一波上涨行情后，华策影视也追随进入持续上涨通道，昨日创上市新高，公开交易信息显示仍有机构买单出现。

2013 年 6 月 13 日,华策影视领涨创业板,以 6.76% 的涨幅位列 355 只创业板个股首位。按收盘价 24.79 元进行复权计算,创下该公司 2010 年上市以来的新高。4 月以来,华策影视上涨 17.6%,2013 年以来的累积涨幅也达到 47.56%。在传媒板块中,华策影视今年的涨幅次于省广股份,涨幅超过蓝色光标、华谊兄弟及光线传媒等。

盘后交易信息显示,昨日华策影视的成交额 7428 万元也创下 4 月以来新高。公开交易信息显示,机构仍以看多为主调,买入前三大席位均为机构专用,合计买入额为 2354 万元。但也有机构抛售筹码,卖出首家席位即一机构,卖出 527 万元。4 月 3 日,该股在前日大跌 7.17% 后又大涨 6.84%,次日继续升 7.69%,完全收复失地。3 日当天即有 3 家机构席位合计买入近 4325 万元,同时也伴随着机构抛筹近 1000 万元。综合来看,随着其股价中枢快速上移,前期介入的部分机构已开始逐渐获利了结。

华策影视是第一个登陆创业板的电视剧公司,经过之前两年的发展,已经成为我国制作电视剧企业的龙头之一。2012 年,公司实现营业总收入 7.21 亿元,归属上市公司股东净利润 2.15 亿元,同比分别增长 78.86% 和 39.65%。公司还发布预告称,一季度实现归属母公司股东净利润 4003 万元至 4670 万元,同比增长 20%~40%。华策影视现在已经是国内最高营业收入、最高利润的电视剧上市公司,其中 90% 以上的收入是来自电视剧这个传统主营业务。控制成本和提高性价比是华策影视保持优势的策略,因此公司的毛利率也处于上市公司的中上水平。

2013 年 7 月 29 日,华策影视通过董事会决议,拟将以现金及发行股份相结合的方式收购上海克顿文化传媒有限公司 100% 的股权,交易金额为 16.52 亿元,并进行 5.5 亿元的配套融资。这是截至目前国内影视行业已宣布的交易中金额最大的并购项目,但随后因涉嫌内幕交易遭立案。12 月 6 日,华策影视发布晚间公告称,证监会已恢复审核公司并购重组的申请。

12 月 1 日,华策影视在上海召开新闻发布会称,以 1.8 亿元从郭敬明手中受让上海最世文化发展有限公司 26% 股权,并取得郭敬明作品的优先投资权。

2014 年 2 月 25 日,华策影视在同一天宣布从 2013 年开始运作的两大收购项目已经正式完成。

在以 1.04 亿元收购北京合润德堂文化传媒有限公司(简称合润传媒)20% 股份,以及完成对克顿传媒 100% 股权的过户手续及相关工商登记后,华策影视向综合性的全能媒体娱乐基地又进了一步。

2014 年 6 月 10 日，第 20 届上海电视节的开幕仪式上，华策影视与子公司克顿传媒一起亮相，并且向媒体、嘉宾大致描绘了公司 2014 年的发展规划，同时宣布将紧跟时代潮流，引入互联网作为促进产业升级转型的工具，继续引导以电视剧版权为交易对象的传统业务，延伸电影等新的业务板块，增强国际合作……2014 将会成为华策影视尤为关键的一年！

二、深度分析

在一年之内，中国电影市场的资本运作突然就风起云涌，这是中国电影市场发展的大势所趋。

这一方面是要符合上市公司增长业绩的需求，投资人得到回报的需求；另一方面是那些非上市公司在近两年因 IPO 问题要引入上市公司的资本用来做一些战略投资。

郭敬明的"最世文化"是个很好的例子，尽管它在出版行业影响力很大，但就以公司为单位而言，它还是一个小公司。郭敬明的"最世文化"的 26% 股权被华策影视以 1.8 亿元收购后，"最世文化"因此有了依靠，华策影视因此也有了新的动力和影视创作源泉，即优先享有郭敬明"最世文化"的所有影视作品的各种权利，包括改编权和投资权。近来，电影《小时代 3》，是由华策与郭敬明"最世文化"合作的，已经正式开始了。

另外，在侯涛看来，中国大大小小的影视公司目前已经很多——不完全统计目前已经超过 4000 家，影视公司在数量上是很多，但在这众多的公司中，没有一家公司像美国迪斯尼或是环球影视那样的龙头企业。华谊兄弟是中国影视行业的领头公司，但是其市值和美国千亿元市值的迪斯尼相比，差距甚大，目前华谊兄弟的市值是 300 多亿元。

目前，中国的电影市场已经是全球第二了，预计在 5~10 年，中国的影视市场将冲击全球第一，在这种局势下，中国的影视行业急需有像美国迪斯尼那样具有千亿元市值的"龙头"影视公司，来引导中国影视行业的发展。光线传媒的董事长王长田说："目前中国的传媒和娱乐行业在各自的领域都已经出现了一些在很多方面领先的公司，一般情况，在每个细分领域大概 80% 以上的市场份额被五六家公司所拥有。比如，电影领域前五名的发行公司在华语电影总票房占比为 80% 以上，这与好莱坞的数据是很贴近的。"

王长田预言说：中国的影视市场在国内会产生大概 10 家传媒娱乐的巨型

集团。新媒体和传统媒体结合是它们的共同特点，并且在内容和渠道上相结合。有的公司将会从互联网或是其他新媒体出发，也有些会以传统媒体公司为出发点。他们通过一系列有效的整合、并购、投资等策略，最终形成具有引导能力的领先影视集团。

华谊兄弟的总裁王中磊说，好莱坞的六大公司最开始也是做的制作，最后经过成长变成了全球化的公司，让很多导演和制作人实现了梦想，实现了他们的价值，未来的中国影视行业也一样，将通过几大娱乐集团来促使这个行业的规范化。这都是在质量上的改革和成长，在影视公司的数量上，王中磊认为这没有一个特别的规范，一枝独秀不行，市场化、良性竞争是未来的发展之路。

第一节　资本与资本运营

一、资本的概念及其功能

想要清楚地理解资本的概念，首先必须通过了解"资本"与"资产"的相同点与不同点来区分它们。资本是用于生产的基本生产要素之一，通俗而言就是企业刚开始经营所拥有的本钱，主要目的是创造价值。资产一般划为会计学范畴，主要作用在于其自身附有的价值，一般包括有形资产和无形资产两大部分：有形资产主要是指商品、存货等，无形资产主要是指商誉、专利权等。对于资本的概念不同学派从不同的角度分析：

第一，货币价值派的观点。货币价值派的资本侧重点在生产过程中货币所起到的具体作用。杜尔哥把资本与实物货币相等同，他认为只要人们的需求不断，生产不停，我们就需要货币这一资本的具体表现形式。据此，资本可以定义为储存着的购买力，而因为这种购买力存在，资本同时具有很强的流通力。虽然资本可以用货币代表，但它并不可以用商品代表，不同所有者所需要的购买能力也是不同的，资本只能代表货币在流通过程中体现出来的其所有者的有能力购买的消费需求。

第二，古典经济学派的观点。古典经济学派的资本侧重点不在流通领域的增值，而是在生产领域，并且由此首次提出"生产资本"概念。顾名思义，生产资本并非前文提及的货币，它是在生产过程中发挥其本身作用的标的物，一般包括生产资料和劳动力。据此，资本可以定义为生产过程中储存着收入或者利润，这时的资本不再是购买力那么具体化而是赋予了生产力的高度。古典经济学派对资本的定义可以追溯到原始人使用的工具，原始人是靠打猎生存的，如果缺乏需要的工具，就很难甚至不能捕食到猎物，因此这些猎物的价值不仅仅是由捕猎所需的时间和劳动决定，也是由协助捕猎的资本物（工具）决定的。这实际是尝试着将资本大众化，将生活中的各种生产活动都用生产关系来解释。

第三，边际效用学派的观点。边际效用学派的资本侧重点分为两个方面：一方面是指具体化的，即生产资料，譬如原材料、存货、库存商品等，这些生产资料会影响生产的质量与结果，因此被看作生产力的具体表现方式；另一方面是抽象化的，虽然存在于各式各样的生产资料之中却又完全超越了其具体形式。由此可见，资本一边以整体的形式来获取收益，一边又以其本身具体的存在形式来充当生产力的角色。该学派的代表人物克拉克认为，所有资本其本身都拥有创造价值财富的力量。早期的生产要素论与此观点在本质上是相同的，相异之处只在于克拉克把自然资源归到资本品的范畴中去了。

第四，奥地利学派的观点。奥地利学派的资本侧重点也有两个方面：一方面是生产资本，即在生产领域需要用到的各种生产用具、手段；另一方面是获利资本，即在分配领域需要用到的各种盈利性的手段。该学派所有观点的核心在于资本主义生产属于迂回生产方式，也就是不直接生产产品，而是先通过生产资料这些中间产物来提高生产效率迂回生产最终所需要的物品的方式。代表人物庞巴维克将资本定义为：在迂回生产的各个过程中所出现的全部生产资料的集合体，同时通过劳动力制造所需的生产工具，最后再利用生产工具本身的作用来生产最终满足人们需要的产品。他认为，一切用迂回方式的生产都表示利用了比我们人类的手更加有力量或者更加灵活的力量服务人类。这些优势具体表现方式为生产过程中所耗费的时间长短，因此可用时间来判定迂回程度的深浅和资本量的多少。生产资本可以很好地反映生产过程中的迂回特点，但获利资本与生产资本大不相同。生产资本仅仅是生产过程中各种中间生产资料的集合体。虽然此集合体总量的大小会直接影响到生产效率的高低，但与获利是没有直接关系的。如果把资本脱离具体物中单独拿出来，这时再考虑是什么投入了资本使得具体物可以集中到一块进行生产，就不再是生产资本而是获利资本，获利资本是指所有者可以从中获取到一定的收入，即利息。将之前的分析连起来就不难发现，获利资本的利息是源自生产过程中的时间差距，它们之间呈正相关关系，时间越长，利息越多，时间越短，利息越少。

第五，新古典学派的观点。新古典学派的资本侧重点除了之前其他学派提及的生产领域，更多地放在了利润分配领域上。创始人马歇尔将资本定义为可以获得以货币形态为表现形式的一切收入的财富，但资本本身不一定以货币的形态存在，它可以是一种所有人的权利、一种支配权，包括以营业或获利为最终目的而持有的所有，其职能定义为获取因资本所有权而应该得到的纯收入，即利息收入。新古典学派的观点几乎涵盖了之前各家的理论，不仅是站在资本所有者的高度论述了资本获利的可行性与必然性，同时站在了使用者的高度论述了资本生产力的表现力与重要性，最后更是用资本市场的产物——利息将它们串起来连成了整个资本市场的供求，把资本看作在生产过程中与人、物都不加区别的一种重要要素和资源，这个表述已成为西方经济学在资本问题上的经典。

上述学派的观点虽然不尽相同，但它们都有一个共同的逻辑，即资本是会参与到价值创造的每一个过程、每一个阶段中的，根据资本动态的演进历程，企业在发展壮大时存在的价值创造中的每一种要素、资源都可以定义为不同形态的资本，它主要有以下两大功能：

第一，资本的警示功能。对于采用公司制的企业，警示功能可以通过对股东的出资形式及其构成比例进行一定范围内的限制来实现。现行《公司法》第27条规定，"股东可以用货币或者实物、知识产权、土地使用权等可以用货币估价并可以依法转让的非货币财产进行出资；但是，法律、行政法规规定不得作为出资的财产除外"。这里"不得作为出资的财产"是指劳务、信用、自然人姓名、商誉、特许经营权或设立担保的财产。另外，第27条还规定："全体股东的货币出资金额不得低于有限责任公司注册资本的30%。"股东的货币出资和非货币出资的比例大小会影响公司相关人的各项决策，因为其出资的财产本身是具有价值的，它们共同构成了公司的总资本额并被明确记载在公司章程中，公司的相关人可以通过这些数据大致地了解到公司的经营状况和财政信息，从而可以帮助他们决定是否与该公司进行交易、进行的交易是多大金额。

第二，资本的担保功能。资本的担保功能一般体现在企业成立的初期，它是通过法律规定每种类型的企业在登记的时候必须达到的最低注册资本额才能够成立来实现的。注册资本一旦确定，就会成为一个相对固定的金额，未经法定程序增、减资也是不被允许的，旨在确保公司在经营的过程中不会出现低于法定最低注册资本额的不利情况，从而为公司的债权人提供有效的担保作用。最低注册资本制度是通过法律对从事商业活动的企业经营者进行的强制性的要求，也算是一次粗略的过滤和筛选，排除那些不具备一定的经济实力从事商业活动的经营者，从而保护该公司的相关人利益，发挥出资本的担保功能。

二、资本运营的概念

关于资本运营的概念主要有以下三种观点：

（1）强调企业通过资本运营带来的增值，当企业从一开始最基本的生产、销售经营开始寻求更大的发展空间时，就会以其所拥有的部分先育资本为经营对象，通过使资本向更大范围的领域展开流动，实现企业自身内外部有限资源的最优化配置，不但能够提高企业的综合竞争力，而且可以使企业达到最大限度的增值，将企业发展提高到另一个较高层次。

（2）强调企业外部交易型战略的运用，企业经营一般主要关注两大战略的有效运用，即企业内部管理型战略与企业外部交易型战略，两大战略能否有效运用的关键是能否把培育核心能力作为企业资本运用的根基。此时的企业资本运营指的是企业外部交易型战略中最常见也是最为复杂的兼并、收购、重组等。

（3）强调马克思主义中的资本增值，按照字面意思，资本运营就是赋予一定资本的一定范围内的运动空间，在放任资本市场化自由运动的同时也要对其进行一定的管理操作，最终能够完成资本运动的最初使命，即通过不断地循环进行不断的增值。

无论以上哪种观点，就资本运营的本质而言，就是资产、资本两者之间的协调发展，通过资本的使用或者交易来获取一定的利润，从而得到资本的增值甚至产生更大的利益效果。

三、资本运营的特点

（1）资本运营具有价值性。资本运营最重要的特征是价值性，资本运营的对象——各类资产都必须具有一定的价值。资本运作的过程中，使用的所有生产要素都是需要支付相应成本的，只有根据它们所含有的价值大小才能综合表现出资本运作所占用的成本比例，从而将机会成本和边际成本的价值进行比较分析，做出能够提高资本效益和运营效率的最佳决策。

（2）资本运营具有流动性。资本运营最明显的特征是流动性，运动内在于资本的属性，资本如果停止运动是无法实现最优化的资源配置以及持续性的价值增值的。资本运营不仅要求资本需要有完整的实物形态，而且需要有较高的资本利用效率，资本利用效率就是在资本的不断流动中才得以体现的。只要提高资产的利用效率，就必须要进行资本的流动和重新组合，这是一个互惠互利的良性循环。

（3）资本运营具有市场性。资本运营自然是资本在资本市场上的运作经营，从本质上可以说，资本就是市场经济发展到一定程度的产物，市场性是资本运营的先天特征。无论将资本按照哪种学派的观点加以定义，无论资本自身的价值大小，无论资本运营的效率高低，它都必须要经过市场的检验才能称得上真正意义上的资本，也就是说，资本是无法脱离市场单独活动的。资本运营需要一个健康、成熟的资本市场才能够充分地体现出来，资本运营的市场化早已经成为趋势。

（4）资本运营具有增值性。资本运营的最终目的是为了实现资本的不断增值，这不仅仅是外界赋予的责任，也是其本性所要求的。无论是什么形式的资本运营，其核心任务都是实现公司利润的最大化，也就是说用最少的资本成本来获得最多的资本收益。资本运营不单单注重企业资产规模的扩张，而是更加侧重增加公司价值的追求。

四、资本运营的原则

（1）资本运营要立足于企业的产品经营和持续发展。现代化制度下的企业正常经营需要资本运营的支持，其超常发展更离不开对资本运营的合理把握。凡事都贵在有个度，资本运营更是如此，企业必须合理分配好资本运营和产品经营之间的度，做到相互约束和相互平衡。资本运营必须立足于企业的产品经营，具体而言，资本的运营规模以及方式方法都需要依据产品经营的特点进行选择和设立，这就是产品经营对资本运营的约束力。同时，还需要时刻关注两者之间的平衡关系，当企业发展到资本运营的时候其自身的产品经营也到了一定的稳定和成熟阶段，这个时候发展资本运营固然重要，但不可过分追求资本运营带来的眼前利益而忽视了对产品经营的加强。毕竟强大的产品经营才是一家企业生产的基础和根本，如果资本运营缺乏必需的技术、产品、金融工具等载体，那巧妇也难为无米之炊。在软件不断改善的同时，企业的硬件也必须跟上，不然资本运营的成果就没有用武之地，那就是在做无用功。因此，只有立足于企业的产品经营上的资本运营才能维持企业的可持续发展。

（2）资本运营要有助于增强企业的核心竞争力。企业的核心竞争力一般可以通过内、外部两种途径增强。内部途径就是依靠企业的不断内部开发、积累和不断改进形成，但一般都需要消耗较长时间和精力。外部途径就是通过资本运营中的兼并、收购等方式进行外部资源整合，从而获得自身所缺乏的核心竞争力要素。最重要的是，企业利用资本运营中的并购来增强企业的核心竞争力具有内部途径无法比拟的优势——快速、直接、有效。

资本运营概论专栏 1

南京医药 2013~2014 年资本运作大事件

为了增强互信了解、促进战略合作以及就相关工作的推进，南京医药与联合博姿于 2013 年多次进行了沟通交流。南京市副市长罗群于 2013 年

图片来源：www.njyy.com.

11 月 22 日就加强南京医药与联合博姿的战略合作，同来访的英国联合博姿集团国际战略总监缪以乐（Trevor Millett）、中国区发展总监王述恩等人展开了深入的会晤。罗副市长表示，南京市政府将对双方的合作提供全力的支持以及尽可能在双方合作方面起到推动器的作用。公司在走依法合规履行决策程序的前提下，遵循市国资委、新工集团指导，对有关 13 家控、参股子公司的外商禁止进入行业资产和三非（非主营、非控股、非营利）企业剥离工作，并已逐步完成了。2014 年 1 月，商务部批准了南京医药定增引入外资医药流通巨头——联合博姿，双方合作项目待证监会审核。发行完成后，南京医药将变更为中外合资股份有限公司。

南京医药为了提升效益、控制亏损，针对"三非"企业，通过一企一策加大对亏损企业处置力度，最大限度地整合有限资源，同时精兵简政，已初见成效。辽宁南药现在已经关闭，其止损的目的也初见成效，清理工作大致完成；辽宁彩印厂年度主营业务收入同比 2012 年增长，亏损基本持平于 2012 年同期；皇家鹿苑年度累计亏损同比 2012 年减少。北京绿金及江苏绿领公司挂牌转让成功；《健康管理》杂志社基本转让成功；南京同仁堂健康酒店由中健物业公司吸收式合并，原有员工依法分流手续办理完毕；中健科信终止供应链金融项目、已解散并已完成清算程序；黄山产业园挂牌转让，不得再列支招待费；抚松参业寻找合作伙伴转让股权；美麟公司项目清理及投资损失处理。盘点并完成南京区域相关资产的出租，提升收益，完成药业大楼裙楼 1~3 层出租并积极寻找客户以推进延龄巷 27 号土地房产出租、小型产业园办公房产出租等；完成小型产业园总部办公楼建设，推进南京地区企业集中统一办公和空余房产综合开发利用。

2013 年，南京医药不断加强与上下游供应商的合作，把重点目标放在主

营业务盈利上。与陕西步长、烟台绿叶签订战略框架协议是公司的领导人员积极主动策略的结果；先后与通用电气（GE）、辉瑞、勃林格殷格翰就开展深度市场开发合作签订战略合作协议是公司合作方式创新的结果。合肥天星坚持把资源优化(商品品种、库存优化) 放在首位，大力倡导商品品种多元化，其中商品品种同比增长约31%；减少不合理库存，尤其是高库存，提高了资金利用率。年销售额9000万元以上供应商3家、5000万~9000万元供应商3家，这一数据表明南药供应商的实力在增强，集中程度也在逐步提高，供应链建设取得显著成效。在湖北省进口合资品种方面，南药湖北公司是辉瑞、阿斯利康、默沙东一级经销商，进口合资品种销售量在不断增加。在新品种领域，南京药事与重点供应商开展合作，借助重点合资企业新品上市的契机，力争提升市场占有份额，开辟新的盈利途径，增强公司的盈利能力。

资料来源：作者根据多方资料整理而成。

（3）资本运营必须谨慎防范投机心理。鉴于资本运营存在高智力性、非生产性、高效益性三大特点，企业经营人在进行资本运营时很有可能存在投机心理，这是需要尽可能避免的。高智力性是指资本运营过程中需要进行大量的脑力劳动，对相关战略措施进行仔细的研究、推敲来确定其可行性；非生产性是指资产运营是不需要进行产品生产的，只需要将原有的资源进行流动和重新配置即可，不需要消耗实物资源就可以获得收益；高效益性是指通过资本运营，企业可以获得比产品经营更大的效益。总体来说，资本运营就是不需要耗费实物资源，只需要通过一些脑力劳动将原本存在的资源进行重新组合就可以在短时间内获得较大的收益，利益面前，防范经营者的投机心理显得十分重要。

（4）资本运营必须谨慎防范"低成本扩张"。有些企业在进行资本运营的兼并、收购和重组中过于重视眼前的利益，只想着如何利用最少的成本完成资本运营目标，简单地获得规模上的快速扩张，而忽视了资本运营的核心目标。对于并购企业而言，真正重要的不是能否以最低的价格得到目标企业，而是能否在获得目标企业的同时把目标企业各个方面所拥有的优势为己所用。一些并购企业就是过于看重快速的低成本扩张，不但没有将目标企业的资源整合好，还使得企业自身陷入了难以挽救的困境，有时甚至会成为其他企业的目标，这种并购失败的案例可以说是数不胜数。缺少这些优势，即便无偿取得了目标企业，并购后的经营也可能失败。所以，资本运营的关键是企业对资本能否很好地使用以及支配，这样才能获得最大化的资本增值，使本企业真正地实力壮大。

五、资本运营的分析框架

根据资本及资本运营的发展逻辑，企业资本运营的分析框架如表1-1所示。

表1-1 企业资本运营的分析框架

项 目	资本及资本运营的发展逻辑		
资本内涵拓宽	产业资本	金融资本	无形资本
资本运营的演化	产业资本运营	金融资本运营	无形资本运营
主要内容	扩大再生产 联营与战略联盟 ↓ 优化产业链	投融资选择 并购与重组 ↓ 优化资本结构	品牌、人力、信息 资本运营 提升运营效率
制度基础	外部市场竞争机制与企业内部治理机制		
外部环境	经济、法律、国际环境		
风险管理	风险识别→风险计量→综合风险管理		
绩效评价	财务绩效分析→非财务绩效分析→综合绩效评价		

1. 企业资本运营的主要内容

想要更加全面、详细地了解资本运营，可以从它的分类着手，主要有以下六种分类方式（见表1-2）。

表1-2 企业资本运营的分类

分类依据	分类结果
资本运营内容	实业、金融、产权、无形
资本运营运动方式	筹措型、投入型、扩张型、流动型
资本运营规模变化	扩张型、收缩型、整合型
资本运营战略决策	激进型、保守型
资本运营运动状态	存量型、增量型
资本运营方式	兼并、收购、重组

下面着重分析按照资本运营内容分类后的四大部分：实业资本运营是所有运作方式中最基础的，就是以企业的产品为运营对象，为了提高企业的实际生产、经营能力，更好地为企业的具体实业经济活动服务；金融资本运营是指以金融产品为运作对象在资本市场上进行的一系列活动，一般表现为有价证券，如股票、证券等；产权资本运营是以产权为运营对象进行收购、出让等交易活动，包括并购、重组等；无形资产运营是指以无形资产为对象进行运筹、谋划达到增值效果的经济活动，一般包括专利权、著作权、商誉等。作者认为，资本运营的内容远

远不止这些，还应该包括上市融资，涉及股权交易、债权融资、投融资等。以上四种资本运营方式之间不存在替代性，它们都有自己的运作领域，但这些领域也并不是完全独立无关的，必须相互依存才能共同发展。

当然，时代在不断地发展与进步，各类创新层出不穷，每一家企业每天都面临着巨大的威胁与挑战，为了更好地生存，企业只能是不断进行经营理念、绩效评价系统、企业管理模式等的改革，这就必然会导致企业品牌、人力资源、信息等被发掘成为新的运营对象，创造出更多有效的运营方式。

2. 资本运营的制度基础与外部环境

企业要进行良好的资本运营必须要建立合理的制度作为规范基础。资本运营的外部制度就是由市场决定和约束的竞争机制，内部制度就是完善的公司治理机制，包括治理对象、治理结构以及治理形式等。

构成资本运营的外部环境一般有经济环境、法律环境、国际环境，其中，经济环境对企业资本运营的影响是最大的，企业在制定资本运营的策略时必须和国家、行业、地区当时的经济环境相互吻合。当然，企业的资本运营一定要做到合法合规，同时合理完善的法律体系可以为资本运营营造一个良好的氛围，指引方向，客观上一定程度地刺激企业的发展。现如今，随着经济全球化、一体化的逐渐深入，一个企业的资本运营情况也将越来越受到国际环境的刺激影响，同时也会反作用于其他企业的资本运营规划、实施情况。

资本运营概论专栏 2

同方资本运作前景看好

同方股份有限公司成立并上市已有 17 个春秋，其发展战略一直遵循的是"技术+资本"。2013 年，投入 14 亿元收购 E 人 E 本用以发展平板和手机市场，借此大力发展自身推动互联网业务。

图片来源：www.thtf.com.

2014 年 6 月，同方股份成立 17 周年之际，E 人 E 本被曝光将发布型号 M1 的高端智能手机，将有可能完胜小米 3。此消息一出，便在市场上引起了轩然大波。M1 高端智能手机，其配置高端，最重要的是安全性能高，这是其特别之处。而这一特点将有可能为同方带来巨大的效益。

在国家大力倡导安全的条件下，安全需求点便体现在了市场经济方面，E 人 E 本从安全需求点出发，发布高端智能安全手机移动终端，这便是清华同方的"独具慧眼"。一款高端智能安全手机离不开国际领先的移动终端自主安全可控技术，也离不开清华同方芯片研制、硬件设计、软件研发、系统集成及互联网服务的全产业链自主研发与制造优势。

2013 年，同方要求整合优化资源，实现多元化发展，以"信息安全"、"安防服务"、"国防军工"等为核心，同方在"二代证专用芯片模块"、"SIM 卡芯片"、"金融 IC 卡"、"军工芯片"等安全技术领域全面发展布局并取得卓越的成绩。在同方安全理念下的产业布局，手机 M1 的上市是其不可或缺的一块拼图。尤其受 2014 "总体国家安全观"政策利好消息影响，同方"大安全"产业矩阵增长前景持续看好。

资料来源：作者根据多方资料整理而成。

3. 资本运营的风险管理与绩效评价

随着各类资本开始两两之间，甚至是三者之间相互融合的时候，资本运营的风险管理模式也应该相应地由单一模式转为综合多变的视角，对于一些由于资本融合才出现的风险需要重点防范。相应地，资本运营的绩效评价也不能一直停留在单纯的财务绩效分析上，而是要考虑一些看不见、摸不着的成果，完善综合绩效分析。

第二节　资本运营的基本模式

一、风险投资

风险投资是指向主要属于科技型的高成长性风险企业提供股权资本，并为其提供经营管理和咨询服务，以期在风险企业发展成熟后，通过一定的退出方式获得中长期资本增值收益的投资行为。风险投资一般是针对正处于开始期或发展初期但却在快速成长的高科技中小型企业。

资本运营概论专栏 3

达晨创投：中国风险投资 50 强

达晨创投于 2000 年 4 月正式成立。公司成立十多年来，文化传媒、消费服务、现代农业、节能环保四大投资领域是其主要着眼点，其以严谨的投资态度、专业的投资理念、

图片来源：www.zwbk.org.

卓越的创新精神和优良的投资业绩发展成为中国创投行业名列前茅的企业，被推选为中国投资协会创业投资专业委员会副会长单位、深圳市创业投资同业公会副会长单位、深圳市国际商会副会长单位。

2006 年之前，电广传媒在达晨创投一直亏损的情况下甚至有意撤销这一公司。可谁料，几年后它成了电广传媒旗下的王牌公司。

2001~2005 年是达晨最困难的时期，公司陷入了难以生存的困境。公司的盈利几乎不可能。刘昼及其团队为了使公司继续生存下去，也曾做过多种努力，但均不理想。公司处在一没人、二没钱的状态下，就连刘昼及其团队都处在失信的尴尬境地。公司一直亏损，一回湖南开会，刘昼便时常被批评。不过这些他都已经习惯了，最让他忐忑的是有人建议把公司撤销。

当时中国的整个创投行业领域，成功生存下来的屈指可数。达晨的困境不是个例，而是创投行业领域的现象。据相关数据统计显示，2000 年时的 196 家创投公司经历退出或转型后，到 2005 年只剩 10 多家。面对着达晨被撤销关闭的威胁，刘昼想做最后的努力。他给龙秋云写了一封诚恳的信，其内容主要是关于在资本市场刚刚起步的中国，经济的稳步持续增长必将迎来资本市场发展的高潮，此时中国已经对股权制进行了改革，一定会继续下去。在这种情况下，中国创投业是很有发展前景的。最终，达晨被保住了。

随着"禽流感"的爆发，2006 年圣农发展经营举步维艰。当时唯有达晨创投毅然选择圣农发展，而其他基金都望而却步。肖冰经过调查坚定地认为达晨创投可以投资圣农发展。事实证明，达晨创投的这一举动带来了巨大利益。达晨通过调整发展战略以及业务模式，使其迅速发展壮大起来，并成为肯德基、麦当劳的供应商。达晨的这一举措，使其在短短几年内净挣十几二十倍利润，在当时的资本市场上掀起一阵飓风，备受瞩目。

达晨第一个通过上市成功退出的投资案例是在 2006 年同洲电子成功登陆

中小企业板，这一举措在中国创投领域具有里程碑意义。其中的原因和电广传媒有着密切的关系。一是，在达晨创投的帮助下，同洲电子在湖南省电视机机顶盒市场占到六成左右；二是，同洲电子得到了银行的大力支持。

2009年，达晨创投迎来了高潮。达晨创投开始批量IPO，而在当时稳稳占据了第一名，其中便有亿纬锂能、爱尔眼科和网宿科技等公司，其投资的圣农发展也在中小板上市；到了2010年，又有10个投资项目上市。

目前，达晨创投管理资金15亿元人民币，投资企业累计近180家，其中27家企业成功上市，9家企业通过企业并购或回购退出。达晨创投行业荣誉（2001~2013）如表1-3所示。

表1-3 达晨创投行业荣誉

年 份	荣 誉
2001~2013	中国风险投资50强
2009~2011	年度最佳创业投资机构TOP10
2008~2011	中国本土最佳PE管理人
2013	最具竞争力、最佳品牌、最佳融资、最佳退出创投机构
2009	6个项目荣获"清科——2009中国最具投资价值企业50强"
2010	中国风险投资十佳卓越管理团队奖 中国VC十强 中国科技投资业务创新奖 8个项目荣获"清科——2010中国最具投资价值企业50强"
2011	11个项目荣获"CVAwards年度最具潜力企业100强" 9个项目荣获"清科——2010中国最具投资价值企业50强" "清科——2010中国最具投资价值企业50强" "最佳创业投资机构"榜第三名 "优秀创业投资机构金奖"
2012	中国最佳创业投资机构、中国最佳退出创业投资机构 中国先进制造业领域投资机构10强 中国快消品领域投资机构10强 2012年中国全方位增值服务VC/PE机构10强 15个项目荣登《福布斯》"2012中国最具潜力非上市公司"100强榜单 金融资·TOP5卓越投资机构奖 先锋机构奖 中国现代农业产业最活跃投资机构TOP10 4个项目入选"2012中国高成长连锁50强"

资料来源：作者根据多方资料整理而成。

二、企业上市

公司股票上市的形式一般分为直接上市、买、借、造壳上市等。直接上市是指股份有限公司经国务院或国务院授权的证券管理部门批准在证券交易所上市交易，即公开发行股票。买壳上市一般是指非上市公司先选定一家已经上市的公司作为目标对象，再对其进行股权收购并成为控股公司，最后将自身的资产注入上市公司，从而实现间接上市。借壳上市，是指公司自身已经拥有一家上市的公司，该下属公司将上市后所筹集的资产用来收购总公司的其他下属公司资产或股权，从而达到整个公司集团的上市目的。造壳上市一般是科技型企业经常选择的融资模式，需要在海外的某地先注册成立一家控股公司，通过不断收购企业股权并且纳入该家海外控股公司的名下，在海外上市筹资后实现滚动收购。企业的这四种上市形式的优缺点如表1-4所示。

表1-4　企业四种上市形式的优缺点

上市形式	优　　点	缺　　点
直接上市	可以在发行的同时进行融资； 企业在股票公开发行推介时，有助于企业形象宣传	申请程序复杂，所需时间长，1年以上； 上市费用比较高； 不能保证发行成功，容易受市场波动影响
买壳上市	手续简单，上市条件灵活； 时间短，成本低，6~8个月以内，节省许多时间和费用； 避免复杂的财务、法律障碍，对上市中的审计与法律审核方面的要求要轻松得多	先上市，后融资； 需要聘请专业的美国投资银行为企业寻找合适的壳公司，并充分指导企业进行财务和法律等方面的清理
借壳上市	审核程序简单，审核周期短，审核标准较宽松； 由于进行了资产置换，其盈利能力大大提高	本身不能为企业带来资金，相反还需要支付巨额买壳费用； 受二级市场影响较大
造壳上市	风险和成本相对较低； 获得境外证券市场的法律认可，进而可以引进外资； 获得广泛的股东基础，提高壳公司知名度	需要企业拿出一笔外汇或者其他资产到境外注册公司，而目前大部分境内公司资金短缺； 从海外到设立上市一般需要经历数年

三、企业并购

企业并购，又称购并，泛指企业通过市场中的产权购买等交易活动实现对其他企业控制权的行为，是企业兼并、收购两种资本运营方式的统称。兼并是指通过有偿转让产权使得目标公司丧失其原本的法人资格或者法人实体发生改变，从而并入本公司或集体的经济行为。收购是指企业通过产权交易活动获得目标企业一定程度控制权的经济行为。现代企业并购在资本市场是一种常见的运作模式，一般包括企业合并、资产收购、股权收购三种形式。

（1）企业合并，是指将两个或者两个以上单独的企业合并形成一个报告主体的交易或事项。根据合并前后的被合并企业是否均受到同一方或相同多方的最终控制，企业合并分为同一控制下的企业合并和非同一控制下的企业合并。

（2）资产收购，是指企业通过支付有偿的对价来获得另外目标企业部分或是全部资产的一种民事法律行为。资产收购主要是为了获取目标企业的优质资产，同时扩大自身的经营规模。

（3）股权收购，是指收购目标公司的股东所拥有的全部或者部分股权的经济行为。控股式收购目的仅仅是为了对目标公司有足够大的控制权和影响力，并不会直接影响到目标公司的法人实体存在。

四、企业重组

企业的本质是各种生产要素的组合，企业重组就是要对这些生产要素进行重新组合，提高本企业的综合竞争力，获得更多的市场占有率。企业发展的每一个阶段都需要企业重组的存在，因为市场环境是在不断变化进步的，企业为了跟上时代的潮流，保持竞争优势，就必须要最大化地利用自身拥有的有限资源。广义的企业重组是指企业拥有的所有要素的重新组合。狭义的企业重组主要是指通过资产重组、负债重组和产权重组三种方式对企业的资产结构、负债结构和产权结构进行优化，最后达到资本保值增值的目的。不管是广义的企业重组还是狭义的企业重组都是为了对自身资源进行优化配置，充分利用。

企业重组主要分为业务重组、资产重组、债务重组、股权重组、人员重组、管理体制重组等模式。

（1）业务重组是企业重组中的最基础的模式，指先按照一定的依据划分重组企业的业务类型，然后再将某部分的业务划入上市公司的行为。具体运作过程如图 1-1 所示。

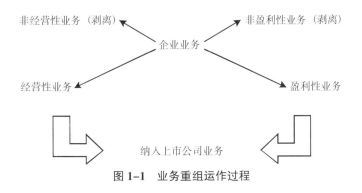

图1-1 业务重组运作过程

（2）资产重组是企业重组中的最重要、最核心的模式，指在一定范围内对重组企业进行资产整合，寻找最优组合的经济行为。

（3）债务重组也称负债重组，是指企业通过负债进行相关的重组行为，譬如对债务人的负债责任进行转移，将负债转化为股权等。

（4）股权重组是与其他的重组关联度最大的模式，因为它经常和其他模式同步进行，具体指对调整企业股权的经济行为。

（5）人员重组是通过合理的人事安排，合理地删减人员，以提高整个企业的劳动效率的行为。

（6）管理体制重组是通过完善企业的相关管理制度，来达到现代企业制度的基本要求的行为。

第三节　资本运营的问题、风险控制及对策

一、资本运营存在的问题

（1）资本市场发育不完善。企业的资本运营是要依靠资本市场来完成的，可想而知一个国家资本市场的发育程度严重影响到资本运营的结果。我国的资本市场仅仅从 1979 年才起步发展，但是在接下来的几十年里却发展得尤其迅速，这必然会导致许多问题的存在：①我国资本市场上的资本总量过少，金融品种的类型匮乏；②我国资本市场上的资本流动性较差，尤其是国有股份这一块，因为国有股份一般采取净现值法或者原值法定价，这样难以评估国有股份的市场价格和获利能力，所以导致其经常会处在停滞的状态；③我国资本市场上的资源配置效率不高，政府干涉过多，不利于市场这只"无形的手"从中发挥调节的作用，同时也失去了应有的风险防范能力。

（2）企业对资本运营认识不足。企业对资本运营仅仅停留在表面上的认识，这就会导致一些盲目性的操作，也就是说企业资本运营所确定的目标不符合企业实际发展的需要，具体表现在两方面：一方面，企业相对比较重视自身的产权资本，相反会轻视生产要素等产业资本，盲目地在行业内不断扩张，忽视最基本的主营业务，导致企业收益不佳；另一方面，企业在进行资本运营的时候只是一味地追求自身多元化，多元化的经营方式的确可以在一定程度上降低企业风险，但一些关联性不大的资本运营使得企业进入到多个完全陌生的行业中去，这样反而

会使得企业经营风险大大增加。

（3）缺乏专业的资本运营人才。资本运营是一项十分复杂、精细的业务，必须要由具有丰富经验以及相关专业知识的高端人才任职。这样的人才不但需要具备详细和整体的理论知识，还需要很强的实践能力，因为我们不仅需要一个操作员还需要一个管理者，专业的资本运营人才必须是两者的综合体。然而，越是优秀的人才越是稀缺，这就是企业在资本运营过程中需要克服的一大难题。

（4）缺乏规范的中介媒体。我国的金融体系最重要的组成部分自然是银行业，最重要的业务自然是借贷交易，没有给予产权交易足够的重视，自然就缺乏一个相应的中介媒体。就像声音的传播，如果没有空气作为介质，我们是无法接收的，也就是说人与人之间就不能沟通交流，同理，没有中介的资本运营是十分困难的，资金只能缓慢地流动，这样会增加交易成本。最重要的是，缺失规范有效的中介作为资本运作的润滑剂，供需双方可能会出现信息流动不对称，产生逆向选择，这样会降低资本运营的效果以及效率。

二、资本运营的风险控制

风险和收益始终相伴而生，企业在资本运营的过程中会存在一定的风险，只有正确识别风险并迅速解决，才能保证企业经营的安全，也就是说整个风险管理中最基础的部分就是如何进行风险识别，不能正确识别风险，就无法对其进行治理。识别风险不是简单地知道风险的存在，而是同时了解风险的来源以及存在的地方。风险识别需要通过了解和分析大量的可靠信息资料，明白企业可能存在的各种风险因素，确定企业会面临的风险类型和它的性质，使之完整地被识别出来。合理使用企业资本运营风险管理的基本方法如下：

（1）风险规避。风险规避是风险管理中最彻底、最基本、最全面的方法，指在风险发生之前采取一定措施避免风险的发生。譬如，当资本运营中知道风险的发生，就可以选择放弃会带来风险的某些项目。风险规避可以完全阻止某一特定风险带来的损失，而其他的方法都只是在一定程度上降低损失发生的概率或者减小损失发生的严重程度。

（2）风险控制。风险控制是努力采取一定措施使得风险发生的损失程度尽量降到最小，风险控制是控制风险的发生以及损失的程度，一般分为事前、事中、事后控制三部分。当风险从可能性转变为事实的时候，企业就不能再通过风险规避彻底避免风险带来的损失，只能采取相应措施把损失尽量控制在一个合理适当的范围。

（3）风险隔离。风险隔离是把某一可能导致风险发生的因素从时间上或空间上进行隔离，从而减少该风险可能会带来的损失。风险隔离是一种效果比较明显的风险控制方式，可以降低整体的损失程度。但是，风险隔离会增加风险单位的数量，管理成本更大。

（4）风险转移。风险转移是通过转移风险以减少损失，一般资本运营的过程中是以签订合约的形式将风险转移到其他人身上，譬如保险就是一种风险转移方式。风险转移虽然不能使得风险消除，但可以在一定程度上降低某方面的损失程度，把一部分损失转移给其他有承受能力的主体。

（5）风险分散。风险分散是指企业将自身承受的压力分散出去，减轻企业在进行资本运营时的负担。风险分散主要有选择合适的资本运营方式和扩大资本运营主体的优势覆盖面两种方法。通过不断地进行内部条件的改善，使得优势更加突出的同时增大其覆盖面，从而减少风险带来的损失。

企业无论是在初步筹措资本阶段，还是在资本运营阶段，都伴随着许多不确定因素，正是这些因素的存在才会导致风险的发生。在风险识别的同时，还必须建立一个合理有效的风险管理机制，资本运营才可以正常进行。建立企业资本运营风险管理机制具体包括：

（1）建立风险报告制度。建立风险报告制度是风险管理中最基础的一项工作，通过阅读风险报告可以及时了解资本运营中存在的风险信息，从而在第一时间采取有效的措施进行防范或者降低经营风险，保证各项业务的健康迅速发展。

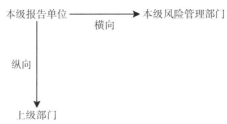

图1-2 风险报告线路

（2）加强资本运营经营整合风险控制。企业资本运营活动结束后，还有很重要的一步需要完成，就是对企业资源进行有效合理的整合，只有这样才算真正意义上完成了整个的资本运营。然而，一部分企业并没有足够重视最后的资源整合，这种做法很有可能会引发潜在风险的发生。整合过程实际上就是企业的经营由资本运营后的扭曲状态向正常状态转变的一个过程，整合的好坏会直接决定企业未来经营状况的好坏。因此，企业一定要加强对资本运营中经营整合风险的控制。

（3）建立企业财务风险防范制度。财务风险是指企业借入资金过多，为偿还利息而使自身的盈利水平下降到很低，难以维持企业运营时产生的风险。所以，建立企业财务风险防范制度来科学合理地预测、规避财务风险，企业可以为自身谋求最大化的经济利益。

三、更好进行企业资本运作的对策

（1）健全相关的法律法规体系。营造一个完善的法律环境是企业资本正常运营的首要保证，企业在进行资本运营中获得的其他企业的部分或者全部的财产、经营权时，交易双方的行为必须要符合国家的相关法律法规要求。当前，虽然我国已颁布实施了《公司法》、《证券法》、《经济法》以及《合同法》等，但法律尚有许多不足之处。所以，政府应该继续健全相关的法律法规，从而确保企业在资本运营的过程中行为的规范化。

（2）明晰国有资本和企业资本间的界限。目前，国有资本与企业资本之间并没有明确清晰的分界线，这会导致在资本运营时企业决策的无所适从，因而，有关部门需要尽快地积极采取行动，明晰国有资本与企业资本之间的界限。只有真正做到政企分离，企业才能独立地作为市场主体以及法人主体从事资本运作。

（3）提升企业自身素质。资本运营并非易事，企业要想在这方面有所成就，必须要提高认识上的高度，可以在前期开展一些内部员工的培训活动，增强工作人员的专业性，提高相关素质。同时，企业还应该做好具体计划安排，并善于学习国外企业的先进经验。最重要的是要引进专业的资本运营高端人才。其实，市场占有率的竞争本质是人才专业水平的竞争，企业一定要充分重视，积极引入外部人才、培训内部人才、留住先进人才，提高企业自身的素质。

（4）发展多样化资本运营方式。企业资本运营的方式有多种可以选择，企业应该根据自身的实际情况挑选一种或几种适合自己的资本运营方式，譬如地区经济、行业经济等。例如，在汽车、机电、化工以及电子等行业，规模经济效益十分明显，因而可以选择横向并购型资本运营方式。

四、资本运营应注意的几个问题

（1）正确处理资本运营与生产经营的关系。企业经营活动是由市场经济条件下的生产经营与资本运营两部分组成的，即二者之间紧密结合形成的企业保值、增值过程。生产经营支撑资本运营的存在，资本运营保证生产经营的发展。二者相辅相成，不可或缺，离开生产经营的资本运营容易产生经济泡沫；离开资本运营的生产经营会受到束缚，难以扩张。所以，必须正确处理企业经营过程中资本运营和生产经营之间的有机结合问题，这样才能一起为企业的发展做出贡献。

（2）注意加强资本运营的风险管理。资本运营应该加强风险管理，建立风险管理的识别机制、防范机制和控制机制等基本机制，科学合理地预测、减少资本运营风险带来的损失。

（3）准确把握资本运营范围，避免盲目性。资本运营虽然可以为企业带来许多生产经营难以给予的价值，但并非所有企业都需要进行资本运营，一般来说，在比较小的范围内或是单个企业内最好不要进行资本运营。因为一项资产的好坏优劣都是相比较而言的，普遍会因为狭小的运作范围而产生孤立性，成为劣质资产，但如果能进入到更大范围内进行运作，和其他资产混合在一起并进行有机整合，就有可能会变成优质资产。这是因为大范围的集团公司能够冲破内部划分的障碍，资产之间形成优势互补，发挥综合整体的优势，获得异于原资产运作效率的新效益，这是在小范围内或者单个企业内无法达到的效果。

（4）不可把资本运营异化为政府行政行为。资本运营是资本市场的经济行为，其主体应该是具有独立法人资格的企业而非政府，因此在资本运营过程中必须谨遵市场经济的规则，由企业平等自愿协商交易，政府部门应该减少相关的行政干预。但由于我国资本市场尚不成熟，国有资产管理体制及企业产权改革尚未到位，政府作为国有资产的所有者和管理者，有必要介入到对企业资本运营中。但是，政府的参与不应该违背原有的市场经济规律和成本效益原则，给予企业自主选择权，否则可能把一个优秀的企业拖垮。因此，政府参与行为应该保持在一定范围内，不可把资本运营异化为政府的行政行为。

（5）正确看待"低成本扩张"现象。企业有时只会看到在资产交易的环节中支付的成本，但对于并购企业来说，其真正付出的成本远不止这些，它包括企业在并购前、并购中及并购后发生的一切支出及机会损失，包括并购直接支付的费用、前期交易成本、改组改制成本、运营启动成本和机会成本等。假若将这些成本全面考虑，"低成本"就一点都不低了。同时，这种"低成本扩张"在国有产权不够清晰、国有资产控制不完全到位的情况下，很有可能在并购过程中出现低估国有净资产价值，以牺牲国家利益的方式达到"低成本扩张"的现象，不仅严重影响了国有资产的保值增值，影响资产评估的规范运作，而且严重影响国有资产的正常交易秩序和盘活国有资产存量的正常进程，并将企业并购活动引入歧途。更为严重的是，有的企业通过兼并、收购活动逃避债务，使企业的成本降低，而将负担转嫁给国家。因此，应慎重地对待"低成本扩张"现象。

【章末案例】

中航工业的资本运作

图片来源：www.avic.com.cn.

2013 年 12 月 10 日，航空动力（600893）通过公告宣布，公司将募集 127.6 亿元资金用于购买 8 家中国航空工业集团公司（以下简称"中航工业"）旗下的公司与有关航空发动机及其修理等业务的资产；成飞集成和洪都航空在 2013 年 12 月 23 日停牌一整天，并且于 25 日发布公告宣称，中航工业，公司的实际控制人，在 23 日发来书面通知，决定进行以成飞集成为主体的重大事项筹划，并启动相关工作。考虑到此项决定涉及公司重大事项的统筹策划、论述证明，公司的股价很有可能会受到较大的影响，因此公司选择自 24 日开市时采取继续停牌的策略。

以上的资本运作可以间接反映出，中航工业经过在资本市场上多年的历练，当出现相关资本运作需要的时候不但会考虑得更加细致周到，而且由于丰富的经验、教训，其操作方式也更加理性成熟。截至 2013 年 12 月 31 日，中航工业通过对 100 多家所属企业的整合，重组为 19 家具有专业化特色的子公司。中航工业由此增加到拥有 27 家旗下上市公司，上升到匹配将近 52% 的资产证券化率。2013 年全年实现年收入与年利润距 2012 年同比增长 16% 和 6%，分别达到 3489 亿元、140 亿元。中航工业在很多方面都走在了十大军工集团的前列，如国企改革、股权激励、专业化整合、军工资产证券化等，已经成为像央企尤其是军工企业集团进行改革的模范，值得引起类似航天企业的重点关注。

一、中航工业股份制改造

与中航工业股份制改造相类似，资本化运作的发展历程不但具有比较鲜明的时代特征，而且与国家的经济政治体制改革难以分离，一般划分为以下三个阶段：探索起步阶段、分兵突围阶段、整体突破阶段，这里面的每一个阶段存在与其相对应的典型性公司。

1. 探索起步阶段

当航空工业获得的军品任务指标不够饱满的时候，很多公司就会面临严重的生存压力，未解决相关问题国家选择采取"军转民"的战略，探索起步阶段就是在这种背景下起始的。这一阶段主要是以集中在深圳的一些航空企业进行"体制外"的多元化投资尝试、探索股份制改革以及股份有限公司第一次将其股份向社会公众公开发行的方式为主，同时可以利用一些非航空民品企业的成功上市案例经验来激活"体制内"的企业股份制改革。

（1）"体制外"股份制改造与IPO探索。改革开放之后，一批生产非航空产品的企业在深圳特区依次设立，并进行了"体制外"的多元化投资探索，飞亚达手表（SZ000026）、深天马微电子（SZ000050）、天虹商场、深南光（SZ000043）等合资合作企业在这些生产非航空产品的企业平台上得以筹建，然后进行股份制改革成为股份制公司，为之后的上市做好充足准备。1993年6月，中央决定推行现代企业制度，将之前的航空航天工业部划分为两个公司，即中国航空工业总公司和中国航天工业总公司。同时，深圳的飞亚达作为中国航空工业第一只股票在深交所上市。就此，中航工业开始了股份制改革的快速发展阶段。1994年9月，深南光在深交所上市，现在已经改为中航地产，其主营业务也从旅游、物业等在进行更名时做了相应的调整。1995年3月，深天马在深交所上市，主营业务为液晶显示器（LCD）的生产销售。1997年9月，航空工业的第一只H股，中航实业（HK161），在香港联交所上市。该企业包含上文提及的三家在深交所上市的企业以及当时中国航空技术深圳有限公司（以下简称"深圳中航技"）的主要业务，其实这是深圳中航技想要整体上市所进行的一次探索。

为解决军品任务不足问题，"体制内"的企业也积极开发了各式各样的民品，但都没有经受住市场和实际的考验，逐渐消逝。相比之下，借助于股份制改革和市场经济发展的中航工业依旧走在时代的前端，其非航空民品普遍被接受并受到欢迎，成为"军转民"的成功案例。譬如，飞亚达、深天马分别成为我国手表、液晶显示器的知名品牌；中航实业已被中航国际视为进行下一步的整体上市平台。

（2）"体制内"股份制改造与IPO探索。在"体制外"的企业成功股份制改革光环的笼罩下，"体制内"的企业也蠢蠢欲动开始股份制改革的探索之路，并尝试最终上市。但是，由于当时受限的军工环境，"体制内"的企业主要是利用军民分线把其中的民品业务顺利改造成为股份制企业才得以上市。1993~1998 年，虽然一共有 7 家"体制内"航空企业成功上市，但其主营业务为大部分的非航空产品以及极少量的航空零部件。1996 年 11 月，被誉为"中航工业第一股"的力源液压股份公司（SH600765）在上交所上市，拉开中航工业中"体制内"的股份制改造序幕。之后更名为中航重机，是中航工业一个十分重要的组成部分。1997 年 6 月，西飞国际（SZ000768）在深交所上市，其主营业务分为航空和非航空两个部分的生产和销售，非航空部分主要包括民用铝合金产品、PVC 塑料薄膜复合板等。1998 年 10 月，以生产和销售小排量汽车发动机为主营业务的东安动力（SH600178）在上交所上市。

2. 分兵突围阶段

1999 年 7 月，中国航空工业总公司分开成立了中国航空工业第一、第二集团公司，两大集团在重新组合之前依旧继续分头促进股份制改革，之间有 11 家企业得以成功上市。分兵突围阶段是指中航工业的股份制改造分成两股势力向航空产品和军品延伸，探索整体上市的同时尝试与民营企业合作的可能性。

（1）中国航空工业第一集团公司。这一阶段中国航空工业第一集团公司有 5 家企业成功上市：2004 年，中航精机（SZ002013）在深交所上市；2007 年，中航三鑫（SZ002179）、中航光电（SZ002179）、成飞集成（SZ002190）三家公司在深交所上市。作为国内第一只整体上市的军工类股票，中航光电现已成为接插件行业的领军人物。

（2）中国航空工业第二集团公司。这一阶段中国航空工业第二集团公司有 6 家企业成功上市：2000 年，洪都航空（SH600316）、哈飞股份（SH600038）在上交所成功上市；2001 年，昌河股份（SH600372）、成发科技（SH600391）、贵航股份（SH600523）在上交所上市；2003 年，中航科工（HK2357）在香港上市，东安公司在收购民营企业黑豹股份（SH600760）的基础上成立了东安黑豹。洪都航空生产的 K8 等教练机、强 5 主要零部件，哈飞股份生产的直 9、运 12，都是航空业的核心产品；东安黑豹应该属于较早的航空企业与民营企业的合作尝试；中航科工是由哈飞、昌河、洪都、东安组合后构建的，在香港的整体上市获得圆满成功，这是航空业首家在境外上市的军工企业。

3. 整体突破阶段

2008 年 11 月，中国航空工业第一集团公司和中国航空工业第二集团公司重新合并为中国航空工业集团公司。整体突破阶段是指两大集团重新合并后，中航工业将资本化运作战略正式提上日程，并进行实施的一段时期。"两融、三新、五化、万亿"是中航工业提出的发展战略，不但明确表示对各个业务板块要进行专业化的整合，而且要求尽快完成主营业务和主要资产上市，达到集团公司和直属单位两级整体上市的最终目标。2008 年底至今，12 项资产重组项目得以完成，其中涉及 46 家集团所属单位，共计注入资产净值 333 亿元，集团资本证券化率从 15% 剧增到 51.79%。

该阶段中航工业借助资本市场进行的专业化整合主要有：2008 年 11 月，西安航空发动机公司（后更名为航空动力）成功借壳 ST 吉生化上市；2009 年 5 月及 2011 年 4 月，航电系统公司将其所属的 8 家企业分为两期注入到 ST 昌河，中航电子由此获得重生；2010 年 7 月，东安黑豹通过资产重组将中航特种车业务成功注入；2010 年 10 月，ST 宇航成功扭转连续两年亏损的局面，摇身一变为中航动控；2012 年 6 月，获得国资委批准的中航国际通过将主要资产分两次注入上市公司的方式、以 H 股上市公司深圳中航集团为平台进行重大资产重组；2012 年 8 月，中航投资通过借壳 ST 北亚成功实现整体上市，完美构建出集团金融业所需要的上市平台；最近几次中航工业借助资本市场进行的专业化整合如表 1–5 所示。

表 1–5　中航工业近几年专业化整合

时　间	重大资产重组企业	资本运作措施	资本运作结果
2012 年 11 月	西飞国际	将飞机板块所属 4 家企业注入	实现飞机业务整体上市
2012 年 12 月	中航精机	将机电板块所属 7 家企业注入	基本实现机电板块整体上市
2013 年 2 月	哈飞股份	将直升机所属 4 家企业注入	实现直升机整体上市
2013 年 3 月	中航电测	收购汉中一零一航空电子设备有限公司	实现资源优化配置

专业化整合、资本化运作战略的主线始终贯穿着上述中航工业资本运作措施通过重大资产的重组来实现各业务板块的整体上市。

二、中航工业资本化运作战略思路

2009 年初，中航工业发布《中国航空工业集团公司党组关于全面加强加快专业化整合资本化运作促进集团跨越发展的决定》（其资本运营规划二十条），以资本运营为起点，以市场改革为方向，全面完善各个业务板块之间的专业化整合以及资本化运作。中航工业资本化运作战略的整体思路是：第一，集团内部的子公司想要实现整体上市或主营业务上市，主要依靠相互之间的交叉持股，产生资本以及产业结构上的联系互动。第二，集团外部则需要充分地利用已经存在的国内外两个市场中的有利资源，采取并购的方式来发展我国的航空业。

在此思路下，中航工业资本化运作力争实现四个目标：建立并完善现代企业制度，争取从体制机制上寻求创新和突破；促进投资体制的改革，形成具有中国特色的金融体系，实现产业与金融业的相结合，支持中航工业的发展；消除过分依赖国家的传统观念，设立一些独立性较强的跨国集团公司，扭转"官办无助"的局面；中航工业的各个子公司将80%以上的主营业务和资产都一起注入上市公司，营造"官办商助"的共荣氛围。

三、中航工业资本化运作主要特点

两大集团合并之前，中航工业重点通过推行下属企业的股份制改革上市；2008年两大集团合并后，中航工业主要通过资本市场和专业化整合来实施资本化运作。相比之下，中航工业的资本化运作过程中主要存在以下四个方面的鲜明特点。

（1）基于资本纽带的专业化整合。从中航工业的发展历程可以看出，其资本化运作不再像过去的企业一样直接听从行政命令，而是凭借所有者投入资本金所形成的股权、产权连接而成的"资本纽带"来进行企业主要业务的专业化整合，不但可以促进航空业的结构改善，还可以促进航空业的加速健康发展。

专业化整合的最终目标是把中航工业塑造成为一个同时具有多元化母公司、专业化子公司体制、其所属资产密切相关的大型产业化集团。建立多元化的母公司需要以各个专业化的子公司作为前提，并且能够在这个集团内部相互协调促进发展。专业化整合的优势在于内耗式竞争的减少甚至消除，同时可以达到资源的最优化配置，打造出一个实力强大的大型产业化集团。

目前，中航工业无论在市场化改革方面还是资本化运作方面都取得很大的进展。首先，中航工业通过专业化整合成立了19家专业化的子公司，其中包括航空装备、运输机、发动机、直升机、航电系统、航空机电系统、通用飞机、航空研究、飞行试验、贸易物流、资产管理、工程规划建设、汽车等方面。其次，中航工业基于资本纽带调整其原有的组织架构，将之前的200余家成员企业分类装入已经进行过专业化整合的19家专业化的子公司中。最后，中航工业通过各个板块原有的上市公司平台或者借壳、筹建新的上市公司平台等方式来实施资本化运作战略。

下面重点分析中航工业的航空发动机业务板块在专业化整合中的主要思路和过程：中航工业的航空发动机板块主要包括发动机控制系统、发动机传动系统和航空发动机整机制造这三个子板块，其中涉及沈阳黎明航空发动机公司、成都发动机公司、西安航空发动机公司、贵州航空发动机研究所四家子公司。其中，三个子板块分别用不同的方式"三管齐下"来实施资本化运作战略：发动机控制系统在集团内部通过借壳 ST 宇航，向其注入一部分的资产，摇身一变为中航动控；发动机传动系统则是在原有上市公司成发科技的平台上，进一步注入一部分资产；承担航空发动机整机制造业务的西安航空发动机公司则在集团外部通过借壳 ST 吉生化，摇身一变为航空动力。

接着，中航工业需要成立作为发动机板块的专业化子公司的中航工业发动机控股有限责任公司（简称"中航发动机控股"），其中，中航工业持股比例为100%。之后，中航工业将其旗下主营业务为航空发动机的三家上市公司中航动控、航空动力和成发科技的上层公司股权划转给中航发动机控股，中航发动机控股相当于间接控股了上述三家上市公司；此时只需再将一些中航工业集团内部还残留的与发动机业务有关的零散业务股权一并转给中航发动机控股即可。至此，发动机板块的专业化整合得以全部完成，待相关条件完善成熟后，只要以中航发动机控股为主体在港交所整体上市就实现了中航工业发动机板块的专业化整合。

（2）向市场要资源。中航工业积极推进资产证券化，有价证券在资本总量中不断扩大和增强的过程就是在向市场索要资源。中航工业不仅仅致力于推动专业化的子公司整体上市或主营业务上市，而且积极促成母、子公司之间的相互呼应联动的有利格局。中航工业旗下拥有的 26 家上市公司，对市场资源的优化配置有很大的积极影响力。截至 2013 年底，中航工业已经有 15 家上市公司顺利 IPO 或者成功完成再融资，一共募集到 270 余亿元的资金，并且通过投入到航空发动机、运输机、高端轴承、教练机、锂电池、重型机械装备等相关领域，为相关产业发展提供充足的资源支撑。以小见大，中航工业将在资本组带的专业化整合基础上以较少的资金这一个点，通过资本化运作这根杠杆，可以撬动难以计数的市场资源。

（3）借壳运作。中航工业在资本化运作的过程中大量采用了"借壳运作"，中航电子内部借壳 ST 昌河实现重组以及航空发动机整机制造外部借壳 ST 吉生

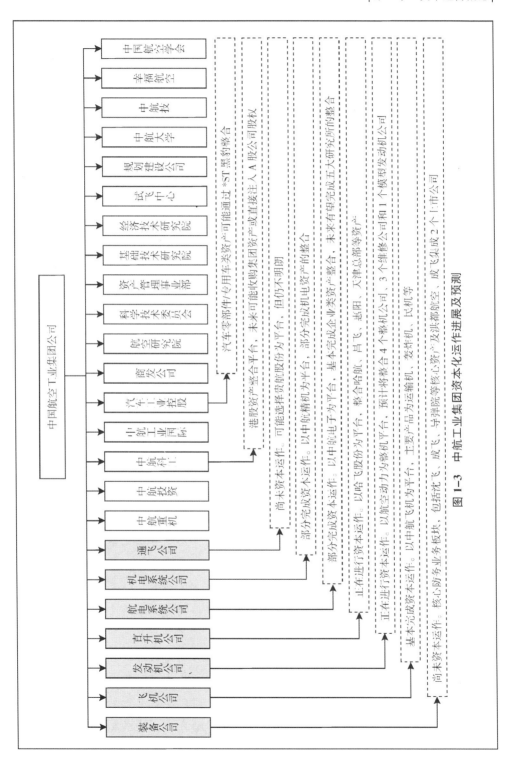

图1-3 中航工业集团资本化运作进展及预测

化实现整体上市为两个典型案例。下文以前者为例介绍中航工业的借壳运作过程：ST 昌河（SH600372）于 2001 年上市，最开始其主营业务是汽车生产，2007 年、2008 年连续的亏损使其沦为 ST 股，按照交易所规定，如果 ST 昌河在 2008 年底持续亏损将被迫退市，由此看来中航工业重组借壳已经是迫在眉睫的举措，具体主要通过以下五个步骤：第一步，资产置换。2008 年 6 月 17 日，ST 昌河停牌后宣布进行重大资产重组，停牌价仅为 5.38 元。重组首先需要利用上海和兰州两家电器企业将 ST 昌河的全部汽车业务置换出来，资产置换方案从开始到结束一共耗时 17 个月。第二步，更名定位。2010 年 1 月，昌河股份发布公告宣称，公司名称将由江西昌河汽车股份有限公司更名为中航航空电子设备股份有限公司，通过这个全新的名称对公司进行主营业务等的定位。第三步，启动注资，恢复交易。2010 年 4 月，ST 昌河启动注资，中航工业、中航科工、中航电子系统公司将 6 家航空电子企业资产和股权以每股 7.58 元对价注入 ST 昌河。2010 年 9 月，停牌一年多的 ST 昌河终于恢复交易，刚刚恢复交易的 ST 昌河经过多个涨停板后一直稳定在 30 元左右。第四步，再次注资，完成整合。2011 年 3 月，ST 昌河的重组方案经过证监会重组审核委的审核通过，一共耗时整整 3 年才完成整合，之后又更名为中航电子。第五步，股市融资。2012 年，中航电子实现首次融资。

（4）建立基于战略管控的母子公司管理体系。中航工业根据自身实际情况以及国家政策环境制定了"突出航空主业，业务多元发展"的战略，即一方面严格规划航空业务，制定比较详细的相关生产规则，统一调控，避免内耗；另一方面灵活控制非航空业务，打造根据市场环境的实时变化而快速多变的决策机制，下放决策权到每一个经营实体上。中航工业是以此为指导思想进行资本化运作的，一步步建立起以战略管控为基础的母子公司管理体系。中航工业通过之前的专业化整合，由两级管控体系变更为三级管控体系，每一级都有各自不同的权责，第一级是企业总部，其主要功能是制定战略、配置资源、统筹监控；第二级是直属单位，其主要功能是根据市场导向建立市场主体；第三级是成员单位，其主要功能是构建比较集中的专业化运营中心（见图1-4）。

由上可见，中航工业集团管控体系中的三级分别定位为战略管控和财务管控中心、利润创造和产业化中心、成本控制和专业化中心。其中，企业总部对以航空主业为主营业务的子公司进行战略管控，对以非航空为主营业务的子公司进行财务管控。战略管控主要包括对子公司战略目标、技术发展指标、经济

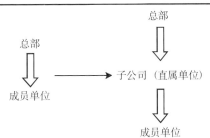

图1-4　两级管控体系到三级管控体系的转变

发展指标等的关注。中航工业对其下属的上市公司管控一般是通过构建完善的治理结构来完成的，在进行专业化的整合基础上，中航工业的所有子公司都按照现代化公司制度设立了董事会、监事会、事业部和直属机构。各个机构人事安排需遵照一定的规则，譬如确保上市公司的董事长不得由集团的领导人兼任，这样可以保证子公司在市场中自由运作，而不受集团公司的干涉。上市公司还应该制定激励政策，譬如董事的收入需要与公司的业绩挂钩，这样才会调动公司人员的积极性，不至于因为所有权和经营权分离就不存在利益约束。上市公司一般会聘请一定数量的外部专家组成公司的外部董事，增强公司董事会的公平性与专业性。

四、对航天科技、科工两大集团的启示

（1）以专业化整合和板块化管理应对多元化与专业化的关系。中航工业就通过专业化整合顺利地完成了这项看似艰巨的任务。中航工业各个经营实体的专业化是其集团层面的多元化的基础条件，集团层面的专业化从最高层次统筹各个经营实体专业化之间的相互连接，协调发展，多元化和专业化在全集团范围内实现了有机统一。中航工业通过专业化整合组建属于自己的专业化子公司，在消除内耗式竞争的同时实现资源的最优化配置，构成自身强大的市场竞争力。这些都值得航天科技、科工两大集团进行学习借鉴。

（2）大力推进产融结合和资产证券化，推动企业实现价值倍增。中航工业就是通过建立长期有效的资本纽带，充分地利用我国现有的资本市场，不断地向市场索要有价值的社会资源，并且为己所用；中航工业通过大力推进产融结合和资产证券化拓宽双管齐下地增多一些低成本的融资渠道，令企业的资本结构、资源配置都达到最优，降低企业可能存在的各种风险，如操作风险、经营风险以及破产风险等；与此同时，中航工业也可以从资本市场上寻找收购兼并的有效工具和手段，支撑企业的可持续发展。航天科技、科工两大集团可学习中航工业对资本市场的把握来收集、整合、利用其中的资源，解决由于资源不足或者分散造成的一些历史遗留问题，同时扩宽的低成本融资渠道可以降低生产成本，有利于集中一些有限的资源大规模地进行市场开拓，市场占有率的上升自然会推动企业价值的倍增。

（3）构建适合战略的组织模式，优化治理结构，健全现代企业制度。中航工业的母子公司组织模式是军工行业构建合适战略的组织模式的代表，母公司的功能定位具体而言就是决定大方向、制定总战略；统一大规则、配置总资源；掌控大局面、协调总关系；制定大目标、管理总绩效。各直属子公司都是独立法人，在一定范围内享有比较独立的经营权和决策权。中航工业的母子公司功能定位明确了其构建的组织模式是在战略管控的母子公司组织模式上成立的。资本化运作能够推动现代企业制度的建立和完善，这对航天科技、科工两大集团具有重大的发展意义。首先，企业自身不够完善的资产结构和模糊不清的组织模式可以通过重组上市得以优化；其次，重组上市可以促进形成股权的多元化，这样有助于规范公司的法人治理结构，分散决策权，防止股权过于集中导致的"一人独大"，同时有助于现代企业制度的构建；再次，企业想要重组上市需要提高资本运作的透明度，这样同时可以增加大众对企业的信任度；最后，企业想要重组上市需要接受更加严格的监督与制约。

资料来源：吕景舜，李志阳. 中航工业资本运作案例分析与启示［J］. 卫星应用，2014（5）.

【本章小结】

本章首先介绍了资本与资本运营的概念及功能，并详细论述了资本运营的主要内容和制度基础、外部环境，然后分析了资本运营的基本模式，最后指出了资本运营面临的问题、风险控制及对策。本章是本书的总纲，希望投资者、管理者及相关读者从本章能够把握本书的总体框架。

【问题思考】

1. 资本运营的功能是什么？

2. 资本运营的分析框架是什么？

3. 资本运营的基本模式有哪些？

4. 如何看待企业资本运营中存在的问题？

【参考文献】

［1］翟跃文. 2012 传媒资本运作案例解析［J］. 中国记者，2013（2）.

［2］郭艳. 爱生药业买壳上市资本运作案例分析［J］. 合作经济与科技，2011（22）.

［3］王顺超，刘楚冰. 不同资本运营方式的财务处理分析［J］. 会计师，2014（3）.

［4］孙运海. 产业经营资本运营"双轮驱动"模式探析［J］. 煤炭经济研究，2013（2）.

［5］朱洁莹. 对风险投资拟投资的项目作财务尽职调查的案例分析——某化妆品公司［J］. 现代商业，2013（31）.

［6］辛旭东，王新坎. 风险投资追逐"小肥羊"成功案例的启示［J］. 东方企业文化，2011（2）.

［7］宋艳红. 国有企业的资本运作分析——基于广州药业吸收合并白云山制药案例［J］. 商，2012（17）.

［8］张艳芳. 国有企业资本运营风险及防范措施［J］. 经营管理者，2014（9）.

［9］崔熙凯，刘玲. 国有资本运营问题浅析［J］. 中国外资，2013（8）.

［10］乔全营. 基于企业生命周期的中小外贸企业资本运营模式研究［J］. 长沙民政职业技术学院学报，2013（1）.

［11］姚瑞军. 兼并重组　借壳上市——阳煤集团资本运营模式分析［J］. 煤炭经济研究，2012（12）.

［12］许驰秋. 论公司资本的功能和局限［J］. 商场现代化，2013（8）.

［13］杨雄胜. 略论资本概念的科学界定［J］. 财务与会计，1995（8）.

［14］旋律. 企业集团资本运营模式研究［J］. 时代金融，2012（27）.

［15］王凌. 企业家资本运营现状及其能力提升对策——基于宁波市的调研思考［J］. 经济论坛，2014（2）.

［16］丁泉，戚振忠，曲海潮. 企业资本运营的内涵与外延：一个分析框架［J］. 重庆社会科学，2013（12）.

［17］张伟立，戚拥军. 企业资本运营对策研究［J］. 现代商贸工业，2013（21）.

［18］张轶. 浅析企业资本运营及风险管理［J］. 商场现代化，2013（12）.

［19］郭良勇. 浅析资本运营的主要方式及实现措施［J］. 商业会计，2006（13）.

［20］郑烈兵. 谈企业资本运营的风险及对策［J］. 东方企业文化，2013（22）.

[21] 李月秋，李新华.我国企业重组问题趋势分析——以一汽轿车股份有限公司为例 [J].商业会计，2014 (4).

[22] 乔全营.我国中小企业资本运营的原则与影响因素研究[J].中国证券期货，2012 (11).

[23] 黄珏.中国国有企业集团资本运营模式及案例分析 [J].经济研究导刊，2010 (27).

[24] 吕景舜，李志阳.中航工业资本运作案例分析与启示 [J].卫星应用，2014 (5).

[25] 邓小清，宋金杰，聂晓萌.中小企业风险投资分析 [J].合作经济与科技，2014 (6).

[26] 姚江红.中小企业资本运营的类型及其模式选择浅析 [J].价值工程，2011 (31).

第二章 资本运营与企业成长

【学习要点】

☆ 了解资本运营的现状和误区；

☆ 理解企业并购的原则；

☆ 知晓资本运营对企业成长的意义；

☆ 重视资本运营在中国发展的必然趋势。

【章首案例】

华工科技：资本运作决定公司超预期增长空间

一、公司简介

华工科技产业股份有限公司是国家重点高新技术企业、国家"863"高技术成果产业化基地、中国激光行业的领军企业、中国电子信息企业百强。公司于1999年成立，2000年在深交所上市，是华中地区第一家高校背景的上市企业，也是中国资本市场上第一家以激光为主业的高科技企业。立足长远发展，公司现已形成激光装备制造、光通信器件、激光全息防伪、敏感电子元器件、现代服务业竞相

图片来源：www.hgtech.com.cn.

发展的产业格局。秉承"让知识与经济更近"的经营理念，公司旗下企业华工激光、华工正源、华工高理、华工图像、华工赛百的产品广泛应用于机械制造、航空航天、汽车工业、钢铁冶金、船舶工业、通信网络、国防军工等重要领域，市场占有率处于领先地位。致力于为全球用户提供高性价比的产品与服务，已与中国兵器集团、中国电子科技集团、中国航天科技集团、江南造船厂、武昌造船厂、东方电机、三一重工、中联重科、武钢、昆钢、华为、中兴、思科、格力、美的、海尔、LG、三星、开利、阿尔卡特等国内外知名企

业建立合作伙伴关系。

华工科技产业园地处"武汉·中国光谷"腹地，占地面积 500 余亩，建筑面积达 5 万平方米。目前已建成国内规模最大的激光加工设备生产基地、国内最大的激光全息防伪产品生产基地、敏感陶瓷电子元器件生产基地、一流的光有源器件光收发模块生产基地和国家中药产业化示范基地。作为国家重点高新技术企业，华工科技拥有激光技术国家重点实验室、激光加工国家工程研究中心、国家防伪工程技术研究中心、教育部敏感陶瓷工程研究中心等国家级科研机构，并且在美国、澳大利亚和以色列等国家设有研发中心，依靠完善的技术创新体系，不断利用自身的核心技术开发具有国际竞争力的产品，以持续的技术创新实现公司的可持续发展。

成立至今，华工科技一直坚定不移地推行国际化战略，通过实施"人才国际化、市场国际化、产品国际化和资本国际化"，全面提升企业的国际竞争力。2000 年，华工科技成功收购全球切割系统知名企业澳大利亚 FARLEY-LASERLAB 公司。利用该公司遍及全球的营销网络，华工科技骨干企业的产品已经销售至全球 30 多个国家和地区，为全球用户提供高性价比的产品与服务。华工科技将人才视为企业发展最宝贵的资源。公司现有员工 2000 余名，平均年龄 30 岁，具有本科及以上学历人员占 78%。立足于培养"懂技术的职业经理人，懂管理的技术专家"，公司通过建立完善的激励机制和竞争机制，积极倡导"勤于学习，勇于创新，敢于竞争，善于协作"的企业精神，致力于为员工营造创新空间，实现企业与员工的共同成长。华工科技在短短的几年内，成长为"中国光谷"的大型骨干企业和武汉市高科技企业的代表，得到了中央和地方各级领导的关注和支持。

二、华工科技的资本运营

华工科技是以华工科技产业股份有限公司为投资母体的跨地区、多元化、外向型的高新技术企业，产权清晰、运作规范，在全国拥有十几家装备先进、管理一流的生产制造型企业，代表性的有武汉华工图像技术开发有限公司、武汉华工新高理电子有限公司、武汉华工正源光子技术有限公司、武汉华工激光工程有限责任公司等。华工科技通过资本运作，一步步做大做强，成就了今天的华工。近年来，华工科技的资本运作情况如表 2-1 所示。

三、资本运营决定公司超预期增长

公司通过多次资本运营与主业整合完毕后，依托实际控制人华中科技大学

表 2-1　近年华工科技的资本运作情况

序号	年份	投资内容
1	2001	3月公司投资1.5亿元设立正元光子分公司，大力发展光通信产业
2		9月27日公司控股的武汉开目信息技术有限公司正式成立
3	2002	6月华工科技对投资控股的孵化型企业进行剥离，将其全部权益增资到武汉华工大学科技园发展有限公司，华工科技占36.39%的权益，是第二大股东
4	2004	3月为整合国际业务资源，加强国际市场开拓，华工科技注资设立武汉华工科贸有限公司
5	2005	11月13日华工科技股权分置改革方案获顺利通过，并于11月22日正式实施，股票简称由"华工科技"变更为"G华工"
6	2009	9月华工科技配股申请获中国证监会核准，实施10：2.5配股方案，并取得成功，《长江日报》整版报道华工科技十年辉煌成就
7	2011	3月华工科技非公开发行A股股票申请获得证监会发审委审核通过。
8	2012	3月华工科技旗下的华工图像与全球500强德莎公司签署技术合作协议，共同投资开发新型防伪产品——PLUS
9	2013	华工科技从2001年注资12570万元设立武汉华工激光工程有限责任公司，到2013年8月29日对该公司注册资本已达到34059万元，华工科技对武汉华工激光工程有限责任公司的参股比例达到了100%

的大力支持，将自身定位为面向激光技术以及应用领域的产品研发制造和销售的高科技公司，具体包括激光加工与系统设备、光电器件、敏感元器件和激光全息防伪系列产品四大产品系列，分别在子公司华工激光、正源光子、华工新高理和华工图像中经营。

激光加工设备下游应用广泛，公司在大功率领域技术实力领先：激光加工作为先进制造技术已广泛应用于汽车、电子、电器、航空、冶金、机械制造等诸多领域，对提高产品质量、劳动生产率、自动化、无污染、减少材料消耗等起到越来越重要的作用。公司大功率激光切割设备在国内处于垄断地位，国际上也具备很强的实力，普瑞玛和法利莱两大品牌占据国内60%以上的市场份额；公司在激光设备制作技术方面位居同行前列，已可以制作部分的大功率激光器和低端的光纤激光器和紫外激光器，公司是大功率激光器及应用分技术国家标准唯一承担单位。公司配股项目半导体材料激光精密制造装备是我国优先发展的一类新型制造装备，主要包括激光晶圆精密切割系统、非晶硅太阳能电池精密划线系统、LED蓝宝石衬底激光精密划线切割系统等，目前该市场每年的增长率超过50%。

光器件业务将保持快速增长态势：受益于运营商3G和4G建设，子公司正源光子取得了爆发式增长，光器件业务还将面临传输网扩容、三网融合、光纤到户等市场机遇，未来公司将形成高增长态势。

温度传感器市场需求快速增长、公司在国内处于技术垄断者地位：公司相关业务实现营业收入快速增长。子公司新高理在国内家用空调传感器行业处于领先地位，目前国内还没有竞争对手，公司销售给美的、格力大客户厂商的温度传感器 3 年提价 20%。除此之外，公司目前正在积极开拓汽车电子和 PTC 发热产品市场，汽车温度传感器应用市场空间较大，一般一台汽车需要 20~30 条传感器，常规 2~3 元一条，价格最高的可以达到 20 元一条。以国产 500 万辆计算，市场规模在 3 亿元以上。公司目前能做七八个产品，如空调用温度传感器，客户主要是主机厂（奇瑞、长安、昌河、柳工、哈飞）。PTC 发热产品属于国家节能减排鼓励产品，公司随着新产品的研发成功与市场的不断拓展，公司敏感元器件业务将继续保持高增长态势。

激光全息防伪系列产品较为稳定：子公司华工图像是国家海关总署试用防伪标志的唯一生产企业，是中盐总公司、国家烟草专卖局、原轻工部、卫生部和公安部使用防伪产品的重点生产企业。

资本运作决定公司超预期增长空间：子公司华工创投所投资的企业发展前景看好。其中，华中数控、天喻信息、新型电机和蓝星科技均已完成股改，成长性良好，有很好的发展潜力，已进入 Pre-IPO 程序；公司目前还持有武汉锐科、武汉光谷科威晶各 18% 和 18.24% 的股权，两家公司正在积极准备上市事宜。我们认为随着下属子公司和投资公司的成功上市，公司投资收益将迎来收获期，这决定了公司业绩超预期增长的空间。

资料来源：作者根据多方资料整理而成。

众所周知，资金是企业发展的血液。改革开放以来，民营企业大多起源于私营企业抑或是家族企业，而且行业分布局限，常常表现为规模小、资信低，企业的固定资产也相对较少，因此，在企业所需资金尤其是发展所需要的流动资金需要进行银行抵押担保贷款时，常常会由于找不到合适的抵押资产而使贷款搁浅，这就极大地限制了企业的发展。而企业通过资本运营的方式，就可以很好地解决这一问题。同时，资本运作也是提高企业管理水平的一种有效的途径和方式。通常而言，企业通过并购的方式取得对方企业的股权之后，也就意味着相互之间的管理制度、企业文化等众多方面要进行有效的融合。"你不会的，对方会；对方不会的，你会"，通过整合你会发现你什么都会了。而且企业通过有所选择地收购不同行业、不同地区的企业也可以有效地提高企业形象。业内知名的新奥燃气就通过资本运作的方式，实现了其在国内数十个城市的迅速发展，成为绿色能源的带头大哥。不仅扩充了企业的实力，而且也有效地提高了企业的社会形象，在短短的数年间就成为国内顶尖的能源企业，可谓是名利双收。

第一节　资本运营的发展状况和误区

资本运营是企业发展的普遍规律，企业发展过程也就是资本不断扩张的历程。资本运营的目标在于资本增值的最大化，资本运营的全部活动都是为了实现这一目标。并购是企业资本运营的核心，纵观当今世界实力雄厚的大财团、大企业的成长史，就会发现它们无一不是通过兼并、收购等企业外部交易战略的应用来实现资本扩张，以获取资本最大化的。诺贝尔经济学奖获得者乔治·斯蒂格勒曾经说过："没有一个美国大公司不是通过某种程度、某种方式的兼并发展起来的，几乎没有一家大公司是主要依靠内部扩张成长起来的。一个企业通过兼并其竞争对手的途径成为巨型企业是现代经济史上一个突出的现象。"

一、资本运营的发展状况

马克思的《资本论》从讨论商品和货币开始，进而考察货币转化为资本的过程，以此说明劳动过程中剩余价值的生产是资本获取收益（货币增值）能力的基础。通过价值形态到货币形态的发展，马克思强调了货币对商品生产，尤其是资本主义商品生产的重要性。马克思认为，货币不仅是财富的一般物质表现，而且也是资本主义生产中所进行的各种劳动活动的一切产品的形式，即货币的普遍性使得一切不同的劳动活动彼此发生联系。洛克、休谟和斯密、李嘉图的传统经济学中，货币在流通领域中起到的只是交换媒介的作用；凯恩斯的货币理论正是要冲破传统的货币数量论，建立了一种把货币理论与价值、分配理论或产出、就业理论联系起来的新的货币价值理论，从这一点来说，与马克思在对资本主义经济关系的理解上有共同之处；1952年美国经济学家威廉·鲍莫依据现金持有量与存货量的相似性，提出了最佳现金持有量模型（见图 2-1）。

由于企业的并购活动在发达国家资本运营活动中占相当大的比重，对经济活动影响巨大，特别是美国著名的大企业，几乎没有哪一家不是以某种方式、在某种程度上应用了兼并、收购而发展起来的。我们以美国为例说明国际资本运营的发展状况，如表 2-2 所示。

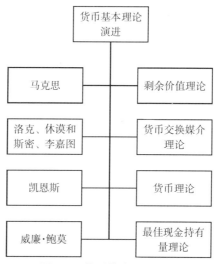

图 2-1　货币基本理论演进

表 2-2　美国历次兼并浪潮

次数	时间	背景	特征
第一次	1897~1904 年	美国经济快速扩张期	以横向兼并为主，表现为以重工业为主的产业集中
第二次	1922~1929 年	美国 20 年代经济高涨期	以纵向兼并为主，表现为食品、化工、采矿业为主的产业集中
第三次	20 世纪 60 年代	60 年代经济繁荣期	以混合兼并为主
第四次	1976~1988 年	经济复苏扩张期	服务业的集中加剧，资产剥离与兼并并重
第五次	1993 年至今	美国经济开始复苏	和第四次浪潮一样

从以上美国五次企业兼并浪潮可以看出：每次兼并浪潮都处在经济繁荣期；每次兼并浪潮都伴随着企业生存的外部环境如科学技术、产业演变阶段、相应法律及政策等因素的剧烈变化。这说明，大规模并购活动发生的原因在于企业生存的外部环境的剧变对企业并购的内在动机普遍刺激，即企业兼并浪潮是在内因和外因的交互作用下产生和发展起来的。

反观我国资本运营发展状况，由于中国对外开放相对于发达国家来讲比较晚，所以资本运营即企业兼并也是近年来才出现的新事物，中国的企业兼并浪潮从 20 世纪 80 年代至今，按中国国情也大致可划分为三个阶段：第一次并购浪潮发生在 20 世纪 80 年代末期，其特点是：并购是在政府强力干预下，发生在国有与集体企业间；并购具有横向性、产权不明晰、兼并不规范等问题。第二次并购浪潮是在 1992 年邓小平南方谈话后，其特点是：并购范围、规模扩大；"政治并购"开始转向"市场并购"。第三次并购浪潮发生在 2001 年至今，是在国际大环境的带动下，我国企业第三次并购浪潮悄悄兴起，其特点是：不再是政治任务使然，而是市场导向使然；不仅限于"大鱼吃小鱼"模式，也有强强联合之式；注重与高技术产业的交流与合作。

二、资本运营的误区

资本运营是企业扩张的利器。然而，并不是每个进行资本运营的企业都是成功的。很多企业在进行资本运营时，没有按照企业发展的内在规律和约束条件去做，在资本运营上进入一些误区。因此，企业要清醒地认识到自己的能力与约束，深入理解企业成长与资本运营之间的密切关系。总体来看，企业管理者在进行资本运营的过程中要警惕以下误区（见图 2-2）。

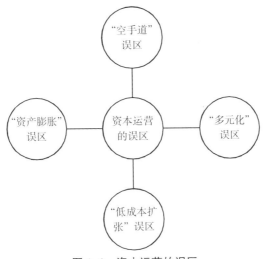

图 2-2　资本运营的误区

1. 走出"空手道"误区

常见的企业并购、生产重组等资本运营活动有三个特点：一是高智力性，即每一项企业并购重组都需要不同思路予以研究、规划，智力劳动占据主导地位。二是非生产性。不论是企业并购、资产置换，还是项目融资、财务顾问，所改变的只是资源流动和配置状况，本身并不创造任何产品和财富。三是高效益性。由于上述业务都是通过动脑策划（高智力）促进资产调整（非生产）来获得高收益的，因此有人将其形象地称为"空手道"。资本运营不仅仅是企业并购、资产重组这些所谓的产权资本运作，若将此类"资本运营"理解为比工商企业的实业经营更高级，则是有害无利的。

工商企业应以实业经营为主业，对于任何一个工商企业而言，主营业务只能是生产商品或销售商品和提供服务，它们的主要经营方式也只能是采购、生产、销售等。在经营过程中，以企业并购、重组为特征的资本运营，只是在相关条件成熟时发生的个案，不可能成为日常性业务。由此，一方面，将主要精力盯在这种资本运营上，犹如"守株待兔"，机会成本较大；另一方面，影响了主营业务的开展，将直接影响企业的经营成效和竞争力，实在是得不偿失。

资本运营与企业成长专栏 1

四川立信投资集团"空手道"命门

空手道有一种很典型的手段就是虚假出资，化"无"为"有"，骗取工商登记。一般说来，空手道——虚假出资不外乎以下几种招数，如表 2-3 所示。

表 2-3　空手道惯用招数

序号	招数	内　　容
1	快进快出型	设立公司或者给公司增加注册资本的时候，短期内将款项转入公司账户，骗取登记后转出，这是最为风行的手法
2	明出暗拖型	以不动产、知识产权、土地使用权等出资，实质上并没有办理财产转移手续，这类也很常见，比如转让方与受让方（需登记注册或增资的公司）签订合同，规定一个办理转移手续的期限，但之后一直没有将约定的权利转移给受让方
3	虚高型	以没有实际货币或者高于实际货币的银行进账单、对账单，甚至用虚假的实物投资手续来骗取验资报告

在四川立信投资集团，张良宾、张斌兄弟可谓三招并举：从重庆国际信托投资公司拆借 3 亿元、从四川立信拆借 1.13 亿元走账，变更登记之后迅速归还；用四川立应的专利技术出资 1 亿元却因真正专利权人不同意而没有办理过户手续；用重庆华祥的房地产出资，并出具财产转移保证书，但实际并未过户。由于公司设立、变更登记主要采取形式审查，张良宾兄弟的空手道并未被察觉。经过如此一番折腾，张良宾兄弟顺利地将西昌锌业注册资本从不足 1 亿元变更为 5.19 亿元。

公司或股东虚假出资固然可以满足一时之需，但同时也给自己埋下了一颗随时可能引爆的地雷。"空手道"的公司外强中干，一旦发生重大债务纠纷或股东纠纷，极易因债权人主张权利或股东、竞争对手的举报东窗事发。虚假出资的责任根据后果的严重程度，可大可小。小的则如《公司法》的违约责任和对债权人的清偿责任。虚假出资股东得按照出资协议或者章程的规定补足虚假出资的部分，并承担对其他股东的违约责任。如果公司还有债权人，公司财产不足以清偿的，虚假出资股东个人还需在其应出资额限度内对债权人的债务承担清偿责任。稍重一点便有可能要承担行政处罚，由公司登记机关处以虚假出资金额5%~15%的罚款，情节严重的，还可以撤销公司登记或者吊销营业执照。再重就是承担刑事责任了。根据刑法规定，构成虚假出资罪的，可以处5年以下有期徒刑或者拘役，并处相当比例的罚金。根据有关司法解释，虚假出资、抽逃出资，骗取工商登记，给公司、股东、债权人造成的直接经济损失在10万~50万元以上的，便可构成虚假出资罪。如果未达到上述数额标准，但是有其他严重情节的，如致使公司资不抵债或者无法正常经营的，发起人、股东合谋的，有前科受过行政处罚的、利用虚假出资、抽逃出资所得资金进行违法活动的，也可以构成该罪。

2009年12月9日，四川省高级人民法院二审审理判决，维持凉山州中级人民法院一审判决，张良宾因犯职务侵占罪、虚假出资罪，数罪并罚被判处有期徒刑18年，并处没收财产人民币100万元；张斌因犯职务侵占罪、虚假出资罪，数罪并罚被判处有期徒刑16年，并处没收财产人民币50万元。至此，曾经在资本市场风光一时的"朝华系"帮主张良宾及其弟弟张斌，在西南股市纵横十多年后终于受到了法律应有的制裁。所以，仅仅依靠资本运营，特别是"空手道"这种手段来促使企业发展甚至企业生存都是不可能的。

资料来源：作者根据多方资料整理而成。

2. 走出"资产膨胀"误区

企业并购、资产重组等资本运营必然使单个企业的资产数量和经营规模扩大。一些人由此简单地将企业资产规模和经营规模扩大的过程看作资本运营的过程，并将"规模"与"经济"简单地连在一起，认为只要有了"规模"，就实现了规模经济；一些企业简单地将经济实力、经营业绩与资产规模画等号，试图通过并购，实现资产规模在尽可能短的时间内达到最大化，并以"规模经济"为自己的行为正名。这一现象提出了一个重要问题：资产膨胀是否等于规模经济？

规模经济的形成以资产增加为前提。增加资产的途径主要有两条：一是资金投入的增加，包括利润转化为投资、股东的追加投资和借贷资金投入等；二是企业间的并购重组等。从这个意义上说，企业并购重组是实现规模经济的重要机制。但是，资产规模的扩大并不会自然形成规模经济，企业并购重组也并非有利于构造规模经济格局。这要具体问题具体分析，如规模经济的饱和区间有多大、边际变动率以及财务成本、投资成本等相关因素的变动等。

3. 走出"多元化"误区

多元化经营有利于企业分散风险，把握盈利机会，提高资本运作效率，但多元化经营也同样会导致企业资金短缺、经济效益降低、投资膨胀等问题。从我国大部分企业的情况而言，尚不具备多元化经营的能力。走出"多元化"的误区，需弄清楚"多元化投资"和"多元化经营"的区别。"多元化经营"是指企业自己投资并经营多个产业部门的业务，以谋求较高收益的运作方式；"多元化投资"则是指企业在集中经营某项业务的同时，将资金投入其他产业部门的企业，以分散资本风险，寻求新的商业机会的运作方式。实行"多元化投资"的一个内在机制是在现代经济中高新技术不断涌现和发展，大量的新产品是多种科技成果结合的产物，企业要保持和提高自己的竞争优势，仅靠独自的技术开发常常是不够的，为此需要向相关技术的产业和企业进行投资，以获取科技发展及其他方面的信息，弥补自身不足。因此，从"多元化"战略出发开展资本运营对我国的绝大多数企业来说，应选择的是"多元化投资"，而不是"多元化经营"。

资本运营与企业成长专栏 2

辽宁成大多元化发展

辽宁成大股份有限公司是辽宁成大集团公司的骨干企业，于 1993 年 8 月在辽宁省针棉毛织品进出口公司的基础上改组创立的。辽宁成大主营针棉毛织品及服装的进出口及代理业务，承包境外工程和境内国际招标工程及劳务输出等，现有总资产 65 亿元，净资产 48 亿元，年进出口总额近 4 亿元，年销售收入近 60 亿元，是中国进出口额最大的 500 家企业之一，东北地区贸易额最大的流通企业。

图片来源：www.chengda.com.cn

通过经营结构的战略性调整，辽宁成大控股了公司辽宁成大国际贸易有限公司（简称"成大国际"），继承了辽宁成大传统的主业——纺织品进出口业务，主营品种包括毛衫、梭织服装、运动服装、童装、泳装、袜子等。产品销往美国、欧洲、日本、澳大利亚等国家和地区，年进出口总额超过 1.5 亿美元。辽宁成大贸易发展有限公司（简称"成大贸易"）是经营大宗商品的综合性贸易公司，注册资本 1 亿元人民币，年贸易额达 30 亿元人民币。公司主营水产、木材、粮油、化工等大宗商品的进出口贸易，进、来料加工贸易和国内贸易，销售网络遍布五大洲 80 多个国家，与国内外贸易商和供应商建立了良好的合作关系。成大国际和成大贸易作为公司发展之初的主营业务，为公司的规模扩张做出了很大贡献。

辽宁成大的多元化投资发展之路如图 2-3 所示。

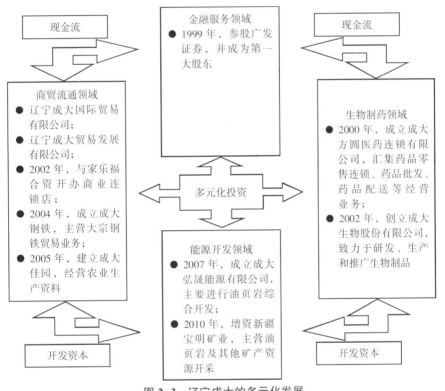

图 2-3　辽宁成大的多元化发展
资料来源：作者根据多方资料整理而成。

1996 年 8 月 19 日，辽宁成大在上海证券交易所挂牌上市（股票代码：600739），成为辽宁外经贸系统首家上市公司。辽宁成大的上市为其建立了一条持续不断的高效直接融资渠道，使得公司进行多元化投资项目获得了稳定的资金支持和财务保障。与此同时，上市有效地提高了产权的流动性，能促使企业价值最大化，而且提升了企业的知名度和信誉度。

辽宁成大在上市之后，在经营结构上进行战略性调整，开发现代物流，发展服务贸易；持续开拓资本市场，扩大证券投资；建立跨省医药连锁销售；以风险投资方式进军高科技产业；兴办装饰建材超市；进军新能源开发等。建立各业互为依托、相互促进的经营体系，已经由过去单一经营国际贸易业务，发展为集国内外贸易、生物制药、医药连锁、能源投资、金融投资、商业投资等多业并举、协调发展的综合型大型上市公司。可以看出，辽宁成大不仅仅注重多元化经营战略，更注重多元化投资战略，两大战略协同促使辽宁成大飞速发展。所以，对我国的绝大多数企业来说，开展资本运营应选择"多元化投资"。

4. 走出"低成本扩张"误区

在企业并购、重组中，一些企业提出"低成本扩张"的思路，试图以尽可能低的投资来最大限度地增加资产数量，实现资产的快速扩张。一些学者也认为，这是一种值得提倡的资本运营战略，并加以论证和宣传。但是，低成本扩张的思想违反市场交易规则，不符合资本运营的内在要求。

以企业来说，"低成本扩张"的成本并不低。"低成本扩张"简单以企业在资产交易环节中付出的代价来计算成本，但对并购企业而言，真正的成本并不以此为限，它还包括并购企业在并购了目标企业后进行的技术开发、项目投资、设备更新、经营管理、产品调整、市场开拓、人员培训及各种复杂事务方面所付出的代价。结果，并购企业非但未能救活目标企业，而且使自己陷入经营困境，甚至成为其他企业并购的目标。这种案例，不论在国际社会还是在我国现实生活中都不少见。

对于并购企业来说，关键的问题并不在于并购目标企业能否以较低的价格获得其资产，而在于是否拥有技术、管理、产品、市场等方面的优势。拥有这些优势，即便按等价交换规则收购目标企业的资产，并购后的营运也能获得成功；缺乏这些优势，即使无偿获得了目标企业的资产，并购后的营运也可能失败。因此，"低成本"不是实现企业并购、重组的关键。应提倡和鼓励的是，并购企业利用技术、管理、产品、市场等方面的优势来展开并购、重组，以促使企业营运方式的市场化和市场竞争力的提升。

资本运营与企业成长专栏 3

长铝的"低成本扩张"

图片来源：www.cgwac.com.

　　中国长城铝业公司是中国铝业公司的成员企业，是集生产、建设、科研、经营为一体的国有大型综合性企业。公司前身为始建于 1958 年的河南铝业公司，先后更名为郑州铝业公司、五〇三厂、郑州铝厂，1992 年 6 月由郑州铝厂、中州铝厂、郑州轻金属研究院、郑铝矿山公司组建成立中国长城铝业公司，为中国最大的氧化铝生产企业。

　　2001 年 11 月，中国铝业公司重组上市后，中国长城铝业公司也进行了大规模的资产和人员重组。至 2007 年底，公司共有从业人员 5600 人，资产总值 34 亿元，综合经营收入 18 亿元。公司具有年产 100 万吨普通硅酸盐水泥、10 万吨钢结构、10 万吨铝电解用炭阳极生产能力及 10 亿元建筑安装能力。主要业务涉及水泥建材、工业建筑施工、钢结构出口加工、多品种氧化铝及化工新材料、炭素制品以及酒店服务、房地产开发、仓储物流、信息通信、工业自动化控制和软件开发等。

　　基于资本运营理念，长铝公司从企业实际出发，选择了裂变式发展，设立股份有限公司和租赁经营两种有效方式，并不盲目地追求"低成本"。众鑫公司就是从长铝公司母体里裂变出来的一个新型的按新机制运行的现代企业。建立现代企业制度是我国大中型国有企业改革的方向，其组织形式主要表现为股份有限公司和有限责任公司，其中最典型的是股份有限公司。投资主体多元化和股权多元化是建立现代企业制度的前提。中国长城铝业公司组织机构如图2-4 所示。

　　首先，众鑫公司通过招股把职工手中的消费资金转化为生产发展资金，解决了中州铝厂目前发展资金短缺的问题，把分散的个人资本集中为巨额的社会资本，加快了资本的积累和集中速度，通过产品经营实现了企业内部扩张，提高了资本的集中效益。

　　其次，众鑫公司采取长铝公司投股、工会参股、个人入股的低成本形式，

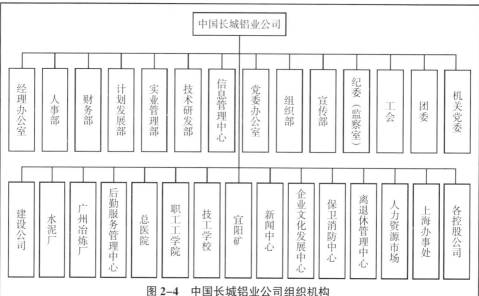

图 2-4　中国长城铝业公司组织机构

资本共筹，风险共担，利益共享，各投资主体在经济上处于平等地位，企业法人具有法人财产权，可以独立地运用和经营所有经营者投资形成的资本，优化了资本的所有制关系，政府对企业的直接干预失去了存在的依据，促进了资本与经营资本专家的有效结合，使资本运行掌握在善于经营和管理的专家手中，从而利用低成本提高了资本的收益。

最后，长城铝业公司看准时机，以低成本收购有前景的企业。为了进一步提高公司炭素制品的市场占有份额，众鑫公司通过对国内铝电行业预焙炭阳极需求增加和出口市场的分析，认为加入世界贸易组织后，中国作为主要的原材料加工市场，炭素制品前景未来几年内将更趋看好。于是决定租赁收购已停产 3 年的湖北蒲圻炭素厂。经与厂方协商，在当地市委、市政府的协调支持下，2001 年 11 月公司投资 600 万元，注册成立了赤壁长城炭素制品有限公司。经过 2 个多月的改造扩建，已形成 30000 吨的生产规模。凭借长铝公司成熟的技术、一流的管理和人才优势、低廉的成本、稳定的市场和较高的产量，2002 年赤炭公司的保守利润将不低于 1000 万元。这家建厂近 30 年、停厂近 3 年的省属国有老字号企业已重新焕发勃勃生机。至此，众鑫公司实现了跨省发展的宏大目标。

因此，"低成本"扩张并不是实现企业并购、重组的关键，有节奏性、目标性的资本运营，再看准时机运作才能发挥其最大功效。我国中小上市企业尤其要注意这点。

资料来源：作者根据多方资料整理而成。

综上所述，资本运营最重视的是资本的支配和使用，它将资本运用看得比资本占有更为重要，因为利润来源于使用资产而非拥有资产。因此，它注重通过合资、兼并、控股、租赁等形式来获得对更大资本的支配权，即把"蛋糕做大"，注重通过战略联盟等形式与其他企业合作开拓市场，获取技术，降低风险，从而增强竞争实力，获得更大的资本增值，同时我们也必须注意到资本运营并不意味着"捡到篮子里的都是菜"，只有在收购、融资、联合之前将彼此的发展目标、经营思路、文化氛围、管理规则多加权衡，才能有效地树立起新的权威，而不是"二虎相争，必有一伤"的结局。

第二节 资本运营与企业成长

一、资本运营与企业经营的关系

资本运营是企业成长的重要手段，通过合理的资本运营，企业可以在短时间内发展壮大，并且可以获得通过自身努力无法获得的资源，美国经济学家、诺贝尔经济学奖获得者乔治·斯蒂格勒曾经说过，综观世界上著名的大企业、大公司，没有一家不是在某个时候以某种方式通过资本运营发展起来，也没有哪一家是单纯依靠企业自身利润积累发展起来的。

企业经营讲的是企业的生产经营，是以法人资产保值增值和股东财富最大化为目的，对具体的资产和其他相关生产要素进行管理、配置和运用，使其发挥出最大的功效，以尽可能低的投入创造出尽可能高的产出的过程。企业经营，是企业为了持续、稳定、健康发展，实现企业的经营目标，通过对市场环境、宏观条件、本行业发展趋势和地区同行业的动态分析，研究确定本企业的经营目标和使命。一般来说，企业生产经营所追求的是专业化和特色化，集中在经营者所擅长的资产经营领域内从事资产经营活动，创造出最大的生产利润。企业生产经营的这些特点要求经营者必须具备包括人力资本在内的各项具体生产要素的组合与配置能力；对具体的产品市场与要素市场状况和前景的了解和预测能力；可以看出，企业生产经营作为国民财富的创造过程，是国民经济活动中最基本的内容。从财务会计的角度讲，这些活动主要涉及资产负债表左侧的诸项内容。要实现企业的经营，必须使企业的资本放大、增值，在经济运行中处于较高层次，获得超额利润。资本运营是我国社会主义市场经济体制建立过程中提出的一个新的经济范畴。企业是资本的载体，资本是企业的血液。搞好资本运作，合理地筹措资本，有效地运用资本，不断地增加资本积累，提高资本运作的效率和效益，才能使企业充满活力。

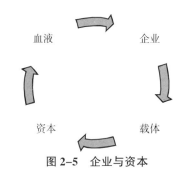

图 2-5　企业与资本

如果说企业生产经营活动主要是管理活动，那么资本运营则主要是投资活动。这一点必须加以澄清，资本运营中的融资问题无论在因果关系上还是在先后顺序上讲，一般都处于从属地位。虽然资本运营也涉及融资内容，但它从根本上讲仍是投资活动，而不是融资活动。从财务运作的程序来讲，资本运营作为企业发展战略的实现方式已经确定，才可能涉及资本预算和融资问题。

资本运营与企业成长专栏 4

青岛东方集团搞活资本运营

青岛东方化工集团通过三次成功的资本运营，探索出一条资产重组、优势互补、共同发展的企业改革之路。随着社会主义市场经济的不断完善和现代企业制度的建立，东方集团领导人认识到，在新的形势下，企业原有的经营模式已明显不能适应市场经济的需要，因此，他们把企业腾飞的基石选在了资本运营上，并结合企业实际，确定了资本运营的六结合原则（见表 2-4）。

东方集团资本运营的第一步棋是走出去。那时，莱西市玻璃钢厂和青岛科贝尔化工有限公司因资不抵债被依法破产。东方集团的领导看中了这两家破产

表 2-4 青岛东方集团六结合原则

序 号	原 则
1	必须实现资本运营与生产经营的有机结合
2	实现低成本扩张和资本收益的有机结合
3	实现资源的优化配置和政府政策扶持的有机结合
4	实现企业经济实力与品牌优势的有机结合
5	实现企业内部完善管理与外部规模经济的有机结合
6	应该实现少数管理、技术人员与全体职工的有机结合

企业处于城区边缘的地理发展潜力，便积极行动，取得市委、市政府的支持，经反复磋商，最终达成了由东方集团全面收购两家破产企业。经东方人妙手回春，莱西市玻璃钢厂和青岛科贝尔化工有限公司变成了人人争着要去的好地方，成了东方集团新的经济增长点。

尝到了低成本扩张甜头的东方人，又把睿智的目光盯到了当地优势企业的身上，走出了资本运营的第二步棋。他们借国家清理党政机关办企业之机，低成本接收了莱西市通达资源开发公司、通达建筑工程公司和莱西金店，把企业的经营范围拓宽到钢材销售、金银饰品交易、建筑工程和汽车交易中，做大了蛋糕，降低了企业的经营风险。他们对通达资源公司进行了彻底的体制改革，发挥其商贸服务优势，与中国一汽合作，投资 2000 万元建起了胶东半岛最大的汽车交易市场——山东汽车交易市场，年销售收入 5000 万元，年可实现利税 500 万元，成为东方集团的又一新的经济增长点。

紧接着，东方集团又走出了资本运营的第三步棋，出资 210.6 万元控股兼并了乳山化肥厂，组建了青岛东方化工集团乳山化肥有限公司，实现了对乳山化肥厂 7000 多万元资产的有效控制。东方集团派出年富力强的副总经理李尚明去乳山担任董事长。李尚明到了乳山后，大刀阔斧地进行企业内部改革，引进了比价采购、竞争上岗、成本倒推、定置管理等一系列硬碰硬的、已在东方证明是极其有效的管理方法。果真是"东方亮了西方也亮"，这些管理办法在乳山很快就度过了水土不服期，生根发芽了。一年下来，企业节省采购成本 300 多万元。通过公开竞争上岗，后勤科室人员由原先的 100 多人压缩到 40 多人，余下的那 60 多人又组建了新的复合肥车间。结果，乳山上了一个 10 万吨的复合肥项目，却没有从社会上招收一名工人，内部人力资源的优化配置，实现了"1+1＞2"的效果。乳山重组后的第一年，就创造了巨大的经济效益，实现利税 150 万元，股东的投资回报率高达 20%，受到了乳山政府的高度赞扬，乳山的职工也第一次品尝到高工资的滋味。

青岛东方集团不仅搞好了企业生产经营，更把资本运营搞活了，成功地把企业生产经营和企业资本运营结合了起来，值得其他企业效仿和借鉴。

资料来源：作者根据多方资料整理而成。

（1）企业生产经营是资本运营的基础和最终归宿。首先，在企业生产经营和资本运营的发展变化过程中，企业生产经营是资本运营的基础，资本运营要服务于企业生产经营，要符合企业生产经营的发展战略和发展方向。其次，资本运营的最终目的是实现资本的增值，但是资本运营本身并不创造价值，从创造价值的角度看，资本需要通过资本所有者的投资活动和企业的筹资活动进入企业，在企业内根据选定的投资项目转化为资产，用于某种生产经营活动。因此，对企业而言，资本运营的收益主要来源于生产要素优化带来的经营利润，其实质是企业生产经营所创造财富的二次分配。

（2）资本运营是企业生产经营发展到一定阶段的客观要求。市场竞争规律是市场经济的一条重要规律，优胜劣汰、适者生存是竞争的基本法则。企业生产经营成本是决定企业市场竞争力的一个重要因素，生产经营成本的高低是衡量企业竞争能力的一个重要标准，在某种程度上企业的竞争是企业生产经营成本的竞争。因此，各个企业为了提高市场竞争力，都力图降低生产经营成本，而资本运营是企业降低成本、提高市场竞争力的重要途径。企业通过资本运营，既降低交易费用，又利用自己的各种优势，在更大的范围内支配生产要素，实现优势互补，追求规模经济效应和范围经济效应，使资源的配置更加优化高效，节约成本，提高竞争力。

资本运营与企业成长专栏 5

国美电器资本运营

国美电器（GOME）成立于 1987 年 1 月 1 日，是中国大陆家电零售连锁企业。2009 年，国美电器入选中国世界纪录协会中国最大的家电零售连锁企业。

一、国美电器发展历程

1987 年 1 月 1 日，国美电器在北京成立了第一

图片来源：www.gome.com.cn.

家以经营各类家用电器为主、不足 100 平方米的小店。从 1993 年开始，国美电器统一门店名称、统一商品展示方式、统一门店售后服务、统一宣传，建立起低成本、可复制的发展模式，形成中国家电零售连锁模式的雏形。

2004 年 6 月，国美电器在香港成功上市。在"2004 百富人气榜暨品牌影响力"评选中，国美电器位居品牌影响力企业第二名，2006 年成功收购上海永乐生活家电，2007 年 12 月成功并购北京大中电器后，成为国内家电连锁企业中门店数量最多的一家。

2011 年 4 月，国美电子商务网站全新上线。国美率先创新出"B2C + 实体店"融合的电子商务运营模式。

2013 年，国美门店总数（含大中电器）达 1063 家，覆盖全国 256 个城市，同时国美还有 542 家非上市公司，因此国美集团总门店数为 1605 家。

二、国美电器上市

国美电器 2004 年 6 月通过借壳上市的方式在港挂牌上市，黄光裕主导的一系列资本运作堪称奇招，国美电器上市资本运作按照时间顺序大致可分为买壳、洗壳、资产重组、上市四大步骤（见表 2-5）。

表 2-5 国美电器上市实施过程

年　份	步　骤	具体内容
2000	买壳	12 月 29 日，黄光裕持京华自动化（HK0493）代价股 36003500 股中的 3600 万股，持股比例为京华自动化全部股份 16.1%，成为京华自动化第二大股东
2002~2004		2 月 5 日，黄光裕独资拥有的 Shinning Crown 公司用现金以每股 0.1 港元认购 13.5 亿股京华自动化发行的新股。Shinning Crown 持有股份占京华自动化已发行股本的 83.4%，再加上黄光裕个人已持有的 2.2% 的股份，共拥有京华自动化（HK0493）85.6% 的股份，成为绝对控股股东
	洗壳	向京华自动化注入地产业务→京华自动化资产逐步被置换为房地产→京华自动化被改造为黄光裕个人持股 66.9%，公众投资持股 30.1%
2004	资产重组	国美资产的重组是准备上市的第一步，黄光裕将国美电器分为上市部分（4 月成立北京亿福网络技术有限公司）与非上市部分（开业不久的且营业额不稳定的 37 家分店）。第二步，把国美电器转变成一家中外合资企业。先在英属维尔京群岛注册成立一家离岸公司 Ocean Town，然后在 4 月 20 日，鹏润亿福将持有的国美电器有限公司 65% 的股权转让给 Ocean Town，从而 Ocean Town 持有国美电器有限公司 65% 的股权，国美电器也由此转变为一家中外合资企业
	上市	6 月，中国鹏润（HK 0493）宣布以 83 亿港元，收购 Ocean Town 所持有的国美电器分拆上市部分 65% 的股权，全部以代价股和股权证进行交易，同时将中国鹏润更名为国美电器，这样，国美电器通过曲线借壳方式走向了资本市场

很明显，国美电器在上市前后的股权结构发生了重大变化。上市前后的股权结构如图 2-6 和图 2-7 所示。

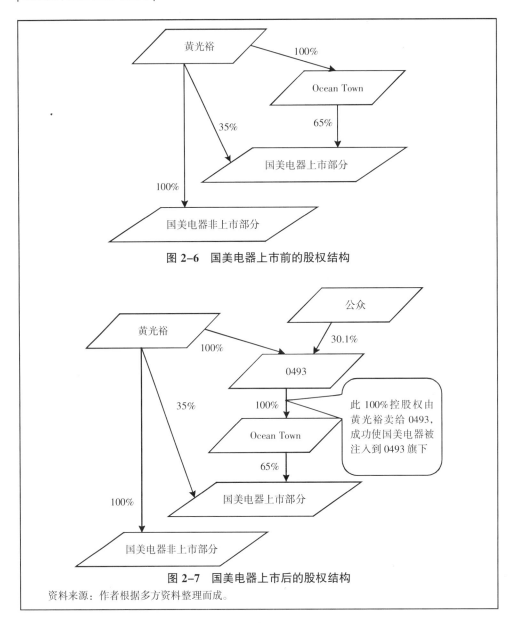

图 2-6　国美电器上市前的股权结构

图 2-7　国美电器上市后的股权结构

资料来源：作者根据多方资料整理而成。

二、资本运营对企业成长的意义

当今世界经济格局已进入大公司、大集团时代。中国企业也正面临着以增强核心竞争力为基础的战略转型期。随着国内市场的进一步成熟以及竞争的进一步加剧，传统的企业增长方式已无法跟上发展的步伐。只有把企业的各种要素，包括产品、技术、设备、厂房、商标、战略、服务、文化、管理团队等，以资本的形式进行流动、整合和重构，进一步优化配置，形成合力，才能实现新的突破。一些在改革开放中发展壮大的企业集团，为应对开放的世界市场经济的挑战，提升国际竞争力，把公司做大做强，借鉴跨国公司的发展经验，采取了资本运营模式，增强核心竞争力，以谋求拥有独特的战略地位。

企业作为运用资本进行生产经营的单位，是资本生存、增值和获取收益的客观载体。企业对生产经营进行组织与管理，实质上是对资本进行运筹与规划，任何企业的生产经营都是根植于资本运作的基础之上，都必须借助资本形式转换。在某种意义上，企业生产经营可以视为资本运营的实现形式。因此，在任何企业的生产经营过程中，都要重视、运用资本运营，都不能仅仅是为产品的生产而生产，为产品的经营而经营。作为资本运营的具体实现形式，企业的生产经营活动必须注重对资本的组织、管理与运营，以达到资本安全、增值的目的，不注重资本的运行，不追求资本安全与增值目标，将严重阻碍企业的发展。一般而言，资本运营至少在以下几个方面对企业发展做出贡献：

（1）有利于完善企业制度。企业制度是企业产权制度、组织形式和经营管理制度的总和，是一个以产权制度为基础建立起来的企业组织形式和经营管理制度体系。企业制度的变革与完善，是民营企业内在成长的标志，资本运营带来的规模扩大、市场占有率提高等企业成长的外在效果，要求企业适时改革和完善企业制度，建立推动企业健康、有序、可持续发展的制度体系，调整企业与内部员工及外部经济主体之间的经济关系。

（2）有利于优化企业资本结构，盘活企业存量资本。一般来说，企业的资本结构是股权和债权的资本比例关系，反映着企业内部的权益关系。资本结构是否合理，不仅关系着企业正常的生产经营活动，而且对企业的发展、壮大起着不可忽视的作用。合理的资本结构会使企业的投入资本起到四两拨千斤的效果，而企业有效的资本运作方式恰恰能优化企业的资本结构，降低资金成本。经过一段时间生产经营的企业，或多或少都会存在一些不可用、无须用或很少用的闲置资产，这些闲置资产长期被置于生产经营活动之外，不仅会占据企业一定的人力、物力资源，形成资源浪费，而且会造成企业资金沉淀，影响企业经营效益。资本运作能够通过资本交易等方式，将无用资产转换成可用资产，进而提高资本收益水平。

（3）有利于扩张企业规模。作为企业成长的表现形式之一，企业规模的扩张，需要通过优化配置企业内部资源，运用收购、兼并、融资租赁等资本运营手段，整合企业内外部资源，获得企业发展所需的重要资质和技术能力等竞争优势，形成规模经济，获取规模效益，实现企业跨越式的发展。

资本运营与企业成长专栏 6

太太药业的巨变

健康元药业集团股份有限公司（以下称健康元药业集团）前身为深圳太太保健食品有限公司。由朱保国董事长于 1992 年创办成立，靠一剂"太太口服液"奠定保健品行业龙头地位；1995 年战

图片来源：www.joincare.com.

略转型进军药业，更名为深圳太太药业有限公司；1997 年收购深圳市海滨制药有限公司完成从保健品企业到制药企业成功转型；1999 年股份制改造完成变更为深圳太太药业股份有限公司；2001 年太太药业上海证券交易所挂牌，成功上市，发行 7000 万股，募集资金 17 亿元，为当时 A 股上市募集资金最多的民营企业。之后，健康元药业集团相继收购健康药业（中国）有限公司、丽珠医药集团股份有限公司等优质医药企业；2003 年更名为健康元药业集团股份有限公司。

1992~2000 年，太太药业创业成功，依靠内部资源实现成长。20 世纪 90 年代初，中国保健品市场群雄并起，但没有一家定位于妇女保健品，朱保国敏锐地预见这一巨大商机。1992 年 12 月 18 日，他创立太太药业的前身——爱迷尔食品公司正式成立。1993 年 3 月 8 日，首批"太太口服液"上市，成为国内第一种女性内服美容保健品。目睹深圳其他企业"上市"后的变化，他认定上市是迅速做大做强企业的一条捷径。1997 年 4 月，他代表太太药业与广东省海外（深圳）有限公司签订股权转让协议；1998 年 8 月，太太药业通过旗下公司受让海滨制药余下 40% 股份，金额达 12585 万元。至此，太太药业全资拥有海滨制药，跨入西药领域。此次巨资收购被称为"新中国成立以来医药行业一宗最大的现金收购案"。

2001~2002 年，太太药业转变成长模式，实行资本运作模式成长。2001 年 5 月 9 日，太太药业 7000 万 A 股股票在上交所上网定价发行。2001 年 6 月 8 日太太药业 7000 万 A 股在上海证券交易所挂牌上市募集了 17.36 亿元现金。太太药业 A 股上市对朱保国来说无疑是从依靠内部资源发展扩张的家族企业向资本运作并购型家族企业转化的分水岭。2002 年 3 月，太太药业与香港天诚实业有限公司合并完成收购健康药业（中国）有限公司 100% 股权及鹰牌商标

的注册商标所有权。3月28日，太太药业开始参股丽珠医药集团股份有限公司，截至5月9日太太药业及其控股子公司合并持有丽珠集团21.32%股份，成为丽珠集团第一大股东。

2003年至今，太太药业更名为健康元，资本运作以回购为特征。2003年太太药业更名为健康元，9月29日健康元药业集团股份有限公司诞生。2009年7月，健康元药业集团股东大会通过可交换债提案，全国首例上市公司发行可交换债。2009年12月，丽珠集团完成B股回购，累计回购股份10313630股，占总股本3.37%，健康元药业集团持丽珠集团股份上升近2个百分点至45.31%。2011年1月，健康元提出回购方案：资金总额不超过3亿元、回购股份价格不超过12元/股的条件下，回购股份不超过2500万股社会公众股。2011年4月，健康元公告首次实施A股回购。2011年11月1日，健康元成功发行10亿元公司债券。2011年11月28日，公司发行的健康元2011年公司债券在上海证券交易所竞价系统和固定收益证券综合电子平台上交易，债券简称：11健康元，债券代码：122096。2011年11月30日，健康元回购方案实施完毕，回购社会公众股份29252223股。由太太药业蜕变而成的健康元药业集团规模不断发展壮大。

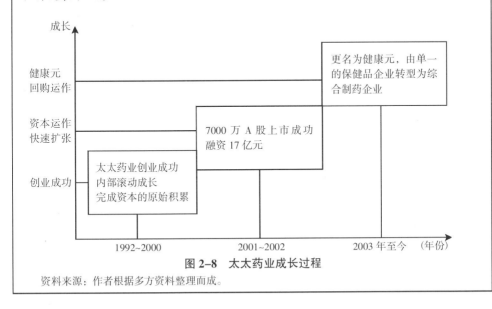

图2-8　太太药业成长过程

资料来源：作者根据多方资料整理而成。

（4）有利于调整产业结构。为了适应不断变化的经济环境，企业必须以市场为导向，调整产业结构，提高企业自身的市场竞争能力。资本运营能借助资本市场，调整产业结构，优化企业生产经营的方向，规避和分散结构变化给企业发展带来的风险，实现企业向本行业或跨行业渗透、扩张的目的。

三、资本运营如何促进企业成长

企业既要成长，必要有原因。所谓企业成长动因，是由于企业内部条件处在成长需求状态时，驱使企业自觉朝着自我发展、自我完善的方向努力的原动力，企业成长动因是推动企业成长的客观条件。企业成长动因是企业内部矛盾运动与外部诱因相互作用的结果，在现代经济社会里，激烈的市场竞争和企业生存环境的急剧变幻，迫使企业不得不在存亡之间做出选择，所以企业成长的内部动因是在外在压力的压迫下释放出来的驱动力量。就此意义而言，如企业家、资本、技术、资源、文化等要素在不同的时期都可以成为企业成长的内部驱动性因素，而企业家是企业物质要素的组织者，当他处于被动状态的时候，他所领导的组织活动不能达到最佳的状态，也很难实现企业成长的要求。

企业家对于企业来说很关键。在这里，我们就企业家进行的资本运营如何促进企业成长而加以探讨。

企业家通过股票上市、控股扩张、收购兼并、跨国投资经营等有效合理的资本运营方式，可以促使企业成长为科技水平领先、市场占有率高、规模达省级（国家级乃至世界级）、多元化经营效益可观的优势企业。

图 2-9　资本运营促企业成长

（1）股票上市促企业初步成长。中国的企业现在都有"上市情结"，认为只有上市了，企业才是成功的。这是一种"病"，但也无可厚非。企业通过公开发行股票募集社会闲散资本，是资本运作的高级形式，有条件的企业都应积极而且应当争取运用这种方式。一是上市最明显的优点在于获取资金。非上市公司通常资金有限，也就意味着它们为维持自身运营提供资金的资源有限。公司能够通过上市获得大量的资金进而初步成长。通过公开发售股票（股权），一家公司能募集到可用于多种目的的资金，包括增长和扩张、清偿债务、市场营销、研究和发展，以及公司并购。不仅如此，公司一旦上市，还可以通过发行债券、股权再融资或定向增发（PIPE）再次从公开市场募集到更多资金。二是上市可以帮助公司获得声望和国际信任度。伴随公司上市的宣传效应对于其产品和服务的营销非常有效。而且，受到更多的关注常常会促进新的商业或战略联盟的形成，吸引潜在的合伙人和合并对象。从私人公司向上市公司的转变还会增进公司的国际形象，并为顾客和供货商提供与公司长期合作的信心。一个在国际资本市场上市的公司将在中国国内获得显著的品牌认同。这些对于企业的成长相当重要。

（2）兼并收购促企业壮大成长。兼并指两家或者更多的独立企业，公司合并组成一家企业，通常由一家占优势的公司吸收一家或者多家公司。收购指一家企业用现金或者有价证券购买另一家企业的股票或者资产，以获得对该企业的全部资产或者某项资产的所有权，或对该企业的控制权。一是兼并收购可以扩大企业生产经营规模，降低成本费用。通过兼并收购，企业规模得到壮大，能够形成有效的规模效应。规模效应能够带来资源的充分利用，资源的充分整合，降低管理、原料、生产等各个环节的成本，从而降低总成本。二是通过兼并收购，可以提高企业市场份额，提升企业在行业中的战略地位。规模大的企业，伴随生产力的提高，销售网络的完善，市场份额将会有比较大的提高，从而确立企业在行业中的领导地位。三是通过兼并收购跨入新的行业，企业可以实施多元化战略，分散投资风险。随着行业竞争的加剧，企业通过对其他行业的投资，不仅能有效地扩充企业的经营范围，获取更广泛的市场和利润，而且能够分散因本行业竞争带来的风险。

（3）跨国投资促企业高度成长。企业经营的国际化已成为一种发展趋势，过去多数企业的国际化经营主要停留在直接出口、间接出口和补偿贸易等初级形式上，难以在国际市场取得竞争优势。现在搞资本运作，优势企业可更多地采用合资经营、独立经营、跨国并购、海外上市等国际化经营的高级形式，在海外投资办厂、设立公司，充分利用国外的资本和生产要素，从资本运作的高度营运国际资本，提高企业在国际市场的竞争实力。

从国际竞争的要求看，随着国际资本流动速度加快、国际竞争加剧，资本运营已成为开展国际竞争的重要手段。纵观近几年国际上的跨国集团兼并、收购活动，烽烟迭起，一浪高过一浪。加上资本市场更加开放，资本流动更加快捷频繁，资本运营的大势已不可阻挡。地球已微缩成一个村庄，国际资本在这里寻求最有利可图的缝隙或空间。在这种经济全球化、一体化的浪潮中，存在着无限的商机和巨大的诱惑力，这就激起了企业内在的资本扩张冲动，二者相互推波助澜，遥相呼应，这也给我国企业资本运营增加了热度。

第三节　资本运营在中国发展的必然性

图 2-10　资本流通方向

目前，中国最紧要的是如何把沉积在民间的几十万亿元资金调动出来参加流通，扩大内需，繁荣社会，这是令国家管理部门头痛的问题。加息、提高准备金、扩大股市、发行基金彩票、宣传保险等多种措施并没有从根本上解决这个问题。庞大的民间沉积资本好比猛虎，一旦不高兴闯进市场，甚至带动虎群到处发威，即使制服这些猛虎，也是多方受伤，对谁都没有好处。资本只有分流和受控才不会泛滥成灾，而资本运营可以解决这个难题，利用资本追逐高利回报的特点和人的自然贪欲，用高回报自然而然地把资本聚集到一起，自动地从银行走出来，沉积中的资本动起来，猛虎变成了驯猫，乖乖地听指令表演。

2008 年以来，由于行业竞争加剧，证券市场环境变化，市场监管力度加强以及经济调整的内在要求，中国资本运营出现新的变化，呈现新的趋势。

（1）股东更替型资产重组步伐加快。从公开披露信息看，2008 年以来，已经发生控股权变更的有中商股份、铜城集团、青岛东方、ST 海泰（股权划转）、杭州解百（股权划转）、长百集团（股权划转）；已经签订股权转让协议的有健特生物、ST 昆百大、华一投资、天龙集团、东百集团、豫园商城、济南百货、PT 郑百文和上海九百等。

（2）民营企业成为借壳上市生力军。2001 年初至 2005 年末，民营企业借商业"壳"资源上市的有 50 余家。而在 2006 年以来的近百家股权已经转让或将要转让的商业上市公司中，国美电器、青岛东方、健特生物、太太集团等 38 家公司的新大股东均为民营企业，并且都具有较强的资本实力和盈利能力。随着国家扶持民营企业发展的力度加大，预计会有越来越多的民营企业加入到资本市场的兼并收购活动中来。

（3）商业资产重组质量的提高。主要体现在两个方面：一是新大股东实力较强，如青岛啤酒的深圳市青岛啤酒华南投资有限公司、太太药业的深圳市百业源投资有限公司和 PT 百文的山东三联集团等都具有一定的资本实力和盈利能力。二是有比较完整的重组方案，新大股东注入上市公司的资产具有较强的盈利能力和较大的发展潜力。投资理念的转变，使商业上市公司更加注重资本运营能否有效提高自身的持续经营能力。

（4）商业通过资本运营实现产业转移。许多商业企业通过另辟蹊径，把发展的眼光投向新的产业，通过资本运营进行产业转移，作为摆脱困境的策略。据统计，2008、2009 两年，共有 134 家商贸百货上市公司进行了不同程度的产业转移。除了 11 家进入综合型行业，44 家重新选择了仓储、房地产和酒店餐饮等轻型结构产业之外，其余 79 家均超越原有产业，借助来自证券市场的资金优势，进入科技含量高、符合国家产业政策、具有广阔发展前景的新兴产业，这些公司的选择顺序依次是：信息产业、高科技、计算机软件、生物医药、金融业和基础设施等近 10 个新产业，占产业转移总数的 59%。

每一个商务时代，都会锻造一大批富翁，而每一个富翁的锻造都是当别人不明白时，他明白他在做什么，当别人不理解时他理解他在做什么。所以当别人明白时他已经成功了，当别人理解时他已经富有了。

如何选择资本运营模式、分流资本、有序合理再分配财富是值得探索的课题。财富再分配是关系到国富民安的宏观政策。股市、基金、彩票、期货无一不是利用虚拟资本运营方式在分配加入者的财富，但是所有的分配都是预期的，是无序和随机的。尽管可以有人操控，像股市庄家，那也是为私利的不能公开的行为。从学术角度分析，股市可以利用，基金可以利用，彩票可以利用，期货可以利用，资本运营同样可以利用。道路虽然是曲折的，但前途是光明的，历史已做了最好的证明，凡是具有强大生命的新生事物，最终都会得到推广和公认。历史前进的车轮是无人能阻挡的，资本运营的出现是 21 世纪中国商业经济的一次重要改革，是虚拟经济与实体经济相结合的一个新生产物。它带动了企业的生产，促进了国家经济的发展，它给一些离休政府官员、下岗工人、大学毕业生、无业人员共同致富的一次转机，它的存在不是偶然，它对整个经济领域具有跨时代的意义。因为当今整个中国都已进入金融、智慧、人脉资源整合时代，谁把握了时代前进的脉搏，谁跟上了社会发展的趋势，谁就拥有财富，谁就有可能得到整个社会的尊重和认可。随着全球金融风暴的愈演愈烈，消费市场的整体疲软，实体产品的普遍瘫痪，传统行业的日趋衰退，股市行情的长期不稳定，保险市场的全国普及，房产经济的泡沫发展，直销公司的炒作与产品的泛滥，逐渐会有越来越多具有超前意识的人把自己闲散的资金投资到这个行业中来，这种模式是中国当前市场经济形成的必然产物，它能够使资金迅速积聚，而这种积聚又迅速转化为生产力和消费资本，从而带动当地各行各业的发展。

资本运营是一个历史性特大机遇，资本运营是特殊的政策、人群、时空和资本运作模式共同创造的一个民族经济大复兴的特大机遇，资本运营是民在前、官在后、民官合作、民富国强的一个共赢共荣的特大机遇。

【章末案例】

恒大高新，资本寻找未来

图片来源：www.heng-da.com.

一、公司简介

江西恒大高新技术股份有限公司坐落在国家级高新技术开发区，创办于1993 年，江西恒大高新技术股份有限公司拥有南昌恒大新材料发展有限公司、江西恒大表面工程有限公司等四家控股子公司，长期从事防磨抗蚀等新材料的研发、生产、销售以及工业系统设备的防磨、抗蚀、节能等技术服务，是工业设备防磨抗蚀行业的龙头企业，近三年在国内电力等行业燃煤锅炉"四管"等设备的金属热喷涂耐磨抗蚀防护市场中市场占有率第一，经国家人事部批准设立了博士后科研工作站，这是江西恒大高新技术股份有限公司组织机构的一个重要组成部分。

公司是经江西省科技厅认定的高新技术企业，拥有热喷涂行业企业从业一级资质，防腐保温工程专业承包二级资质（目前为防磨抗蚀行业最高资质），通过了 ISO9001：2000 质量管理体系认证。公司秉承"客户的需求是我们前进的动力"的服务理念，坚持"敬业、求精、高效、创新"的企业精神，通过"产品＋技术工程服务"的业态组合，推动了防磨抗蚀和节能环保产业在我国的快速发展。2002 年，荣获国家质量监督检验检疫总局和中华全国工商业联合会联合授予的"重质量守信誉企业"称号。2005 年，被江西省中小企业诚信工程领导小组评为"江西省 2005 年度特级诚信企业"。2007 年，被全国工商联、团中央、科技部等单位联合评为"2007 年度最具成长性科技型中小企业 100 强"。2008 年，公司被江西省国家税务局和地方税务局联合评为"2006~2007 年度 A 级纳税信用企业"。公司还多次荣获江西省高新技术产业协会授予的"江西省优秀高新技术企业"称号。公司是全国热喷涂协作组的理事单位，中国钢铁协会粉末冶金分会硬面技术专业委员会副理事长单位，中国表面工程协会热喷涂专业委员会会员，江西省表面工程专业委员会副理事长单位，江西省百家重点企业之一。目前受全国热喷涂协作组委托，公司为行业相关标准主要起草单位之一。

公司具备较强的产品自主研发和技术创新能力，产品研发水平在行业内处于领先地位，公司自主研发的多个产品和技术列入了国家级项目计划并多次在国内获奖：KM 高温抗蚀耐磨涂料列入了国家火炬计划项目、国家科技部科技型中小企业技术创新基金项目和重点新产品，并荣获第十二届全国发明博览会金奖，达到同类技术的国际先进水平；KJ 高温抗渣防结焦涂料荣获国家重点新产品证书并被列入了国家科技部科技型中小企业技术创新基金项目；MC 高温抗蚀耐磨衬里材料、KR 高温隔热防超温涂料列入了国家重点新产品；JHU 高温远红外节能涂料被评为国家优秀节能新产品。公司目前拥有多项专利，其中"循环流化床锅炉专用热喷涂材料"耐磨性指标达到国际先进水平。

公司目前开发应用的主要产品有：HDS 防磨抗蚀喷涂丝、KM 高温抗蚀耐磨涂料、MC 高温抗蚀耐磨衬里材料、MT 耐磨抗蚀陶瓷片、JHU 高温远红外节能涂料、高耐磨合金衬板；主要技术有：各类产品的制造技术以及超音速电弧喷涂、超音速火焰喷涂、等离子喷涂等喷涂技术。

二、恒大高新上市

2011 年 6 月 21 日，公司在深交所中小板成功上市，股票简称：恒大高新，证券代码：002591。首次公开发行后总股本：8000 万股，首次公开发行股票增加的股份：2000 万股。公司规定发行价为 20 元每股，上市首日开盘价 19.69 元每股。发行前股东所持股份的流通限制及期限：根据《公司法》的有关规定，公司公开发行股份前已发行的股份，自公司股票在证券交易所上市交易之日起 3 年内不得转让。

公司上市后募集的资金将主要投向金属防护项目、非金属防护项目、技术研发中心项目、网络服务体系建设项目等。2012 年 11 月 18 日，江西恒大高新技术股份有限公司通过增资和受让股权的方式参股主营节能项目的北京信力筑正新能源技术股份有限公司，取得该公司 30%股权，成为公司的第二大股东。北京信力筑正新能源技术股份有限公司是深交所上市公司——荣信电力电子股份有限公司旗下的一家高新技术企业，该公司技术实力雄厚，从钢铁主流程的烧结、高炉、转炉、连铸、轧制的工艺、自动化设计，系统集成和工程总包，到高技术设备的机、电、液一体化设计制造；从上位监控，现场过程控制到管控一体的新型工业 IT 系统，公司都有针对不同对象的成熟的标准化、系列化的精品设计和服务，可供用户进行菜单式挑选，该公司的业务已由冶金、建材、环保行业，迅速扩展到能源、石化、机械、电力、轻工、城建等各个行业和领域。此次收购完成进一步提升了恒大高新在节能环保领域的业务地位及盈利水平。

恒大高新的发展在行业界也有目共睹。恒大高新（002591）上市之后，为企业筹集资金发挥了重要作用。资本运营促进了企业生产经营，企业各方面业绩较好，进而使恒大高新这只股票在证券市场上稳步向上发展。图 2-12 是恒大高新（002591）这只股票在 2013 年 6 月~2014 年 6 月的基本走势图。从图 2-12 中可以看出，恒大高新（002591）虽然有些波动，但总体趋势是往上涨的。

三、恒大高新资本寻找未来

目前来看，由于恒大高新上市没几年，其资本运营战略实施情况尚不十分明确。这里简单列举 2011 年和 2012 年的一些资本运作情况：

2011 年 6 月 1 日，恒大高新投资 1000 万元于江西恒大表面工程有限公司，参股比例是 87.5%，另外注资 1378.77 万元成立全资子公司南昌恒大新材料发展有限公司与各投资 100 万元成立全资子公司北京东方晶格科技发展有限

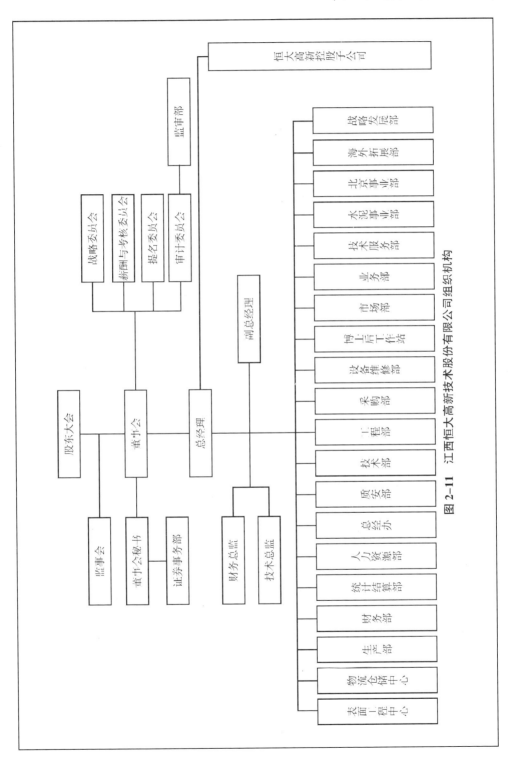

图2-11 江西恒大高新技术股份有限公司组织机构

公司和北京球冠科技有限公司。其中，江西恒大表面工程有限公司主营耐磨衬里材料的生产和服务；南昌恒大新材料发展有限公司的主营业务是新型陶瓷的生产和销售；北京东方晶格科技发展有限公司主营堆焊材料的技术开发、生产和销售；北京球冠科技有限公司主营金属热喷涂材料的技术开发、生产和销售。子公司为母公司的发展壮大起到了至关重要的作用。

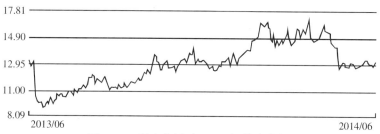

图 2-12　恒大高新（002591）基本走势

2012 年 3 月 29 日，恒大高新的三个全资子公司和一个控股子公司的经营业务范围在母公司恒大高新的带动下得到扩大（见表 2-6）。

表 2-6　恒大高新子公司主营情况

公司名称	性质	控股比例（%）	主营业务
南昌恒大新材料	全资子公司	100	新型陶瓷、特种涂料、耐火材料及化工产品的科研生产与销售，普通机械、电子产品、建筑材料、轻工产品的生产与销售、新材料和纳米材料及制品，国内贸易，房屋租赁，物业管理，进料加工和"三来一补"业务
江西恒大表面工程	控股子公司	87.5	高温抗蚀耐磨涂料、特种陶瓷、耐磨衬里材料、浇注料、捣扎料、高温胶泥、高温远红外涂抹料、金属热喷涂、节能材料、机电产品及配件开发、生产、技术服务；防磨工程、保温工程施工、技术服务
北京东方晶格科技	全资子公司	100	金属热喷涂材料和堆焊材料的技术开发、销售，金属热喷涂和堆焊表面工程技术服务，销售建筑材料
北京球冠科技	全资子公司	100	法律、行政法规、国务院决定禁止的，不得经营，法律、行政法规、国务院决定规定应经许可的，经审批机关批准并经工商行政管理机关登记注册后方可经营，法律、行政法规、国务院决定未经规定许可的，自主选择经营项目开展经营活动

2013 年，恒大高新依然采用兼并收购的方式，取得子公司江西恒大新能源科技有限公司、北京信力筑正新能源技术股份有限公司和江西恒大声学工程有限公司的控股权，继续发挥着资本运营的力量。同年，恒大高新取得子公司、联营企业及合营企业的投资成本小于取得投资时应享有被投资单位可辨认

净资产公允价值产生的收益，是 289738.96 万元。2013 年，公司实现总收入 33281.35 万元，比 2012 年同期增长 57.55%，实现营业利润 3060.38 万元，比 2012 年同期增长 30.98%，实现利润总额 3671.21 万元，比 2012 年同期增长 22.36%；归属于上市公司股东的净利润 3167.81 万元，比 2012 年同期增长 24.50%。

四、总结与启示

可以看出，恒大高新的资本运营十分有效。恒大高新通过优化配置企业内部资源，运用收购、兼并、融资租赁等资本运营手段，整合企业内外部资源，进而获得企业发展所需的重要资质和技术能力等竞争优势，实现了企业的规模扩张。并购控股一两家子公司已经让恒大高新形成小型的规模经济。如果恒大高新合理选择资本运作方式，即根据企业资本运营的实际情况选择扩张型运营、收缩型运营或者内变型运营，看准时机开展合理的资本运营战略，则其可以加快加速企业的发展成长，让恒大高新走向更辉煌的明天。

资料来源：作者根据多方资料整理而成。

【本章小结】

企业进行资本运营的主要目的是为了实现企业利润的最大化以及资产保值增值。企业通过价值管理，将各种资本利用流动、裂变、优化组合等不同方式进行科学运营，从而实现生产要素的合理配置以及产业结构的高效重组，从而实现资本的增值，使得企业的价值达到最大化。本章首先阐述了资本运营的发展状况，包括国内、国际的发展状况，进而指出了资本运营所要注意的四大误区；其次，阐述了资本运营与企业成长的关系；再次，分析了资本运营对企业成长的重要意义；最后，简单描述了资本运营在中国发展的必然趋势。

【问题思考】

1. 资本运营发展的历程是什么？和现状有哪些不同？
2. 对于资本运营的四大误区，你认同吗？你觉得资本运营的误区是什么？
3. 简要分析资本运营与企业成长的关系。
4. 谈谈你对中国大力发展资本运营的看法。

【参考文献】

［1］程艳霞. 我国企业资本运营的误区透视［J］. 武汉理工大学学报，2001

（9）.

[2] 崔丰慧. 警惕资本运营的四大误区 [J]. 企业改革与管理，2012（3）.

[3] 冯丽美，魏娟. 浅谈企业资本运营的风险及防范 [J]. 中国电力教育，2006（S2）.

[4] 郭天明. 上市公司资本运营与经营绩效实证研究 [J]. 生产力研究，2005（7）.

[5] 黄辉章. 资本运作是企业做大做强的必然发展方向 [J]. 财经界，2010（5）.

[6] 刘欣华，贾飞. 资本运营与生产经营的辩证关系探析 [J]. 技术经济与管理研究，2007（2）.

[7] 龙建辉，贾生华. 基于股权收购的资本运作模式：一个案例研究 [J]. 江西社会科学，2008（5）.

[8] 安迪·莫（Andy Mo），珍妮丝·马（Janice Ma）. 企业兼并与收购 [M]. 马瑞清译. 北京：中国金融出版社，2011.

[9] 庞亚辉. 企业资本运营探讨 [J]. 当代经济管理，2010（5）.

[10] 宋培凯，王昕杰，王永德. 资本经营：低成本扩张的有效途径 [J]. 管理世界，2002（4）.

[11] 宋彦，董庆. 试论资本运作对企业成长的作用 [J]. 辽宁工业大学学报，2011（4）.

[12] 夏乐书，李琳. 资本运营的几个理论问题 [J]. 财经问题研究，2000（7）.

[13] 夏乐书，姜强等. 资本运营理论与实务（第4版）[M]. 沈阳：东北财经大学出版社，2013.

[14] 徐洪才. 中国资本运营经典案例 [M]. 北京：清华大学出版社，2005.

[15] 徐一千，闫波. 中小企业资本运营存在的问题及应对策略[J]. 商业文化（下半月），2012（12）.

[16] 伊迪丝·彭罗斯. 企业成长理论 [M]. 赵晓译. 上海：上海人民出版社，2007.

[17] 曾江洪. 资本运营与公司治理 [M]. 北京：清华大学出版社，2010.

[18] 周莉. 我国资本运营现状及趋势研究 [J]. 商业经济与管理，2004（4）.

第三章　资本运营与商业模式

【学习要点】

☆ 理解商业模式的概念、原则与其他战略的区别；

☆ 了解商业模式与资本运营的联系；

☆ 重视商业模式创新；

☆ 了解商业模式与行业整合。

【章首案例】

小米科技商业模式

图片来源：www.xiaomi.com.

10 万台小米 3、25 万台红米手机、5000 台小米电视、15 万个小米移动电源已全部售罄！没有买到的童鞋，别灰心，欢迎关注下午 3 点小米电视剩余订单专场，立即奔走相告，这是小米手机官方新浪微博 2014 年 2 月 25 日 12 点 45 分发布的一条微博。尤其是小米手机 3，在小米手机官网开放购买的 5 分 40 秒内，就被抢购一空，小米手机再一次创造了发烧友疯抢的局面。

小米手机、小米盒子、红米手机、小米电视等一系列小米公司的产品的销售总牵动着互联网几十万人的心。小米一年能卖出 2000 万台手机，截至 2013

年 8 月最新一轮融资，小米估值超过了 100 亿美元。照此计算，小米科技将成为位列阿里、腾讯、百度之后的中国第四大互联网公司。在如今中国的硬件公司中，已仅次于联想集团，小米以一种独特的商业模式迅速将自己推向科技企业前列。

一、公司介绍

小米公司（以下简称小米）正式成立于 2010 年 4 月，是一家专注高端智能手机自主研发的移动互联网公司，由天使投资人雷军带领创立。小米的 LOGO 是一个"MI"形，是 Mobile Internet 的缩写，代表小米是一家移动互联网公司。另外，小米的 LOGO 倒过来是一个心字，少一个点，意味着小米要让我们的用户省一点心。小米手机、MIUI、米聊是小米公司旗下三大核心业务。"为发烧而生"是小米的产品理念。小米公司首创了用互联网模式开发手机操作系统、60 万名发烧友参与开发改进的模式。

雷军是金山软件董事长兼著名天使投资人，凭借其在业内多年打拼形成的影响力，集结顶尖高手，与其他六人组建了一个豪华团队：负责小米工业设计及供应链管理团队的刘德，毕业于世界顶级设计学校 Art Center；负责 MIUI 手机操作系统的黎万强，是原金山词霸总经理；负责硬件及 BSP 团队的周光平，是原摩托罗拉北京研发中心总工程师；负责米聊的洪峰，是原 Google 高级工程师；还包括原谷歌中国工程研究院副院长林斌、原微软工程院首席工程师黄江吉。各联合创始人都具备国际、国内一流企业平均超 15 年的从业经验。除这七位创始人，小米公司还有几百位工程师，在他们的激情碰撞下，小米手机"为发烧而生"，被称为"手机中的战斗机"。

二、小米商业模式

自从雷军召开小米手机发布会以来，小米手机能否成功就成为业界一大热点话题。小米手机始终处于供不应求状态，前两轮开放购买都在短时间将备货销售一空，小米手机的关键词一度成为百度十大热门关键词。那么，我们不禁要问，刚成立的小米公司到底有何独到之处使其销量已经能比肩国内一线品牌？小米商业模式的魔力体现在哪里？

第一，高性价比手机品牌的价值主张。小米手机的价值主张是为客户提供高性价比的商品。小米相对于一般的 Android 厂商的优势是有多个差异化竞争手段（MIUI.米聊等）。源于 Android 的二次开发系统 MIUI 是个优势。由于手机一升级用户就可能换手机，这用户可能就是别家的，所以大部分手机厂商没有经营用户的认识，特别是国产品牌。所以如果只是低价卖手机，用户又不是自己的，这就没有意义。小米是自己的手机品牌，并且自己有系统级产品服务，能让用户不仅是自己的手机用户，而且是自己的系统用户，这样发展起来的用户就有价值了。小米用高性价比手机的价值主张，可以培养自己的品牌。

那么，小米是怎么实现这一价值主张呢？这主要体现在两方面：一是提高产品价值。小米手机始终将品质作为其核心要求，无论在产品代工还是研发方面都堪称一流。二是降低顾客成本。小米手机意识到在国产手机 Android 系统扎堆的情况下，要抢占市场份额必须采取撇脂的定价策略，所以小米将销售价格定在了中档机市场。价格是影响商品市场需求和购买行为的重要因素之一，由此产生的销量直接关系到企业的收益。价格策略运用得当会促进手机的销售，提高产品的市场占有率；反之，则会制约企业的生存和发展。最初的小米 1 到最新款的小米手机 3，标准版的定价始终为 1999 元。从屏幕、处理器、电池容量、操作系统等任何配置方面小米手机都高于当期同价格国外大厂品牌智能手机，但定价却比外国当期同配置的智能手机便宜得多，抢眼的配置+低廉的价格带来强劲的吸引力，小米手机因此成为高性能、高性价比手机的代表，这完全迎合了市场大众的需求，尤其是学生和青年人，这类人群多是手机发烧友且换机频率较高，但经济基础并不雄厚，因此小米手机对他们来说是很好的选择。

第二，盈利模式的颠覆及创新。手机厂商的商业模式一般都是靠销售手机赚钱，包括三星以及国内的华为、联想甚至是深圳的山寨厂商。在商业模式上，小米也可以跟传统手机厂商一样靠硬件盈利，但雷军不，他选择把价格压到最低、配置做到最高。手机行业的经营传统是"用低端机冲击市场份额，用中高档机赚利润"，而小米颠覆了这个传统，它的最大卖点是"高配置、低价格"，这就是小米手机的核心竞争力之一，这也是其他企业目前为止难以复制的。小米的盈利模式是：硬件维持不亏钱，通过互联网应用与服务盈利。具体而言，小米对自己的盈利模式在传统模式上进行了颠覆性的创新：在不赚钱的模式（手机硬件）上发展手机品牌，实现软硬件一体化，将价格定位为中档机市场（2000 元），基本配置往高端机上靠齐甚至领先。因为在这个产品空间以及利润空间的考虑下，其他厂商不太好进入。小米降低了自己的盈利预期，通过"舍"弃高利润从而"得"到存活机会，这正是小米盈利模式的意图之所在。这种高质量—低价格的商业模式也达到了最大化地提高顾客的让渡价值。

第三，多样性的营销手段。小米的销售额不断创造奇迹，还得益于其营销手段的创新，有人把小米的这种营销方式解读为饥渴营销，也有人更为直接，称为变相的期货模式。手机上的各种芯片、配件的价格随着时间的推移下降非常快，小米手机锁定了用户的预付款而推迟发货，它在用几个月后的价格来和其他手机现在的价格相比较。这无疑是一种高明的资本运作方式。这不仅达到了一定的融资作用，而且新产品上市之前的造势也是煞费苦心，消息总是遮一半露一半，让"米粉"跟着跑，让媒体跟着追。小米在宣传手段上也是丰富而高效：小米首先将品牌定位为——"为发烧而生"，竭力打造高性能高性价比的智能手机终端，在互联网上聚集起自己的粉丝——"米粉"，成立论坛，提高用户忠实度，形成口碑效应。另外，成立专门团队运营官方微博，通过体贴入微的语言特点拉近与消费者的距离，发布引人关注的产品信息和有奖转发活动，不断提高手机曝光率。小米还利用一系列可以在短期内迅速提升产品热度的事件营销，例如"雷军摔 iPhone"、"小米是偷来的之说"——不管是其主动还是被动，都使小米始终活跃在消费者的视线之内。传统手机厂商多采用线下销售模式，随着互联网及物流行业的发展，网络则成为手机销售的更为便捷的渠道。小米公司借助网络平台，采用了"电子渠道（小米官网）+物流合作渠道（凡客物流）"的网络直销模式，打造了不同于传统手机厂商的手机销售渠道模式。电子渠道直接节省了实体线下经营的成本，合作物流则节省了自身库存管理和物流网络搭建的成本。网络平台销量约占小米总销量的70%。另外，小米公司还与运营商合作，将30%的手机作为定制机出售。另外，雷军的一个很大优势是那些关联公司（金山软件、优视科技、多玩、拉卡啦、凡客诚品、乐淘等）。只要雷军让小米和这些公司进行服务对接，就有了其他手机厂商都不具有的优势——低成本、高效率、整合速度快和双向推动作用，可以形成一个以手机为纽带的移动互联网帝国。手机与移动互联网混合的模式也使得小米没有竞争对手。小米所有 Android 开发的竞争对手都不是其做手机的竞争对手，所有做手机的竞争对手又都不是其做 Android 开发的竞争对手（见图 3-1）。

三、总结与启示

手机是目前人们随身携带的不可或缺的电子设备，未来所有的信息服务和电子商务服务都要通过这个设备传递到用户手上，谁能成为这一入口的统治者谁就是新一代的王者。而王者必须是硬件、系统软件、云服务三位一体，雷军反复说的铁人三项赛就指的这个。而小米正是奔着这个方向去的，其研发"最符合中国人操作习惯"的 MIUI 操作系统+超高性价比的智能手机组合，向用

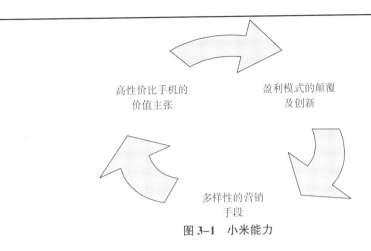

图 3-1　小米能力

户提供了更人性化的服务。另外，小米的商业模式难以模仿，尽管很多传统厂商也开始在互联网上营销策划各类方案，但依旧无法超越小米创造的纪录。还有就是小米足够脚踏实地，公司的每一个设计都面向市场和用户，深度调研用户的需求，结合公司的实力，把资源投入到最需要的地方。所以也就不难想象为何出生不久的小米可以引起业界如此的关注，并取得这样的成绩了。因此说，有效的资本运作搭配良好的商业模式，这是公司长久存在并持续盈利和壮大的保障，这可以创造像小米一样的奇迹。

资料来源：作者根据多方资料整理而成。

第一节　商业模式

商业模式（Business Model）一词出现以前，企业管理史学家阿尔弗雷德·钱德勒描述最初资本主义现代工商业的出现，我们可以认为那就是商业模式的雏形。商业模式这个概念第一次明确被提出，是 Bellman 和 Clark 于 1957 年发表在 Operations Research 的文章中。但是，直到 20 世纪 90 年代，商业模式研究真正兴起，并出现井喷之势。商业模式存在于所有行业中，也存在于所有企业的不同成长阶段，从最初的手工作坊到专业分工的扩大，再到如今的跨国集团；从最原始的物物交换到商业银行的结算，再到如今的电子商务，无一例外都拥有自己的商业模式。商业模式也被译为商务模式、业务模式。关于商业模式的定义，角度各异，商业模式是一种思维模式、创新方法、活动集合体、制度安排、做生意的方法？还是创新的"点子"呢？

一、商业模式的内涵

近年来，有关商业模式的研究获得了理论界和实业界人士的普遍关注，以商业模式为主题的研究项目也越来越多。但是，学者和实业家们尚未提出一个普遍被广泛接受的"语言"，可以使研究者们通过不同的视角来有效地检测商业模式的构念。这主要是由以下几个原因造成的：第一，基于商业模式进行研究的学者们出于各自的研究目的，通常采用特殊化的定义来解释商业模式，不同学者所指的"商业模式"往往并不是同一个概念，导致彼此之间难以调和，最终阻碍了商业模式的研究进程；第二，商业模式作为一个新兴术语，对它的学科属性和学科定位的研究仍处在探索阶段，将它简单地划为电子商务领域、战略学领域、组织学领域或者是营销学领域都是不准确的，商业模式作为一个新兴交叉学科，正处于概念化的形成阶段；第三，目前对商业模式的研究大多集中在概念化、分类、构成维度及运行机制等方面，系统地分析商业模式学科的发展阶段及形成特征的文献仍然比较少。综上所述，为了更好地理解商业模式学科的兴起和发展，有必要对该领域的现有研究进行回顾，并在此基础上总结商业模式的发展阶段以及各个阶段的不同特征。

在孕育阶段，商业模式的研究集中围绕在概念和分类上。互联网的产生带来了学者们对商业模式研究的强烈兴趣，随之而来的文献也多是围绕商业模式这个主题进行的。作为商业模式研究的鼻祖，Timmers 在 1998 年的《电子商务下的商业模式》中首次明确定义"商业模式"为产品、服务与信息流的架构，包含各个商业参与者及其角色的描述、各个商业参与者潜在利益的描述以及获利来源的描述。在 2002 年以前有关商业模式的文献也主要关注的是在信息技术和电子商务背景下商业模式的定义和分类，以及企业如何利用商业模式来创造价值，从而影响企业绩效。之后，以 Poter 为代表的价值链理论、以 Williamson 为代表的交易成本经济学、以 Prahalad 为代表的核心能力理论和以 Nelson 为代表的演化经济学逐渐成了商业模式研究的理论基础。

在构建阶段，商业模式的研究集中围绕在价值和设计上。数字经济为企业带来了更大的潜力去尝试新奇的价值创造机制，这种对价值的重新定义引起了学者们的普遍关注，他们试图用商业模式概念来解释网络市场的价值创造问题。Zott 和 Amt 认为，商业模式主要包含"设计元素"和"设计主题"两个参数。商业模式就是"超越核心企业，并跨越其边界的一系列相互依存的运营系统"。Ammar认为，商业模式由价值主张、价值设计、利润生成和财务方面三个部分构成。其中，价值主张是公司提供给顾客的差异化特征；价值设计包括作为外部价值链的价值网、作为内部价值链的基础结构设计、企业资源与能力的组合；利润维度解释了公司如何将俘获的价值转化为利润。

在应用阶段，商业模式研究集中围绕在创新上。2008年以后，商业模式研究呈"井喷"状态，越来越多的企业家和学者开始关注商业模式的真正价值。从国外的研究成果来看，商业模式研究已经具有一定的深度，从早期的商业模式概念、分类、要素设计研究逐渐转向商业模式创新研究。Cheshrough（2012）作为商业模式创新研究的领军人物成为高频被引作者，他指出商业模式创新的特殊性不同于以往的技术创新，商业模式创新不仅是各要素的创新，更是各要素间关系的创新。Hayashi（2013）指出很多公司原来的商业模式失效了，并进一步建议这些公司通过实验去发现新的有效的商业模式，这些公司需要一种鼓励员工不断提出"假如"的企业文化。

总之，迄今为止，在商业模式的研究中还没有形成普遍认可的理论体系和分析框架，国内外学者对商业模式的定义理论研究总体上经历了从经济类、运营类、战略类和整合类递进的过程。

我们认为，商业模式是企业战略运作的系统方式，以战略规划为指导所展开的一系列关于整合各种利益、最终以独特持续创新的逻辑结构实现企业持续盈利。商业模式的内涵包含：商业模式是包含多项业务的整体性系统；商业模式的本质就是企业保持持续盈利的行为引导模式；商业模式是易于受到外部动态环境的影响，并在不断变化的市场氛围中调整适应的企业思维逻辑；商业模式是在市场主张、组织行为、增长机会、竞争优势和可持续性的整体考察下，涉及企业的顾客、供应商等多方相关利益的协调，利用商业机会创造价值的交易内容、结构和治理架构的具体企业特色的运行框架；商业模式是企业经过业务流程的设计，把一系列管理理念、方式和方法，反复运用，对流程、客户、供应商、渠道、资源、能力和信息进行整合，形成了一套关于产品流、服务流、信息流和价值实现流的管理方法和操作系统。

二、商业模式的特征

商业模式的特征是对商业模式定义的延展和丰富，是成功商业模式必须具备的属性。虽然各种理论对商业模式的定义还无法达成共识，但普遍认为，商业模式具有如下特征（见图 3-2）：

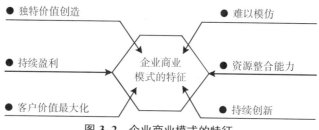

图 3-2 企业商业模式的特征

第一，独特价值创造。成功的商业模式能提供独特价值。从本质上看，商业模式是价值创造的产生机制，价值创造是组织存在的根本理由和发展的必要条件，也是企业所有经营活动的核心主题。一般来说，价值的来源主要包括企业自身价值链、技术变革和价值网络。商业模式作为组织创造价值的核心逻辑，直接决定了组织业务流程的设计，而业务流程又与组织的信息系统密切相关。业务流程和信息系统的相互适应与否，决定了企业能够实现所预期的价值。因此，从企业内部运营的角度看，商业模式决定着企业的价值创造。而从技术开发的角度看，商业模式是技术开发与价值创造之间的转换机制。商业模式决定了成本收益结构，决定了组织技术开发的成本和利用技术创造的价值所带来的收益。价值的另外一个来源是价值网络。随着信息技术和电子商务的发展，组织边界日益模糊，大大增加了通过价值网络中的交易和协作创造价值的可能性。商业模式是为了创造价值而设计的交易活动的组合方式，而对交易活动的组合方式的设计，决定了企业能否通过价值网络的协作创造和获取价值，以及能够创造多大的价值。

第二，持续盈利。持续盈利是指既要盈利，又要有发展后劲，具有可持续性，而不是一时的偶然盈利。商业模式最为关注的不是交易的内容而是方式，其目的不在于概念的重整而在于实现收入与利润，因而盈利模式是成功商业模式的核心要素之一。同时，一个盈利模式必须有一定的价值主张及运营机制的导向和支撑。成功的商业模式必须具备一定的独特性与持久性。企业能否持续盈利是我们判断其商业模式是否成功的唯一的外在标准。因此，商业模式的设计目的就是达到企业维持长期利润，这就是商业模式存在的终极根源。盈利和如何盈利也就自然成为商业模式的重要特征。

第三，客户价值最大化。一种商业模式能否持续盈利，是与该模式能否使客户价值最大化有必然联系的。商业模式从关注企业的利润向关心客户的需求转变，从尊重客户为出发点来思考引导企业的一切经营活动，最终才能赢得客户的信任，打造出可信赖的品牌效益，来实现企业的持续盈利的本质目的。对客户价值的研究是商业模式研究的基础，通过为客户创造价值来彰显企业的商业模式。一个能使客户价值最大的商业模式，即使暂时不盈利，但终究也会走向盈利。反之，一个不能满足客户价值的商业模式，即使盈利也一定是暂时的，不具有持续性。所以我们把对客户价值的实现再实现、满足再满足当做企业应该始终追求的主观目标。

第四，难以模仿。企业通过确立自己的与众不同，如对客户的悉心照顾、无与伦比的实施能力，来提高行业的进入门槛，从而保证利润来源不受侵犯。如人人都知道沃尔玛如何运作，也都知道沃尔玛是折扣连锁的标杆，但很难复制沃尔玛的模式，原因在于低价的背后是一套完整的、极难复制的信息资源和采购及配送流程。商业模式并不能批量贩卖，因为企业的发展环境甚至发展前景都是不尽相同的，因此每个企业都存在其特定的企业文化和商业逻辑，这就给商业模式的架构做出了限制，因此商业模式就产生了不可复制性，商业模式不仅要难以被其他竞争对手在短时间内复制和超越，还要能够保持一定的持续性。商业模式的相对稳定性对维持竞争优势十分重要，频繁调整和更新不仅增加企业成本，还容易造成顾客和组织的混乱。这就要求商业模式的设计具备一定的前瞻性，同时还要进行反复矫正。只有深入了解自身企业的发展，才能产生适合的商业模式。

第五，资源整合能力。整合就是要优化资源配置，就是要有进有退、有取有舍，就是要获得整体的最优。在战略思维的层面上，资源整合是系统的思维方式，是通过组织协调，把企业内部彼此相关但却分离的职能、企业外部既参与共同的使命又拥有独立经济利益的合作伙伴整合成一个为客户服务的系统，取得"1+1>2"的效果。在战术选择的层面上，资源整合是优化配置的决策，是根据企业的发展战略和市场需求对有关的资源进行重新配置，以凸显企业的核心能力，并寻求资源配置与客户需求的最佳结合点，目的是要通过制度安排和管理运作协调来增强企业的竞争优势，提高客户服务水平。商业模式是包含诸多要素及其关系的系统性概念，而不仅仅是一个单一的组成因素，所以需要通过构建一个商业模式来对资源关系进行调整，从而适应企业发展。

第六，持续创新。创新是一种商业模式形成的逻辑起点与原动力，也是一种商业模式区别于另一种商业模式的决定性因素。因而，创新性成为成功商业模式的灵魂与价值所在。商业模式的创新形式贯穿于企业经营过程中，贯穿于企业资源开发研发模式、制造方式、市场流通等各环节。商业模式的存在是在一系列假设条件下合理设定，因此对于环境、市场的变化及时做出反应才能使商业模式的存在走得更远，因此这就给商业模式的发展提出了新的挑战，就要求其不断创新、持续性调试，才能打破企业产品生命周期的"魔咒"，使企业在发展中不断调整方向，保证其客户群。

资本运营与商业模式专栏1

"双十一"商业模式之战

"双十一"即指每年11月11日，由于日期特殊，因此又被称为光棍节，大型的电商网站通常会利用这一天来进行大规模的打折促销活动以带动人气提升销售。

2009年，淘宝商城在光棍节进行了五折促销，引发亿万网民的疯狂热情，自此之后，这个日子变成了全民狂欢式的购物节。2010年"双十一"，淘宝商城交易额就达到9.36亿元，超过了当时中国香港单日社会零售总额。而在2012年刚过去的"双十一"购物狂欢节上，当日天猫和淘宝共吸引2.13亿名独立用户访问，全天订单数达到1.058亿笔，为大淘宝全网带来191亿元销售额。

据苏宁易购执行副总裁李斌介绍，通过一系列促销活动，"双十一"苏宁易购全天订单量突破150万单，11月9~11日三天累计订单量近300万单，销售金额同比增长超过20倍。

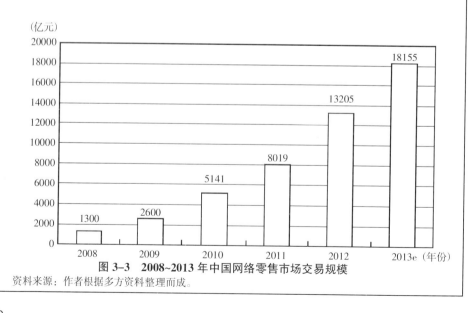

图3-3　2008~2013年中国网络零售市场交易规模

资料来源：作者根据多方资料整理而成。

京东商城在"双十一"当天订单量达到 680 万单，是 2012 年"双十一"订单量的 3 倍多。京东在 11 月 1~12 日的促销期间，交易额预计达到 100 亿元。

2011 年以来，积极发展电子商务成为我国各地转变经济发展方式、调整经济结构的重要措施，并直接推动了电子商务进入规模化快速发展新阶段。

面对电商的竞争，传统商业或主动"触电"，将网上商城变成营业的重要部分；或实行差异化竞争，在网络商店销售和实体店消费群不同的商品；或利用微博、微信、APP 等平台，推送促销和活动通知，增强目标消费群的黏度。

资料来源：作者根据多方资料整理而成。

三、商业模式的作用

商业模式在本质上是关于企业做什么、怎么做、怎么盈利的问题，对于个人或企业商业活动成功与否至关重要，发挥着巨大的作用（见图 3-4）。

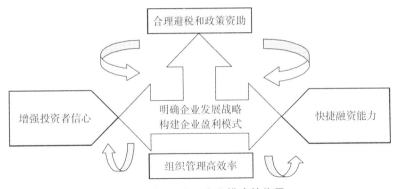

图 3-4 企业商业模式的作用

第一，明确企业发展战略。商业模式从企业整体价值链及在其中的地位描述了企业战略目标，能否在企业中发现并成功运用商业模式的力量整合资源，培养企业的核心能力，影响着企业战略目标的实现。商业模式初期的建立都是根据公司的核心人物对于市场、企业定位而做出关于企业各项活动的基本应对方法，甚至商业模式所建立的企业文化氛围都带着企业家的精神，这给管理层更好地理解企业战略目标并为之奋斗提供了方向。另外，商业模式要有大胆的探索，从企业内部运营方式到企业的定位，从固有的客户群到挑战吸引其他的消费群，从原有的消费观念到创新性的消费理念等出发，改变传统的发展模式，站在更高的消费层次上思考企业的出路，使企业的商业模式具有前瞻性和引领性。

第二，构建企业盈利模式。商业模式能让企业不断地思考企业的定位、企业的目标人群特别是隐性的消费群体，保持消费群对企业的黏度并为其不断延伸服务价值，这样就能使企业在不断的分析中找到运营中的不足，重构产品和服务体系，保持企业的持续盈利。

第三，组织管理高效率。高效率是每个企业管理者都梦寐以求的境界，也是企业管理模式追求的最高目标。一个企业要想高效率地运行，首先，要解决的是企业的愿景、使命和核心价观，这是企业生存、成长的动力，也是员工干好的理由。其次，要有一套科学的、实用的运营和管理系统，解决的是系统协同、计划、组织和约束问题。最后，要有科学的奖励激励方案，解决的是如何让员工分享企业的成长果实的问题，也就是向心力的问题。只有把这三个主要问题解决好了，企业的管理才能实现效率。

第四，快捷融资能力。企业不管在哪个生命周期阶段，都难免碰到融资问题，能否有效快捷地融到资金对于企业的发展壮大都起着举足轻重的作用。资金流是企业的正常运作控制因素，掌握了资金流就能掌控企业的运转，所以能否快捷融资并合理运用资金是商业模式能否起到应有作用的关键点。

第五，合理避税和政策资助。合理避税是指合理地利用有关政策，设计一套利于利用政策的体系，合理避税做得好也能大大增加企业的盈利能力。另外，政府的税收政策优惠也使具有优秀商业模式的企业与政府共赢，如杭州通过税收优惠政策和创造良好创业环境，现在杭州遍地都是商业模式，每天都有来此"掘金"的风险投资家，并连续 5 年荣膺"中国大陆最佳商业城市"榜首，正成为商业模式企业的沃土。2008 年以来，杭州实施大学生和留学生创业计划，按照"订单实训、持证上岗、政府资助、促进创业"的要求，开展万名大学生创业实训，受到企业欢迎。同时推行"创业导师"制，建设大学生创业实践基地，推进大学生创业园、创业人才公寓建设。大力吸引海外高端人才，使硅谷留学人员来杭州创业，他们带来的不仅是技术和项目，更重要的是新商业模式。我们鼓励他们一头留在硅谷，一头在杭州发展，从而使杭州与硅谷同步。

第六，增强投资者信心。企业不管处于何种发展阶段，资金流对于企业是壮大还是崩溃都起着决定性作用，因此投资者在一定程度上掌握着企业的发展命脉。商业模式能从企业定位、企业运作方式、价值链地位等方面让投资者了解企业的整体经营结构，吸引投资者使其为企业投资或是追加投资，这是企业合理、安全发展壮大的有效途径。

第二节　资本运营与商业模式

资本运营是一个内涵非常丰富的概念，而商业模式在学术界又具有多样性的研究结果，本身就没有被广泛认同的统一定论。将资本运营与商业模式结合起来探讨，具有很深的挖掘空间。本节就资本运营与商业模式含义的交叉点来探讨两者的相互关系。

一、资本运营与商业模式的内涵解析

在经济学意义上，资本指的是用于生产的基本生产要素，即资金、厂房、设备、材料等物质资源。资本是一个静态的概念，则资本运营就是一个动态的概念，顾名思义，资本运营的对象就是资本，是对集团公司所拥有的一切有形与无形的存量资产，通过流动、裂变、组合、优化配置等各种方式进行有效运营，以最大限度地实现增值。资本运营的实践活动始于西方20世纪，西方近百年的经济发展史可以说是资本运营的实践史，而资本运营的概念产生于中国20世纪90年代，随着我国改革开放不断深入，资本市场进一步发展，对于资本运营的理念探讨与实践探索也在不断深化。

通常我们把"如何获得资本"的方法称为融资模式；把"做什么"、"给谁做"、"做了卖给谁"，即如何赚钱的方法称为盈利模式；把能使整个系统高效率运作起来的方法称为管理模式；把"怎么做"称为生产模式；把"做什么产品"、"产品卖给谁"、"如何卖"的方法称为营销模式。我们通常所说的经营模式其实就是涵盖了盈利模式、生产模式、管理模式和营销模式。无论是融资模式，还是经营模式，这些都是商业模式的组成部分，而不是全部，其中任何一种模式的改变

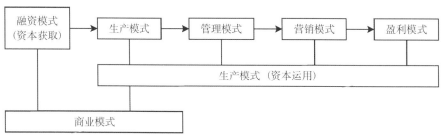

图3-5　商业模式与资本运营关系

都能带来商业模式的变化。而无论企业融资模式还是经营模式，都会涉及资本运营。投资者为了实现企业价值最大化，必须具备两种经营战略，即资产经营与资本经营，也就是人们常说的管理模式和投融资模式。资产经营与资本经营相辅相成，缺一不可。

资产经营，靠资源赚钱。主要体现在企业的经营管理方面，如品牌管理、人力资源管理、产品质量风险管理、营销管理等，都属于资产经营范畴。资产经营的目标是提升经营绩效。资本经营，靠钱赚钱。试想，如果一家公司既不进行债务融资，也不进行股权融资，完全依靠自己的原始资本和公司积累滚动发展，即便是产品研发、生产、销售等方面都是一流的管理水平，企业也难以做大。因此，公司还需要不失时机适度举债和股权融资来扩大规模，充分发挥财务杠杆作用，实现利益最大化。至于融资结构如何才能够做到合理则属于财务管理的范畴。在这里，无论是融资者还是投资者所从事的便是"资本运营"。

从经营战略层面来看，商业模式＝资产经营＋资本经营。现在让我们从标准的企业运作流程来分析一下。标准的企业运作流程是：钱→物→钱→进入下一个循环。开始的"钱"指的是资本，包括资产和资金；"物"指的是产品，包括有形产品和无形产品；最后的"钱"是开始资本的增值。由此公式，我们可以初步得出一般商业模式的流程：就是获得资本（融资方案）；用资本做什么（市场需求产品或服务），为谁做（市场定位），用什么做（材料、采购、物流）；怎么做（生产方式），做完后通过什么方式（渠道或手段）提供给需求者（目标消费群），并获取利润的整体解决方案。流程图是：获得资本→资本做什么→为谁做→用什么做→怎么做→渠道、手段→产品、服务→获取利润→获得资本循环。从商业模式的流程里，我们可以发现一般商业模式的三个特点：资本是运动的；资本运动是要盈利的；盈利的过程是能周而复始进行的。

资本是运动的，运动的成效主要从几个方面来考量：一看资本的构成情况，如流动资产与长期资产的比率，流动资产内现金、银行存款、短期投资、应收票据、库存和在途物资及应收未收款的构成等，指的是资本分布是否合理；二看资金的流动速度，即我们通常所说的资金周转率，在既定的资本投入前提下，资金周转天数越少，说明资金利用率越高，否则就低。可以从企业的流动比率和运动比率等指标反映出来。

资本运动是要盈利的，否则开办企业又有什么意义呢？如果企业的资本周转一圈没有盈利，又怎么能支持企业长久的生存、发展呢？如果短期的亏损是为了长期的盈利，这在企业有能力融资或是具有能力承受暂亏的前提下，也是可以接受的。企业的盈利模式构成决定了企业的盈利状况。资本运动的绩效可以从企业的损益表反映出来，如净资产收益率等。

　　资本运动要能不断循环、周而复始，指的是企业是否具有可持续发展的能力。一要看客户的需求是否源源不断；二要看现金流的状况能否始终为正数。也就是说，企业的资金是否有能力支持企业持续不断地生产出产品，满足源源不断的消费需求。资金来源包括融资和自筹资金。

　　从企业资本的构成性质划分，我们可以将商业模式分为四类：第一，以产业资本为主的商业模式，如以格兰仕、长虹为代表的以生产加工为主的企业；第二，以商业资本为主的商业模式，如沃尔玛、卜蜂莲花为代表的以商业零售为主的企业；第三，以金融资本为主的商业模式，如银行、信托公司、投资公司等；第四，以产业资本、商业资本相结合的商业模式，如国美、苏宁、联想等。

资本运营与商业模式专栏 2

海南航空破壳港联

图片来源：www.hnair.com.

　　海南航空股份有限公司，是总部设在海南省海口市的中国第一家 A 股和 B 股同时上市的航空公司，是海航集团旗下航空公司之一，中国内地唯一一家 SKYTRAX 五星航空公司。海南航空是继中国国际航空公司、中国南方航空公司及中国东方航空公司后中国的第四大航空公司。海航从 1000 万元起家，不仅创造了连续 8 年盈利的神话，也创造了在资本市场上长袖善舞的奇迹。通过一系列兼并收购和重组，海航已经成为中国最富有竞争力的航空公司之一。

　　2006 年 8 月 3 日，港联航空宣布，海南航空集团将收购港联航空 45% 的股权。海航与港联的接触始于 2005 年初，但是双方正式商谈合作计划则是在 2006 年 3 月。港联的实际控制人是赌王何鸿燊，航线以支线为主，舱位单一，无商务舱，运营业绩并不理想。但是，内地和香港关于航空服务的政策却给港联带来了"柳暗花明又一村"的结局。

　　根据以往的条约，香港航空公司开通中国内地航线的权利只掌握在港龙手中，而根据对等原则，只有国航这样的公司才能申请并拥有飞往香港的航线，因此海航要想开通内地城市至香港航班的机会是很小的。

2004 年后航权政策一再放松，内地和香港签署新航空服务协议，规定每条内地航线双方都可指定两家香港航空公司经营，这使得港联于 2005 年 5 月取得广州、杭州、重庆、南京和宁波五个内地城市的航线经营权。但是，香港航空业竞争的剧烈变动让港联的价值凸显出来，而且在很大程度上其价值只对海航公司才存在。

海航收购港联，其收购本身并不困难和复杂，而关键在于如何发现以前很少有人关注的这家规模极小的香港本土航空公司的价值正在迅速上升。这一方面与航权新政策变动有关系，同时也与国内航空业的竞争有关系。在生存空间日益缩小的情况下，大刀阔斧地收购，是海航获得竞争空间的唯一选择，而对港联的收购，则"曲线"实现了这一目标。

至此，海航的航权将空前开阔，基本已经摆脱了体制内外的约束，将自己的竞争空间提高了一个台阶。

表 3-1　海航商业模式简析

企业名称	海南航空股份有限公司
主营业务	航空
价值主张	以参股方式实现资源互计，提高竞争力
核心商业模式	1. 作为地方航空公司，如果与国有三大航空公司直接竞争，申请到飞往香港的航线机会很小 2. 发现港联这家以前很少有人关注、规模极小的香港本土航空公司的价值正在迅速上升 3. 收购港联，以香港身份开通内地航线的新渠道，直接避免了与内地三大航空公司苦苦竞争还几乎无望申请香港航线的局面
盈利点	客运收入，货运收入，服务收入

资料来源：作者根据多方资料整理而成。

二、商业模式与资本运营的联系

为什么商业模式在中国受到广泛关注呢？其实最重要的因素是风险投资基金。

风险投资基金投资项目，选择项目的标准永远都是两个核心：一是团队，人很关键；二是商业模式，模式是根本。"团队＋商业模式"是每一个风险投资者选择项目时的核心判断依据。因此，如果企业希望通过风险投资来融资，那么找到一个有发展潜力的商业模式，是一个核心前提。如果没有一个好的商业模式，通过风险投资融资成功率是比较低的。当然，在风险投资的项目中，团队的重要性毋庸置疑，因为事情是人做出来的。但是，怎样去衡量一个团队是否优秀呢？除了团队要有的信誉度、执行力要强以外，还有一个重要指标是所谓的优秀团队能否打造出一个成功的商业模式，能否把这个企业带到 10 年、20 年长期发展的成功轨道上。所以说商业模式与资本运营是紧密关联、密不可分的。

资本运营又是很多商业模式实现的重要途径之一。就拿分众传媒来说，它所建立的全国连锁化液晶屏广告联播网，这种模式就是在电梯内把液晶屏广告挂起来进行运营，但是它要求的企业投资金额极为巨大。对任何一个创业阶段的企业来说，这是一个巨大挑战，一块液晶屏按照当时的市场价大约是 8000 元，仅仅是液晶屏挂 5 万块就需要 4 亿元资金，更何况还需要支付物业公司的租赁费、自身推广及销售费用、员工费用等，总体投入更是惊人。所以说要是没有风险投资的支持，分众传媒就很难迅速成功，甚至没法运转起来实现其商业模式。分众传媒正是在风险投资的支持下，在上市融资的推动下，才得以实现商业模式。因此，风险投资与融资等资本运营往往是商业模式得以实现的一个重要支撑点。

商业模式是一个艰辛的过程，那么什么能够支撑企业在商业模式的道路上扬帆起航呢？方向比努力更重要，只要方向是正确的，哪怕是连滚带爬它都会日积月累地向前进步和发展。那又是什么能够支撑企业坚持走下去呢？就是因为有资本市场的存在。资本市场能够放大企业价值，助推成就一家伟大的公司，这就是商业模式的归宿与美好未来。所以，一个成功的商业模式既需要资本运营的支撑，同时也可以获得资本市场美好的未来。一般来讲，企业家和创业团队所付出的超人艰辛需要资本市场通过几十倍的放大来鼓励和肯定，这是创业创新的重要动力源泉之一。

商业模式正在成为中国优秀的有发展潜力的企业的发展支点，相信随着风险投资的日益火热，随着创业板的推出所带动的全民创业的热潮，必将有更多的企业家通过商业模式的力量更上一层楼，通过资本运作登陆资本市场。得商业模式与资本者得"天下"。

资本运营与商业模式专栏 3

国美电器：两大盈利模式

国美电器成立于 1987 年 1 月 1 日，是中国大陆的家电零售连锁企业。2009 年，国美电器入选中国世界纪录协会中国最大的家电零售连锁企业。

2013 年，国美门店总数（含大中电器）
达 1063 家，覆盖全国 256 个城市，同时
国美还有 542 家非上市公司，因此国美
集团总门店数为 1605 家。国美快速扩张
的同时又保持强劲盈利能力的根本原因
在于其核心竞争力，也就是它的终端管
道价值。这种终端管道价值即国美的两

图片来源：www.gome.cn.

大盈利模式——类金融模式和非主营业务盈利模式。

一、类金融模式

国美在中国内地电器零售商中所处的地位可谓非同小可，这样的市场地位
使得国美与供货商交易时的议价能力处于主动位置。通常情况下，国美可以延
期 6 个月之久支付上游供货商货款，这样的拖欠行为令其账面上长期存有大量
浮存现金，大量的拖欠现金方便了国美的扩张。简言之，占用供货商资金用于
规模扩张是国美长期以来的重要战略战术。也可以说，国美像银行一样，吸纳
众多供货商的资金并通过滚动的方式供自己长期使用，"类金融"这个词也由
此而来（见图 3-6）。

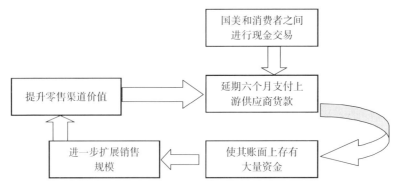

图 3-6　国美类金融模式的运作

二、非主营业务盈利模式

国美强调"吃"供货商的非主营业务盈利模式，即国美以低价销售的策略
吸引消费者从而扩大销售规模，然而低价带来的盈利损失并非由国美独自承
担；相反地，国美将其巧妙地转嫁给了供货商，以信道费、返利等方式获得其
他业务利润以弥补消费损失。低价策略带来的强大的销售能力使得供货商对国
美更加依赖，于是国美的议价力得到进一步提高——以更低的价格采购货物，

同时以更低的价格销售，这种非主营业务赢利的模式也便如此不断循环（见图 3-7）。

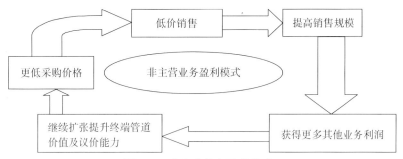

图 3-7 非主营业务盈利模式

这两个商业模式的核心是国美带有垄断特性的渠道资源。正是由于拥有庞大的管道，国美才可以在压榨供货商的盈利模式基础上，不断巩固和强化渠道资源，从而获取更多的利润。

资料来源：作者根据多方资料整理而成。

第三节　商业模式创新

商业模式创新（Business Model Innovation）在全球商业界已经引起了前所未有的关注。全球商业领袖普遍将商业模式创新视为获取竞争优势方面最重要的、可持续的途径（钱大群，2010）。相对于传统的产品创新、技术创新、工艺创新或组织创新等类型来说，商业模式创新是一种新型的创新形态，企业可以通过它在产业竞争中占据有利的地位。20 世纪 90 年代至今，大量的研究机构也对实践领域开展了各式各样的商业模式调查研究：第一，1998~2007 年，中国成功晋级《财富》世界 500 强的 27 家企业中，有 11 家企业认为它们的成功与商业模式创新相关；第二，2005 年，《经济学人》一项调查显示，半数以上的企业高管认为，企业成功的关键是商业模式创新，而不是产品和服务创新；第三，2008 年就创新问题对 IBM 在全球的 765 个公司和部门经理的调查表明，他们中已有近 1/3 把商业模式创新放在最优先的地位。随着 2001 年互联网泡沫的破裂，许多基于互联网的企业虽然拥有很好的技术，但因缺乏商业模式创新而破产。而另一些企业可能最初技术不是最好的，但由于保持商业模式创新，已然保持很好的发展趋势。于是，商业模式创新的重要性得到了充分的验证。人们认识到，在全球化浪潮冲击、技术变革加快及商业环境变得更加不确定的时代，决定企业成败的最重要因素不是技术，而是商业模式。2003 年前后，创新并设计出好的商业模式，成了商业界关注的新焦点，人们对商业模式创新更加重视，但什么是商业模式创新呢？

一、商业模式创新的内涵

从国外的研究成果来看，商业模式研究已经具有一定的深度，从早期的商业模式概念、要素、分类研究逐渐转向商业模式创新研究。商业模式是指企业价值创造的基本逻辑，因此商业模式创新是指企业价值创造基本逻辑的创新变化，即把新的商业模式引入社会生产体系，并为客户和自身创造价值，通俗地说，商业模式创新就是企业以新的有效方式赚钱。新引入的商业模式，既可能在构成要素方面不同于已有的商业模式，也可能在要素间关系或者动力机制方面不同于已有的商业模式。任何一项经济活动都是行为主体在一定动力的驱动下进行的，企业的商业模式创新也不例外。

从技术推动视角来看，由于商业模式这一概念是随着网络经济的兴起而被广泛接受的，早期对商业模式创新的关注也更多地集中在新兴的互联网企业身上，因此，Timmers（1998）、Amit 和 Zott（2001）等早期研究者认为，以互联网技术为代表的新技术是商业模式创新的主要动力。有学者从需求拉动的视角来考察商业模式创新问题，发现商业模式创新并不仅是由技术推动的，有些商业模式创新根本就没有利用新的技术，而只是提供了能满足客户需求的新产品或新服务。

从竞争逼迫视角来看，市场竞争与经营危机压力是迫使企业寻求创新机会的一个重要原动力，也是逼迫企业实施商业模式创新的重要驱动因素。Venkatraman 和 Henderson（2008）深入研究了压力促进商业模式创新的作用方式，并且发现技术和经营方式的变化会给企业带来压力，当这种压力累积到一定程度（达到临界点）时，企业就会产生商业模式创新的需要。

从企业高管视角来看，商业模式创新涉及企业经营的方方面面，因此必须在企业高管的支持下才能实现。Linde 和 Cantrell（2000）对 70 名企业高管的访谈和对二手资料的整理表明，企业高管是推动企业商业模式创新的主要动力，接受调查的 70 名高管把他们 30% 左右的创新努力放在了商业模式创新上，有些甚至把商业模式创新放在传统创新之前。

从系统视角来看，由于单种动力无法完全解释企业实施商业模式创新的动机，一些学者试图系统地解释不同创新动力的作用方式。例如，Mahadevan（2004）从价值创造的角度考察了不同因素对商业模式创新的影响。结果表明，随着行业内竞争的加剧和现有客户需求的变化，企业现有商业模式的价值趋于减小，从而要求运用新技术或利用外部环境变化带来的机会去实施创造价值的新策略，其结果就是商业模式创新。

Mitchell 等（2003）指出，并非所有商业模式变化都形成商业模式创新：以能显著增强一个公司的当前表现、销售、利润和现金流、竞争力的方式，改变商业模式某一个构成要素，是商业模式改进（Business Model Improvement）；相对竞争对手，包括至少四个商业模式构成要素的改进，称为商业模式更新（Business Model Replacement）；如果商业模式更新能以前所未有的方式提供产品、服务给客户或最终消费者，那么它就是商业模式创新。

当然，商业模式更新和改进间的边界是模糊的，不能说是四个要素改进就是，三个要素改进就一定不是商业模式更新。Mitchell 等的划分实际上是表明商业模式更新或创新涉及多个要素的协同变化。企业是商业模式创新的主体，进行了商业模式创新的企业叫商业模式创新企业。从它的界定和区分，我们可以发现商业模式创新企业有几个共同特征，或者说构成商业模式创新的有几个必要的条件：第一，提供全新的产品或服务。第二，其商业模式至少有多个要素明显不同于其他企业，而非仅有少量的差异。第三，有良好的业绩表现，体现在成本、盈利能力、独特竞争优势等方面。

"创新"概念可追溯到熊彼得，他提出创新是把一种新的生产要素和生产条件的"新结合"引入生产体系。具体有五种形态：开发新产品、推出新生产方法、开辟新市场、获得新原料来源、采用新产业组织形态。相对于这些传统的创新类型，商业模式创新有几个显著的特点：

第一，商业模式更多地注重和涉及企业经济方面的因素。即使涉及技术、产品和工艺，也大多是和它们的经济因素、所蕴含的经济价值及经济可行性有关，而不是纯粹的技术特性。正如熊彼得提出的，创新不等于新发明，只有发明被应用于经济活动中才能称为创新。

第二，商业模式创新更多的是系统和根本，它常常不是单一因素的变化，而可能涉及多个要素同时发生的大的变化，常需要组织结构的较大战略调整。商业模式创新往往伴随技术突破、产品或工艺的创新；反之，则未必。商业模式创新更是系统和根本，是一种集成创新。

第三，虽然它也常常带来内部效率提高、成本降低，但它更注重为客户所创造价值的增加，视角更为外向和开放，常给企业带来更大的竞争优势。商业模式的创新常会更有效地帮助提高在产业中的地位，同时降低成本。

对商业模式创新的描述，本质上应包括三个部分的内容。一是要说明新的商业模式或者说是创新后的商业模式是什么样子。二是要说明新的商业模式相对于原有的模式，或者其他厂商商业模式有什么区别，创新之处究竟在哪里。三是要说明，商业模式创新是如何发生的，过程怎么样（见图3-8）。

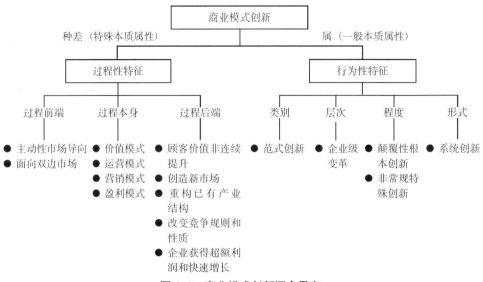

图3-8 商业模式创新概念界定

由于商业模式本身的复杂性及商业模式创新过程的复杂性，诸多细节和偶然性因素也很重要。因此，要想充分描述是困难的，有时甚至不可能。即便如此，在许多情况下，我们以乐视影业为例子可以大概地描述勾勒。

资本运营与商业模式专栏 4

乐视影业"中国最佳商业模式"的深度剖析

在 2014 年乐视影业峰会上，CEO 张昭宣布，未来三年乐视影业将由传统的电影公司转型为以分享电影文化价值为己任的互联网公司，并将在电影的研、投、制、宣、发、放全流程进行互联网改造。此言一出，立即引起财经、互联网、电影行业各方强大震撼。作为民营电影公司第一梯队中成立时间最晚、发展却最为迅速的电影公司，乐视影业的法宝在于其商业模式的创新性，与传统电影产业以资本、内容、版权为驱动的商业模式不同，乐视影业充分利用自身互联网的基因优势，将电影产业与互联网创造性的融合，采用O2O、一定三导的市场体系，实现了公司向服务、消费者以及品牌为驱动的商业模式转变，为中国电影乃至全球电影产业在互联网时代的升级提供了范例。

在新型商业模式驱动下，乐视影业2013年票房收入达6.5亿元，位列五大民营电影公司第四位，2013年，乐视影业票房收入10.5亿元，年增长速度远超30%的行业增速，2013年乐视影业与华谊、光线一起成为中国民营电影公司的前三甲。2014年，乐视影业计划出品/发行影片15部，票房30亿元人民币，目标直指五大民营电影公司之首。

第一，市场型公司是中国电影产业实现规模化发展的关键。随着中国文化消费人口红利的到来，中国电影产业正面临规模化发展的机遇。但数据显示全国电影院平均上座率仅15%，与此并存的是，与影片制作数量相比，只有30%的影片可以上映，在上映影片中实现盈利更是凤毛麟角，中国电影产业成为制作和放映两头重，中间宣发环节薄弱的哑铃型结构，加上目前中国电影的衍生价值并没有得到充分挖掘，电影产品的品牌开发也不够充分，未来中国电影产业的规模化发展机遇会集中体现在哑铃型结构的中间环节——有着强大市场能力的电影公司身上。乐视影业作为以市场驱动为核心的电影出品/发行公司，通过与互联网结合的市场体系逐步建立，在创造了100%的高速增长的同时也受到业内及资本方的关注。2013年，乐视公司完成融资2.5亿元，企业估值达17.5亿元，这是投资方对乐视影业商业模式及未来前景的认可。作为轻资本的公司代表，乐视影业将重点集中在市场体系相关的基础设施建设部分，通过《小时代》、《我想和你好好的》、《熊出没之夺宝熊兵》等热门影片的成功运作，乐视影业"一定三导"（定位、导航、导流、导购）市场体系逐渐发育完善，该平台的建立也为未来年度数十部影片的市场运作提供了可能，这意味着乐视影业已经完成了由资本驱动型企业向服务驱动型企业的全面转型。

第二，互联网使中国电影产业实现由传统制造业向服务业转型。互联网时代的电影产业正在发生颠覆性变革，如果说传统电影产业是制造业加放映业的组合，那么互联网的出现，使得电影产业逐渐向服务业、消费业转变。传统电影产业作为意识形态内容建设的一部分，一直以来都是以内容驱动为核心，是创作者自身的思考及文化表达，互联网拉近了电影产品与消费者的距离，建立起了双方无缝对接的平台，电影产业由此变成一个消费者驱动的产业。2013年暑期档，由乐视影业出品/发行的上下两部《小时代》电影以合计近8亿元的票房成绩成为当之无愧的票房黑马，影片创造包括微博讨论数、首日票房等多项影史纪录。这是一部完全以消费者为核心的电影作品，在电影的制作、营销、发行等环节均以满足目标消费者的核心需求为前提，最终实现了惊人的票房成绩。2014年初，由乐视影业出品发行的国产3D动画影片《熊出没之夺宝熊兵》以2.4亿元的票房收入打破了包括动画电影首日票房在内的多项纪录，成为目前为止票房最高的国产动画电影。该片除了常规的社会化营销、线上预售、活动召集等之外，还特地在几千家电影院做儿童乐园，每个电影院都安排了志愿者，真人扮演两个超级大的熊大、熊二，还有光头强，跟孩子们互动、玩游戏、合影、送奖品等，所以很多小朋友很早就去了，甚至很多小朋友都看了两三遍。

乐视影业CEO张昭在接受媒体采访时表示：中国电影的消费形态要随着互联网形态升级，要从娱乐消费升级成品牌消费，从品牌消费变成体验式消费，从体验式消费变成参与式消费，这四个阶段是很重要的。乐视影业是以服务者的姿态组织活动，要营造一种体验，比如我参与了熊出没的活动，我是有身份的。文化消费的身份感是很重要的，包括提前观影、礼物派送，小爸爸专场的优先观影人群等。特别是成人，他们的参与感一起来，这个品牌就是他们的，是大家的，整个品牌的创建、传播，观众才是品牌的主人。

第三，新型商业模式对全球电影产业的价值贡献。2013年中国国内电影票房已经超越日本成为全球第二大票房市场，中国电影产业和市场释放出的活力，正在越来越深刻地影响着世界电影的格局。与中国电影产业不同的是，好莱坞几个大财团通过并购整合，形成了集影视、娱乐、出版和传媒等相关产业为一体的跨行业超级大集团。这意味着，与传统媒体的利益捆绑决定着好莱坞在电影的营销环节仍旧会产生巨额成本。与此同时，好莱坞电影市场在互联网面前也面临着强大的冲击，YOUTUBE等免费视频网站抓住了互联网技术的优势和消费者对免费、个性、低价的需求，从电影制造的源头上开始蚕食好莱坞的市场份额。手机摄像头分辨率的提高、摄像技术的进步，让普通的消费者也开始制作电影。全民参与电影制作的趋势已经打破了电影属于好莱坞生产专利的传统局面。

互联网带给电影行业的改变，最终将转变为以消费者为核心的市场机遇，在好莱坞与中国电影产业面前，都是一样的。在此背景下，乐视影业以服务驱动、消费者驱动及品牌驱动的商业模式已经走在好莱坞前面，同时也为其他电影公司的发展提供参考。我们有理由相信，已宣布在未来三年转型为分享电影文化价值的互联网公司的乐视影业，其创新商业模式必将给资本市场带来更大惊喜，也将为中国电影的升级换代贡献重要力量。

表3-2　乐视影业商业模式画布

主要项目	乐视影业所采用的商业模式
重要伙伴	影视出品方、三大运营商、设备商
关键业务	视频播放、收费视频版权分销、播放机
价值主张	致力于成为全球最大的网络视频服务商
客户关系	自助服务+一站式售后服务
客户细分	视频客户+广告客户+版权客户
核心资源	版权+广告+3G牌照
渠道通路	自有渠道和合作渠道结合
成本结构	版权成本、宽带、人力成本、硬件和广告
收入来源	基础性收入：高清视频播放服务收入+版权分销收入 增值性收入：广告发布、软件开发、硬件销售收入

资料来源：谢金萍.乐视影业"中国最佳商业模式"的深度剖析[J].二十一世纪商业评论，2014（3）.

二、商业模式创新的特点

相对于企业其他一些传统创新类型，商业模式创新明显具有整体性、外向性和实效性三方面特征。

第一，整体性。整体性是商业模式创新区别于企业其他创新的本质特征。商业模式创新与企业的产品创新、技术创新、组织创新和流程创新等创新活动的本质区别就在于其具有整体性。商业模式创新可能是由单一要素引发，但并不仅限于单一要素的变化，而是表现为多项要素相互协同变化。它同时涉及多个要素的变化，需要企业的较大战略调整，是一种集成创新；商业模式创新往往同时伴随产品、工艺或者组织结构与运作流程的创新；反之，则未必足以构成商业模式创新。如开发出新产品或者新的生产工艺，就是通常认为的技术创新。技术创新，通常是对有形实物产品的生产来说的。但如今是服务为主导的时代，世界发达国家服务业在国民经济中所占的比重已接近70%，对传统制造企业来说，服务也远比以前重要。因此，商业模式创新也常常体现为服务创新，表现为服务内容及方式、组织形态等多方面的创新变化。

第二，外向性。商业模式创新更注重从市场和客户的角度出发，从根本上思考设计企业的行为，视角更为外向和开放，更多注重和涉及企业经济方面的因素。商业模式创新的出发点，是如何从根本上为客户创造和增加价值。因此，它逻辑思考的起点是客户的需求，即根据客户需求考虑如何有效满足它。所以企业价值主张的改变，常常是商业模式创新的起点，这也是为什么有专家认为商业模式创新起始于讲一个诱人的故事，这点明显不同于技术创新。技术创新通常具有内向性，技术创新常常是从企业所擅长的技术特性与功能出发，看它能用来干什么，从一种技术可能有的多种用途中去挖掘它的潜在市场。商业模式创新即使涉及技术，也多是技术的经济方面因素，与技术所蕴含的经济价值及经济可行性有关，而不是纯粹的技术特性。

第三，实效性。商业模式创新具有实效性的特征，从绩效表现看，商业模式创新如果提供全新的产品或服务，那么它可能开创了一个全新的可盈利产业领域，即便提供已有的产品或服务，也应该能给企业带来更持久的盈利能力与更大的竞争优势。传统的企业单一要素的创新，通常只是带来企业局部效率的提高与成本降低。而且这些创新容易被其他企业在较短时期模仿。而商业模式创新，虽然也表现为企业效率提高与成本降低，但由于更为系统和根本，涉及多个要素的协同变化，因而更难以被竞争者模仿，所以，可以给企业带来战略性的竞争优势和实际经济效益，而且优势可以持续数年。

三、商业模式创新的问题

企业在激烈的市场竞争中获得生存，需要进行差异性的商业模式创新，通过这种创新获得竞争对手难以获取的竞争优势并打造独具特色的品牌价值，从而为顾客创造新价值。但是，商业模式在创新过程中也会遇到一些问题。

第一，受到保守派的阻碍。商业模式创新不仅是对以往事物的颠覆，更是对未知未来的探索，需要巨大的勇气和魄力。在创新过程中，来自企业内外部的保守派会惧怕未知的不确定性和由于不确定性带来的风险。因此，他们更倾向于维持现状或现有的较好局面，从而阻止创新的发生。

第二，企业自身条件制约。商业模式创新不仅要与企业能力和企业的战略目标相匹配，而且受到内外都相关条件的制约，例如相关的技术水平、人员能力、资金实力、相关政策等。一个模式的成功，就像木桶效应，缺少任何一个板块都装不了水，模式也就不能成形。

第三，过分关注短期利益。企业进行商业模式创新的最大动力来自更高的利润，有效的模式创新可以帮助企业成功实现这一目标。但是，企业在生产经营的过程中往往过于关注利润，而忽略了企业的市场份额、市场竞争力、市场地位等。在一味地追求更高利润的同时，成功的商业模式创新不但能够帮助企业增加市场份额，为企业带来丰厚的利润回报，而且能够增强企业的市场竞争力，提高企业的市场地位，甚至使企业成为长期的市场领导者。

第四，忽略利益相关者。企业往往只关注股东和内部利益相关者的价值，却忽略了对社会、公众、环境以及外部利益相关者的责任。社会对企业提出了更高的要求，企业需要不断地改善与这些利益相关者之间的关系，依法履行社会义务，实现与利益相关者之间的共赢。

第四节　商业模式与行业整合

企业商业模式是伴随着互联网行业的兴起而产生的，同时，商业模式受到了投资人的广泛关注。各行各业都有其一套相适应的商业模式，那么商业模式在各行各业中存在什么特点呢，商业模式与各个行业又是怎样整合的呢？

一、商业模式与轻资产的整合

资产的轻重是个相对的概念，就一个企业或一项投资而言，我们平时耳熟能详的厂房、设备、原材料等，往往需要占用大量的资金，属于重资产。这样的企业一旦达到产能限制，而市场需求仍然增长，如果要想获得更高利润，则必须投资新的产能，这需要消耗大量的资金和时间，如果投产过慢，则可能丧失获利机会。因为那个时候市场需求可能发生了变化，并且一旦需求转向，重资产的企业不仅盈利增长乏力，而且计提这些新设备和厂房造成大量的折旧反而降低了利润。

所谓轻资产企业，主要是指企业的无形资产，包括企业的经验、规范的流程管理、治理制度、与各方面的关系资源、资源获取和整合能力、企业的品牌、人力资源、企业文化等。因此，轻资产的核心应该是"虚"的东西，这些"虚"资产占用的资金少，显得轻便灵活，所以"轻"。实际上，轻资产商业模式是一种低财务投入、小资产规模、轻资产形态、重知识运用及品牌开放，高投资回报的企业发展模式。轻资产商业模式的特征：一是低的固定资产投入，这就直接决定了企业的轻、重之分，同时较小的固定资产也是对轻资产商业模式外在表象的整体描述。二是业务范围集中，这部分企业只是把整个价值链条中最有价值的、最有商业机密性的环节纳入自己的业务内，而把其他环节外包出去，这样不仅可以集中精力打造企业的核心能力（创新性产品、品牌、企业文化等），而且可以减少价值链其他环节的竞争，打造出共同获利的关系网络。三是可复制、易重组。轻资产商业模式对于企业的资金、规模要求不高，所以企业开分店等方面相对比较容易，而且把握了最为关键的部分，可以及时快速地整合资源。

2008 年全球金融危机之后，商业模式对于企业的重要性已众所周知，而轻资产商业模式则是企业应对危机的新选择和必然方向，下面就来看看几种比较常见的商业模式（见图 3-9）：

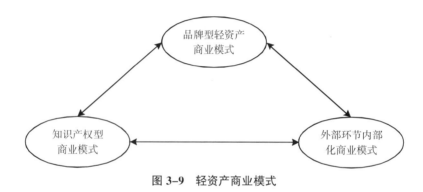

图 3-9　轻资产商业模式

第一，品牌型轻资产商业模式。这种商业模式是把打造自身品牌作为企业的核心业务，主要关注市场的分析、预测，产品或服务的开发，企业品牌的打造等，企业生产环节、销售环节不作为企业内部的业务来完成，而是选择其他的合作伙伴来承担这部分业务和运营。品牌型轻资产企业的弱点在于品牌是虚的东西，在品牌方面一直保持领先是不容易的。品牌的价值是以无形胜有形，因此做好难度比较大，长胜不容易。美特斯·邦威就是典型的品牌型轻资产商业模式企业。

第二，知识产权型商业模式。这类商业模式的核心是把企业所掌握的知识产权作为一种资源和能力，对其进行转让使用权来获得利益的或是从销售额的比例中获得收益，而不分担销售渠道建设和营销的费用等。典型企业如微软、同仁堂归为这类公司。微软和 Intel 结盟在 PC 市场上具有很强的控制力，市场开拓能力极强，因此为典型的轻资产公司。制药行业其实也是高度依赖知识产权的行业，同时药物是人离不开又愿意高价购买的产品，像同仁堂未来升值的空间很大。

第三，外部环节内部化商业模式。这一类商业模式与上面的最大不同是对于非核心环节的业务不是以外包的形式来合作的，而是把这些合作的企业以不同的价值回报形式纳入企业的整体范围内，这样就打造了利益共同体，不仅减少了固定资产的投入，而且增强了合作的黏合度。

资本运营与商业模式专栏 5

易传媒：行业整合者的轻模式

图片来源：www.adchina.com.

　　上海新易传媒广告有限公司成立于 2007 年，主营业务是互联网及移动互联网广告，行业地位只是互联网广告整合者。截至 2011 年第二季度末，易传媒的互联网平台和移动互联网平台每月平均覆盖逾 4.3 亿名网络用户。融资情况：2008 年 6 月获得由金沙江创投领投的 1000 万美元投资；2009 年 7 月获得 3000 万美元投资；2010 年 12 月 3 日完成第三轮融资，获 4000 万美元投资。它的商业模式可以概括为：基于网络用户行为信息的精准分析，易传媒形成了包括展示类广告网络、在线视频广告网络、社交媒体广告网络在内的广告网络架构，一方面帮助网站提高广告位置的利用效率，吸引大量网站与之合作；另一方面帮助广告主精确地在数百家网站上投放广告。由于引入第三方监测机构，易传媒获得了广告主的信任。目前，公司正将这一模式复制到移动互联网领域。

　　规模对于广告行业来说很重要，因为没有覆盖量，就无法选取目标受众。目前，能够覆盖 1000 万名用户的独立网站已经很不错了，但这对宝洁等知名公司来说还远远不够，它们的广告覆盖量要求至少是 2000 万人以上。这样的现状为易传媒整合网络广告业提供了一个蓝海市场。首先，就像医院建立患者档案一样，易传媒将网民每一次浏览网页的信息建立档案，并从多次上网行为中分析出用户特征。最终，易传媒汇集这些资料形成数据库，覆盖用户数超过 3.5 亿名，为广告主提供不同年龄、位置、性别、爱好的用户数据分析，并针对性地提供不同的广告。基于对数据的分析和整理，易传媒能实现在"同样的网站、同样的页面，男人和女人看到的是不一样的广告，年龄不同的男女看到的广告也不一样"，而在投放模式上，"页面的内容还会根据浏览者是第一次看到广告、已经看过或者有过购买相关产品"等不同而有所差异。对于网络媒体，易传媒通过技术将资源打通，帮助媒体网站提高其广告位置的利用效率，其合作伙伴包括中国领先的门户、垂直、视频、社交和购物等多类互联网媒体。目前，已经有 500 多家国内网站加入了易传媒的"广告网络"，易传媒也由此形成包括展示类广告网络、在线视频广告网络、社交媒体广告网络在内的广告网络架构。互联网广告的信誉曾一度受到质疑，"点击欺诈"、"流量作假"，以及如何量化网络广告的投放效果，都是业界关注的话题。据易传媒 CEO 闫方军介绍，为了打消广告主的疑虑，易传媒有一套独特的数字网络投放效果监测系统，对广告投放过程进行全程监测数据分析，广告主也有自己的监测体系。最关键的是，易传媒引入电视行业最常用的第三方监测机构，比如尼尔森、艾瑞、DUBBLE CLICK 等调研机构，为客户出具数据分析结果，并以此赢得了广告主的信任，业务量也随之暴涨。截至 2010 年，易传媒过去三年营业收入增长率高达 2744%。易传媒还将基于位置的服务（LBS）作为自己移动战略的一部分，先后与国内领先的两家 LBS 媒体——嘀咕网和开开网达成了战略合作，将其纳入自身的移动广告战略。公司移动广告平台总经理蒯佳祺表示，目前国内 LBS 领域厂商数量众多，普遍处在发展初期，还没有哪一家能够拥有绝对的市场优势。各家 LBS 公司凭借自身的特色，积累了一批忠实用户，而LBS 应用之间的用户重合度很小，媒体受众相对分散，因此早一步进入 LBS 领域则可以占据有利位置（见图 3-10）。

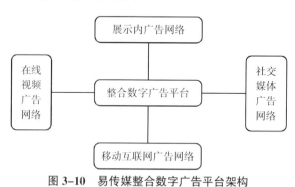

图 3-10　易传媒整合数字广告平台架构

资料来源：作者根据多方资料整理而成。

二、商业模式与重资产的整合

第一，直供商业模式。主要应用在一些市场半径比较小、产品价格比较低或者流程比较清晰、资本实力雄厚的国际性大公司。重资产企业要有竞争力就需要加强研发，一些企业研发投入占销售收入 10%，从研发这个环节上所有的重资产企业都是可以外包的。重资产企业的特点是财务负担重，但价值投资者需要研究的是企业的商业模式和增长方式，而不是看财务报表，所以研究传统制造型企业商业模式意义重大。直供商业模式需要制造商具有强大的执行力、现金流状况良好、市场基础平台稳固、市场产品流动速度很快的特点。由于中国市场战略纵深很大，市场特点迥异，渠道系统复杂，市场规范化程度比较低，在全国市场范围内选择直供商业模式是难以想象的，利润较高的一些行业与产业可以选择直供商业模式。

第二，联销体商业模式。随着大量中小企业选择总代理，市场上好的经销商成为一种稀缺的战略性资源，很多经销商对于鱼目混珠的招商产生了严重的戒备心理，在这样的市场状况下，很多有实力的经销商为了降低商业风险选择了与企业进行捆绑式合作，即制造商与经销商分别出资，成立联销体机构，这种联销体既可以控制经销商市场风险，也可以保证制造商始终有一个很好的销售平台。联销体这种方式受到了很多有理想、有长期发展企图的制造商欢迎。如食品行业的龙头企业娃哈哈就采取了这种联销体的商业模式；空调行业巨头格力空调也选择了与区域性代理商合资成立公司共同运营市场，取得了不错的市场业绩。

第三，专卖式商业模式。随着中国市场渠道终端资源越来越稀缺，越来越多的中国消费品企业选择专卖形式的商业模式。如 TCL 幸福村专卖系统、五粮液提出的全国 2000 家专卖店计划等。选择专卖式商业模式需要具备品牌、产品线比较全、消费者行为习惯等。

资本运营与商业模式专栏6：

红星美凯龙的"重资产"商业模式

图片来源：www.chinaredstar.com.

一、重资产卖场商业模式

进化自小型家具销售连锁店的红星美凯龙，在业内率先告别了"低价买进高价卖出"的差价盈利模式。几经优化，红星美凯龙从"产销者"转变为"经营管理者"，从"渠道"转型成为"平台"，引入供应商（商户）入场，进行"现场直销"。供应商缴纳租金、促销金、物业管理等方面的费用，红星美凯龙则承担起品牌提升、活动营销、售后客服等方面的服务。

红星美凯龙的终端一般有三种形态：一是租赁店，租赁物业场地；二是加盟店，地产商提供物业场地，红星美凯龙负责店面的运营管理；三是直营店，买地自建。直营店模式囊括了商业地产与物业管理，红星美凯龙既可以对店面进行更好的管理，又可以获得比"二房东"更高的租金收入。

红星美凯龙常在城市的未来发展区域拿地，再通过卖场的经营带动地价提升，从而包装新地块，获得估值更高的资产质量。这些升值的地块可用来获得更多的融资，比如银行抵押贷款。然后，这些资金可以投入到下一个城市的项目运作——这是一种富含商业地产基因的"重资产"模式。在直接、有效的管理经营下，自建直营店逐步成为红星美凯龙的核心竞争力所在（见图3-11）。

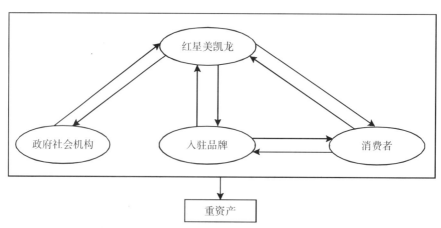

图3-11 红星美凯龙的商业模式

二、潮退后的重资产商业模式伤痕

在前些年的地产狂热大潮中，家居卖场随之肆意扩张，在各个城市短兵相接，行业竞争渐趋非理性。数番调控，住宅地产几度低迷，下游的家居消费需求也遭到砍削。僧多粥少，不少卖场只能关门了事。2012年，家得宝退出中国，百安居因拖欠货款站上被告席，而东方家园因倒闭成了这场低迷的最佳代言人。

规模最大的红星美凯龙当然难以独善其身。2012 年 8 月上旬，红星美凯龙广州琶洲店提前结业；8 月底，南京奥体红星店正式撤店；9 月初，常熟红星美凯龙商户数量锐减。除此之外，红星美凯龙还有福建龙岩、浙江桐乡等 30 多家商场经营惨淡，商户盈利水平大幅降低。在红星美凯龙大本营常州，其个别商场 2011 年的空置率甚至达 60% 以上。

2012 年 7 月，红星美凯龙进军电子商务市场，电商网站"红美商城"上线。红星美凯龙的思路是将现有商户和品牌资源转移到线上，但是长于地产与资本，红星美凯龙似乎落下了直面消费者的功课，红美商城有些力不从心。红美商城的电商业务运营效果并不理想。红美商城的问题在于家居网上商城所卖的大多都是小件标准品，沙发等非标产品实际上销量很少，而且光顾者也不多。

资料来源：作者根据多方资料整理而成。

三、互联网思维下商业模式的整合

互联网下的商业模式是互联网企业借助互联网及其工具创造价值，为互联网企业带来盈利和可持续盈利的模式。在互联网产业爆发初期，几乎每个深入接触它的商业人士都感觉它有创造价值的巨大可能性。随着新的网络技术的不断涌现，搜索引擎和移动互联技术的发展，带来了多样化的价值网络和企业生态形式，基于互联网的商业模式的探讨也是如火如荼。实际上，本质并没有变化，是通过流量获得用户价值，通过用户创造商业价值。

互联网给人类社会带来的革命是一场资讯的革命，包含信息与信息载体两个部分。从互联网信息载体的特性上看，互联网影响更多的是人的意识，而这个载体几乎是一种无形的载体。互联网载体通过软件实现，比历史上任何一种有形体或者制度都容易实现和改变。因而，在任何互联网创业话题中，商业模式这个词都被强调。例如，在国内互联网界一提起旅游，就会想到携程模式；一提起 B2C 电子商务，就会提到淘宝模式。何谓好的互联网商业模式？简单来说，收入大于付出，能细水长流，能很清楚地预见未来发展的模式就是好的商业模式。

第一，直接销售商业模式。这种模式往往有独立的销售平台，主要依靠销售商品或服务来盈利，包括实物商品、在线商品和数字商品。特点是成本低、容量大、经营的品种越多、长尾带来的收益越大。在互联网时代，电子商务的出现使得传统零售业受到了巨大的冲击。因为电子商务很大程度上解决了经营成本偏

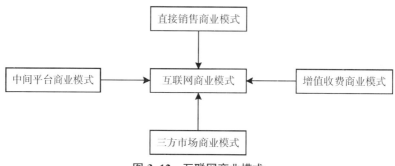

图 3-12 互联网商业模式

高、店面过度膨胀、零售利润下滑等问题。而电子商务的最大优势，就在其长尾效应。简单地说，商品的销售成本急剧降低时，几乎任何以往看似需求极低的商品，都会有人购买，而这些需求和销量不高的产品所占据的共同市场份额，可以和主流产品的市场份额相媲美，甚至更大。比如一家大型书店通常可摆放 10 万本书，而当当网的图书销售额中，有 1/4 来自排名 10 万以后的书籍，并且这些冷门书籍的销售比例仍在高速增长。这种 B2C 商店如今在我国不断涌现，以当当网、京东商城、凡客诚品等为代表的 B2C 网店，依托互联网的虚拟特性，免去了货架空间、场地租赁等成本，直至降低了商品价格，同时最大程度地丰富了商品的种类，对线下的百货商场、家电商场等形成了巨大的冲击。基于直接销售模式的互联网企业并不限于经营实体物品者，像教育类网站、文学类网站、彩铃等电信增值业务都具备在线销售商品的特点，只不过其所销售的商品或是知识，或是文字，或是音乐等。

第二，中间平台商业模式。这种模式为买卖双方提供交易撮合的中间平台，主要依靠会员费、佣金、广告费等方式盈利。由于跨越了地域和时间的局限，使得买卖双方交易成本更低。电子商务活动和普通商贸活动的基本区别是，一个在虚拟空间，一个在现实空间。不过，它们的本质是一样的，都是在遵循传统经济价值规律前提下的交易活动；不同之处则在于电子商务是依靠新的手段和条件对旧有的流程进行革新的过程。在以交易平台为经营主体的互联网企业中，阿里巴巴的 B2C 平台及其旗下的淘宝网无疑是业界翘楚。一方面，阿里巴巴及其旗下的淘宝网所创造的网商集群，具有与电子商务直销企业相同的成本低、容量大等特点；另一方面，正如长尾理论所强调的，当今世界不是中小企业做大做强，而是中小企业将在经济的主要方向上起到比大企业更大的作用。网商集群的直接推动力量是诸如阿里巴巴、淘宝网这类网络平台，给网商带来了直接的价值、促进网商的快速集体崛起、进一步促使网商集群的形成，实现可持续发展。据统计，

2001 年阿里巴巴 B2B 的用户数为 20 万人，这一数字在 10 年后已经增长达 300 多倍。阿里巴巴旗下的淘宝网 2003 年成立，截至 2011 年上半年淘宝网共有注册会员 2 亿人，占全体中国网民数的 50% 以上。

第三，增值收费商业模式。这种模式通过基础服务免费、增值服务收费来实现盈利。此模式的可行之处在于，网站在服务 1% 的用户的同时，"顺便"服务其他 99% 的用户的成本几乎为零，以至于能够忽略不计。网络通信可分为即时通信和非即时通信两种形式。以电子邮件为代表的非即时通信曾是人们生活中的重要联系手段，而自即时通信兴起，仿佛是对非即时通信进行了一场革命，人们已习惯了用 QQ 号、MSN 号交换联系方式上就可见一斑，在即时通信领域方面腾讯可谓一家独大。其所采用的主要商业模式就是增值收费模式：腾讯的基础通信服务 QQ 是免费的，而围绕 QQ 用户，腾讯做了许多增值服务，如购买 QQ 空间、QQ 秀等。

第四，三方市场商业模式。这种模式是门户网站最典型的"注意力眼球经济"，目前已被更多类型的网站所采用。此模式的特点是通过免费的信息、网络工具等内容吸引注册用户及访问量，由此作为吸引广告投放的基础，而广告收入成为各网站的主要经济来源。以新浪、搜狐、网易等为代表的门户网站，本质上说就是一个信息平台。各种信息资源汇集在此，就像是网络世界的百货超市。目前，门户网站的商业模式在经历了"烧钱"积聚人气；通过网络广告获得少量的收入；利用短信等增值业务持续盈利的初步发展阶段。之后，开始逐渐分化：新浪回归到以广告收入为主的媒体类商业模式；网易发力网络游戏；搜狐则采取多元化齐头并进方式。以优酷网、土豆网等为代表的视频网站，已摸索出了一套自己的盈利模式。美的是优酷影视剧营销的第一个客户，其在《我的团长我的团》的前贴片硬广告，获得了接近 4000 万次的品牌曝光。美的对于与优酷合作的营销案例评价极高，多次表示，与传统电视媒体相比，视频网站的播放形式、覆盖人群更为精准，购买力与品牌诉求转换更为明显。

【章末案例】

中青宝与资本恋爱成就未来

深圳中青宝互动网络股份有限公司（以下简称"中青宝"）坐落于深圳市南山区，现今市值高达 71 亿元人民币。2013 年初至今，凭借手游概念，中青宝一跃成为资本市场明星。其股价从 11 元附近启动，最高曾涨到 100 元（复权后）。2013 年 9 月 13 日，中青宝在 A 股累计涨幅达 682%。而凭借对深圳苏摩、上海美峰两笔出色收购以及与深圳墨麟、深圳兆驰、盛大游戏等多方面的合作，中青宝更是在 A 股实现了 17 个涨停，一路飙升成为资本市场"热得发烫的手游第一股"。

图片来源：www.zqgame.com.

一、公司介绍

深圳中青宝互动网络股份有限公司是国内为数不多拥有自主研发、运营、代理能力的在线游戏开发运营商，现今已经拥有多款自主开发的网络游戏。中青宝自 2003 年成立以来，依靠高素质的精英团队，以"打造符合中国玩家娱乐需求的国产游戏"为宗旨，推出了以展现中国春秋战国时期为历史背景的新网游《战国英雄》，成功收费以来，取得了骄人的业绩。曾先后自主研发运营《战国英雄》、《抗战英雄传》、《天道》以及《亮剑 OnLine》等多款优秀产品，树立了红色民族网游的鲜明旗帜。全新产品《梦回山海》、《新宋演义》、《天朝》、《梦幻东游》、《三国游侠》、《前线战场》、《嘻哈堂》陆续推出，再次掀起新一轮的游戏热潮。而更加壮观的以中国历史为背景的游戏大作《抗战 Online》也已经隆重面世，并运营良好。2010 年 2 月 11 日，中青宝强势登陆深圳证券交易所创业板，股票代码 300052，股票简称中青宝，成为首家国内 A 股上市的网游公司，开创了网游公司本土上市的先河。聚天地之瑰宝，成中国之最大！中青宝上市后对外高调正式发布大型投资计划——"聚宝"计划，用于招纳精英人才和团队，寻求优秀产品展开合作。中青宝网的目标是做"中国最好的民族网游"，自成立至今，全体员工一直坚持不懈为这个目标而努力。经过多年发展，凭借着深厚的积淀在国内网络游戏研发、运营领域处于一流旗舰地位。公司现有员工 600 多人，其中研发人员占 70% 以上，拥有雄厚的研发基础、文化底蕴及资金资源，成为主导网游界风云的重要力量之一。

二、中青宝开创"四横一纵"战略体系 及"电影+游戏"的商业新模式

2012 年，中青宝制定"四横一纵"的企业发展战略，即客户端游戏业务线、网页游戏业务线、手机游戏业务线、社交平台业务线，归结为四条平衡的业务体系，成为"四横"。"海外业务线"则为一条纵向业务线，贯穿于上述四横业务线。中青宝表示，"四横一纵"的战略布局，是对公司内部资源整合，

强调运营基础模块搭建的长远战略。对于公司在产品积累、人才储备、优质 IP 资源的提取，提升公司在全球数字互动娱乐产业的核心竞争力皆有深远的影响（见图 3-13）。2012 年，中青宝实现营业收入 1.85 亿元，同比增长 40.13%，实现净利润 1669.20 万元，同比增长 15.08%。

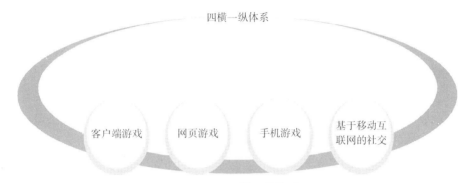

图 3-13　四横一纵体系

此外，中青宝根据好莱坞年度超现实科幻动作电影《全面回忆》改编的网页游戏《全面回忆 Online》于 2012 年底震撼上线，《全面回忆》电影于 10 月 20 日登陆中国内地，电影票房表现火爆。而《全面回忆 Online》是中青宝携手美国索尼影视娱乐有限公司和好莱坞发行商 SEE Games 共同打造的全 3D 大型多人角色扮演网页游戏巨制。自 2011 年 11 月中青宝获得《全面回忆》的网页游戏开发制作权以来，《全面回忆 Online》项目已经受到业界的广泛关注。此次中青宝与好莱坞的强强联手是电影和游戏异业合作的一大创新之举，开创了游戏公司主导跨行业、跨国界、跨媒体合作的先河。

中青宝成为中国首家为好莱坞影视量身打造全球游戏巨制的网游企业，开创了这一领域全新的合作模式。该项目由中青宝和 SEE Games 共同投资，与好莱坞顶尖制作班底共同倾力打造，突破了中国公司在海外游戏市场一贯为其他游戏公司外包加工技术或单向引进中国产品的商业模式，向世界展示了中国网游的制作实力，更开启了国人游戏制作与世界级影视产业合作的先河。

《全面回忆 Online》游戏早在美国洛杉矶电子娱乐产业展示交易博览会（E3）、德国科隆游戏展（Gamescom）及中国国际数码互动娱乐展览会（ChinaJoy）等全球各大游戏展会中备受瞩目。中青宝海外总裁张宇庆曾表示："通过这个项目，我们让好莱坞的合作伙伴看到了中国网游制作的实力，赢得了他们的信任和未来更多合作机会的可能。我们自身从这个项目中得到了宝贵的经验和教训，学习到了如何与好莱坞合作伙伴协作沟通，这些都将为我们未来和好莱坞的继续合作以及我们海外业务的进一步拓展打下良好的基础。"

三、手游行业资本运作频繁 中青宝收购成标杆

2014 年 4 月，资本市场上关于手游的讨论持续升温。A 股市场就有两起关于手游的重大资产重组事件。先是爱使股份（7.81，-0.05，-0.64%）4 日公告称收购游久时代合计 100% 股权；接着 11 日中青宝（30.940，0.52，1.71%）一举收购上海美峰数码、北京中科奥和江苏名通信息三家手机互联网公司，吸引众多媒体关注。

历经 3 个月停牌的中青宝（股票代码 300052）于 4 月 12 日发布再融资公告，拟以发行股份及支付现金的方式购买三家游戏公司的股权，拓宽公司的游戏主业。公告显示，公司以 17.46 亿元收购美峰数码 49% 的股权、中科奥和名通信息 100% 的股权。其中，交易以现金方式支付 9.03 亿元，剩余部分通过向上述三家公司原股东发行股份 3103.05 万股购买。为了本次资产收购，中青宝同时拟向不超过 10 名特定投资者发行股份，募集配套资金不超过 5.82 亿元。

因中青宝已持有美峰数码 51% 股权，所以本次交易完成后，中青宝将美峰数码、中科奥和名通信息的股权全部收入囊中。据了解，中科奥与美峰数码均为手机游戏研发商，名通信息则还另涉有页游及游戏平台运营业务。

在延续了 2013 年井喷式的发展之后，2014 年手游行业迎来了新的增长机会。2004 年 GMGC 全球移动游戏大会期间，GMGC 全球移动游戏联盟联在内的多家专业研究咨询机构共同策划并发布了《2014 年全球移动游戏行业白皮书》，该白皮书显示，2013 年，中国移动游戏市场规模达到 120.56 亿元，同比增长 96.5%。而未来 3 年，移动游戏市场规模将保持高速增长，2016 年市场规模将超过 427 亿元。对此，手游行业的资本运作也更加频繁。同时，市场对于手游行业的估值也给出高 PE 的溢价，主要源于手游公司强大的市场吸金能力，一款手游月流水过千万元也已经不是什么稀罕事情。而对于那些被收购的企业而言，吸纳进入上市公司体系，依靠上市公司资本市场的平台，有望获得更多资金与关注度，对于收购标的而言也是相当有好处的。

在此大前提下，中青宝适时地发布内生增长＋外延收购的战略方针（见图 3-14）。就此次中青宝一口气收购的三家手游公司来看，其平台式的发展战略非常清晰。本次并购的美峰数码从事 MMORPG 重度手机游游、中科奥从事的是中低端市场中轻度手机游戏的开发，名通信息则是网页游戏平台运营商并逐步涉足手机游戏开发领域。一位在京的券商分析师称，中青宝并购标的覆盖游戏不同的细分领域，未来各公司将根据各自风格制作不同细分市场产品，中青宝拥有更多品种的产品，未来其将往产品制作和发行一体的模式发展。同时，此次中青宝的收购还有一些创新式的亮点值得推崇，甚至可能成为A股市场典型的标杆性收购。根据此次中青宝资产重组的公告显示，三家收购标的的业绩长达5年的净利润承诺，这比一般并购案例的三年利润承诺期来得更长，也更有底气。其中，前三年为业绩对赌，后两年为业绩目标；通过此次并购预案，我们也可以清晰地发现在低于同行业并购标的平均市盈率的前提下，中青宝均通过"业绩门槛"和"支付条件"的双重因素设计，有效地降低了上市公司的并购风险。中国上市公司舆情中心的分析师称，更长的业绩承诺期是一个新的创新尝试，意味着中青宝收购的标的公司有很好的可以期待的前景，同时这样的尝试能持续为整个手游行业带来正面积极的发展趋势。正如此前媒体报道一样，中青宝有望让手游行业重振雄风。值得注意的是，仅2014年三家标的公司承诺贡献的净利润就约2亿元，而中青宝2013年年度净利润为5102.73万元，这一并购必将大幅增厚中青宝2004年的业绩。而未来数年内，随着并购标的承诺业绩的提升以及公司业务并购和当前业态产生的协调效应，中青宝的未来依然值得期待。

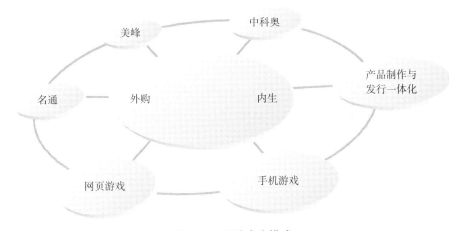

图 3-14　外购内生模式

四、总结

中青宝在多年的网络游戏研发、运营过程中，拥有优秀的企业团队、全新的企业发展模式，并经受了严格的市场检验，销售网络遍及全国各地。

中青宝得以融资壮大，两个重要原因就是开创了"电影＋游戏"等商业模式和一系列收购等的资本运作。中青宝与好莱坞的强强联手是电影和游戏异业合作的一大创新之举，开创了游戏公司主导跨行业、跨国界、跨媒体合作的先河，是这一领域全新的合作模式。另外，中青宝在手游行业资本运作频繁，成功收购上海美菱数码、北京中科奥以及江苏名通，中青宝收购成标杆。美峰数码从事 MMORPG 重度手机游游、中科奥从事的是中低端市场中轻度手机游戏的开发，名通信息则是网页游戏平台运营商并逐步涉足手机游戏开发领域。中青宝并购标的覆盖游戏不同的细分领域，各公司将根据各自风格制作不同细分市场产品，使得中青宝拥有更多满足不同细分市场的产品，未来中青宝将往产品制作和发行一体的模式发展。

资料来源：作者根据多方资料整理而成。

【本章小结】

企业在市场竞争中，逐步发现企业的产品、技术或服务只能使企业维持短暂的优势，而只有卓越商业模式企业才能使其在竞争中保持持续优势。商业模式及其价值逻辑，逐渐成为企业之间的主要竞争方式。所以企业对于商业模式的关注度不断提高，且积极尝试构建适合自己的商业模式，这就是商业模式价值的集中体现。本章首先阐述了企业商业模式的基本理论，包括商业模式的概念、原则、与其他战略的对比，并在此基础上对企业商业模式进行重新定义；其次，对资本运营与商业模式的联系进行探讨；再次，分析了商业模式创新对一个企业持续盈利及发展的重要性；最后，介绍了一些常见的行业与商业模式的整合，特别是轻重资产、互联网、云计算行业。希望创业者、管理者及相关读者通过对本章的学习，可以掌握有关商业模式的基本理论，这样有利于对资本运作的全方位了解。

【问题思考】

1. 什么是商业模式？

2. 商业模式的原则有哪些？

3. 简要分析商业模式与经营模式的联系与区别。

4. 资本运营的内涵是什么？它与商业模式有何联系？

5. 简要分析商业模式创新重要性。

6. 简述你对商业模式与互联网等行业整合的思考。

7. 如何分析你个人的商业模式？

【参考文献】

[1][英] 康斯坦丁诺斯·C. 马凯斯（Constantinos C. Markides）. 攻略：商业模式创新路线图 [M]. 姜艳丽译. 北京：东方出版社，2010.

[2] 郑石明. 商业模式变革 [M]. 广州：广东经济出版社，2006.

[3] 张燕，郭晶. 新编资本运营 [M]. 北京：经济科学出版社，2013.

[4] 乔为国. 商业模式创新 [M]. 上海：上海远东出版社，2009.

[5] 吴朝晖，吴晓波，姚明明. 现代服务业商业模式创新 [M]. 北京：科学出版社，2013.

[6] 彭志强，刘捷，胥英杰. 商业模式的力量 [M]. 北京：机械工业出版社，2009.

[7] 李振勇. 商业模式——企业竞争的最高形态 [M]. 北京：新华出版社，2006.

[8] 纪永英. 创新的赢利模式 [M]. 北京：机械工业出版社，2009.

[9] 陈明，余来文. 商业模式：创业的视角 [M]. 厦门：厦门大学出版社，2009.

[10] 魏炜，朱武祥. 发现商业模式 [M]. 北京：机械工业出版社，2009.

[11] 魏清文，李佳钰. 赢利：商业模式背后的秘密 [M]. 北京：中国商业出版社，2013.

[12] 高金平. 浅析商业模式与资本运营 [J]. 税收经济研究，2011（5）.

[13] 吴伯凡，阳光. 这才叫商业模式：21 世纪创新竞争 [M]. 北京：商务印书馆，2011.

[14] 王鑫鑫，王宗军. 国外商业模式创新研究综述 [J]. 外国经济与管理，2009（12）.

[15] 邵洪波，邵春燕. 互联网下的商业模式——从源生价值、平台价值到网络价值的递进 [J]. 现代国企研究，2013（11）.

[16] 谢金萍. 乐视影业"中国最佳商业模式"的深度剖析 [J]. 二十一世纪商业评论，2014（3）.

第二篇

运营篇

第四章　风险投资

【学习要点】

☆ 理解风险投资的内涵与特点；

☆ 了解风险投资的发展历程；

☆ 重视风险投资运作的四个阶段；

☆ 知晓风险投资的不同投资技巧；

☆ 熟悉企业常见的引进风险投资的方式和退出渠道。

【章首案例】

软银投资阿里巴巴狂赚 71 倍

1. 软银投资大赚一把

2007 年 11 月 6 日，全球最大的 B2B 公司阿里巴巴在香港联交所正式挂牌上市，正式登上全球资本市场舞台。随着这家 B2B 航母登陆香港资本市场，此前一直受外界争论的 "B2B 能不能成为一种商务模式" 也有了结

图片来源：www.sbcvc.com.

果。11 月 6 日 10 时，港交所开盘，阿里巴巴以 30 港元，较发行价 13.5 港元涨 122% 的高价拉开上市序幕。小幅震荡企稳后，一路单边上冲。最后以 39.5 港元收盘，较发行价涨了 192.59%，成为香港上市公司上市首日涨幅最高的 "新股王"，创下香港七年以来科技网络股神话。阿里巴巴的上市，成为全球互联网业第二大规模融资。在此次路演过程中，许多投资者表示，错过了谷歌不想再错过阿里巴巴。作为阿里巴巴集团的两个大股东，雅虎和软银在阿里巴巴上市当天账面上获得了巨额的回报。阿里巴巴招股说明书显示，软银持有阿里巴巴集团 29.3% 股份，而在行使完超额配售权之后，阿里巴巴集团还拥有阿里巴巴公司 72.8% 的控股权。由此推算，软银间接持有阿里巴巴 21.33% 的股份。到收盘时，阿里巴巴股价达到 39.5 港元。市值飙升至 1980 亿港元（约 260 亿

美元），软银间接持有的阿里巴巴股权价值为 55.45 亿美元。若再加上 2005 年雅虎入股时曾套现 1.8 亿美元，软银当初投资阿里巴巴集团的 8000 万美元如今回报率已高达 71 倍。

2. 阿里巴巴引进 VC 的历程

1999 年 10 月，马云私募到手第一笔天使投资 500 万美元，由高盛公司牵头，联合美国、亚洲、欧洲一流的基金公司如 Transpae Capital Investor AB of Sweden、Technology Development Fund of Singapore 的参与。

在阿里巴巴的第二轮融资中，软银开始出现。从此，这个大玩家不断支持马云，才使得阿里巴巴能够做到今天的规模。2000 年，马云为阿里巴巴引进第二笔融资，2500 万美元的投资来自软银、富达、汇亚资金、TDF、瑞典投资 5 家风险投资商，其中软银为 2000 万美元，阿里巴巴管理团队仍绝对控股。2004 年 2 月，阿里巴巴第三次融资，再从软银等风险投资商手中募集到 8200 万美元，其中软银出资 6000 万美元。马云及其创业团队仍然是阿里巴巴的第一大股东，占 47% 股份；第二大股东为软银，约占 20%；富达约占 18%；其他几家股东合计约 15%。

从 2000 年 4 月起，纳斯达克指数开始暴跌，长达两年的熊市寒冬开始了，很多互联网公司陷入困境，甚至关门大吉。但是阿里巴巴却安然无恙，很重要的一个原因是阿里巴巴获得了 2500 万美元的融资。那个时候，全社会对互联网产生了一种不信任，阿里巴巴尽管不缺钱，业务开展却十分艰难。马云提出关门把产品做好，等到春天再出去。冬天很快就过去了，互联网的春天在 2003 年开始慢慢到来。第三轮融资，2004 年 2 月 17 日，马云在北京宣布，阿里巴巴再获 8200 万美元的巨额战略投资。这笔投资是当时国内互联网金额最大的一笔私募投资。2005 年 8 月，雅虎、软银再向阿里巴巴投资数亿美元。之后，阿里巴巴创办淘宝网，创办支付宝，收购雅虎中国，创办阿里软件。一直到阿里巴巴完成上市目标。

软银不仅给阿里巴巴投入了资金，在后来的发展中还给了阿里巴巴足够的支持。尤其是 2001~2003 年的互联网低谷时期，投资人伴随阿里巴巴整个团队一路挺过来了。从阿里巴巴集团的第三轮融资开始，早期的一些风险投资商已经开始陆续套现。1999 年阿里巴巴创办之初的天使投资高盛集团因战略调整，退出了中国风险投资市场，其所持股份被新加坡的寰慧投资（GGV）接手。事实上，寰慧投资的创始人托马斯早在 1999 年就以个人身份投资了阿里巴巴。

此后，包括富达等在内的风险投资商又陆续套现。到阿里巴巴上市之前，只有软银一家风险投资商还一直在阿里巴巴的股份中牢牢占据主要地位，其他风险投资商已经全部退出。美国 IDG 集团亚洲区总裁熊晓鸽在与软银亚洲投资基金首席合伙人阎焱、赛伯乐（中国）投资有限公司董事长朱敏进行《对话投资人：资本力量》时表示，IDG 没有投资阿里巴巴，让他觉得很失败。

3. 软银选择阿里巴巴的原因

软银中国控股公司总裁及首席执行官薛村禾在接受国外媒体采访时回忆，当时中国 B2B 领域共有四大公司，除阿里巴巴，还有 8848、MeetChina 和 Sparkice，而选择阿里巴巴的重要原因是马云及其团队的坚定信念，尤其是 18 个创业合伙人的精神。薛村禾说："当年我们放弃别的机会，集中精力投资马云这个团队。我们并不是神仙，一眼就能看到阿里巴巴的未来，我们也只能看到电子商务这个大方向，但为什么最后选择马云这个团队呢？了解他多一点的人就知道，他能把很多人聚在周围，团队非常厉害。VC 很重要的是判断团队。"软银认为，马云有一种独特的分享意识以及不平凡的领导才能。薛村禾评价称，马云是性格非常饱满的人，非常有远见，如果今天还不是一个世界级的领袖人物的话，他也一定可以成为一个英雄。另外，马云这个人既是战略家也是战术家，而且他执行力也很强。

4. 马云评价风险投资

马云认为："跟风险投资谈判，腰挺起来，但眼睛里面是尊重。从第一天就要理直气壮，腰板挺硬。要用你自己的行动证明，你比资本家更会挣钱。创业者和风险投资商是平等的，VC 问你 100 个问题的时候你也要问他 99 个。在你面对 VC 的时候，你要问他投资你的理念是什么？作为一个创业者，在企业最倒霉的时候，你会怎么办？如果你是好公司，当七八个 VC 追着你转的时候，你让他们把你的计划和方法写下来，同时你每年的承诺是什么都要写下来，这是互相的约束，是"婚姻合同"。跟 VC 之间的合作是点点滴滴，你告诉他我这个月会亏、下个月会亏，但是只要局势可控 VC 都不怕，最可怕的是局面不可控。所以跟 VC 之间的沟通交流非常重要，不一定要找大牌。VC 可以给你建议、给你钱，但是肩负着把孩子养大的职责是你，VC 不是来替你救命的，只是把你的公司养得更大。"马云是这样评价软银总裁孙正义的："他是一个非常有智慧的人。我见过很多 VC，但很多 VC 并不明白我们要做什么，但这个人六七分钟就明白我想做什么。我跟他的区别，我是看起来很聪明，实际上不聪明。他是看起来真不聪明，但他是很聪明的人，真正叫大智慧的人。"

5. 启示

软银不是阿里巴巴最初的风险投资商，却是坚持到最后的那个。软银投资阿里巴巴 8000 万美元，回报率达 71 倍。软银中国控股公司总裁及首席执行官薛村禾称："我预测，3~5 年内阿里巴巴的市值将至少是现在的 5 倍。"

第一，如何定位投资者与创业者的关系。在阿里巴巴上市后，马云接受记者采访时说出了自己的担忧："这段期间我也很注意看网上留言，大家对我的去留很关心，有人说我干到 2010 年便要下台了。其实在我收购雅虎中国的时候，已经说我想回学校教书，雅虎也好，投资者也好，就担心我收购雅虎之后便走了，所以我答应 2010 年前我一定在。所以是马云在 2010 年前不离开，而不是 2010 年他们把我开除掉，当然我要走谁也拦不住。即使我走了，我要改变这个公司谁也拦不住。有人说阿里巴巴的方向可以随时被改掉，我并不这样认为，投资者可以炒掉我们，我们也可以换投资者，事实上投资者多得很。这一点我希望给中国所有的创业者提个声音：投资者是跟着优秀的创业者、企业家走，而不是创业者、企业家跟着投资者走，所以即使我只有几个百分点的股权，甚至我只有一股或者两股，还是可以影响这家公司的。"

第二，创业者要平衡引进风险投资和股权控制的关系。阿里巴巴创造了互联网公司的奇迹，在被戏称为演外星人都不用化妆的掌舵人——马云的带领下，阿里巴巴创造了可以和 Google 等公司比肩的跨国互联网公司。但是，对于阿里巴巴上市最为开心的恐怕是以雅虎、软银为代表的美、日大股东。11月 6 日晚，当马云等阿里巴巴高管在香港举杯欢庆上市大获成功，雅虎酋长杨致远和软银总裁孙正义也一定喜上眉梢。目前仅雅虎和软银两家公司控制的阿里巴巴股份就已经超过了 70%，包括创始人马云在内的其他股东持股权均未超过 5%。阿里巴巴香港上市的招股书证实了雅虎和软银彻底控制阿里巴巴的事实。

资料来源：作者根据多方资料整理而成。

第一节　风险投资的兴起与发展

一、国外风险投资概况

以下介绍美日等发展风险投资事业历史较悠久的国家，以及一些风险投资新兴地区的风险投资发展概况。

第一，美国。早期的风险投资活动是由私人或银行家掌控，将资金投资到钢铁、铁路、石油等新兴事业而获得巨额利益。1958 年国会制定《小企业投资法案》（Small Business Investment Act），基于该法案，建立中小企业投资公司（Small Business Investment Company，SBIC）制度，从而极大地推动了美国风险投资业的发展。1978 年政府允许退休基金（Pension Fund）介入风险投资业；20 世纪 80 年代，降低资本利得税率；投资银行也参与及协助，这强化了被投资公司的经营体质，由此带动了风险投资的成长。美国风险投资大致可分为三大类：有限合伙制的风险基金、中小企业投资公司（SBIC）及大公司的附属风险投资部门。目前，美国风险投资公司已有 4000 多家，风险投资总额达 1000 亿美元。它们的资金主要投向信息技术、生命科学等高科技产业。

第二，日本。亚洲地区风险投资起始于 20 世纪 60 年代日本政府推动的三家小型企业投资公司。日本于 1963 年仿照美国制定《小企业投资法》，协助中小企业风险投资事业发展，同年成立"财团法人中小企业投资育成会社"，有东京、大阪、名古屋三家。日本通产省于 1974 年设立一个半官方的风险投资企业中心（Venture Enterprise Center，VEC），以促进日本风险投资的发展。日本的风险投资机构大部分是由证券公司及银行等金融体系投资成立，在性质上是一种综合性金融业，对被投资事业的投资范围并无限制，完全从获利因素来考虑。

第三，新加坡。风险投资活动在新加坡始于 20 世纪 80 年代，为鼓励当地企业发展或创新，1985 年新加坡政府成立经济发展局风险投资基金（EDB Venture Capital Fund），主要直接投资于初期的公司，投资于其国内外的风险基金，并提供税务奖励措施，不限定其投资范围，但以高科技为主。新加坡目前约有 150 家公司受惠于风险投资基金。

第四，韩国。韩国第一家风险投资公司创立于 1974 年，称为韩国高科技公司，是政府资助的公司，负责将另一家政府出资机构的研发成果商品化。1986年，中小型风险企业创新法案生效，《创投事业奖励规则》实施，使得小企业及风险投资事业迅速成长。政府对风险投资除了在资金方面提供融资外，并没有特别的租税奖励措施。另外，韩国政府目前限定风险投资业不得投资于农业、狩猎业、林业及渔业；金融及保险业；有关法律及会计方面的服务业；专业及一般补习班；医疗业及兽医业；并禁止贷款。

二、我国风险投资业的发展历程

1985 年 3 月，中共中央在《关于科学技术体制改革的决定》中指出："对于变化迅速、风险较大的高技术开发工作，可以设立创业投资给以支持。"这一决定精神使我国高技术风险投资的发展有了政策上的依据和保证。1985 年 1 月 11 日，我国第一家专营新技术风险投资的全国性金融企业——中国新技术创业投资公司（中创）在北京成立。该公司同后来成立的北京太平洋优联技术创业有限公司、清华永新高科技投资控股公司等数家风险投资公司为我国的高新技术产品的开发和应用起到了一定的推动作用。1984 年中国工商银行率先开办科技开发贷款业务。自此，银行业的贷款业务迅速增长，到 1994 年时达到 80 亿元。此后，我国又成立了中国招商技术有限公司、广州技术创业公司、江苏省高新技术风险投资公司等类似中创的公司，使得我国的风险投资业有了较深入的发展。1986 年开始实施的 "863" 计划和 1988 年开始实施的 "火炬计划" 可以看作政府风险投资的规划。1991 年 3 月，国务院在《国家高新技术产业开发区若干政策的暂行规定》中指出："有关部门可以在高新技术产业开发区建立风险投资基金，用于风险较大的高新技术产业开发。条件成熟的高新技术开发区可创办风险投资公司。"这标志着风险投资在我国已受到政府的高度重视。据资料显示，全国 22 省市已创建的各类科技信托公司、科技风险投资和科技信用社已发展到 80 多家。

20 世纪 90 年代中期前后，一批海外基金和风险投资公司开始涌入中国，给中国风险投资业注入新的资金并带来西方全新的管理与规范化的运作模式。从1997 年开始，政府决策层对风险投资的重视程度加深，我国风险投资出现了一些前所未有的景象。四通集团吸收了三家国际著名高科技风险投资公司的资金；爱特信公司获 Intel 等公司提供的资金支持；深圳金蝶财务科技有限公司获广东太平洋技术创业有限公司投资；2004 年许多新的海外风险投资机构在众多利好因素的驱动下纷纷进入中国，并进行实质投资。海外风险投资机构不但推动了盛大、蒙牛、腾讯、李宁等公司在海外上市，还投资了阿里巴巴、银联商务、宁夏红等企业。这显示我国风险投资业开始发展。总体而言，我国风险投资还刚刚起步，一个健全、完善的风险投资机制尚未建立起来，规模还较小，远不能满足科技进步对资金的巨大需求。中国风险投资发端于20世纪80年代中期，近几年，随着经济持续稳定地高速增长和资本市场的逐步完善，国内风投市场呈现出强劲的增长态势，投资于中国市场的高回报率使中国成为全球资本关注的战略要地。但作为一种新的投资行业，中国风投行业的发展受到多种因素的制约：发展历史短，理论研究较为薄弱，政府扶植措施不完善等。总体而言，国内风险投资行业仍处于探索期。

目前国内新一轮 VC 投资继续呈现多元化分布态势，传统产业和狭义 IT 业仍然是获得投资最密集的领域。在"中国排行榜·2013 中国十大风投公司"（见表 4-1）榜单中，十大公司都涉及 IT 领域的投资，而教育培训、餐饮连锁、清洁技术、医疗健康等传统行业也成为投资热点。与互联网行业不同，传统行业一旦形成连锁品牌，很容易形成整体效应，成长性好且回报非常稳定。因此，未来传统行业将成为国内风投领域的"香饽饽"，互联网行业得到的风险资本则开始呈下降趋势。

表 4-1　"中国排行榜·2013 中国十大风投公司"排行榜

排　名	公司名称	投资阶段		
1	IDG 技术创业投资基金	初创期	成长期	成熟期
2	红杉资本中国基金	成长期		
3	软银中国风险投资基金	初创期	成长期	成熟期
4	鼎晖创业投资中心	成长期	成熟期	
5	深圳市创新投资集团有限公司	初创期	成熟期	
6	软银赛富投资顾问有限公司	初创期	成长期	成熟期
7	联想投资有限公司	成长期		
8	高盛中国	成长期	成熟期	
9	兰馨亚洲投资集团	成长期		
10	凯鹏华盈中国基金	初创期	成长期	成熟期

风险投资专栏1

中国新技术创业投资公司：我国首家风险投资公司

中创公司于 1986 年 1 月成立，其注册资本是 4000 万元人民币。中创公司建立伊始，并不是一个完全的国有公司，国家科委注资 2700 万元人民币，其他资本是从财政、五金矿、中信、船舶等各业筹集而来。中创公司是一个不完整的股份制公司，从它的产生与发展来看，中创公司是我国风险投资业的先驱。中创公司是定位于专营风险投资的全国性金融机构，也是中国第一家获得金融权的非银行金融机构。中创公司的主要业务是通过投资、贷款、租赁、财务担保、业务咨询等为科技成果产业化和创新型高新技术企业提供风险资本。中创公司的建立、运作和发展一开始便定位于试验田，这无疑是带给中创无限的发展机会，但同时也意味着中创公司这一新兴事物在市场激烈的竞争和极大的风险面前开始了它维难维艰的成长历程，也为其最终的惨败埋下了伏笔。

中创公司自诩为是"第一个吃螃蟹的人"，也就是说，中创公司有可能淘出神州大地风险投资事业的第一桶黄金。同时，也有可能从此湮灭成为风险投资发展的奠脚石。中创公司早期大量的风险资本注入在长江三角洲和珠江三角洲，中创公司对乡镇企业、中关村科技一条街的发展作出了非常重要的贡献。此外，中创公司在"八五"期间参与过许多火炬项目，并对其进行资金管理和项目管理。在这批火炬项目中，中创对它们的贷款达 2.3 亿元，参与近百个项目。中创公司发展的速度非常快，在前 5 年内，资产规模不断扩大，近乎达到 20 亿元。1991 年，中创公司先后在珠海、深圳投资 3500 万元人民币；1992 年，信托存款增长 142%，扩大了在长江三角洲和珠江三角洲的投资额。1992 年年底，中创公司在这些地区的营运资本高达 41 亿元。此外，中创公司还在外汇、股票等金融市场上大量投资，中创公司还投资了"上海万国证券公司"，与他人联手收购了大众国际投资有限公司。中创公司迅猛的发展使得中创公司在中国封闭多年的刚刚复苏的市场上光芒四射，给了人们无限的希望，无尽的感叹！

市场是善变的，当中创企业面对 1993 年的市场风云突变，遭受了前所未有的危机：资金紧张、负债比例失调，呆账、坏账不时突出来，于是中创公司开始拆东墙补西墙，穷于应付。一方面，宏观背景恶化，通货膨胀日益加重；另一方面，企业内部权力纷争，上下失撑、内部矛盾使得中创公司面临两面夹击，腹背受敌。于是，中创公司在大势所趋之下，走上了一条不归之路。

中创企业主要投资项目达 90 多个，主要从事贷款、债券回购等银行业务，高息揽储就是中创公司被关闭的一个缘由，中创公司在关闭时总债务达到 60 亿元。中创公司在中国的改革中几起几落，为中国风险投资创业积累了丰富的经验，而中创公司的倒闭便是其代价。中创公司从其成立、发展到倒闭，演绎了一场风险投资中的悲壮故事。中创公司曾经辉煌过，曾为中国风险投资业立下汗马功劳，最终还是因其先天不足和环境恶劣而难逃一死，终成千古绝唱。

中创公司作为风险投资公司，在尚不完善的中国资本市场上运作缺乏相应的法律保障，在美国等西方国家的风险投资的发展中，制定了相应的法律、法规，对风险投资业进行相应的制约和保证。美国出台一系列税收优惠政策，政府为中小企业制定信用担保制度、投资基金法等成套的系统的法律、法规来支持风险投资的发展。而在中国改革进程中，法制建设配套相对滞后，法制观念薄弱，面对新兴的风险投资业，面对新创建的中创公司，国内法律、法规对其行为产生了一种传统的束缚，使得中创公司在其发展中离开其建立的初衷，不得不转向其他业务，这是给中创公司带来最后灾难的潜在原因。

资料来源：作者根据多方资料整理而成。

第二节　风险投资的内涵与特点

一、风险投资的内涵

美国全美风险投资协会（NVCA）认为，风险投资就是职业金融家投入到新兴的、迅速发展的和有巨大市场竞争力的企业中的一种权益资本；欧洲风险投资协会（EVCA）认为，风险投资是一种有专门的投资公司，向具有巨大发展潜力的成长型、扩张型或重组型的未上市公司，提供资金支持并辅以管理参与的投资行为；国际经济合作与发展组织（OECD）于 1996 年发表的《风险投资与创新》研究报告则认为，风险投资是一种向极具有发展潜力的新建企业或中小企业提供股权资本的投资行为。风险投资活动具有两种不同的类型：一种是向新兴的、迅速成长的、通常具有高科技背景的公司的投资；另一种是通过支持目标管理法（Management by Object，MBO）和管理层换购（Management Buy-Ins，MBI）活动为公司重组所进行的融资。

国家发改委、科技部、财政部等八个部委在 2005 年联合发布的《风险投资企业管理暂行办法》中对风险投资作出明确界定：所谓风险投资系指向创业企业进行股权投资，以期所投资创业企业发育成熟或相对成熟后主要通过股权转让获得资本增值收益的投资方式。其中创业企业指的是在中华人民共和国境内注册设立的处于创建或重建过程中的成长性企业，但不含已经在公开市场上市的企业。

二、风险投资的特点

风险投资是一项伴随着高风险、高收益的科学投资行为。其核心是把资金、人力等资源要素投向蕴含较高风险的科技研发和应用推广领域，促进高新科技成果的商品化、产业化，开辟新的产业空间并进而谋求高额资本收益。既然风险投资是一种投资活动，它就与一般的投资活动自然具有一些相同的共性。但是，由于它是特定的"风险投资"，因此又具有与一般投资活动不同的特性，这主要表现在具有高科技性、高风险性、高收益性、长期性和增值性等特点。

第一，高科技性。风险投资的投资对象是那些风险大，但潜在效益也高的掌握着最新技术的企业。高科技产业是当今世界经济发展的火车头，发展很快。当代高、精、尖产品无一不是高科技成果的结晶。风险投资就是为了支持这种创新产业而产生的，当今世界的风险投资几乎就是高科技产业投资的代名词。

第二，高风险性。首先，风险投资选择的主要投资对象是处于发展早期阶段的中小型高科技企业（包括企业的种子期、导入期、成长期），这些企业存在较多风险因素。如处于种子期的企业，从技术酝酿到实验室样品，再到粗糙的样品制造完成，需要进一步的投资以形成产品。此时技术上还存在许多不确定因素，产品还没有推向市场，企业也刚刚创建，因而投资的技术风险、市场风险、管理风险都很突出。处于导入期的企业，一方面需要解决技术上的问题，尤其是通过中试（小批量试制）排除技术风险；另一方面需要制造一些产品进行市场试销。投资的技术风险、市场风险、管理风险也同时存在。处于成长期的企业，一方面需要扩大生产，另一方面需要增加营销投入开拓产品市场。此时，虽然技术风险已经解决，但市场风险、管理风险加大。尽管此时企业已经有一定资金回笼，但由于对资金需求很大，加上公司原有资产规模有限，因而投资风险仍然较大。其次，风险企业拥有的宝贵财产通常是智慧与技术，通常没有足够可供担保的实物资产。而风险企业大多数是初创企业或中小型科技企业，公司管理缺乏经验，抗风险能力也不强，如果风险企业经营不善，导致企业破产，则风险公司将血本无归。最后，风险投资项目的成功率非常低，一般来说，每 10 项投资有 2 项是彻底失败的，投资全部损失；有 3 项是部分损失，有 3 项是不盈不亏的，只有 2 项是能够成功的。

风险投资专栏 **2**

风投逼死太子奶

图片来源: http://www.taizinai.com.cn/.

太子奶因获得大额风投而成为同行惊羡的对象、媒体追逐的焦点: 2007年1月, 太子奶与高盛、大摩、英联等方, 共同出资注册了离岸合资公司——中国太子奶(开曼)控股有限公司, 其中高盛、大摩、英联出资 7300 万美元, 占该公司 30%的股权; 2007 年 9 月, 太子奶获得花旗银行、比利时联合银行、香港华商银行、马来西亚大众银行等六大国际财团提供的 5 亿元无抵押、无担保、低息三年期信用贷款。

高收益背后必定有高风险。风险投资的确是无数创业者的"梦工厂", 但风险投资者不是救世主, 更不是活雷锋。它们斥巨资扶持太子奶的终极目标也不仅仅是培养一个重量级的大型企业, 它们需要得到现金回报, 而且投入越大, 就越急于在最短的时间内套现, 而最好的现金回报方式是上市。所以, 上市不仅是太子奶的梦, 更是它们在风投"押送下"不得不走的路。

如果把所有的宝都押在上市上面, 就难免急功近利。为了上市, 太子奶煞费苦心, 四处烧钱跑马圈地, 同时为获得巨额风投, 还与蒙牛一样与风投签订对赌协议, 太子奶也因此被冠以"蒙牛第二"。支撑蒙牛超常规极速发展的正是资本的力量, 蒙牛跑出了火箭的速度, 但效仿蒙牛的太子奶却成了东施效颦, 陷入资本困境。太子奶上市不逢时。2004 年蒙牛上市时, 乳业发展如火如荼, 且中国宏观环境也是一路高歌, 和谐的大小环境都为蒙牛上市助了一臂之力。太子奶选择在 2008 年上市则有些倒霉, 一场乳业大地震让整个乳业哀鸿遍野, 虽然太子奶没有高中"黑榜", 但也不能独善其身。而且, 整个 2008年宏观经济形势恶劣, 原材料成本上涨、银根紧缩、股市低迷、金融海啸等, 也让投资者的钱袋紧了许多, 这必然会影响太子奶的融资能力。

近几年来, 太子奶疯狂扩张四处建厂, 准备在全国建立八大基地, 在太子奶的蓝图中, "八大基地一旦全面投产, 太子奶集团的总生产面积将达到 180 万平方米, 其乳酸菌奶饮料的年产能将达到 300 亿元"。但是, 憧憬成为国内乳业巨头的太子奶，是否考虑到其产品的市场规模？乳酸饮品的市场本来就不够大，又被各个乳业巨头觊觎。蒙牛为化解成本压力，走高价值新产品路线，其中乳酸饮品就是一个很重要的领域；伊利也在调整战略，把更多精力放在酸奶等附加值产品上，太子奶的市场进一步被吞噬。即使八大基地顺利落成后，太子奶既有的市场很难消化其巨大的产能。

如今太子奶资金链几欲断裂，头上又悬着对赌协议这把利剑，结局不外乎有三种：破产、股权转让求生、风投接管。无论哪种结局，都让人扼腕叹息。作为一家在乳酸菌领跑的冠军企业，被风投"逼死"，实在可惜。

资料来源：作者根据多方资料整理而成。

第三，高收益性。首先，风险投资公司的投资项目是由非常专业化的风险投资家经过严格的程序选择而获得的。选择的投资对象是一些潜在市场规模大、高风险、高成长、高收益的新创事业或投资计划。其中，大多数的风险投资对象是处于信息技术、生物工程等高增长领域的高技术企业，这些企业一旦成功，就会为投资者带来少则几倍，多则几百倍，甚至上千倍的投资收益。其次，由于处于发展初期的小企业很难从银行等传统金融机构获得资金，风险投资家对它们投入的资金非常重要，因而，风险投资家也能获得较多的股份。风险投资会通过企业上市、转让或回购的方式，从成功的投资中退出，从而获得超额的资本利得的收益。如美国研究发展公司1957年在DEC公司投资7万美元，占该公司当时股份的77%，到1971年其市场价值高达3.55亿美元，增长了5000倍；风险资本家罗克1975年投资苹果公司150万美元，到1978年其价值达到1亿美元，增长67倍。

风险投资专栏3

黑石牵头6亿美元涉足中国蔬菜业

山东寿光，这个中国最大的"菜篮子"，正在经历一场经营模式的巨大变革。据了解，以黑石牵头的国际私募财团已经向地利控股投资6亿美元。而成立地利控股的目的，就是以寿光农产品物流园等批发市场为依托，构建一个遍布全国的蔬菜及农产品批发物流网络。

中国·寿光农产品物流园有限公司执行董事、总经理栾元伟证实，数家投资基金投入的合计 6 亿美元已打到新组建拟上市公司——地利控股集团有限公司的账上，其中黑石一家的投资为 1.9 亿美元。在新公司中，香港旺益公司应处于绝对控股地位，当地政府约占股 16%，而黑石牵头的国际私募约占股 30%。"私募等进来不仅做寿光项目，而是以寿光项目为主体，再投资其他项目。"栾元伟说，地利控股作为投资主体，目的是构建一个遍布全国的蔬菜及农产品批发物流网络，寿光农产品物流园及陕西安塞等批发市场只是其下属的项目园区。

虽然对于母公司何时在香港上市，栾元伟不能给出明确答复，但他明确表示母公司已进入上市流程。他说，物流园地面工程目前正处于上市前的审计阶段，审计马上就要结束，地面工程造价应该是 7 亿多元。原来打算把寿光农产品物流园作为子项目，与外地其他项目捆绑上市，而现在则要把寿光农产品物流园作为母体，把其他项目装进去整体上市。据香港媒体报道，此次注资是由黑石牵头、包括 Capital Group Cos、西京投资入股在内的财团共同投资。"投资建设农产品物流园，本身也是我们公司资本运作项目之一，我们自己投资的同时，也在吸引其他投资者加盟。美国摩根大通银行中国执行董事已经和我们接洽两次，另外还有十余家基金公司和我们商谈，打算投资物流园建设。"栾元伟说，整个农产品物流园投资达 20 亿元，没有向银行贷款一分钱。

在寿光市北环路上，一片红色矩阵式的物流基地仿佛在一夜间迅速形成，栾元伟的梦想离现实越来越近。2009 年全国蔬菜总产量 6.02 亿吨，而仅寿光一地就达到 80 亿公斤，占全国总产量的 1.32%。3 年前，当他来寿光参加菜博会时，这个中国最大蔬菜集散中心激发了他无尽的联想。

资料来源：作者根据多方资料整理而成。

第四，长期性。风险投资将一项科学研究成果转化为新技术产品，要经历研究开发、产品试制、正式生产、扩大生产和盈利规模、进一步扩大生产和销售等阶段，到企业股票上市、股价上升时投资者才能收回风险投资并获得投资利润。这一过程少则需要 3~5 年，多则要 7~10 年。因此风险资本家并不要求风险企业在短期内（如两三年内）有任何的偿还或分红，这是风险投资与借贷等融资方式的重要区别。

第五，增值性。所谓风险投资的增值性也就是通常所说的风险资本家的"附加价值"。风险资本家通过密切监督，对风险企业的各种情况都比较了解，加上自身的丰富经验，既可以较早地觉察到企业运行的潜在问题及运行风险，又可以成为风险企业重要的咨询顾问，为企业的发展战略、重大经营决策提出重要意见。有关研究表明，由于风险资本家介入管理，使得风险企业的企业价值增大；得到风险资本支持的企业要比没有得到风险资本的相似企业表现得更为出色。风险企业公开上市以后，其股票也更加受人关注。由于风险资本家的努力增加了风险企业的价值，它被称为风险资本家的"附加价值"。这些附加价值业务是风险企业获得成功的关键之一。

第三节　风险投资的运作机制

首先让我们了解风险投资公司的运作流程。虽然每一个风险投资公司都有自己的运作程序和制度，但总的来讲包括以下步骤：

初审。风险投资家用40%的时间去寻找投资机会，其他大部分时间用来管理和监控已投资的资金。因此，风险投资家在拿到经营计划和摘要后，往往只用很短的时间走马观花地浏览一遍，以决定在这件事情上花时间是否值得。必须有吸引他的东西才能使之花时间仔细研究。因此计划书内容必须符合风险投资家的要求。

风险投资家之间的磋商。在大的风险投资公司，相关的人员会定期聚在一起，对通过初审的项目建议书进行讨论，决定是否需要进行面谈，或者回绝。

面谈。如果风险投资家对企业提出的项目感兴趣，他会与企业家接触，直接了解其背景、管理队伍和企业，这是整个过程中最重要的一次会面。如果进行得不好，交易便告失败。如果面谈成功，风险投资家会希望进一步了解更多的有关企业和市场的情况，或许他还会动员可能对这一项目感兴趣的其他风险投资家参与。

责任审查。如果初次面谈较为成功，风险投资家接下来便开始对企业家的经营情况进行考察以及尽可能多地对项目进行了解。他们通过审查程序对意向企业的技术、市场潜力和规模以及管理队伍进行仔细的评估，这一程序包括与潜在的客户接触、向技术专家咨询并与管理队伍举行几轮会谈。它通常包括参观公司、与关键人员面谈、对仪器设备和供销渠道进行估价。它还可能包括与企业债权人、客户、相关人员以前的雇主进行交谈。这些人会帮助风险投资家做出关于企业家个人风险的结论。风险投资对项目的评估是理性与感性的结合。其理性分析与一般的商业分析大同小异，如市场分析、成本核算的方法以及经营计划的内容等与一般企业基本相同。所不同的是感性在风险投资中占有一定比重，如对技术的把握和对人的评价。

条款清单。审查阶段完成之后，如果风险投资家认为所申请的项目前景看好，那么便可开始进行投资形式和估计的谈判。通常企业家会得到一个条款清单，概括出涉及的内容。这个过程可能要持续几个月。因为企业家可能并不了解谈判的内容，他将付出多少，风险投资家希望获得多少股份，还有谁参与项目，对他以及现在的管理队伍会发生什么。对于企业家来讲，要花时间研究这些内容，尽可能将条款减少。

签订合同。风险资本家力图使他们的投资回报与所承担的风险相适应。根据切实可行的计划，风险资本家对技术、管理层、技能、经验、经营计划、知识产权及工作进展进行评估，决定风险大小，选取适当的折现率，计算出其所认为的风险企业的净现值。基于各自对企业价值的评估，投资双方通过谈判达成最终成交价值。影响最终成交价值的因素包括以下几项：①风险资金的市场规模。风险资本市场上的资金越多，对风险企业的需求越迫切，会导致风险企业价值向上攀升。在这种情况下，风险企业家能以较小的代价换取风险投资家的资本。②退出机制。市场对上市、并购的反应直接影响风险企业的价值。③风险企业通过减少在技术、市场战略和财务上的风险与不确定性，可以提高风险企业的价值。④资本市场时机。一般情况下，股市走势看好时，风险企业的价值也看好。

通过讨价还价后，双方进入签订协议的阶段，签订代表企业家和风险投资家双方愿望和义务的合同。一旦最后协议签订完成，企业家便可以得到资金，以继续实现其经营计划中拟定的目标。在多数协议中，还包括退出计划，即简单概括出风险投资家如何撤出其资金以及遇到预算、重大事件和其他目标没有实现的情况将如何处理的方案。

投资生效后的监管。投资生效后，风险投资家便拥有了风险企业的股份。多数风险投资家在董事会中扮演着咨询者的角色。他们通常同时介入好几个企业，所以没有时间扮演其他角色。作为咨询者，他们主要就改善经营状况以获取更多利润提出建议，帮助企业物色新的管理人员，定期与企业家接触以跟踪了解经营的进展情况，定期审查会计师事务所提交的财务分析报告。

第四节 风险投资运作的四个阶段

第一个阶段为筹资阶段。在这一阶段，普通合伙人要用 6 个月到 1 年的时间，寻找有限合伙人，筹集各类资金。风险投资家大都要凭自己的三寸不烂之舌，说服有钱的金融机构或个人，把钱投在自己的手里。这里，最重要的，也最能说服人的是风险投资家本人过去的业绩。

第二个阶段为选择投资对象阶段。在这段时间中，风险投资公司要做大量的调查、咨询、研究工作。在选择好初步投资对象后，还要对这个具体对象做深入的调查研究。有时，这个过程也叫做"审慎调查"（Due Diligence）。这一阶段的结果导致最终投资，被投资的公司是风险企业。

第三个阶段为投资增长阶段。风险投资公司在投资后，并不认为大事已成。他们还要直接参与风险企业的经营管理，帮助后者成长壮大。在这一阶段，风险投资公司的目标很明确：要增加风险企业的市场价值。因为增加它的价值就是增加自己投资的收益。

第四个阶段为风险投资的结束阶段。这个阶段在风险投资界也叫做"退出"。这一阶段，风险投资家将所有的资产变为现金，从而收回全部所投资金。

风险资本退出阶段是一个完整风险投资循环周期的完成阶段。从风险创业企业抽出投入的资本加上增值收益，是风险投资公司循环运转的关键环节。如果没有退出机制或无法保证资本金的完整，风险投资公司就会流动呆滞，无力投资新项目，从而也就失去了存在的意义。风险投资公司投资于风险企业不是为了取得该企业的长久控制权，经过若干年，无论风险企业取得成功还是失败，风险投资公司都会从风险企业中退出。只有退出，风险资本才能一再循环；只有退出，风险投资收益才能实现。

风险投资专栏 4

ITAT：让四大国际投行一起为其上市服务的私人企业

2004 年 9 月，ITAT 的第一家会员店在深圳开业，之后以"零货款、零租金、零库存"的模式，组成合作"铁三角"——手握一系列服装商标品牌的

ITAT、生产过剩又付不起商场"进场费"的中小型服装代工厂、拥有大量闲置物业的地产商，用了3年多时间，"爆炸式"地在全国300余个城市

深圳ITAT集团
图片来源：www.itatclub.cn.

撒播了近800家店。从2007年初到2008年5月，ITAT门店从240多家扩张到780多家。ITAT号称开店速度世界第一，是中国服装百货最大连锁机构。

与其独特模式和发展速度相对应的，是投资人的疯狂追捧。曾任IDGVC深圳首代的刘中青对ITAT非常推崇，甚至以天使投资人身份进入ITAT。2006年11月，由前艺龙网创始人——唐越设立的蓝山中国资本向ITAT投资5000万美元投资，首期2500万美元。其实在此之前，接触ITAT的投资方络绎不绝，赛富、联想、达晨创投、东方富海等都看过ITAT这个项目，蓝山资本和ITAT一时成为私募股权投资市场中的明星。随后，更多的投资方抛来绣球。

2007年3月，ITAT完成第二轮融资，除蓝山中国资本外，投资方还有摩根斯坦利和Citadel Investment Group Ltd.，三方分别出资3000万、3000万和1000万美元，后来，美林（亚太）有限公司也进入ITAT。ITAT成立仅四年，其估值就被膨胀至千亿美元以上，着实令人咋舌。

与投资人追捧不同，顾客并不买ITAT的账。ITAT的众多由拼音构成的所谓"国外品牌"很难让顾客认同，比如英国品牌Telundun、意大利品牌Piliya、法国品牌Aomaha、美国品牌Huilingdu等，服装供货商积压库存的质量顾客根本看不上眼，而偏远地段的闲置物业更是鲜有人光顾。但是，为了应付投资人和投行的调查，ITAT让员工扮成顾客，制造"虚假繁荣"的景象，同时通过内部财务管理软件，大幅虚增销售额。2007年ITAT预计销售额可达42亿美元，但据知情人透露，真实销售额连10亿美元都不到。另外一个不买ITAT账的是香港联交所。ITAT由四家全球最知名的投行——高盛、美林、德意志银行和摩根斯坦利担任其香港上市的承销商，但2008年3月，ITAT在香港联交所的上市聆讯并未通过，联交所对于ITAT的担忧在于其业务模式的可持续性。随后，香港联交所收到一封关于ITAT的匿名信，举报其存在虚增销售数据等不当会计行为。高盛、美林随后宣布终止与ITAT的合作，由此引发了ITAT大规模的地震：裁员、关店、拖欠工资、拖欠货款等一系列问题被挖出。此时，上市对于ITAT及其投资人来说，基本是奢望。随着2009年8月山东如意集团放弃与ITAT的并购洽谈，ITAT最后一根救命稻草也落空了。

ITAT的案例，是一个典型的"击鼓传花"的游戏，也是一个"皇帝的新

装"的翻版故事。从创始人、投资人、投行，大家都清楚 ITAT 商业模式中的问题和运营中出现的问题，但是大家都心照不宣地指望拉更多的人来拯救自己，不断凭空哄抬公司的估值，一起吹起这个巨大的泡沫，直到香港联交所说了一句很简单，也很真实的话："他没穿衣服耶!"事情一下子就非常简单了。否则，不知道 ITAT 和它的投资人会套走多少股民的血汗钱。

资料来源：作者根据多方资料整理而成。

第五节 企业引进风险投资

民营企业是风险投资的主要对象，民营企业应充分利用风险投资来为自身发展服务。风险投资对民营企业的作用表现在以下方面：

第一，市场经济的激烈竞争带来的压力迫使企业需要不断地扩大生产经营的规模，增强竞争实力。然而仅仅依靠企业自身的积累，根本无法满足这一要求，所以有必要通过各种形式从外部融资来完成产权集中，扩大企业规模。

第二，风险投资不是贷款，而是通过合伙或入股的形式对项目提供支持。由于风险投资是所支持对象的合伙人或股东，而大多数民营企业家对企业发展缺乏全面的战略规划和市场操作能力，所以有条件为企业的发展提供管理方面的帮助。因此风险投资的过程也是企业提高经营效率的过程。民营企业引进风险投资，通常同步进行企业整体或部分生产要素的融合和重构，从而达到企业产权存量的动态优化配置。

第三，部分民营企业具有潜力巨大的无形资产。如果能充分利用无形资产引进风险投资，在无形资产与有形资本之间建立合理的经济桥梁，则民营企业可从中获得更多的收益。

第四，风险投资具有长期性，能够对企业进行长期支持。因此得到风险投资的经济实体（企业）可以通过 IPO 的方式在证券市场筹集资金。风险投资的这种工作模式和长投资周期，能为民营企业的发展提供可贵的支持。

一个投资项目真正能够得到风险投资支持的概率可以说是百里挑一。那企业家又如何鹤立鸡群，得到风险投资家的青睐与关注呢?

风险投资专栏 5

IDGVC 投资金蝶

　　在 IDG 广州太平洋技术创业投资基金对深圳金蝶进行考察之时，对 IDG 董事长麦戈文做出投资决定起着突出作用的就是深圳金蝶以思想开放的徐少春为首的管理团队。这个团队的突出特点是具备超

图片来源：www.idgvc.com.

前的战略眼光和企业战略设计能力，始终保持着稳固的务实风格和创新精神。IDG 十分注重对风险企业家和他的管理团队的评估，特别看重被投资人的能力、知识、经验、个人人品和团体协作能力。考察结束后，麦戈文对深圳金蝶董事长徐少春给予了高度的评价，认为深圳金蝶是一个有远见、有潜力的高新技术企业，深圳金蝶的队伍是一支年轻而优秀的人才队伍，值得投资。IDG 是以参股形式对深圳金蝶进行投资的，投资后成为深圳金蝶的股东之一，享有股东的权利。但 IDG 坚持不控股、不过问经营的投资原则，只是通过不断地做一些有益的辅助工作，如介绍和引进专家作报告、开研讨会、帮助企业做决策咨询、提供开发方向的建议等方式来施加影响。

　　在这看似宽松的合作之下，风险投资带给深圳金蝶的风险意识和发展压力却陡然增加。因为按照深圳金蝶与 IDG 的合作协议，深圳金蝶必须在获得第一笔投资后的一年间，达到双方规定的目标，即在 1997 年的基础上，1998 年取得 200% 增长，才有资格获得 IDG 的第二笔 1000 万元的投资。正是这种风险压力，促使深圳金蝶迅速地调整自己。

　　风险投资方 IDG 这种不直接参与投资对象日常管理的做法，为金蝶赢得了宝贵的空间。然而金蝶却反过来要求 IDG 参加金蝶的市场活动，扩大金蝶的影响力。比如，深圳金蝶过去对软件的开发高度重视，而对市场占有率却相对忽视。风险投资资金进入后，提出的收入和利润增长指标，都需要依靠市场来实现，于是市场占有率便成了深圳金蝶的营销重点和宣传重点。这就如同催化剂一般，加速了整个公司的成长，金蝶的分支机构由 21 家猛增到 52 家，代理商达到 360 家，员工从 300 人增加到 800 人，销售额增长了 200%，1998 年销售额约为 1.5 亿元。IDGVC 给金蝶带来的不仅仅是 2000 万元投资，而且通过帮助金蝶与国际大公司进行交流，增加金蝶的商业资源，从而进一步拓展金蝶产品的国际性销售渠道，使深圳金蝶在成为国际性的财务软件公司的成长中更上一层楼。

2004 年 7 月，IDG（国际数据集团）从金蝶国际撤出全部所有投资。至此，这个第一家进入中国市场的美国风险投资公司悄无声息地与金蝶正式"分手"。

2001 年，金蝶国际在香港创业板正式上市后，IDGVC 持有上市公司 20% 左右的股权。此外，金蝶的其他股东依次为：金蝶董事长徐少春占股 32%、金蝶早期的国际董事赵勇占股 16%，金蝶部分员工持股 8%，而来自股市的公众股已达 40%。此后三年间，IDGVC 通过数次套现资金，回收高达 1.2 亿港元，共计达到 2 亿元左右，投资回报率达到 10 倍。IDGVC 在金蝶的股份也从原有的 25% 稀释至 4.1%。

资料来源：作者根据多方资料整理而成。

一、风险投资的投入：种子期

种子期是指技术的酝酿与发明阶段，这一时期的资金需要量很少，从创意的酝酿，到实验室样品，再到粗糙样品，一般由科技创业家自己解决，有许多发明是工程师、发明家在进行其他实验时的"灵机一动"，但这个"灵机一动"，在原有的投资渠道下无法变为样品，并进一步形成产品，于是发明人就会寻找新的投资渠道。这个时期的风险投资称作种子资本（Seed Capital），其来源主要有个人积蓄、家庭财产、朋友借款、申请自然科学基金，如果还不够，则会寻找专门的风险投资家和风险投资机构。要得到风险投资家的投资，仅凭一个"念头"是远远不够的，最好能有一个样品。然而，仅仅说明这种产品的技术如何先进、如何可靠、如何有创意也是不够的，必须对这种产品的市场销售情况和利润情况进行详细的调查、科学的预测，并形之成文，将它交给风险投资家。一个新兴企业的成功不能仅凭聪明的工程师、睿智的发明家，而需要懂得管理企业，并对市场营销、企业理财有相当的了解的人才。经过考察，风险投资家同意出资，就会合建一个小型股份公司。风险投资家和发明家各占一定股份，合作生产，直至形成正式的产品。这种企业面临三大风险，一是高新技术的技术风险，二是高新技术产品的市场风险，三是高新技术企业的管理风险。风险投资家在种子期的投资在其全部风险投资额的比例是很少的，一般不超过 10%，但却承担着很大的风险。这些风险一是不确定性因素多且不易测评，二是离收获季节时间长，因此也就需要有更高的回报。

二、风险投资的投入：导入期

导入期是指技术创新和产品试销阶段，这一阶段的经费投入显著增加。在这一阶段，企业需要制造少量产品。一方面，要进一步解决技术问题，尤其是通过中试，排除技术风险。另一方面，要进入市场试销，听取市场意见。这个阶段的资金主要来源于原有风险投资机构的增加资本投入。这时期投入的资本称作导入资本（Start-up Capital）。如果这种渠道无法完全满足需要，还有可能从其他风险投资渠道获得。这一阶段风险仍主要是技术风险、市场风险和管理风险，并且技术风险和市场风险开始凸显。这一阶段所需资金量大，是风险投资的主要阶段。对于较大的项目来说往往一个风险投资机构难以满足，风险投资机构有时组成集团共同向一个项目投资。这样做也可以分散风险。这个阶段风险投资要求的回报率也是很高的。一旦风险投资发现不可克服的技术风险或市场风险超过自己所能接受的程度，投资者就有可能退出投资。这时无论是增加投资还是退出，都要果断，力戒观望。该投资时缩足不前，可能错过一个大好的机会，并且使原有投资作用无法充分发挥；而该退出时犹犹豫豫，食之无味，弃之又嫌可惜，很可能就会陷入无底的深渊。是进入还是退出，除了科学冷静的判断分析外，还要依靠直觉，这就是个艺术的问题了。这也就是为什么许多风险投资家只爱做自己熟悉的行业。熟悉的行业容易培养直觉，而直觉往往不是数学模型和统计数字能取代的。当然，这也会局限风险投资家个人的发展，特别是当这个行业不再具有巨大发展潜力时。

三、风险投资的投入：成长期

成长期是指技术发展和生产扩大阶段。这一阶段的资本需求相对前两阶段又有增加，一方面是为扩大生产，另一方面是开拓市场、增加营销投入，最后，企业达到基本规模。这一阶段的资金称作成长资本（Expansion Capital），其主要来源于原有风险投资家的增资和新的风险投资的进入。另外，产品销售也能回笼相当的资金，银行等稳健资金也会择机而入。这也是风险投资的主要阶段，这一阶段的风险已主要不是技术风险，因为技术风险在前两个阶段应当已基本解决，但市场风险和管理风险加大。由于技术已经成熟，竞争者开始仿效，会夺走一部分市场。企业领导多是技术背景出身，对市场营销不甚熟悉，易在技术先进和市场需要之间取舍不当。企业规模扩大，会对原有组织结构提出挑战。如何既保持技术先进又尽享市场成果，这都是市场风险和管理风险来源之所在。为此，风险投资机构应积极评估风险，并派人员参加董事会，参与重大事件的决策，提供管理咨询，选聘更换管理人员等并以这些手段排除、分散风险。这一阶段的风险相比前两个阶段而言已大大减少，但利润率也在降低，风险投资家在帮助增加企业价值的同时，也应着手准备退出。

四、风险投资的投入：成熟期

成熟期是指技术成熟和产品进入大工业生产阶段，这一阶段的资金称作成熟资本（Mature Capital）。该阶段资金需要量很大，但风险投资已很少再增加投资了。一方面是因为企业产品的销售本身已能产生相当的现金流入；另一方面是因为这一阶段的技术成熟、市场稳定，企业已有足够的资信能力去吸引银行借款、发行债券或发行股票。更重要的是，随着各种风险的大幅降低，利润率也已不再是诱人的高额，对风险投资不再具有足够的吸引力。成熟阶段是风险投资的收获季节，也是风险投资的退出阶段。风险投资家可以拿出丰厚的收益回报给投资者了。风险投资在这一阶段退出，不仅因为这一阶段对风险投资不再具有吸引力，而且也因为这一阶段对其他投资者，如银行、一般股东具有吸引力，风险投资可以以较好的价格退出，将企业的接力棒交给其他投资者。风险投资的退出方式有多种可以选择，但必须退出，不可犹疑。

由此看来，风险投资的投入有四个阶段：种子期的小投入、导入期的大投入、成长期的大投入及成熟期的部分投入。它们分别对应着产品成长的四个过程。而实际上，这四个阶段之间并无那么明显的界限。企业成长的四个过程是产品寿命周期理论的观点，较常用的区分四个过程的方法是根据销售增长率的变化。

风险投资专栏 6

雷士照明：创始人被自己一手创建的公司 "拒之门外"

自 2012 年 5 月以来，市场上上演了一出迄今没有完结的创业者与投资人之间的博弈战。被自己一手创建的公司 "拒之门外"，是雷士照明创始人吴长江

图片来源：www.nvc-lighting.com.cn.

当初引进风险投资时，未曾想到过的一幕。2012 年 5 月 25 日，雷士照明发布公告：创始人吴长江 "因个人原因" 辞去公司董事长、执行董事、CEO，以及下属所有企业的一切职务。接替吴长江出任董事长的正是来自软银赛富基金、

雷士第一大股东阎焱；而出任 CEO 的，则是来自法国施耐德、雷士第三大股东张开鹏。此条消息犹如一颗重磅炸弹砸在资本市场，投资者还没反应过来究竟是怎么回事，伴随而来的便是雷士股价即刻暴跌超过五成。2006 年，阎焱的赛富亚洲（当时名为软银赛富）手握资金，在吴长江最苦难时以 2200 万美元换得雷士照明 35.71% 的股权。同时，投资协议里面也规定雷士照明要于 2011 年 8 月 1 日前上市，否则赛富有权要求吴长江回购投资股份，并支付投资累计利息。

　　短暂甜蜜后，是雷士照明创始人与投资者之间的重重矛盾。而作为投资人的赛富基金的阎焱，则从资本投资到参与管理，进而上演"逼宫"一幕。6 月 19 日雷士照明在香港举行的股东大会，吴长江并未现身。众多媒体则收到了一封匿名邮件，指阎焱联手施耐德逼宫，导致吴长江最终出局。到了 7 月中旬，对抗已经升级为一场备受瞩目的群体"混战"：雷士照明股票暂停交易，雷士照明员工和经销商与公司董事会数十小时公开"对决"无果，宣布开始罢工、罢市；消失数日的原董事长吴长江回归公众视野，公开反击阎焱此前的多项指责；而现任董事长阎焱也重新面对媒体，指责吴长江违规。记者调查发现，在中国风投圈里，阎焱无疑是教父级人物。早在 1994 年，阎焱就成为 AIG 旗下 AIF 基金（Asia Infrastructure Fund）董事总经理。"强势"是外界对阎焱的一致评价，他同时担任了神州数码、橡果国际、ATA、完美时空等多家公司的董事以及独董。阎焱最得意的投资案例是盛大和完美时空。雷士结局如何？董事会、吴长江、阎焱、施耐德、股东，谁在折腾雷士？谁在为雷士利益着想？真相究竟如何？或许，在赤裸裸的资本面前，一切都不再重要。

　　资料来源：作者根据多方资料整理而成。

第六节　风险投资的投资技巧

　　众所周知，资金匮乏是制约中小企业发展的主要"瓶颈"，在目前国内融资渠道相对有限的情况下，尤其对中小企业而言，吸引社会风险投资就成为广大中小企业解决发展过程中资金短缺问题的主要途径。那么，如何吸引风险投资，从而得到风险投资机构的青睐呢？

首先，中小企业的创业人员要对风险投资有一个基本的认识，如风险投资的特点、运作机制，不同风险投资机构的投资偏好等，最为主要的是了解风险投资机构的筛选项目的一些基本标准。一般而言，不论什么投资风格的风险投资机构，对于拥有核心技术、独立自主产权和产品市场前景广阔的中小型高新技术企业较为青睐。产权清晰，拥有核心技术则是获得风险投资两个最基本的条件。

其次，明确吸引什么样的风险投资机构，不同风险投资机构有不同的行业投资偏好，从而决定了能提供除资金支持外什么样的增值服务，比如企业管理咨询、市场策划、人才培训、发展规划等。

第七节　退出渠道设计

风险投资的退出机制是指风险投资机构在其所投资的风险企业发展相对成熟之后，通过一定的渠道和方式，将其资本由股权形态转化为资金形态，从而收回投资，实现投资收益的机制及其相关的配套制度安排。风险投资退出机制的基本内容主要包括退出方式、退出时机、退出程度的选择三方面。

风险投资的一个重要特点是其资本和投资活动的循环性，从一个较长时期来看，风险投资运作是由"投资—退出—再投资"构成的投资循环过程。其中，退出环节是循环得以持续的保障。例如，在风险投资发展最为成熟的美国，风险资本多以风险投资基金的形式存在，一般有效期为7~10年。不同的国家和地区，由于其风险资本的来源不同，资本市场的发育程度不同，因而风险投资退出的方式不同，目前，世界上风险投资的退出方式主要有六种。

第一，公开上市（创业板、中小板、主板等）。公开上市，指企业第一次向社会公众发行股票，是风险资本最主要的也是最理想的一种退出方式，大约有30%的创业资本的退出都采用这种方式。

风险投资专栏 7

联想控股投资神州租车

2010 年 9 月 15 日，联想控股宣布以"股权＋债权"的形式，向神州租车注资合计 12 亿元。在新资本注入后，神州租车表示出雄心勃勃的扩张计划，

图片来源：www.zuche.com.

公司董事长陆正耀表示，未来两三个月内，神州的车队规模将扩充到 1 万台左右。目前租车行业在中国还属于新兴行业，企业也谋求引入资本占据市场先机，而且作为资本密集型行业，对资金也存在很大需求。除了神州租车，一嗨租车、车友租车也都于 2010 年获得新一轮融资，租车行业的价格战也因此展开。

按照原来的时间进程表，美国当地时间 2012 年 4 月 26 日，本应该是中国最大的租车公司神州租车登陆纳斯达克市场的日子。如果神州租车此次能按原计划顺利上市，将成为继唯品会之后 2012 年第二家登陆美国资本市场的中国概念股。

然而神州租车突然宣布暂停 IPO。神州租车方面表示，暂停 IPO 的原因，是"受目前资本市场状况影响，公司价值未能得到合理体现，决定暂停本次IPO 发行"。神州租车表示，公司上市已经得到了美国证监会的批复，现在只是暂停上市，继续等待合适的窗口期。

此番神州租车 IPO 失利，联想控股能否在此投资中全身而退也成了悬念。招股书显示，融资除了收购或新建网点外，另一大部分是偿还联想控股借贷和相关担保贷款。

神州租车借联想品牌巨额债务，截至 2011 年 9 月 30 日，神州租车累计从金融机构借贷 17.355 亿元人民币，折合 2.7542 亿美元，其中大部分与联想控股担保有关。而联想控股两年前以"股权+债权"形式，向神州租车注资合计12 亿元，持股超过 51%。其中 10 亿元是债权融资，高额的债务是联想控股通过 IPO 解套的最大动力。

正是因为中概股遭受新一轮的信任危机，神州租车才紧急叫停了 IPO。2012 年 1 月 19 日，神州租车向美国证监会（SEC）递交上市申请，最初计划将在纽约证券交易所上市，最高融资 3 亿美元。然而，唯品会下调 23% 发行价断臂上市、上市后四个交易日跌幅超过 30% 的现实，表明美国资本市场上中概股行情并没有回暖，投资者对中概股依然没有信心。因此，神州租车中途调整

IPO 计划，将募集资金量由原来的 3 亿美元缩至 1.58 亿美元。

然而，即使是大幅下调融资额，依然没能引起投资者的关注。据彭博 4 月 24 日报道，截至 4 月 23 日上午，神州租车计划中的 IPO 发行量只获得了大约一半的认购。

神州租车执行副总裁姚军红在接受记者采访时表示，在新一轮信任危机下，中概股整体表现均不好，绝大部分中概股股价都在发行价以下。投资人非常谨慎，给出的价格太低。"本来 IPO 计划已经做了大幅调整，投资者还想继续压价。我们认为神州租车的价值被严重低估了，所以决定暂停上市，等待更好的时机。"

根据神州租车招股书显示，神州租车目前账上现金有 6 亿多元人民币，且每个月的运营现金流为正。这也意味着，即使没有 IPO 融资，神州租车也能保持正常发展，再加上大股东联想控股的雄厚财力后盾，市场人士判断，这也是神州租车能够紧急叫停 IPO 的底气所在。

对于神州租车紧急叫停 IPO，国信租车总经理范永耀表示，这实在是明智之举，不然作为同行的国信租车也会为他们捏一把汗。来个首日跌破，岂不尴尬。

资料来源：作者根据多方资料整理而成。

第二，买壳上市或借壳上市。买壳上市与借壳上市是较高级形态的资本运营现象，对于因为不满足公开上市条件而不能直接通过公开上市方式顺利退出投资领域的风险资本，这是一种很好的退出方式。买壳上市是指非上市公司通过证券市场收购上市公司的股权，从而控制上市公司，再通过各种方式，向上市公司注入自己的资产和业务，达到间接上市的目的，然后风险资本再通过市场逐步退出。借壳上市是指上市公司的控股母公司（集团公司）借助已拥有的上市公司，通过资产重组将自己的优质资产注入上市公司，并逐步实现集团公司整体上市的目的，然后风险资本再通过市场逐步退出。

第三，并购退出方式。风险资本可以通过由另一家企业兼并收购风险资本所投资的企业来退出。随着对高新技术需求的增加和发展高新技术产业重要性的认识逐渐深刻，这种渠道的退出方式会采用得越来越多，因为，风险企业发展到一定阶段后，各种风险不断减少，技术、市场优势已培养出来，企业前景日趋明朗，此时，想进入这一领域的其他公司将会非常乐意用收购的办法介入。就风险投资家而言，考虑到通过公开上市方式需在一段时间以后才能完全从风险企业中退出，他们也会考虑采用更为快捷的并购方式。目前在我国采用此种方式退出是较为常见的。

第四，风险企业回购。被其他公司并购，意味着原来的风险企业将会失去独立性，公司的经营也常常会受到影响，这是公司管理层所不愿看到的，因此，将风险企业出售给其他企业有时会遇到来自风险企业管理层和员工的阻力。而采用风险企业管理层或员工进行股权回购的方式，则既可以让风险资本顺利退出，又可以避免由于风险资本退出给企业运营带来太大的影响。由于企业回购对投资双方都有一定的诱惑力，因此，这种退出方式发展很快。主要有三种退出方式：管理层收购（MBO）、员工收购、卖股期权与买股期权。

第五，寻找第二期收购。通过第一期收购是出售股份的一种退出方式，它指将股权一次性转让给另一家风险投资公司，由其接手第二期收购。如果原来的风险投资公司只出售部分股权，则原有投资部分实现流动，并和新投资一起形成投资组合，如果完全转让，原始风险投资公司全部退出，但风险资本并没有从风险企业中撤出，企业不会受到撤资的冲击。

第六，清算退出。对于已确认项目失败的风险资本应尽早采用清算方式退回以尽可能多地收回残留资本。其操作方式分为亏损清偿和亏损注销两种。并不是所有投资失败的企业都会进行破产清算，申请破产并进行清算是有成本的，而且还要经过耗时长，较为复杂的法律程序。如果一个失败的投资项目没有其他的债务，或者虽有少量的其他债务，但是债权人不予追究，那么，一些风险资本家和风险企业家不会申请破产，而是会采用其他的方法来经营，并通过协商等方式决定企业残值的分配。

表 4-2 给出了 2005~2010 年这 6 年间我国风险投资的主要退出方式。尽管股权转让的比例呈现下降的趋势，但每年的退出方式中，股权转让仍然占据大部

表 4-2　2005~2010 年我国风险投资主要退出方式

单位：%

退出方式	股权转让	上市交易	清算	合计
2010 年项目数比例	65.88	33.53	0.59	100
2009 年项目数比例	65.90	28.32	5.78	100
2008 年项目数比例	75.32	23.38	1.30	100
2007 年项目数比例	53.85	42.31	3.84	100
2006 年项目数比例	62.07	31.90	6.03	100
2005 年项目数比例	55.88	33.09	11.03	100

注：2005~2010 年该项调查的有效样本机构数分别为 38 家、36 家、81 家、62 家、61 家、99 家。
资料来源：中国风险投资研究院（香港），2005~2010 年《中国风险投资年鉴》。

分。上市交易呈上升趋势，2008 年由于受到金融危机的影响造成上市资源减少，从而导致了上市交易比例下降，但随后迅速回升。

【章末案例】

小肥羊吸引风险投资案例

1999 年内蒙古小肥羊餐饮连锁有限公司（下称"小肥羊"）在包头开业，仅用了 7 年时间就在包括港澳台的中国以及日本、北美快速扩展了 720 家分店，扩张速度之快令人

图片来源：www.littlesheep.com.

惊叹。2006 年 7 月 24 日，小肥羊同英国最大的创业及私募投资机构 3i 集团公司（下称"3i"）和西班牙普凯基金公司（下称"普凯集团"）达成投资协议，规模达 2500 万美元，开创了外资入股中国餐饮企业的第一例。

1. 公司简介

内蒙古小肥羊餐饮连锁有限公司是一家以自然人做发起人的股份制企业，公司于 1999 年 8 月诞生在草原鹿城——包头市，以小肥羊特色火锅连锁为主业。于 2008 年 6 月 12 日在中国香港上市，是中国首家在香港上市的品牌餐饮企业（股份代号 968），被誉为中华火锅第一股。就是这样一个小店，如今拥有一个调味品基地，两个肉业基地，一个物流配送中心，一个外销机构，国内外多个餐饮管理区域；360 家火锅连锁店遍布全国各省、市、区以及美国、日本、加拿大、印度尼西亚、阿联酋等海外市场，成为一个国际性的大型餐饮连锁公司。

2. 连锁餐饮帝国的诞生

可能连小肥羊的创始人张钢当时也没有预料到，他的一家火锅店能发展为一个餐饮帝国，更让他没有料到的是，他的餐饮帝国的崛起竟来自"不蘸小料一招鲜"这种独特的火锅。

1998 年初，张钢和朋友在一起吃羊肉火锅的过程中，发现"不蘸小料"的火锅味道不错，朦胧之中张钢感觉这是一个商机。张钢意识到羊肉火锅将是一个大市场，决定自己开家火锅店。经过反复配制，多次改进，一种用当归、枸杞、党参、桂圆等调料独特配制的火锅锅底料诞生了。羊肉入汤后，口感嫩，口味鲜香，完全可以不蘸小料。这样，就甩掉了烦琐的小料包袱，开辟了一条火锅快餐化之路，为日后小肥羊的规模化、连锁化经营打下了基础。

1999 年 8 月 8 日，小肥羊的第一家店在包头开张了。一开业便受到消费者的欢迎。随后，小肥羊的发展犹如星火燎原，直营店、加盟店当年便开始向全国延伸。从 2003 年开始，小肥羊已经连续 3 年营业额仅次于拥有肯德基、必胜客等著名餐饮品牌的中国百胜餐饮集团，荣居"中国餐饮企业百强第二"。从下面一连串的数字里可以窥见小肥羊发展的速度有多快了。

2000 年，在上海、北京、深圳开直营和连锁加盟店。

2001 年，正式开始特许加盟，当年发展 445 家，实现营业额 15 亿元。
2002 年，正式在火锅店家乡成都开业，这一年销售额达 25 亿元。

2003 年，加盟店达到 660 家；并在美国开店，销售额达到 30 亿元的规模。 2004 年，第 696 家分店开到香港。

2005 年 5 月 27 日，排位 718 的台湾松江店开业，小肥羊成功登陆台湾地区。10 月，小肥羊在香港开了第四家店，为小肥羊创造了 1.4 亿元的营业额。11 月 8 日，北美第一家直营店——多伦多小肥羊店试营业的当天流水就有 5 万元。2005 年底，小肥羊店数达到 720 家，销售额达到 52.5 亿元。

2006 年，小肥羊还在日本与一家上市公司合作开设了一家连锁店。目前，小肥羊正在进行的海外扩张行动目的地包括新加坡、韩国等亚洲市场以及美国市场。

3. 小肥羊吸引风险投资的情况

为加快国际化进程，自 2005 年起小肥羊公司开始与欧洲最大的投资机构"3i 集团"、知名投资基金"普凯基金"两家公司洽谈合作事宜。经过近一年的努力，2006 年 7 月，小肥羊成功引进这两家公司的资金共 2500 万美元，使小肥羊公司成为我国第一家引进外资的餐饮企业，同时也是内蒙古地区继蒙牛之后第二家民间大额引资成功的企业。

小肥羊公司总裁卢文兵说，引入外资目的就是要用国际投资者的钱为中国消费者服务，为宣传内蒙古的优势资源、使草原经济融入世界经济舞台服务。

第一，风投追逐小肥羊。嗅觉灵敏的风险投资家很快就发现了小肥羊的投资价值。3i 的王岱宗无疑是其中最灵敏的一位。2005 年，王岱宗离开高盛，出任 3i 副总裁。加盟 3i 后，王岱宗一直在琢磨着什么样的企业值得投资。他想到了若干年前曾经在上海光顾过的小肥羊，当时小肥羊火锅鲜美的味道给他留下的印象至今深刻。在王岱宗看来，小肥羊原料和汤料是标准化的，非常适合规模化发展。在经过各种渠道对小肥羊了解后，王岱宗径直飞到小肥羊的总部——号称"稀土之都"、"草原钢城"的内蒙古包头，提出对小肥羊最少投资2000万美元的意愿。然而，由于经营状况良好，小肥羊并没有融资的想法。"我们不缺钱"，这是王岱宗最初从小肥羊得到的答复。即便需要，1000万美元也足矣。投资人伸出的橄榄枝就这样被婉拒了。

然而，风险投资人没有那么容易被拒绝，经过对小肥羊的经营模式进行分析，特别是小肥羊兴起的法宝——连锁经营模式进行了周密的调研和分析，用投资者锐利的眼光看出了这一法宝同时也是小肥羊的心结。投资人再次上门洽谈，拿出了经过自己调研后的法宝，列举了小肥羊在目前经营中的软肋所在，同时对小肥羊阐述了自己的优势，以及能给小肥羊带来的解决方案，终于说动了小肥羊决定引入战略投资者。到底是什么让小肥羊一改初衷呢，正是其赖以发展的法宝——连锁经营。

2000~2002年，小肥羊为了追求规模效应和资金的原始积累，曾大面积发展特许加盟店，然而，扩张过快的特许经营带来了管理上的隐患，对加盟商的管理曾一度失控。加盟商追求利益和小肥羊追求规模效应之间出现了鸿沟，一些加盟商的不规范行为对小肥羊的业绩和品牌造成了恶劣的影响。小肥羊决定调整战略，收回加盟店，大力发展直销店来达到一石多鸟的目的，3i的资金就显得相当必要了。毕竟靠小肥羊自身的流动资金和银行贷款还不足以在短期内完成这一紧迫的任务。

小肥羊准备引入外资的消息很快在业内传了开来，包括摩根斯坦利、高盛等在内的境内外20多家风投机构纷纷找到了小肥羊，明确表达投资意向的也有三四家。而在各方风投慕名涌来的时候，3i也不断前往小肥羊进行谈判。各个公司的方案摆在小肥羊面前，其中也有让小肥羊非常动心的方案，但最终，小肥羊还是选定了最早到来、接触时间比较长，行事风格也比较合拍的3i做投资合作伙伴。卢文兵解释道："在接触过程中，3i对于餐饮行业的理解和深厚的国际网络让我感到有些吃惊。"事实也的确如此，在参股小肥羊之前，3i已经在全球投资了60多家食品企业，对餐饮连锁具有丰富的行业经验和网络关系。然而，和3i的谈判并不是一帆风顺。双方曾就股价问题发生了激烈的争执。3i给出7倍的市盈率，但小肥羊觉得太低，要求10倍的市盈率。为了这个问题，双方来来回回谈判了好几次，有时候甚至争得面红耳赤。而这一期间，其余的竞争对手也给出小肥羊觉得比较合适的价格，但小肥羊和3i最终选择了相互让步。双方谈判进入佳期后，另一家风投机构普凯集团也进入了小肥羊的眼帘。

从 2005 年 8 月开始接触，经过一年时间的谈判后，2006 年 7 月 24 日，小肥羊与 3i 和普凯集团最终签订了投资协议，后两者联手投资 2500 万美元，占合资公司 20% 的股份，其他股份为个人出资，而小肥羊创始人张钢及陈洪凯的股权稀释到不足 40%。3i 以 16% 的股份成为位列小肥羊创始人张钢之后的第二大股东，普凯基金则获得了 4% 的股份。除了股份之外，3i 还获得了小肥羊董事会当中的两个董事席位，普凯获得一席，分别代表外资股东出任执行董事，在董事会的重大决议上拥有一票否决权。不过与大多数投资公司自己直接出马的做法不同，3i 委托了两位餐饮行业内的专家：汉堡王前任国际业务总裁和肯德基中国香港地区现任行政总裁代表自己出任小肥羊独立董事。

至此，合资公司董事会成员增至 11 人，其中中方 6 名，分别是董事长张钢、副董事长陈洪凯、常务副总裁卢文兵以及小肥羊上海、深圳、北京分公司的三名总经理。不过，从 2006 年开始的 3 年内，小肥羊承诺业绩符合增长率不低于 40%，即小肥羊每年的利润和销售额同比增长 40% 以上。如果完不成约定目标，小肥羊将向两大集团提供补偿。这与当年蒙牛引入摩根斯坦利等战略投资者时签的对赌协议颇为相似。

第二，小肥羊上市。对于小肥羊来说，两大集团的进入并不只是单纯的资金投入，更多的则是将先进的管理理念带入了小肥羊。"我们的市场已经达到了国际化，我们最需要的是先进的管理理念来帮助企业成长，而这正是他们能够带给我们的。"卢文兵说。同时，3i、普凯也能帮助小肥羊更深刻地理解国际市场引进小肥羊国际扩张所急需的人才。

3i 副总裁王岱宗表示，小肥羊原来计划在 2007 年上市，但是上市还必须考虑到公司的发展速度，太早上市股价较低。基于对小肥羊上市后有较高的估值以及考虑小肥羊未来更好的发展，管理层目前已经达成一致，于 2008 年上半年上市。

2008 年 6 月 12 日，"小肥羊"在香港成功上市，此次 IPO 共公开发行股票 2.45 亿股，募集资金 7.797 亿港元。

4. 启示

以趋之若鹜来形容风险资本对小肥羊的青睐一点也不为过，因为主动上门要求投资小肥羊的投资机构超过了 20 家。这既是小肥羊的幸福，也是资本逐利的必然结果。作为餐饮企业引入外资的第一例，值得我们去思考：

第一，连锁经营模式。仅仅有创新型"吃法"，而没有好的经营模式，小肥羊也不会成为资本追逐的目标。正式连锁经营模式让"不蘸小料一招鲜"的火锅吃法在中国大地迅速流行，并一举成为国内的名牌餐饮企业。根据2005年"中国500最具价值品牌"排行榜，小肥羊（品牌价值55.12亿元，排名第95位）与全聚德（品牌价值106.34亿元，排名第49位）作为仅有的两家餐饮企业入选。这意味着小肥羊已经有赶超百年老店的实力和水准。而连锁经营模式优势，已被麦当劳、肯德基、沃尔玛、家乐福等国际连锁巨头的成功所证明。连锁模式以其无可比拟的复制力和快速的扩展性显示了巨大的市场潜力。国际资本自然不会对小肥羊这个"香饽饽"熟视无睹。

第二，投资原动力。连锁经营模式给被投资者带来了巨大的投资价值，也是让投资方认可其价值的重要因素，本来是被投资人赖以和投资人谈判的筹码，最后却成为投资人获得这一优秀项目的谈判法宝。

聪明的3i公司在"连锁模式"这一重大投资价值上的逆向思维，改变了小肥羊原先的看法。首先，连锁经营在扩大规模、给企业带来效益的同时，其风险也是并存的，因为随之而来的是棘手的管理问题。这个看起来简单的思考，需要投资者具备清醒的思维，而不是人云亦云的盲从，在投资实践中并非那么容易做到。3i公司对其连锁模式带来的管理的"瓶颈"进行周密的调研后，再对自己在解决"瓶颈"的优势上进行分析，第二次上门时就比其他竞争者有了更多的准备。也就是这一事先的准备，让小肥羊在众多投资方案中最终选择了他们。其次，小肥羊的资金需求是隐含的，只是没有浮出水面。聪明的3i公司在对连锁项目分析后，指出了要解决目前管理上的"瓶颈"，那么小肥羊势必要将连锁模式从加盟模式改为直销模式，而这一模式的转换一下子就将资金的需求问题浮出了水面。这也是改变小肥羊原先对被投资的欲望不强烈的重要因素。

第三，深度思考。在看到3i、普凯牵手小肥羊之余，我们注意到在很多优秀的连锁经营的企业项目上，国内风险投资机构的"集体缺位"，这种局面让人惋惜。蒙牛乳业、永乐家电连锁等，这些都是国内优秀的传统行业连锁企业"领头羊"，而它们的投资价值最初都是外资风险投资机构率先发现的。惋惜之余，我们不得不深思，到底是什么因素阻碍了国内风险投资机构错失这些良机？一方面，功能定位。我国风险投资制度的引入是政府为了扶持发展高科技产业，本身是一个典型的政府主导的制度供给。因此，国内风险投资机构以推动科技创新为己任，因而忽视传统产业。另一方面，投资方向。由于国内风险投资机构大多数都以政府或国有资本出资为主，在资金投向上难以避免地受到政府的驱使，优先扶持国有企业和高新技术企业发展。而蒙牛、小肥羊都是民营企业，且是传统产业，与其投资方向不合。最后，资金实力。无论是蒙牛抑或是小肥羊，动辄上千万美元的投资，是国内很多风险投资机构难能承受的。目前国内风险投资机构的资本来源单一，资本规模偏小，导致单位项目的投资强度难以提高。因此，实力的弱小使国内风险投资机构在面对资金雄厚的外国风险投资机构时难以与之抗衡。

【本章小结】

对于一家企业来说，自筹资金是一项长期而且必要的活动。没有资金就意味着没有抵御风险的能力。企业如果仅仅依靠自筹资金来再投资，那么它将很难在竞争如此激烈的市场中生存。依照市场发展趋势，只有那些拥有高起点和巨大投资额的企业才能够将它们的产品投入市场。对于大部分企业来说，完全依靠自筹资金来得到巨大的投资额是不可能的。没有资助的筹资往往效率较低。如果局限于产品和管理上所获得的部分收益，资金将是相当有限的。为了追求快速发展，它们不得不在筹资上开拓新视野。事实上，许多世界著名的公司都是通过融资来取得快速发展。这就是风险投资的价值体现。本章首先阐述了风险投资的基本理论，包括风险投资的产生和发展、内涵、特点，并在此基础上对风险投资进行新定义；其次，对风险投资的运作模式进行分析；再次，介绍了风险投资的四个阶段，具体包括筹资阶段、选择投资对象阶段、投资增长阶段、投资退出阶段；最后，介绍了企业吸引投资技巧和退出的渠道设计。希望创业者、管理者及相关读者通过对本章的学习，可以掌握有关风险投资的基本理论，这样有利于对后续章节的理解和学习。

【问题思考】

1. 什么是风险投资？风险投资的特征和作用有哪些？
2. 简要分析风险投资四个阶段的特点。
3. 企业常见的吸引风险投资方式有哪些？
4. 简述企业的风险投资退出渠道设计。
5. 从阿里巴巴的案例看企业吸引风险投资，应该注意哪些因素？

【参考文献】

[1] 薛芳，丁晓莉. 风险投资在中国的发展现状与前景 [J]. 新西部，2012 (13).

[2] 邹艳飞. 探讨风险投资项目中风险的识别、评估与防范 [J]. 现代营销，2012 (10).

[3] 任海峙. 发展我国风险投资业的若干思考 [J]. 会计之友，2010 (23).

[4] 尹光辉. 风险投资运行机理的思考 [J]. 西南石油大学学报（社会科学版），2009 (3).

[5] 李鹏. 中外风险投资运作的比较研究 [J]. 中国物价，2011 (3).

[6] 成思危. 论风险投资 [M]. 北京：中国人民大学出版社，2008.

[7] 肖玲利. 浅析我国风险投资存在的问题及对策 [J]. 金融证券，2012 (9).

[8] 王芳. 风险投资与我国高新技术产业化 [J]. 河北金融，2007 (7).

[9] 贾红斌. 试论风险投资运作中管理风险的控制 [J]. 中国科技信息，2010 (23).

[10] 谈毅. 2013 中国风险投资发展报告 [M]. 上海：上海交通大学出版社，2010.

[11] 方少华. 中国式风险投资 [M]. 北京：企业管理出版社，2011.

[12] 孔淑红. 风险投资和融资 [M]. 北京：对外经济贸易大学出版社，2011.

[13] 吴田峰，谢向英. 现阶段中国风险投资发展探讨 [J]. 当代财经，2008 (3).

[14] 杜枫. 钱途——就这样拿到风险投资 [M]. 北京：北京大学出版社，2009.

[15] 胡海峰，胡松明. 风险投资学 [M]. 北京：北京师范大学出版社，2011.

[16] 胡雪. 风险投资与新经济 [M]. 北京：经济管理出版社，2008.

[17] 刘树胜. 高科技产业风险投资运行现状及对策探讨 [J]. 财经界，2010 (9).

[18] 陈昌智. 大力发展风险投资　加快培育战略性新兴产业 [J]. 中国流通经济，2010 (8).

[19] 理查德·派克，比尔·尼尔. 公司财务与投资 [M]. 北京：中国人民大学出版社，2004.

[20] [美] 安迪·樊. 融资——奔向风险投资市场 [M]. 北京：石油工业出版社，2012.

第五章 企业上市

【学习要点】

☆ 了解资本运营与资本市场的关系；

☆ 理解企业上市的动因与操作程序；

☆ 知晓企业上市地点的选择理念；

☆ 重视上市公司在企业资本运营中存在的问题与解决方法。

【章首案例】

匆忙提出上市的林业集团：×××林业投资集团

福建省将乐县金森公司的纯森林资源上市在我国树起了标杆，A市看到了森林资源上市的广阔前景。因此A市整合全市森林资源，促成林业上市，并组建×××林业投资集团公司，同时为了做好上市工作，作了具体部署。

1. 组建方案的选择

经多方考虑，该市最终提出了三种可行方案：

方案一：先整合部分优质资源成立股份公司，上市后再逐步参股收购其他县林场资源为尽快满足上市公司对企业经营业绩上的要求，拟选择在CY、DY、XF、GX等资源较好的县中筛选部分国有林场的部分林地，以森林资源评估作价入股，市本级以现金入股，组建×××林业股份公司。经论证，该市政府认为该方案有如下优点：第一，从上述县中选择40万亩林地，可分散降低县股权的比重，减少市本级对资金的投入，有利于市本级的相对控股。第二，可从资源较好的林场中选择林地，保证幼、中、成、过熟林和宜林地的比例科学合理，以满足今后每年的商品材生产和新造林用地。第三，因资源基础好，通过3年左右科学经营，基本达到连续每年采伐2万亩，年生产10万立方米的商品材，实现1.3亿元左右的产值，实现3000万~5000万元的公司净利润，满足上市公司对现金流和净利润的要求。第四，暂时规避对国有林场的股份制改造，因为只要林场部分资源经评估后入股，按股份制公司运作，林场还保留原经营管理体制，人、财、物不变。这样林场员工和当地政府也较容易接受。第五，成立×××林业股份公司，公司上市后，再通过设置一定的门槛，逐步地参股、收购其他的国有林场，最终达到整合全市国有林场资源，发展壮大该市林业产业的目的。

同时，也有人认为该方案存在以下问题：第一，市本级已成立的×××林业投资有限责任公司资产有限，要实现相对控股，市政府至少要投入现金约5亿元，市财政筹资压力太大；第二，市本级相对控股，这几个县政府和公司（林场）是否愿意参与整合。即便是愿意参与整合，由于涉及市一级和县一级等方面的利益，资源管辖权不统一，上市会遇到很多阻碍因素。

方案二：先整合全市林业资源成立集团公司，再从中选择优质资源股改上市。该方案的优点是：将全市林业资源整合成一个整体上市，更符合市委、市政府有关整合森林资源、促成林业上市的工作部署，辐射带动全市林业跨越式发展。但该方案也面临诸多困难：第一，因涉及适于整合的12个县55个国有林场，近100万亩森林资源的评估、股权设置、债权债务、人员安置等大量工作，整合难度大；第二，因涉及的单位多，林地面积大，市本级要相对控股，市财政需增加更多的启动资金；第三，因林场资源质量差异悬殊，会将单位面积的林木蓄积量从6.8立方米/亩，拉低到5.0立方米/亩，难以保证公司年产量和净利润的实现；第四，因林地不集中，有的林场可能只有几千亩，不利于公司经营，会增加公司管理成本；第五，因林场全部资产进入集团公司后，要再从中选择资源较好的林场上市，会涉及对各县林场的股份制改造，涉及人、财、物等一系列问题。股份公司的组建将会耗时、耗财、耗力，各纷争难以协调解决。

方案三：将部分优质国有森林资源管理权上划市政府，整合成立集团公司，上市后再逐步参股收购其他林材资源。按照"一个集中"原则，将CY林业股份有限公司、DYLS木业股份有限公司、XF林场、GX林场的森林资源管辖权收归市政府，整合上述公司（林场）组建×××林业投资集团公司。市政府通过"五个不变、两个优惠"保证县政府、公司（林场）的既有利益和未来收益，对于林场或企业存在的私人股份一并纳入进行股权激励。成功上市后，考虑引入战略投资者，再逐步参股收购其他县林业资源，最终实现全市林业资源整合发展壮大。

　　根据伊春、黑龙江农垦等地区的改革经验，目前我国林业资源政府化趋势明显，是一种成本最低的改革方案。因而该方案除了有"方案一"的优点外，由于组建上市公司的林业资源管理权上划市政府，市财政可以不用财政注资就能将公司控制权掌握在市政府手中，可以减轻财政负担。由于市里掌握了林业资源管理权，从长远看也能避免县与县（子公司与子公司）之间的恶性竞争，实现主营业务的规模经济，有利于提升竞争力和森林资源的保护。同时，由于保证了县政府、公司（林场）的既得利益和未来收益，也能提高县政府、公司（林场）参与整合上市的积极性。该方案的缺点在于：市场化能力相对较弱，对组建的林业集团董事长素质要求较高。

　　经过对上述三个方案的论证分析，最后该市选择了第三个方案：先将部分优质国有林业资源管理权上划市政府后组建集团公司，成功上市后参股、收购其他林场，更符合×××市林业实际，也更有利于×××林业上市。

　　2. 上市的目标定位

　　整合林业资源，形成林业资产的区块整体，打造政策特色和资源特色两张牌，根据集团公司现金流及收入、利润情况，以整合全市森林资源资产、培育壮大森林资源为上市目标，定向培育高效商品林；同时，做强做大油茶、毛竹、苗木花卉等特色产业。通过5年的培育经营，将股份公司打造成产值5亿元以上、年创净利润0.6亿元以上的林业上市企业，力争到2018年在创业板上市。

　　注：此案例为作者在工作中亲身接触的实例，为保密起见，文中隐去相关信息。

第一节　资本运营与资本市场的关系

　　资本运营是市场经济的范畴。在市场经济条件下，市场机制对社会资源（其中包括资本）的配置起决定性作用。市场是企业进行资本运营的客观环境，完善的市场体系是企业有效地开展资本运营的基本条件。市场体系包括商品市场、金融市场（包括货币市场和资本市场）、劳动力市场、房地产市场、技术市场和信息市场等。各类市场之间相互联系、相互制约、相互促进，形成一个完整的有机的系统。

一、投资银行是资本运营专业化服务提供者

投资银行是从事证券发行、承销和交易以及企业兼并、收购和重组等业务的非银行金融机构。资本经营专业性强，企业要充分利用中介机构的人才和技术，以达到资本的最优配置和最大效益。投资银行是以证券承销为本源，其他投资银行业务都是在这一业务基础上形成和发展起来的。投资银行的业务主要有以下几项：

第一，证券承销。承销者是指联系发行主体和投资主体的金融中介机构，它们本身并不从事投资业务，仅仅是协助政府或企业发行证券，并帮助投资者获得这些证券。投资银行从事证券承销业务，其承销过程包括：投资银行对证券发行者提出发行证券种类、时间和条件等方面的建议；当证券发行申请经国家证券管理机关批准后，投资银行与证券发行者签订证券承销协议；协议签订后，投资银行组织销售网络，将证券销售给广大社会公众。

第二，证券交易。

第三，私募发行。

第四，企业兼并与收购的中介服务。企业并购是企业产权交易的重要内容，投资银行在企业产权交易双方中充当中介，为企业并购双方提供服务。投资银行参与企业并购的主要方式是：寻找兼并与收购的对象；向并购者和被并购者提供买卖价格或非价格条款的咨询；帮助并购者采取行动抵御恶意性吞并企图；帮助并购者筹措必要的资金，以实现并购计划。

第五，基金管理。投资银行在基金管理方面的业务包括：投资银行可以作为基金发起者发起和建立基金，并管理自己建立的基金；投资银行可以作为承销者帮助其他基金发起者向投资者发售投资受益凭证，也可以接受基金发起者的委托，帮助其管理基金，从基金发起者获得一定报酬。

第六，风险投资。此外，投资银行还有项目融资、衍生产品、租赁、咨询服务、现金管理、证券保管与抵押等业务。

二、专业化的资本运营必须以市场为基础

在社会主义市场经济条件下，市场对资源配置起决定作用，资本作为生产要素是一种非常重要的资源，当然也要以市场为主来配置。因此，一个成熟的市场经济体系不仅要有高度发达的商品流通市场，而且必须有比较完备的资本市场。加速资本市场的发展已成为完善我国社会主义市场经济体系的客观要求。

第一，通过资本市场可以提高资源配置的效率。其逻辑关系在于：一是资本市场是比较直接配置经济资源的一种方式。它可以通过资本资产价格的波动而使资本资源直接在不同的企业和行业分配。二是它降低了资本资源的交易成本。资本交易成本一般包括寻找费用、信息费用和签订投资合同费用。寻找费用有直接费用和间接费用，直接费用是指为出售或购买金融资产而支付的广告费用，间接费用是指为进行资本交易而耗费的潜在价值。信息费用是指对所要投资的金融资产的价值评估所需的费用，即为估计金融资产所能带来未来收益大小进行一切信息收集和处理活动所支付的费用。签订投资合同费用一般是有明确规定的，但在银行信贷市场是不用支付这一费用的。在发达的资本市场中，尤其是在交易所市场中，为数众多的金融工具的供给者和需求者在一起进行竞价交易，减少了寻找成本和信息成本，提高了资本资源的配置效率。而在一个有效率的资本市场中，资本资产的价格反映了所能收集到的所有信息。

第二，资本市场的健全与否是衡量一国市场经济与金融发展是否成熟的标尺之一。资本、土地、劳动力是市场经济的三大基本要素，资本产生利息，土地产生地租，劳动力产生工资。但是，在现代市场经济中，土地和劳动力这两大要素必须与资本有机结合才能产生合理效益。在现代市场经济中，无论是企业的成长，还是国民经济的发展，货币资本始终是"第一推动力"和持续动力。资本市场作为反映社会化生产规律的一种生产要素子市场，最典型地体现了社会资源配置的高效快捷原则。

第三，资本市场在现代市场经济中的特殊作用。世界经济发展的历史说明，经济高速增长离不开资本经营，如果单纯依靠生产经营，只能按常规速度发展，如果进行资本经营，把产业资本和金融资本很好地结合起来，经济就可以呈几何级数增长。

企业上市专栏 1

中信泰富市值倍增计划

中信泰富的前身"泰富发展有限公司"由中国香港"炒股大王"香植球成立于 1985 年。1986 年通过新景丰公司而获得上市地位，同年 2 月，泰富发行2.7 亿股新股予中国国际信托投资（香港集团）有限公司，使中信（香港集团）持有泰富 64.7%股权。自此，泰富成为中信子公司。而后，中信（香港集团）通过百富勤把部分泰富股份配售出，使中信（香港集团）对泰富的持股量下降图片来源：www.cnpf.com.

至 49%。1991 年泰富正式易名为中信泰富。中信（香港集团）收购泰富发展有限公司，不是通过股权转让来实现的，而是通过泰富发展向中信（香港集团）定向发行 2.7 亿股新股来实现的。1991 年 9 月，中信泰富与李嘉诚、郭鹤年等合组财团收购恒昌企业（大昌贸易行），其中中信泰富占恒昌企业 36% 的股份。1992 年 1 月，中信泰富向其余股东收购剩余的 64% 恒昌企业股份，实现全面收购。

中信泰富从买壳上市以来，通过收购、配售新股等一连串的资产运作，使股票市价从 1990 年的 7 亿多港元，增长到 1997 年的近 1500 亿港元，短短七年股票市值长了 200 多倍，其业务范围也扩展到航空、电信、基建、贸易等多个领域。

资料来源：作者根据多方资料整理而成。

第二节　为什么要上市

上市对于一个公司长远发展的重要性，相信绝大多数企业的决策者都已经有了共识。但因为上市过程的复杂，政策、市场、法律等各种因素又在不断地变化，使很多企业家对上市望而生畏。还有一些企业家认为，企业上市就是为了圈钱。事实并非如此，企业上市可以从以下几点来体现价值：

第一，上市融资可以带来大量资金，提高企业净资产，降低负债率，改善资本结构，提高抗风险能力。资金常常被形象地比喻成公司的"血液"，但这种血液的补给常常会遭遇"瓶颈"，这已经成为妨碍中小企业发展的世界性难题。据世界银行所属的国际金融公司的研究成果表明，中国私营企业的发展资金绝大部分来自业主资金和内部留存收益，两者占 50%~60%，包括信用社在内的金融机构贷款只占 20% 左右，公司债券和外部股权融资不到 1%。这可能和企业家传统的经营理念有关。而今世界经济增速放缓，中国经济也面临着深层次的结构调整，银行贷款越发谨慎，企业融资变得更为困难。上市为企业开辟了一个新的直接融资渠道，它具有融资量大、长期性、无负担性和不可逆转性等特点。中小企业通过发行股票进行直接融资，不仅可以获得长期和稳定的资金，打破融资"瓶颈"束缚，而且可以改善企业的资本结构，最大限度地分散企业风险，缓解通过银行等金融机构间接融资造成的风险累积。借助"风险共担、收益共享"的机制，中小企业发行股票上市，不仅可以获得大量资金，解决企业当前的发展问题，而且可以通过配股、增发以及发行可转债实现持续融资，上市无疑是最佳的融资平台和融资方式之一。

第二，上市可以规范法人治理结构，确立现代企业制度，提高企业管理水平，降低经营风险。在中国，70%~80%的民营企业都曾经是家族式的小作坊。随着经济的发展，企业的不断壮大，小作坊变成了一定规模的企业，而家族式的管理模式却逐渐露出弊端，主要体现在组织机制的障碍、人力资源的限制，还有不科学的决策程序导致的失误等。这种管理模式已无法适应越来越快的市场变化和越来越激烈的市场竞争，"淘汰"会是这类企业的最终命运。企业上市是走出这个困境的有效方式，通过上市建立和完善企业的内控制度，提高生产效率，缩减成本。

第三，上市可以构建全方位的融资平台，增强金融机构对企业的信心，贷款和其他金融成本会较低。股票市场结构本身决定了上市公司在资本市场中处于较有利的地位，上市公司除了公开发行股票进行募集资金外，还可以通过配股、定向增发、可转债等方式来募集资金。上市后企业获得了更强的政治影响力，它在社会上的声誉比一般企业高，金融机构更愿意与之合作，大大增强了企业的融资能力。

企业上市专栏 2

大有能源借壳欣网视讯上市

大有能源控股股东为义马煤业集团股份有限公司。义煤集团前身系义马矿务局，2008 年整体变更为股份有限公司，资产规模 122 亿元，年产原煤 2143 万吨，是河南省属重点企业，国

图片来源：www.hndyny.com.

有特大型煤炭企业。多年来，义煤集团融资渠道单一，主要依赖银行贷款负债经营，企业在扩张及技术改进上面临较大的资金"瓶颈"，同时债权比例过高，生产经营面临较大的财务风险。为了尽快使企业做大、做强，同时优化和提升管理能力，2008 年义煤集团决定启动 IPO 上市工作，但由于美国次贷危机影响以及股票市场的低迷，2008 年 9 月 16 日，证监会决定暂停 IPO 新股发行，在这种情况下，义煤集团决定改变上市模式，选择借壳上市。借壳上市的第一

步是选择合适的壳资源，义煤集团先后组织考察过泰山石油（000554）、ST钛白（002145）、ST安彩（600207）、ST科健（000035）、东方银星（600753）和欣网视讯（600403）等多家上市公司，这些公司基本情况如表5-1所示。

表5-1 大有能源借壳上市候选公司基本情况（部分）

名 称	总股本（亿股）	流通股本（亿股）	资产（亿元）	负债（亿元）
泰山石油	4.81	3.63	9.49	0.77
ST钛白	1.90	1.89	6.16	3.26
ST安彩	4.40	4.40	18.90	14.00
ST科健	1.50	0.85	5.95	17.90
东方银星	1.28	1.28	2.34	10.29
欣网视讯	1.27	0.70	3.60	0.41

通过比较可以看出：欣网视讯股本最小，负债少，市值小，而且是沪市上市公司，按照壳公司市值最小、借壳成本最小、最有利于审批、优选沪市壳公司等原则，义煤集团最终选择了欣网视讯。

2009年12月31日，欣网视讯停牌开始筹划重大资产重组事项。2010年3月25日，欣网视讯与其控股股东富欣投资签订《重大资产出售协议》，与义煤集团签订《发行股份购买资产协议》，根据协议内容，欣网视讯向富欣投资出售截至基准日除货币外的全部资产及负债，同时向义煤集团发行股份购买其拥有的煤炭业务相关资产，两个内容互为前提，同步实施。各方确定上市公司拟出售资产作价1.4亿元，由原控股股东富欣投资一次性现金回购；拟购买资产作价82.19亿元，由上市公司向义煤集团定向增发股份作为支付对价，发行股份为7.06亿股，价格为本次重组停牌前20个交易日的交易均价，并经除权、除息调整后为11.64元/股。本次重大资产重组完成后欣网视讯控股股东由富欣投资变更为义煤集团，持股比例为87.41%，主营业务由通信工程服务、软件开发和无线增值业务变更为煤炭生产与经营。2010年10月15日，本次重大资产重组获中国证监会上市公司并购重组审核委员会有条件审核通过，并于2010年12月6日获中国证监会核准。2011年2月24日，大有能源在上交所A股上市交易。

义煤集团上市的目的：一是拓宽企业融资渠道，加快企业发展；二是促进企业规范管理，实现可持续发展。企业上市后能否达到这两个目的成为此次借壳上市成功与否的判断标准，因此在整个借壳上市方案的设计上必须考虑企业上市后的快速融资和后续发展问题。

　　借壳上市过程中，目标壳资源的选择不仅关系着交易成本的大小，还关系着后续再融资情况。总体来看，壳公司的选择要注意以下两点：一是经营状况和有无法律纠纷。被动沦为壳资源的 ST 类上市公司，由于亏损经营，通常会存在债务和法律纠纷，借助此类壳公司虽然有利于收购方在重组交易中占据主动地位，选择有利于自己的交易途径和模式，但在实际操作时不得不考虑债务和法律问题，从而增加交易的难度和不确定性。相当多公司的借壳上市失败都是缘于无法有效解决债务和法律纠纷。此外，在借助此类壳上市成功后，还需要养壳，培育再融资能力，这也会增加交易的成本。对于借助不存在经营问题、无亏损、因为找不到新的发展方向而沦为壳资源的上市公司时，由于无债务问题和法律纠纷，虽然在重组交易中不利于收购方占据主动地位，但有利于借壳上市操作和借壳成功后的再融资，从而实现双赢。二是股本规模与股权结构。借壳上市首先要取得壳公司的控制权，无论是协议收购还是二级市场要约收购，均需要持有壳公司一定比例的股份才能达到控壳目的。取得控股权的成本与股本规模成正比，股本规模越大则成本越大，另外股权集中则可以减少谈判成本，提高收购效率。因此，选择股本小、股权相对集中的壳公司，不仅可以降低收购成本，提高收购效率，也有利于上市后的公司股本扩张和再融资。欣网视讯总股本 1.27 亿股，流通股本 0.7 亿股，公司在 2008 年末、2009 年末、2010 年上半年末现金及现金等价物余额分别为 2.96 亿元、3.5 亿元和 3.54 亿元，各期末均有较大的资金结余，形成资金闲置；而同期投资性活动产生的现金流量净额分别为 –526.05 万元、349.41 万元和 –251.38 万元，资本性支出较少，公司难以在软件、通信行业找到新的投资项目，公司需要寻找新的经营突破口。由于义煤集团实力雄厚，拟上市资产优良，而欣网视讯无亏损，无债务和法律纠纷，无历史遗留问题，是一个质地优良的壳资源，双方在借壳上市重组中以最小成本获取最大收益。本次重组，原大股东富欣投资持股数未变，股价由重组前的 10 元左右涨到最高近 40 元，市值增长了近 4 倍，上市公司资产质量、盈利能力也得到了大幅的改善。

　　由于壳资源选择正确，股本扩张能力强，大有能源上市 1 年后，开始着手第一次定向增发再融资，并于 2012 年 6 月通过中国证监会审核，同年 10 月实施发行股份 3.6 亿股，融资 75 亿元，此次定向增发的成功，在煤炭行业 2012 年处境艰难的情况下，为大有能源提供了宝贵的发展资金。

> 由于大有能源上市目的明确，根据上市目的多方考察、论证，最终选择了最有利于实现上市后再融资和后续发展的壳公司，并根据壳公司的特点设计选择了最有利于上市操作的交易模式，从而最大程度地体现了借壳上市简捷、有效、成本低的优势。
>
> 资料来源：作者根据多方资料整理而成。

第四，上市可以运用更有效的员工激励机制，实现员工股份价值，留住吸引人才，提高员工工作积极性。企业的竞争，本质上是人才的竞争。对市场上的人才，上市公司有天然的吸引力，对公司的员工，则可以大大提升他们的归属感和荣誉感，增强对企业的信心。对于公司的核心人才，给予股权激励，让他们直接或间接拥有上市公司的股份，这种模式不仅有利于吸引和留住人才，缓解公司薪酬压力，而且可以激发员工积极性和主动性，使他们紧紧地和公司的发展与利益捆绑在一起；同时完善股权结构，能更好地防止因外在或内在因素带来的各种风险。

第五，上市增加公众对企业的信任度，提高企业形象，有利于企业的品牌建设和市场开拓。上市可以帮助企业获得知名度和信任度，企业上市的宣传效应对于其产品和服务的营销非常有效，公众的信任度越高，越容易建立品牌和开拓市场；同时企业也会受到更多的关注，使企业有更好的发展机遇，常常会促进新的商业或战略合作的形成，使企业更容易走入国际市场。

第六，上市创造财富，股价使股东的财富增加。正如企业资产通过发行上市在一夜间巨幅增值一样，拥有股份的企业原始股东、高管及员工也会在企业上市的过程中获得财富的巨大增值，有人形象地称，企业上市是打造"富翁的流水线"。

第七，上市企业较高的社会声誉以及对当地经济的巨大推动作用，容易获得地方政府的补贴和支持。资本市场发展的快慢与一个地区经济发展有着密切的关系，尤其是代表着优秀企业的上市公司的发展对当地经济发展起到相当大的推动作用，是当地经济持续健康发展的基础。它不仅是地方税收的主力军，带动着地方经济的发展，还能帮助政府解决就业问题，政府与上市企业之间有着千丝万缕的联系，因此当地政府会积极营造有利于加强上市公司在整个资本市场的竞争力的环境，全力支持上市公司，从而促进地方经济的发展。

企业上市专栏 3

盐业集团的"朱雀计划"

图片来源：www.chinasalt.com.cn.

1."朱雀计划"实施的背景

我国盐业体制改革从 2001 年就已经开始推行，但直到 2008 年，不同部委提出过 5 次盐业体制改革方案，都因种种原因都没有形成最后的草案。2009年全国"两会"期间，全国人大《政府工作报告》提出了要加快盐业体制改革，"两会"结束之后，国家发改委体改司、工业和信息化部消费品司成立了盐业体制改革领导小组，开始起草相关盐业体制改革方案。虽然到 2014 年 8 月，盐业体制改革第七版方案及具体时间表均未确定，但具体改革内容主要将针对食盐专营制度，取消食盐专营制度，引入市场竞争，改革监管方式等内容。

2."朱雀计划"

针对上述改革内容，触及利益的涉及两大集团——盐业专营集团和盐业生产集团，尤其是盐业专营集团必然会影响到既得利益，在中盐集团 2009 年的净利润 6 亿元中，食盐专营贡献的净利润为 4.3 亿元，占比达七成左右。但如果以保证专营体制提供的利益渠道为目的，对改革进行阻挠，对国家发展来看是短视行为。只有积极应对改革，研究未来发展路径，才是远见卓识。

中盐公司公布的数据显示，在现有盐业体制下，中盐发展突飞猛进。从2003 年到 2009 年的 6 年时间里，公司总资产从 37 亿元发展到 310 亿元，增长逾 8 倍；利润总额从 8452 万元升至 6 亿元，增长达 7 倍；盐产量从不足300 万吨增加到 1058 万吨，增长 3.6 倍；盐化工产品从无到有，产量达 400 万吨。2011 年年底，中盐的总资产规模发展到 436 亿元，盐产量达 1462 万吨，居世界第二位，主要化工产品产能 1449 万吨，涉及盐化、农用化肥及农药产品、精细化工等领域，部分产品进入世界和全国前列，食盐供应和配送覆盖国土面积的 37.85%。拥有全资、控股子公司 47 家，职工 5.5 万余人。中国盐业总公司在北京召开的 2013 年度党委工作会议中，提出 2013 年是集团推动"朱雀"项目的关键一年，对整个中盐也是充满机遇和挑战的一年。因此中盐集团"朱雀计划"成为业界关注的焦点。其实"朱雀计划"是中盐集团整体上市的策略方案。

中盐集团的整体上市经过了自下而上到自上而下的路径选择。中盐集团下属有 2 个上市公司——兰太实业和南风化工，在实施整体上市战略之外，中盐集团选择了子公司增发收购母公司资产的模式。2011 年 7 月，中盐集团子公司兰太实业定向增发 8 亿元用于收购中国盐业总公司旗下中盐吉兰泰盐化集团有限公司所属的吉兰泰碱厂和吉碱制钙有限公司 100% 股权，开启了子公司收购母公司资产的序幕。但经过实践与论证后中盐总公司否决了这一方案，2012 年 5 月，兰太实业公告，中止非公开发行股票事项。同年 5 月中国盐业总公司与天津市长芦盐业总公司在天津签署全面合作框架协议。根据协议，双方除了共建天津南港化工新材料园区，共建食盐储备库和研发转化基地外，还将"共同参与发起设立中国盐业股份有限公司和申请首次公开发行股票并上市等方面开展全面合作"。标志着中盐总公司正式确定整体上市的路径——新成立股份有限公司，将集团资产逐步注入股份公司，以新公司 IPO 的方式实现整体上市。作为集团整体上市最主要的障碍是盈利水平达不到上市要求，为此，整体上市前的盈利水平准备是整体上市的关键。中盐总公司总经理茆庆国 2011 年曾在多个场合表示，切实提高盈利能力，顺利推进"朱雀"项目，是公司面临的最紧迫任务。正是在这样的激进推动之下，中盐总公司在 2011 年上半年总体经济效益指标尤其是归属于母公司的净利润指标未达到"朱雀"项目要求的情况下，全年实现营收 290.12 亿元，净利润达到 6.77 亿元。

2012 年 6 月 7 日，南风化工将旗下江苏南风化工有限责任公司 54% 的股权以 5.02 亿元的作价转让给实际控制人中国盐业总公司。江苏南风可算是南风化工的盈利主力，公司转让的目的很明显是为了提高中盐总公司的盈利指标，加速整体上市的步伐。进行集团的产权结构调整，划分出整体上市的资产包，放弃部分集团原有资产，优化资产结构是整体上市的必然要求。中盐集团在盐业体制改革后，其主要通过食盐专营的制度获取的超额利润必将削弱，未雨绸缪地规划未来资产构成是整体上市的必要准备工作。中盐总公司官方网站显示，该公司总资产规模发展已到 437 亿元，盐的产量超过 1200 万吨，形成盐化、无机化工、农化、精化、日化等产品系列。目前，中盐从事食盐专营业务的企业已有 20 家，并重组了内蒙古吉兰泰盐化有限公司、雅布赖盐化公司、湖南株洲化工集团、山西运城盐化局、安徽合肥红四方、江苏镇江盐化有限公司、常州化工厂，中盐已拥有全资、控股子公司 46 家。同时中盐也有计划地放弃部分不准备纳入整体上市范围的资产。2012 年 11 月 15 日，国务院国资委下发的《关于中盐运城盐化集团有限公司国有股权无偿划转有关问题的批复》文件，同意将南风化工实际控制人中国盐业总公司持有的中盐运城盐化集团有限公司 100%国有股权无偿划转给山西省运城市国资委。

3. "朱雀计划"的动因分析

（1）"朱雀计划"直接来自政策的推动。国家各级政府部门相继出台了多项政策措施，支持鼓励大型国有企业整体上市。由证监会、国资委、财政部、央行、商务部五部委，于 2005 年 8 月 23 日联合发布的《关于上市公司股权分置改革的指导意见》中明确提出，可以在解决股权分置问题后，继续支持大型绩优企业实现整体上市。一年之后，于 2006 年 12 月，国资委又发布了《关于推进国有资本调整和国有企业重组的指导意见》。在该意见中，国资委积极支持具备条件的国有大中型企业实现整体上市。在两份意见中，国资委都按照"成熟一家、推动一家"的原则，更积极地推动央企整体上市。而现在在"十二五"规划中，"整体上市"又再次提上了日程。国资委的两份意见体现了我国政府对于集团企业整体上市的决心，对改革国有大型企业相关制度的信心。这不仅为集团企业整体上市指引了方向，更为集团企业如何整体上市提出了具体的指导意见，成为我国集团企业整体上市的"行动指南"。整体上市因为有了如此巨大的政策的推动，使一场关于整体上市的改革深入人心。

（2）优化资本结构。正如中盐总公司总经理茆庆国所说："……切实提高盈利能力……"，"朱雀计划"实施的另外一个动因在于：通过重组和优化集团公司内部的生产要素资源，可以凸显主业，以增加上市公司的规模效应，有利于加强企业的市场竞争力的目的。通过优化结构后的集团企业，规模更加壮大，产业链更加完整，有利于提高上市公司质量。实现整体上市后，集团公司与上市公司可以通过资源整合，进而使该上市公司的经营范围更加专一和明确，经营效果更加显著，同时，由于整体上市，将促使企业上下游范围更加完整。同时，这样也就有效减少了上市企业与母公司企业之间可能的同类竞争，同时，由于整体上市、集团的统一，也就减少了上市公司与母公司之间的关联交易。

资料来源：作者根据多方资料整理而成。

第八，上市有利于企业做强做大，企业可以以股份收购其他公司，无须太多的收购现金进行并购重组。在激烈的市场竞争中，企业只有不断发展壮大才能生存下去。早期的企业，主要是通过内部投资、资本的自身积累等方式获得发展，但这种模式的发展不仅缓慢，而且带有局限性，已不适应快速变化的市场经济，尤其在经济转型升级的时代，中国企业面临更大的挑战。同时我们也看到了机遇，并购重组时代已在不知不觉中到来。因为有众多企业面临亏损与破产，上市公司可以通过吸收股权的方式完成并购重组，即被兼并企业的所有者将被兼并企业的净资产作为股金投入兼并方，成为兼并方企业的股东。这种方式不仅可以迅速做强做大，而且保障了企业现金流的充沛，更好地抵御风险。

第九，上市为公司股份建立一个市场，有利于股权增值的同时，也是股东及战略投资者退出的良好途径。上市为企业的股票创造了一个流动性很好的公开市场，股东或战略投资者可以通过抛售股票进行套现。非上市公司的股权通常不具备流通性，而且很难出售。我国第一代创业成功的民营企业家大多到了退休的年龄，倘若他们的子女不愿意或不合适接班，他们的股权较难以合理的价格退出，这也是很多企业家选择上市的一个比较重要的原因。

第三节　企业上市（IPO）操作程序

一、IPO 发行制度改革

IPO 全称 Initial Public Offerings（首次公开募股），是指某公司（股份有限公司或有限责任公司）首次向社会公众公开招股的发行方式。有限责任公司 IPO 后会成为股份有限公司。我国 IPO 发行制度改革经历了以下阶段：

第一阶段：审批制（1993~1999 年）。1993 年 4 月中央政府颁布的《股票发行与交易管理暂行条例》和 1994 年 7 月实行的《公司法》是规范新股发行最重要的两个法规。其明确新股发行必须经中央政府和地方政府审批同意。政府立法导致政府成为发行制度供给主体，同时也成为制度主体间关系形成的决定要素。

第二阶段：核准制前期（2000~2003 年）。随着中国经济体制从计划经济向市场经济的转变，中国宏观经济政策发生重大改变，即从过去的压缩总需求向扩大内需方向转变，但是产权改革问题、资本市场发展问题不解决将会严重阻碍总需求长期稳定增长，所以国家出台了重大制度安排的调整。作为影响新股发行制度外生变量的变化势必促使制度主体的供求关系发生变化，核准制就是在这种背景下应运而生。核准制下新股发行的重大特点是加强了拟上市公司的信息披露要求。

第三阶段：保荐制（2004~2013 年）。保荐制于 2003 年 12 月正式出台，其特点在于加大了保荐机构和保荐代表人的权利和责任，形成了相互联系、相互制约的"双保荐制"，对于保证上市公司质量，保护投资者利益和提高股票发行市场效率都具有积极的作用。2012 年，第三次新股发行体制改革伴随着《关于进一步深化新股发行体制改革的指导意见》的出台而拉开帷幕。此次改革主要从强化信息披露、调整询价范围和配售比例、引入存量发行、加强发行定价监管、打击"炒新"及加大对不当行为处罚力度这六个方面着手进行改革，但是发审体制改革并未涉及。此次改革并未取得理想效果，"三高"、超募、业绩变脸现象依旧屡见不鲜。

第四阶段：注册制过渡期（2013 年至今）。2013 年，中国股市不仅迎来了历史上最长的一次 IPO "空窗期"，还迎来了一次声势浩荡的在审企业财务核查，近 300 家在审企业终止审查。2013 年 11 月 30 日证监会发布的《关于进一步推进新股发行体制改革的意见》，拉开了第四轮新股发行体制改革的帷幕。此次改革坚持市场化、法制化取向；强调监管部门对新股发行的审核重在合规性审查，企业价值和风险由投资者和市场自主判断；并引入主承销商自主配售方式、存量发行和改良式"市值配售"；完善了事前审核、突出事中加强监管、事后严格执法；强化了信批力度和中介机构责任，体现了对中小投资者的保护。此次市场化改革为我国新股发行制度朝着注册制方向迈进打下了良好基础。

综观上述四轮发行体制改革，可以看出，改革贯彻了以问题为导向出台针对性政策，与坚持市场化改革目标结合市场发展实际完善体制机制的总体思路，不断发现问题、正视问题、解决问题，一级市场询定价的合理性、买卖双方的博弈机制、市场各主体归位尽责的程度、行政干预弱化市场自主意愿体现的程度，都有了显著提升。具体来看，体现了如下特点：

首先，现象治理与理顺市场机制并行。在发行改革的整体思路下，历次发行改革又都有阶段性的重点，如治理报价乱象、缓解企业大比例超募、抑制市场不理性"炒新"等，同时每阶段改革又都在完善定价机制、完善股份发行政策、优化网上发行机制、完善回拨及中止发行机制、加强信息披露及新股认购的风险提示等方面"小步快走"，体现了标本同治的改革意图。

其次，不断强化信息披露要求，加强中介机构责任。从最初的审批制，到核准制，再到向注册制过渡，发行改革始终意图推动市场选择前进、监管把关后退，不断强化市场化配置资源的能力。四轮改革探索找准了以信息披露为核心的抓手，明确信息披露责任人、提前预披露时点、细化披露要求，在将权利交归市场主体的同时，也将责任交归市场主体。本轮发行改革以来，中介机构不时感慨"IPO 项目不好做了"或许正是责任强化的一个侧面体现。

最后，监管重心不断向事中、事后转移，强化过程监管及过程微调。经过几个阶段的发行改革，市场化改革方向、各主体须归位尽责已为各方认同，这为后续改革作出了铺垫。

二、IPO 上市的一般流程

IPO 上市的一般流程包括四个阶段：改制阶段、辅导阶段、申报材料制作及申报阶段、股票发行及上市阶段（见图 5-1）。

第一阶段：改制阶段。企业改制、发行上市牵涉的问题较为广泛复杂，一般在企业聘请的专业机构的协助下完成。企业首先要确定券商，在券商的协助下尽早选定其他中介机构。股票改制涉及的主要中介机构有证券公司、会计师事务所、资产评估机构、土地评估机构、律师事务所。

第一，各有关机构的工作内容。拟改制企业一般要成立改制小组，公司主要负责人全面统筹，小组由公司抽调办公室、财务及熟悉公司历史、生产经营情况的人员组成，其主要工作包括：全面协调企业与省市各有关部门、行业主管部门、中国证监会派出机构以及各中介机构的关系，并全面督查工作进程；配合会计师及评估师进行会计报表审计、盈利预测编制及资产评估工作；与律师合作，处理上市有关法律事务，包括编写公司章程、承销协议、各种关联交易协议、发起人协议等；负责投资项目的立项报批工作和提供项目可行性研究报告；完成各类董事会决议、公司文件、申请主管机关批文，并负责新闻宣传报道及公关活动。

券商制定股份公司改制方案；对股份公司设立的股本总额、股权结构、招股筹资、配售新股及制定发行方案并进行操作指导和业务服务；推荐具有证券从业资格的其他中介机构，协调各方的业务关系、工作步骤及工作结果，充当公司改制及股票发行上市全过程总策划与总协调人；起草、汇总、报送全套申报材料；组织承销团包 A 股，承担 A 股发行上市的组织工作。对会计师事务所各发起人的出资及实际到位情况进行检验，出具验资报告；负责协助公司进行有关账目调整，使公司的账务处理符合规定；协助公司建立股份公司的财务会计制度、账务

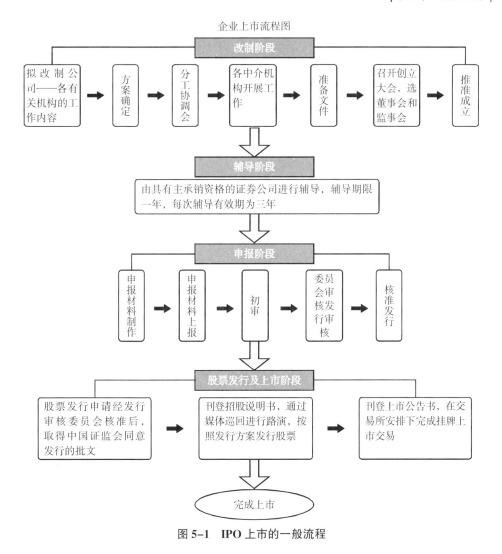

图 5-1　IPO 上市的一般流程

管理制度；对公司前三年经营业绩进行审计，以及审核公司的盈利预测。对公司的内部控制制度进行检查，出具内部控制制度评价报告。资产评估事务所在需要的情况下对各发起人投入的资产评估，出具资产评估报告。土地评估机构对纳入股份公司股本的土地使用权进行评估。律师事务所协助公司编写公司章程、发起人协议及重要合同；负责对股票发行及上市的各项文件进行审查；起草法律意见书、律师工作报告；为股票发行上市提供法律咨询服务。特别提示：根据中国证券监督管理委员会有关通知的规定，今后拟申请发行股票的公司，设立时应聘请有证券从业资格许可证的中介机构承担验资、资产评估、审计等业务。若设立聘请没有证券从业资格许可证的中介机构承担上述业务的，应在股份公司运行满三年后才能提出发行申请，在申请发行股票前须另聘有证券从业资格许可证的中介机构复核并出具专业报告。

第二，确定方案。券商和其他中介机构向发行人提交审慎调查提纲，由企业根据提纲的要求提供文件资料。通过审慎调查，全面了解企业各方面的情况，确定改制方案。审慎调查是为了保证向投资者提供的招股资料全面、真实完整而设计的，也是制作申报材料的基础，需要发行人全力配合。

第三，分工协调会。中介机构经过审慎调查阶段对公司加以了解，发行人与券商将召集所有中介机构参加分工协调会。协调会由券商主持，就发行上市的重大问题，如股份公司设立方案、资产重组方案、股本结构、账务审计、资产评估、土地评估、盈利预测等事项进行讨论。协调会将根据工作进展情况不定期召开。

第四，各中介机构开展工作。根据协调会确定的工作进程，确定各中介机构工作的时间表，各中介机构按照上述时间表开展工作，主要包括对初步方案进一步分析、财务审计、资产评估及各种法律文件的起草工作。

第五，方案确认。国有资产管理部门对资产评估结果确认及资产折股方案的确认，土地管理部门对土地评估结果的确认、国有企业相关投入资产的评估结果、国有股权的处置方案需经过国家有关部门的确认。

第六，准备文件。企业筹建工作基本完成后，向市体改办提出正式申请设立股份有限公司，主要包括：①公司设立申请书；②主管部门同意公司设立意见书；③企业名称预核准通知书；④发起人协议书；⑤公司章程；⑥公司改制可行性研究报告；⑦资金运作可行性研究报告；⑧资产评估报告；⑨资产评估确认书；⑩土地使用权评估报告书；⑪国有土地使用权评估确认书；⑫发起人货币出资验资证明；⑬固定资产立项批准书；⑭三年财务审计；⑮未来一年业绩预测报告。以全额货币发起设立的，可免报上述第⑧、⑨、⑩、⑪项文件和第⑭项中年财务审计报告。市体改办初核后出具意见转报省体改办审批。

第七，召开创立大会，选举产生董事会和监事会。主管部门对上述有关材料进行审查论证，如无问题则获得省政府同意股份公司成立的批文，公司组织召开创立大会，选举产生董事会和监事会。

第八，工商行政管理机关批准股份公司成立，颁发营业执照。在创立大会召开后30日内，公司组织向省工商行政管理局报送省政府或中央主管部门批准设立股份公司的文件、公司章程、验资证明等文件，申请设立登记。工商局在30日内作出决定，获得营业执照。

企业上市专栏 4

企业改制重组的总体要求

（1）明晰产权关系，转换企业经营机制；

（2）股份公司的设立要与日后公开发行的规模、募集资金投向、资产负债率等因素统筹考虑；

（3）符合国家颁布的法律、法规对资产结构和有关比例的规定；

（4）合理重组资产，保障股份公司形成完整、健全、独立的生产经营体系；

（5）合理分离资产、债务，保障股份公司、控股股东（集团）的正当权益和发展潜力，合理确立控股股东（集团）与股份公司的经济关系；

（6）严格禁止控股股东与股份公司的同业竞争；

（7）减少关联交易；

（8）主营业务突出；

（9）保持独立性。

资料来源：作者根据多方资料整理而成。

第二阶段：辅导阶段。在取得营业执照之后，股份公司依法成立，按照中国证监会的有关规定，拟公开发行股票的股份有限公司在向中国证监会提出股票发行申请前，均须由具有主承销资格的证券公司进行辅导，辅导期限一年。

辅导内容主要包括以下方面：股份有限公司设立及其历次演变的合法性、有效性；股份有限公司人事、财务、资产及供、产、销系统独立完整性；对公司董事、监事、高级管理人员及持有 5%以上（含 5%）股份的股东（其法人代表）进行《公司法》《证券法》等有关法律法规的培训；建立健全股东大会、董事会、监事会等组织机构，并实现规范运作；依照股份公司会计制度建立健全公司财务会计制度；建立健全公司决策制度和内部控制制度，实现有效运作；建立健全符合上市公司要求的信息披露制度；规范股份公司和控股股东及其他关联方的关系；公司董事、监事、高级管理人员及持有 5%以上（含 5%）股份的股东持股变动情况是否合规。

辅导工作开始前 10 个工作日内，辅导机构应当向派出机构提交下列材料：辅导机构及辅导人员的资格证明文件（复印件）；辅导协议；辅导计划；拟发行公司基本情况资料表；最近两年经审计的财务报告（资产负债、损益表、现金流量表等)。

辅导协议应明确双方的责任和义务。辅导费用由辅导双方本着公开、合理的原则协商确定,并在辅导协议中列明,辅导双方均不得以保证公司股票发行上市为条件。辅导计划应包括辅导的目的、内容、方式、步骤、要求等内容,辅导计划要切实可行。辅导有效期为三年,即本次辅导期满后三年内,拟发行公司可以山上承销机构提出股票发行上市申请;超过三年,则须按《首次公开发行股票辅导工作办法》规定的程序和要求重新聘请辅导机构进行辅导。

企业上市专栏 5

拟上市公司辅导相关知识

1. 辅导的程序

● 参与企业改制重组、前期考察工作;

● 辅导对象的参与和配合;

● 辅导对象提供有关情况和资料;

● 签署辅导协议;

● 辅导备案登记与审查;

● 辅导工作备案报告;

● 提出整改意见;

● 辅导对象公告接受辅导和准备发行股票事宜;

● 辅导考试;

● 提出辅导评估申请,监管部门出具辅导监管报告;

● 持续关注辅导对象,根据需要延长辅导时间。

2. 需重新辅导的情况

● 辅导工作结束至主承销商推荐期间发生控股股东变更;

● 辅导工作结束至主承销商推荐期间发生主营业务变更;

● 辅导工作结束至主承销商推荐期间发生1/3以上董事、监事、高级管理人员变更;

● 辅导工作结束后三年内未有主承销商向中国证监会推荐首次公开发行股票的;

● 中国证监会认定应重新进行辅导的其他情形。

资料来源:作者根据多方资料整理而成。

第三阶段：申报材料制作及申报阶段。股份公司成立运行一年后，经中国证监会地方派出机构验收符合条件的，可以制作正式申报材料。申报材料由主承销商与各中介机构分工制作，然后由主承销商汇总并出具推荐函，最后由主承销商完成内核后并将申报材料报送中国证监会审核。会计师事务所的审计报告、评估机构的资产评估报告、律师出具的法律意见书将为招股说明书有关内容提供法律及专业依据。

第一，初审。中国证监会收到申请文件后在5个工作日内作出是否受理的决定。未按规定要求制作申请文件的，不予受理。同意受理的，根据国家有关规定收取审核费人民币3万元。中国证监会受理申请文件后，对发行人申请文件的合规性进行初审，在30日内将初审意见函告发行人及其主承销商。主承销商自收到初审意见之日10日内将补充完善的申请文件报至中国证监会。中国证监会在初审过程中，将就发行人投资项目是否符合国家产业政策征求国家发展和计划委员会、国家经济贸易委员会意见，两部委自收到文件后在15个工作日内，将有关意见函告中国证监会。发行审核委员会审核中国证监会对按初审意见补充完善的申请文件进一步审核，并在受理申请文件后60日内，将初审报告和申请文件提交发行审核委员会审核。

第二，核准发行。依据发行审核委员会的审核意见，中国证监会对发行人的发行申请作出核准或不予核准的决定。予以核准的，出具核准公开发行的文件。不予核准的，出具书面意见，说明不予核准的理由。中国证监会自受理申请文件到作出决定的期限为3个月。发行申请未被核准的企业，接到中国证监会书面决定之日起60日内，可提出复议申请。中国证监会收到复议申请后60日内，对复议申请作出决定。

企业上市专栏6

拟上市公司申请材料的基本要求

● 申请文件包括两个部分：要求在指定报纸、杂志及网站披露的；不要求在指定报纸、杂志及网站披露的。

● 一经申报，非经同意，不得随意增加、撤回或更换材料。

● 申请文件应为原件，如不能提供原件的，应由发行人律师提供鉴证意见。

● 申请文件的纸张应采用A4纸张规格，双面印刷。

> ● 申请文件的封面和侧面应标有"×××公司首次公开发行股票申请文件"字样。
>
> ● 申请文件的扉页应附相关当事人的联系方式。
>
> ● 申请文件首次报送五份,其中一份为原件。
>
> ● 应提供与主承销商签订的承销协议。
>
> ● 同时报送一份标准电子文件。
>
> 资料来源:作者根据多方资料整理而成。

第四阶段:股票发行及上市阶段。股票发行申请经发行审核委员会核准后,取得中国证监会同意发行的批文;刊登招股说明书,通过媒体过巡回进行路演,按照发行方案发行股票;刊登上市公告书,在交易所安排下完成挂牌上市交易。

> **企业上市专栏7**
>
> ### 拟上市公司招股说明书的基本要求
>
> ● 招股说明书引用的经审计的最近一期财务会计资料在财务报告截止日后六个月内有效。
>
> ● 招股说明书的有效期为六个月,自下发核准通知前招股说明书最后一次签署之日起计算。
>
> ● 关于补充披露:①报送申请文件后公开披露前;②核准后;③公开披露后至刊登上市公告前。
>
> ● 在首页做"特别风险提示"。
>
> ● 引用的数据应提供资料来源。
>
> ● 文字应简洁、通俗、平实和明确,不得刊载任何有祝贺性、广告性和恭维性的词句。
>
> 资料来源:作者根据多方资料整理而成。

第四节　企业上市地点选择

企业上市地点有两种选择:一是选择在内地上市;二是境外上市,而境外上市的主要地点是中国香港和美国。

一、内地上市

内地上市指的是在拟上市企业选择在中国大陆境内上市。根据上市企业的规模、类型和行业特点，在内地上市有三种选择：

第一，主板上市。主板上市又称为第一板上市，是指风险企业在国家主板市场上发行上市。主板市场是指传统意义上的证券市场，是一个国家或地区证券发行、上市及交易的主要场所，这一板块主要在上海、深圳。根据《中华人民共和国证券法》、《股票发行与交易管理暂行条例》和《首次公开发行股票并上市管理办法》的有关规定，首次公开发行股票并上市的有关条件与具体要求如下：

主体资格：A 股发行主体应是依法设立且合法存续的股份有限公司；经国务院批准，有限责任公司在依法变更为股份有限公司时，可以公开发行股票。

公司治理：发行人已经依法建立健全股东大会、董事会、监事会、独立董事、董事会秘书制度，相关机构和人员能够依法履行职责；发行人董事、监事和高级管理人员符合法律、行政法规和规章规定的任职资格；发行人的董事、监事和高级管理人员已经了解与股票发行上市有关的法律法规，知悉上市公司及其董事、监事和高级管理人员的法定义务和责任；内部控制制度健全且被有效执行，能够合理保证财务报告的可靠性、生产经营的合法性、营运的效率与效果。

独立性：应具有完整的业务体系和直接面向市场独立经营的能力；资产应当完整；人员、财务、机构以及业务必须独立。

同业竞争：与控股股东、实际控制人及其控制的其他企业间不得有同业竞争；募集资金投资项目实施后，也不会产生同业竞争。

关联交易：与控股股东、实际控制人及其控制的其他企业间不得有显失公平的关联交易；应完整披露关联方关系并按重要性原则恰当披露关联交易，关联交易价格公允，不存在通过关联交易操纵利润的情形。

财务要求：发行前三年的累计净利润超过 3000 万元人民币；发行前三年累计净经营性现金流超过 5000 万元人民币或累计营业收入超过 3 亿元；无形资产与净资产比例不超过 20%；过去三年的财务报告中无虚假记载。

股本及公众持股：发行前不少于 3000 万股；上市股份公司股本总额不低于人民币 5000 万元；公众持股至少为 25%；如果发行时股份总数超过 4 亿股，发行比例可以降低，但不得低于 10%；发行人的股权清晰，控股股东和受控股股东、实际控制人支配的股东持有的发行人股份不存在重大权属纠纷。

其他要求：发行人最近三年内主营业务和董事、高级管理人员没有发生重大变化，实际控制人没有发生变更；发行人的注册资本已足额缴纳，发起人或者股东用作出资的资产的财产权转移手续已办理完毕，发行人的主要资产不存在重大权属纠纷；发行人的生产经营符合法律、行政法规和公司章程的规定，符合国家产业政策；最近三年内不得有重大违法行为。

第二，中小企业板上市。中小企业板市场，海外又称为创业板市场或二板市场，是相对于具有大型成熟公司的主板市场而言的，服务的对象主要是中小型企业和高科技企业。是从深交所的主板市场中单独设立的一个板块，命名为中小企业板块。不同于其他板块的是中小企业板设立独立的指数，代码也不同于主板中其他股票的代码，交易结算也独立运行。进入中小企业板块交易的股票主要是已经通过发审委审核的、流通规模较小的公司股票，以"小盘"为特征。中小企业板块的股票还有流通股与非流通股之分，与主板市场中其他股票相同，但由于总股本较小，比较适合进行金融创新的实验，板块中的股票很有可能作为非流通股减持的试点对象。中小板首次公开发行上市的条件与主板相比主要体现在股本条件与财务上：①股本条件：发行前股本总额不少于人民币 3000 万元；发行后股本总额不少于人民币 5000 万元。②财务条件：最近 3 个会计年度净利润均为正且累计超过人民币 3000 万元；最近 3 个会计年度经营活动产生的现金流量净额累计超过人民币 5000 万元；或者最近 3 个会计年度营业收入累计超过人民币 3 亿元；最近一期末无形资产占净资产的比例不高于 20%；最近一期末不存在未弥补亏损。

第三，创业板上市。创业板又称二板市场，即第二股票交易市场，是指主板之外的专为暂时无法上市的中小企业和新兴公司提供融资途径和成长空间的证券交易市场，是对主板市场的有效补给，在资本市场中占据着重要的位置。在创业板市场上市的公司大多从事高科技业务，具有较高的成长性，成立时间较短，规模较小，业绩也不突出。创业板于 2009 年 10 月 23 日正式开市。创业板首次公开发行上市的条件与主板相比同样主要体现在股本条件与财务上：①股本条件：IPO 后总本不得少于 3000 万元。②财务条件：发行人应当主要经营一种业务；最近两年连续盈利，最近两年净利润累计不少于 1000 万元，且持续增长；或者最近一年盈利，且净利润不少于 500 万元，最近一年营业收入不少于 5000 万元，最近两年营业收入增长率均不低于 30%；发行前净资产不少于 2000 万元。具体比较如表 5-2 所示。

表 5-2　主板、中小板与创业板上市条件对照

条件	主板、中小板	创业板
主体资格	依法设立且合法存续的股份有限公司	依法设立且持续经营 3 年以上的股份有限公司
经营年限	持续经营时间应当在 3 年以上（有限公司按原账面净资产值折股，整体变更为股份公司可连续计算）	持续经营时间应当在 3 年以上（有限公司按原账面净资产值折股，整体变更为股份公司可连续计算）
盈利要求	最近 3 个会计年度净利润均为正数且累计超过人民币 3000 万元，净利润以扣除非经常性损益前后较低者为计算依据 最近 3 个会计年度经营活动产生的现金流量净额累计超过人民币 5000 万元；或者最近 3 个会计年度营业收入累计超过人民币 3 亿元 最近一期不存在未弥补亏损	最近两年连续盈利，最近两年净利润累计不少于 1000 万元，且持续增长 或者最近一年盈利，且净利润不少于 500 万元，最近一年营业收入不少于 5000 万元，最近两年营业收入增长率均不低于 30% 净利润以扣除非经常性损益前后孰低者为计算依据（上述要求为选择性标准，符合其中一条即可）
资产要求	最近一期末无形资产（扣除土地使用权、水面养殖权和采矿权等后）占净资产的比例不高于 20%	最近一期末净资产不少于 2000 万元
股本要求	发行前股本总额不少于人民币 3000 万元	企业发行后的股本总额不少于 3000 万元
主营业务要求	最近 3 年内主营业务没有发生重大变化	发行人应当主营业务突出。同时，要求募集资金只能用于发展主营业务
董事及管理层	最近 3 年内没有发生重大变化	最近 2 年内未发生重大变化
实际控制人	最近 3 年内实际控制人未发生变更	最近 2 年内实际控制人未发生变更
同业竞争	发行人的业务与控股股东、实际控制人及其控制的其他企业间不得有同业竞争	发行人与控股股东、实际控制人及其控制的其他企业间不存在同业竞争
关联交易	不得有显失公平的关联交易，关联交易价格公允，不存在通过关联交易操纵利润的情形	不得有严重影响公司独立性或者显失公允的关联交易
成长性与创新能力	无	发行人具有较高的成长性，具有一定的自主创新能力，在科技创新、制度创新、管理创新等方面具有较强的竞争优势； 符合"两高五新"标准，即： 1. 高科技：企业拥有自主知识产权的。 2. 高增长：企业增长高于国家经济增长，高于行业经济增长。 3. 新经济：①互联网与传统经济的结合；②移动通信；③生物医药。 4. 新服务：新的经营模式。 5. 新能源：可再生能源的开发利用，资源的综合利用。 6. 新材料：提高资源利用效率的材料；节约资源的材料。 7. 新农业：具有农业产业化（提高农民就业、收入的）

条件	主板、中小板	创业板
募集资金用途	应当有明确的使用方向，原则上用于主营业务	应当具有明确的用途，且只能用于主营业务
限制行为	发行人的经营模式、产品或服务的品种结构已经或者将发生重大变化，并对发行人的持续盈利能力构成重大不利影响	发行人的经营模式、产品或服务的品种结构已经或者将发生重大变化，并对发行人的持续盈利能力构成重大不利影响
	发行人的行业地位或发行人所处行业的经营环境已经或者将发生重大变化，并对发行人的持续盈利能力构成重大不利影响	发行人的行业地位或发行人所处行业的经营环境已经或者将发生重大变化，并对发行人的持续盈利能力构成重大不利影响
	发行人最近一个会计年度的营业收入或净利润对关联方或者有重大不确定性的客户存在重大依赖	发行人在用的商标、专利、专有技术以及特许经营权等重要资产或者技术的取得或者使用上存在重大不利变化的风险
	发行人最近一个会计年度的净利润主要来自合并财务报表范围以外的投资收益	发行人最近一年的营业收入或净利润对关联方或者有重大不确定性的客户存在重大依赖
	发行人在用的商标、专利、专有技术以及特许经营权等重要资产或技术的取得或者使用存在重大不利变化的风险	发行人最近一年的净利润主要来自合并财务报表范围以外的投资收益
	其他可能对发行人持续盈利能力构成重大不利影响的情形	
违法行为	最近 36 个月内未经法定机关核准，擅自公开或者变相公开发行过证券，或者有关违法行为虽然发生在 36 个月前，但目前仍处于持续状态；最近 36 个月内无其他重大违法行为	发行人最近 3 年内不存在损害投资者合法权益和社会公共利益的重大违法行为；发行人及其股东最近 3 年内不存在未经法定机关核准，擅自公开或者变相公开发行证券，或者有关违法行为虽然发生在 3 年前，但目前仍处于持续状态的情形
发审委	设主板发行审核委员会，25 人	设创业板发行审核委员会，加大行业专家委员的比例，委员与主板发审委委员不互相兼任。
初审征求意见	征求省级人民政府、国家发改委意见	无
保荐人持续督导	首次公开发行股票的，持续督导的期间为证券上市当年剩余时间及其后 2 个完整会计年度；上市公司发行新股、可转换公司债券的，持续督导的期间为证券上市当年剩余时间及其后 2 个完整会计年度。持续督导的期间自证券上市之日起计算	在发行人上市后 3 个会计年度内履行持续督导责任
创业板其他要求	无	发行人的经营成果对税收优惠不存在严重依赖
		在公司治理方面参照主板上市公司从严要求，要求董事会下设审计委员会，并强化独立董事履职和控股股东责任
		要求保荐人对公司成长性、自主创新能力作尽职调查和审慎判断，并出具专项意见
		要求发行人的控股股东对招股说明书签署确认意见

条件	主板、中小板	创业板
创业板其他要求	无	要求发行人在招股说明书显要位置做出风险提示，内容为"本次股票发行后拟在创业板市场上市，该市场具有较高的投资风险。创业板公司具有业绩不稳定、经营风险高等特点，投资者面临较大的市场波动风险，投资者应充分了解创业板市场的投资风险及本公司所披露的风险因素，审慎作出投资决定"
		不要求发行人编制招股说明书摘要

注：除新发行股本一般少于 3000 万元外，中小板与主板的上市要求没有区别。

资料来源：王璞，周红. 企业上市全程指引（第 2 版）[M]. 北京：中信出版社，2010.

第四，新三板上市。2000 年，为解决主板市场退市公司与两个停止交易的法人股市场公司的股份转让问题，由中国证券业协会出面，协调部分证券公司设置代办股份转让系统，被称为"三板"。由于在"三板"中挂牌的股票品种少，且多数质量较低，要转到主板上市难度也很大，因此很难吸引投资者，多年被冷落。

为了改变中国资本市场这种柜台交易过于落后的局面，同时也为更多的高科技成长型企业提供股份流动的机会，有关方面后来在北京中关村科技园区建立了新的股份转让系统，这就被称为"新三板"。

2013 年末，国务院发布《关于全国中小企业股份转让系统有关问题的决定》（国发〔2013〕49 号，《决定》）。随后，证监会、全国中小企业股份转让系统（"全国股份转让系统"）修改和制定了一系列配套规定（"新规"），新规的颁布标志着全国性证券场外交易市场正式成立，形成了以《证券法》、《公司法》和国务院《决定》等法律、法规性文件为依据，以《非上市公众公司监督管理办法》、《全国中小企业股份转让系统有限责任公司管理暂行办法》等 2 个部门规章和 8 个行政规范性文件为基础，以 49 条市场层面业务规则为主体的新三板制度框架体系。本批次业务制度的发布，标志着全国股份转让系统与上位法相衔接并支持市场运行和功能实现的市场制度框架体系已基本形成。

新三板与证券交易所的主要区别在于：一是服务对象不同，主要是为创新型、创业型、成长型中小微企业发展服务，这类企业普遍规模较小，尚未形成稳定的盈利模式；在准入条件上，不设财务门槛，申请挂牌的公司可以尚未盈利，只要股权结构清晰、经营合法规范、公司治理健全、业务明确并履行信息披露义务的股份公司均可以经主办券商推荐申请在全国股份转让系统挂牌。二是投资者群体不同，我国交易所市场的投资者结构以中小投资者为主，而全国股份转让系统实行了较为严格的投资者适当性制度，未来的发展方向将是一个以机构投资者为主的市场，这类投资者普遍具有较强的风险识别与承受能力。三是全国股份转让系统，是中小微企业与产业资本的服务媒介，主要是为企业发展、资本投入与退出服务，不以交易为主要目的。

二、境外上市

第一，中国香港上市。从香港股票市场总市值和年融资额在世界市场的地位看该市场已经占据非常重要的位置。2011 年，香港联交所市值达 22580 亿美元，居第七位，其间共有 68 家新上市公司，年融资额达到约 4883 亿港元，位居全球前列，连续第三年成为全球 IPO 集资总额最高地区。香港是一个多元化市场，可容纳不同规模的企业。在香港上市企业中，金融业占据最大市场份额，约达 30.6%，其次便是地产建筑业及消费品制造业。全国绝大部分省份及直辖市在香港均有上市公司。内地企业香港上市程序如下：

香港证券和期货市场的主要监管者是证券及期货事务监察委员会（SFC），而香港证券交易所（HKEX）则主要负责监管证券交易参与者的交易和上市公司。因此，证监会（SFC）和香港证券交易所（HKEX）都要求意图在香港上市的公司向其提供招股说明。

香港有两个证券市场，即主板市场和创业板市场。在主板还是在创业板上市，主要由申请上市公司的经营规模和成熟程度以及该企业所在的行业决定的。主板市场主要面向符合利润和市值要求的所有行业的企业，当然也有例外。特别是，该公司必须开业满三年。一家公司的股票在香港证券交易所上市前必须完成很多程序。除了选择合适的保荐人、会计师及其他顾问外，申请上市的公司必须进行尽职审查，还要准备上市材料，以便潜在投资者能够评价该公司的业务和发展潜力。另外，一家公司在上市前需要进行业务、组织架构和股权结构方面的重组。所有这些工作要谨慎进行以确保符合法律、会计和有关上市的规定，还应聘请专业的顾问对重组过程进行评估认定。创业板市场主要面向所有行业的具有成长潜力、但不符合利润要求的公司，该公司的开业可以只有两年。

第二，美国上市。美国证券发行市场是国际性的市场，发行规模和容量都很大。包括全国性与区域性的证券市场。

全国性的证券市场主要包括：①纽约证券交易所（NYSE），具有组织结构健全、设备最完善、管理最严格及上市标准高等特点。上市公司主要是全世界最大的公司。中国电信等公司在此交易所上市。②全美证券交易所（AMEX），具有运行成熟与规范，股票和衍生证券交易突出的特点。上市条件比纽约交易所低，但距今也有上百年的历史。许多传统行业及国外公司在此证券市场上市。③纳斯达克股市（NASDAQ），该市场采用证券公司代理交易制，按上市公司大小分为全国板和小板。面向的企业多是具有高成长潜力的大中型公司，而不只是科技股。④招示板市场（OTCBB），是纳斯达克股市直接监管的市场，与纳斯达克股市具有相同的交易手段和方式。它对企业的上市要求比较宽松，并且上市的时间和费用相对较低，主要满足成长型的中小企业的上市融资需要。

区域性的证券市场包括：费城证券交易所（PHSE）、太平洋证券交易所（PASE）、辛辛那提证券交易所（CISE）、中西部证券交易所（MWSE）以及芝加哥期权交易所（CHICAGO BOARD OPTIONS EXCHANGE）等。

纽约证券交易所上市条件：作为世界性的证券交易场所，纽约证交所也接受外国公司挂牌上市，上市条件较美国国内公司更为严格，主要包括：①社会公众持有的股票数目不少于250万股。②有100股以上的股东人数不少于5000名。③满足公司财务标准（三选其一：收益标准：公司前三年的税前利润必须达到1亿美元，且最近两年的利润分别不低于2500万美元；流动资金标准：在全球拥有5亿美元资产，过去12个月营业收入至少1亿美元，最近3年流动资金至少1亿美元；净资产标准：全球净资产至少7.5亿美元，最近财务年度的收入至少7.5亿美元）。④对公司的管理和操作方面的多项要求。⑤其他有关因素，如公司所属行业的相对稳定性，公司在该行业中的地位，公司产品的市场情况，公司的前景，公众对公司股票的兴趣等。

子公司上市标准：子公司全球资产至少5亿美元，公司至少有12个月的运营历史；母公司必须是业绩良好的上市公司，并对子公司有控股权；股票发行规模：股东权益不得低于400万美元，股价不得低于3美元/股，至少发行100万普通股，市值不低于300万美元；公司财务标准（二选一：收益标准：最近一年的税前收入不得低于75万美元；总资产标准：净资产不得低于7500万美元，且最近一年的总收入不低于7500万美元）。

全美证交所上市条件：若有公司想要到美国证券交易所挂牌上市，需具备以下几项条件：最少要有50万股的股数在市面上为大众所拥有；市值最少300万美元以上；最少要有800名的股东（每名股东需拥有100股以上）；上个会计年度需有最低75万美元的税前所得。

NASDAQ上市条件：NASDAQ对非美国公司提供可选择的上市财务标准。满足下列条件中的一条即可：①不少于1500万美元的净资产额，最近3年中至少有一年税前营业收入不少于 100 万美元；②不少于 3000 万美元的净资产额，不少于 2 年的营业记录；③股票总市值不低于 7500 万美元，或者公司总资产、当年总收入不低于 7500 万美元；④需有 300 名以上的股东；⑤上个会计年度最低为 75 万美元的税前所得；⑥每年的年度财务报表必需提交给证管会与公司股东们参考；⑦最少须有三位造市商参与此案（每位登记有案的造市商须在正常的买价与卖价之下有能力买或卖 100 股以上的股票），并且必须在每笔成交后的 90 秒内将所有的成交价及交易量回报给全美证券商同业公会。

OTCBB 买壳上市条件：OTCBB 市场是由纳斯达克管理的股票交易系统，是针对中小企业及创业企业设立的电子柜台市场。许多公司的股票往往先在该系统上市，获得最初的发展资金，通过一段时间积累扩张，达到纳斯达克或纽约证券交易所的挂牌要求后升级到上述市场。

与纳斯达克相比，OTCBB 市场以门槛低而取胜，它对企业基本没有规模或盈利上的要求，只要有三名以上的造市商愿为该证券做市，企业股票就可以到 OTCBB 市场上流通了。2003 年 11 月有约 3400 家公司在 OTCBB 上市。其实，纳斯达克股市公司本身就是一家在 OTCBB 上市的公司，其股票代码是 NDAQ。

在 OTCBB 上市的公司，只要净资产达到 400 万美元，年税后利润超过 75 万美元或市值达 5000 万美元，股东在 300 人以上，股价达到 4 美元/股的，便可直接升入纳斯达克小型股市场。净资产达到 600 万美元以上，毛利达到 100 万美元以上时公司股票还可直接升入纳斯达克主板市场。因此 OTCBB 市场又被称为纳斯达克的预备市场（纳斯达克 BABY）。

企业上市专栏 8

内因外因相结合选择最佳上市地点

企业选择什么地点上市最合适，主要从国内外股票市场特点的"外因"和企业自身状况的"内因"两个方面加以考虑。

1. 外因

从国内外股票市场的特点来看，企业决策者应该从估值水平、上市成本和后续便利性三个角度来判断对自身企业的利弊。

第一，估值水平。估值水平决定了企业上市时一次性募集资金的多少。对于规模相对较小的公司而言，国内 A 股市场最大的优势在于市场估值的整体水平相对国际主要市场偏高，这是国内的资金环境、监管环境、投资者构成等因

素造成的，短期内这一格局仍会维持。

第二，上市成本。上市成本包括上市时间和上市费用。就上市时间的可控性而言，海外市场具有明显的优势。由于海外资本市场制度相对成熟，审批机构运作透明、高效，而且独立于其他政府行政部门，所以一般情况下如果企业自身无特殊的重组需要，上市时间在6~9个月左右。相对而言，国内可能慢得多，大多数企业在国内A股上市则需要1~2年时间，需要经历股改和辅导、审批，排队上市等多个程序。此外，审批机构经常会根据宏观政策和市场情况，控制新股发行节奏。上市时间的延误不仅会增加企业的上市成本，还可能耽误企业的重大业务发展机会。

第三，上市后的便利性。上市是一个开始而并非终点，这一点已经深得公司认同。上市的目的并不是仅仅寻求一次性的集资，而是建立一个高效的、便利的长期资本运作平台。

2. 内因

第一，从业务规模角度来看，那些来自传统行业且业务规模小的公司应尽量选择国内创业板和中小板。国外投资人一般认为，成熟行业的中小公司很难再有大的发展机会，不会给很高的估值，而估值低意味着未来的公司流通市值也不会很大，股票的流动性就会降低。纺织、电解铝、水泥、玻璃、造船等受国家产业政策调控的行业的民营企业，它们已经很难在国内上市，即使上市成功，未来的再融资也会非常困难。未来策略方面，如果企业考虑将来在国际市场发展业务的话，海外上市会为公司在国际市场带来知名度，同时为集资（包括银团、发行新股和债券等）和并购（特别是换股并购）带来极大的便利。

第二，企业自身架构也是选择上市地点的重要因素之一。国内企业在海外上市主要采取两种方式：H股方式和红筹方式。H股方式指上市公司注册于国内，但在境外发行股票；因此其法律主体仍是一家中国公司，受到基本类似国内A股的监管。国有控股企业一般采用H股方式。红筹方式是指上市公司注册于海外，但持有中国境内的业务，而公司的实际控制人也是中国居民。红筹公司基本不受国内监管机构的直接管辖，可以充分享受海外上市的便利，是民营企业海外上市选择最多的方式。红筹方式的架构上需要由境外公司持有境内业务，因此企业需要看其自身是否已具备这样的架构。如果没有，就需要安排所谓"红筹重组"，即境内股东在境外设立特殊目的公司，收购其境内的业务。

资料来源：作者根据多方资料整理而成。

第五节　买壳上市

一、买壳上市的含义及优缺点

买壳上市，是指企业通过购买某上市公司一定比例的股权来获得对该上市公司的实质性控制，其后再利用资产置换或重组，向上市公司注入自身的优质资产或强势业务，达到企业间接上市的一种资本运营方式。

具体的买壳上市包含两种不同方向的行为：一是非上市公司通过收购上市公司的股份达到绝对或相对控制上市公司。二是上市公司反向收购非上市控股公司的优质资产，也可以说是非上市控股公司将自己的优质资产和强势业务注入上市公司以实现间接上市的行为。

买壳上市的优点包括：第一，买壳企业具有融资优势。我国上市公司的融资顺序表现为内部融资、股权融资、短期债务融资和长期债务融资。债券融资的成本较高，现在银行体系加大了对风险的控制而导致"借贷"，这一方面提高了上市公司的借贷成本，另一方面形成了一种硬约束，所以国内债务融资的顺序明显排在外部股权融资之后。第二，节省上市时间。我国企业在内地上市，必须经过改制和一年的辅导期后才能上报审批，手续烦琐、周期长且变数大、可预期性差。在香港上市的民企，从拟上市筹备到发行上市一般需要 7~8 个月的时间。而买壳上市则大大缩减了所需时间，可以迅速完成资本扩张。第三，买壳上市为企业的发展创造了更为宽松、要求更为严格的外部环境，有助于促使企业转换经营机制、优化和改善资产结构。同时，通过买壳上市的新闻效应可以提升企业的知名度。

买壳上市的主要风险包括：第一，选择"壳"资源的风险。企业买壳时，可能"壳"公司故意将信息隐瞒，使买壳公司不能完全了解不利信息，莫名承担了某些债务或者担保等。第二，财务风险。由于壳资源稀缺，因此买壳的成本非常高。在交易过程中，买壳公司需支付各种费用，而且，如果买壳公司在二级市场收购时，投资者发现其意图，会使收购费用成倍增加。单靠企业自有资金难以支撑庞大的并购计划，因而必然涉及资金筹措。因此，企业买壳上市面临着资金运作问题，若资金运作不当，则会引起财务风险，甚至引发破产。第三，重组风险。如果买壳公司的整体实力不济，没有强大的资金、资产、技术、管理等综合实力对壳公司进行实质性支持和重组，则可能存在重组风险。同时重组方式、方法和策略不当，包括注入资产质量不符合壳公司改善业绩要求、作价过高、支付方式不当等也会引发重组风险。第四，国家政策。国家对买壳上市的政策不断改进，使得买壳上市的难度逐渐加大。同时，某些具体的要求可能使得买壳上市具有某些义务，如可能因受让股份比例过高而触发要约收购义务。

二、境内买壳上市操作方法

有买壳上市意愿的企业，通常要在财务顾问的协助下与潜在的出售方谈判。谈判的焦点主要包括"壳"费、股份转让定价、原有资产剥离的方式及其定价、新资产注入的方式及其定价。

第一，上市公司"壳"费及其股份转让。上市公司的大股东由于其拥有对于公司资产和经营的控制权，因此，其股权的价值通常同市价相比有一个溢价。这个溢价可以理解为"控股权"的价值。"壳"费是一个弹性很大的概念。香港股市在"壳"的交易方面有一套比较成熟的程序，"壳"的价格也被称为"海鲜价"。海鲜的价格通常受到如天气、鱼汛、南海禁渔期等诸多因素影响，波动较大。"壳"费比之海鲜的价格，可见其行情也是经常波动的。比如，2007年股市高潮时，曾经有国内矿业公司在香港以数亿元港币的代价收购一个主板上市公司的"壳"。

中国股权分置改革以前，一个上市公司的"壳"费是几千万元的概念，而大股东的股权定价则基本上是参照账面值来确定的。由于当时基本上无法通过定向增发的办法来注入资产，处理原上市公司的资产也有困难。股权分置改革以后，大股东的股权逐步获得流通权，收购一个上市公司大股东的股权代价就大多了。可是，在证监会关于上市公司并购以及定向增发等政策明确并实施以后，上市公司的"壳"交易的可行性更高了。在交易中，"壳"费的成本通常通过原控股股东的股权交易价格来体现。因此，股权交易价格是"壳"交易谈判的重点。

第二，原有资产的剥离及其方式。打算买壳上市的公司在寻找收购对象的时候，很难碰到一个刚好是同行业、资产能为其所用且对方大股东又愿意转让的上市公司。多数的情况下，收购方都希望原控股股东能把公司原有的资产和负债一起全部带走——剥离上市公司。由于上市公司是一个独立的主体，原控股股东要带走资产，也必须支付一个对价以完成一个资产的交易。这种情况下，未来的控股股东就要代表上市公司与之就交易方式和价格进行谈判。由于这个交易通常都涉及原公司的债务处置，在剥离初上市公司以前，有关方案通常还需要取得债权人的同意。因为债权人有理由担心，一旦负债的承担者失去了上市公司资格，还本付息的能力就会减弱。很有可能，接受该项资产和负债的股东需要为这些负债未来的偿还提供担保。原有资产转让给原控股股东的定价，通常需要以评估公司的评估价格作为基础。不过，基于操作中的一些灵活性，关于定价的谈判很有可能与股权价格的谈判互有关系。原控股股东出售上市公司控股权所获得对价格收益的全部或者部分，可能会在回购资产的交易中取得。

第三，新资产注入方式与定价。对于上市公司"壳"的收购方，新资产注入是其关注的重点。只有其拟上市的资产注入上市公司才能完成其"买壳上市"的目的。通常的办法是，通过上市公司向新的控股股东定向发售某个数量的新股，而该股东以其拟上市资产作为对价来认购新股，最终实现资产注入的目的。不过，由于上市公司在把原资产转让给原控股股东的时候，会获得转让资产的收益，因此上市公司也可能把这一部分的收益用于购买新的控股股东的资产。注入资产的定价也需要以评估公司的评估价为确定基础。尽管注入资产的定价与原控股股东基本上没有直接的利益关系，但因为是"壳"交易过程中的一个部分，通常也是交易双方谈判的一个内容。

第四，定向增发价格的确定。新的控股股东注入资产，如果是以认购上市公司的新股为对价，则其注入资产的定价还与新股的定价水平有直接关系。新股增发价格一般按照不低于增发计划宣布前 20 个交易日平均价格的 90% 来确定。如果当时股价过高，新的控股股东的认购价也过高，这意味着其注入资产的定价过低。新的控股股东最希望的情况是，宣布定向增发以前，股价低迷，这样就可以确定一个比较好的增发价格，降低己方的投资成本，也等于提高己方注入资产的价格。而上市公司的控股权易主伴随的资产重组，通常都会导致股价的大涨。因此，谈判过程中的保密工作都是收购方最关注的事情。

在谈判期间，股价涨跌对于控股权出让方来说，利益是相反的。如果在谈判过程中股价上涨，对出让方是有利的，因为这样有机会提高股权收益的价格。不过，收购方也不是傻瓜。如果股价短时间内涨得太快，与资产注入的定价有关的定向增发股票的定价就会非常困难，收购方就可能会放弃收购计划。经常有某些公司并购重组传闻，比如说××公司的收购谈判中断了，这种情况也许是因为股价的异常上涨，使收购方决定放弃。当然，这也许是一种策略，逼使对方降低条件，或者让市场行情冷却一下。为了交易顺利成功，出让方也需要尽量保守秘密。

在实际操作中，股权交易、资产剥离、资产注入和定向发售新股尽管是买壳上市操作的重要环节，但很有可能是"一揽子"操作计划的几个方面。

企业上市专栏 9

上海爱家投资控股公司买壳上市失败

　　上市公司 ST 德棉股份（002072）在 2008 年出现暴亏 5320 万元，到了 2009 年中感觉扭亏无望，面临 ST 的命运，大股东遂积极寻找重组方。当年 11 月，上海爱家投资控股有限公司作为重组方与公司达成重组共识。2009 年 11 月 11 日德棉股份公司发布重组方案：

　　1. 出售资产上市公司

　　德棉股份向控股股东山东德棉集团有限公司或其全资子公司出售全部资产、负债以及公司的全部员工的劳动和社保关系。

　　交易价格：按照截至 2009 年 8 月 31 日公司净资产的评估值约人民币 3.5 亿元。

　　支付方式：德棉集团以现金方式向德棉股份支付收购的交易对价。

　　交易标的期间损益安排：自评估基准日之日至实际交割日，与公司拟出售资产相关的任何损益，均由德棉集团享有或承担。

　　2. 收购资产

　　上市公司德棉股份向上海爱家控股公司收购其所持的上海爱家豪庭房地产公司 100% 股权。

　　资产估值：上海爱家豪庭房地产公司 100% 股权的评估值为人民币 29.88 亿元。

　　支付方式：上市公司德棉股份以人民币 3.5 亿元现金，并向上海爱家控股公司发售 3.28 亿股新股（总值 26.38 亿元）作为上述股权的支付对价。

　　3. 新控股股东向原控股股东收购股份

　　上海爱家控股公司同时还将协议受让德棉集团持有的 5270 万股（占增发新股以前的 29.4%）股份，支付对价为现金 5.2 亿元。这样，德棉集团完全退出了德棉股份公司。

　　4. 新控股股东的承诺

　　爱家控股承诺：根据盈利预测报告中 2009~2010 年度盈利预测合计数及参考资产评估报告中收益法 2009~2010 年度盈利预测合计数的最高值 4.12 亿元人民币计算，并参考资产评估中收益法 2011 年度和 2012 年度的合计实现的净利润预计为 4 亿元人民币，以此为基础，爱家控股承诺若爱家豪庭在 2009 年度、2010 年度、2011 年度和 2012 年度 4 个会计年度合计实现的净利润值（其中 2009 年为净利润、2010~2012 年为扣除非经常性损益后的净利润）不低于 8.12 亿元人民币。

如果重组计划完成，德棉集团完全退出了上市公司；上海爱家控股将持有德棉股份 75.52% 的股权，成为新的控股股东；而其 100% 控股的爱家豪庭房地产公司成为德棉股份公司的主体资产。由于小股东的股份比例小于 25%，显然德棉还需要进一步的增发新股，以降低控股股东的持股比例。上述重组计划包含着好几个交易，都是同时进行的。因此，各个交易的现金支付大多数可以互相抵消。只有德棉集团出售股权的收益中 1.7 亿元需要用现金支付。

2009 年德棉股份亏损进一步扩大，当年亏损达 1.17 亿元，毫无悬念地带上了 ST 的帽子。直到 2010 年 12 月上旬，该公司的重组方案还未得到证监会的批准。事实上，由于中央政府出台了一系列针对房地产市场的严厉调控措施，证监会对于房地产公司买壳上市的审批更加苛刻。因此，上海爱家控股买壳上市获批的前景不容乐观。如果该重组计划不能在 2010 年完成，德棉股份光靠自身的努力在 2010 年实现扭亏是不可能的，尽管公司的业务有了很明显的好转，公司也只是预计把年度亏损缩小 2500 万~3500 万元，退市的阴影一直困扰着公司的投资者。

2011 年 6 月 2 日，公司发布公告，经与控股股东德棉集团和重组方上海爱家投资控股有限公司协商，各方决定终止重组。由此可见，买壳上市确实存在着很大的不确定性。

资料来源：作者根据多方资料整理而成。

三、境外买壳上市

国内企业通过收购已在境外上市公司的部分或全部股权，购入后以现成的境外上市公司作为外壳，取得上市地位，然后对其注入资产，实现公司海外间接上市的目的。

买壳上市是最方便、最节省时间的一种境外上市方式。它的优越性主要体现在两个方面：它可以避开国内直接挂牌上市有关法规的限制和繁复的上市审批程序；它可以一步到位，缩短上市时间。正因为如此，迄今已有 20 多家国内企业利用买壳上市的方式在境外上市，其中主要集中在香港联交所和纽约证交所。

买壳上市具有手续简便、节省时间等方面的优点，然而，买壳上市也有它的不利之处，具体表现在：首先，买壳成本高，与目前大多数国内企业因融资需要而赴海外上市初衷有违。其次，风险比较大。因为国内企业对境外的上市公司并不熟悉，虽然经过专业化的中介机构的评估，又经过慎重选择，可是收购一旦完成，达不到上市的目的或收购失败，代价是很大的。如购买了垃圾股票，控股后非但不能从市场筹资，反而背上了债务包袱，就得不偿失了。最后，买壳不能使公司的业务发生重大变化。

【章末案例】

福建金森：南方林场在资本市场运作中的典型代表

2012 年 2 月 29 日，福建金森林业股份有限公司（以下称福建金森）首次公开发行股票申请获得通过，于 5 月 23 日发行。发行 3468

图片来源：www.jinsenforestry.com.

万股，发行价格为每股人民币 12 元，网上定价发行的中签率为 0.578%，超额认购倍数为 173 倍。发行后总股本 13868 万股。股票代码为"002679"，6 月 5 日于深圳证券交易所上市。注册资本 10400 万元，公司经营的森林资源面积为 2.946 万公顷（44.19 万亩），林木蓄积量 362.07 万立方米。该公司由三家原国有林业采育场合并而成，主营业务是南方杉和松林的培育与采伐利用，这在我国资本市场上是个创举，在南方林场中具有代表性，作者认为该公司的上市很值得处于改革大潮中的南方商品型林场借鉴。

1. 公司简介

公司于 2007 年 11 月改制设立，2012 年 6 月 5 日在深圳证券交易所正式上市，公司注册股本 13868 万元，是中国生态环境建设十大贡献企业和农业产业化省级重点龙头企业，也是我国首家纯森林资源培育型林业上市企业。公司拥有 5 家全资子公司和 1 家村民企合资公司。

公司经营范围有森林经营和管护；造林和更新；花卉及其他园艺植物的种植；对林业、农业项目的投资；木制品、竹制品、初级农产品销售；对外贸易；中草药种植；木材、竹材采运、加工、销售等。

公司始终坚持可持续发展理念，敬畏自然，呵护自然，顺应自然；始终坚持以人为本理念，求贤若渴，唯才是举，为员工营造人尽其才的内部软环境；

始终坚持科技兴林理念，依靠自身技术力量，依托林业高校院所研发优势，开展原始创新、集成创新、吸收创新和技术创新，以提升公司核心技术。在三大理念指引下，公司不断拓展延伸林业产业链，形成以用材林为主体的商品材基地建设、以珍稀绿化苗木为特色的林业种苗繁育、以金银花和草珊瑚及芳樟为主的医药与香料原料林培育等林业产业。

公司历年荣获福建省省级林业产业化龙头企业、海峡两岸最具魅力林业品牌企业、重合同守信用企业等荣誉。2009 年获得"FSC—FM/COC"国际森林可持续经营认证，是我国南方经国际森林认证蓄积量最大的森林资源培育企业。以效率和效益双提高为中心的双效型管理模式，成就了公司优异的经营业绩，2013 年度公司实现营业收入 1.74 亿元，营业利润 3511 万元，净利润 4809 万元。

公司将继续秉承"林以载道 成人达己"的核心价值观，凭借产业政策、核心技术、新兴产业、市场优势、创新经营、社会责任的支撑，实现"国家得生态、企业得发展、林农得实惠"的公司发展战略目标；在未来的 3~5 年内发展成为拥有百万亩商品材基地的高效、精品、生态现代林业企业。

2. 上市背景

根据有关主管部门资料，我国在 20 世纪 50 年代中期建设第一批国有林场，现有国有林场总数 4507 个，分布在 31 个省（区、市）的 1600 余个县（市、旗、区）。按预算管理方式分，全额拨款占 9%，差额拨款占 39%，自收自支占 52%。现有在职职工 47 万人，离退休人员 19 万人。经营总面积 9.3 亿亩，其中林业用地 8.2 亿亩，森林面积 6.7 亿亩，蓄积 23.4 亿立方米，分别占全国林业用地面积、森林面积和森林蓄积的 18%、23% 和 17%。有 1319 个林场纳入天然林保护工程，在 0.547 亿立方米林业用地中，公益林面积 0.4 亿公顷（6 亩），2465 个林场纳入中央生态效益补偿范围。

新中国成立以来，国有林场首开大规模人工造林的先河，累计人工造林保存 0.1 亿公顷（1.5 亿亩），封山育林 0.066 余亿公顷（1 亿多亩），抚育改造天然疏残林 0.18 亿公顷（2.7 亿亩），形成森林面积 6.67 万公顷以上的林场和林场群 180 多处，累计生产木材 3 亿多立方米，目前年产木材 1000 多万立方米。国有林场率先运用和推广林业新技术，发挥了示范辐射作用，60% 以上的林木良种繁育基地和采种基地建在国有林场。

截至 2009 年底，国有林场债务总额为 233 亿元；企业办社会负担沉重，一些林场代管着乡镇村，一部分中小学及医院未剥离，企业办社会补贴每年超过2亿元。国有林场自身面临的困境亟须改革。

3. 敢于"吃螃蟹"：福建金森上市的示范意义

第一，我国现有A股林板板块约12家上市公司、林纸板块25家、家具及其他4家，这些上市公司中不少兼有营林业务但主营业务仍是第二产业，福建金森是首家专事培育森林资源和采伐利用的，其意义在于专营营林和采伐的企业可持续经营并为资本市场所接受，为林场开拓了通过资本市场做强做大的通道。我国林业工作者长期追求以局定居、以局轮伐、越采越多、越采越好的目标并未实现。东北、西南、西北地区136个林业企业局在计划经济时期是供应木材的主力和功臣，现实归宿是纳入天然林保护工程，逐步减少商品林采伐，更多是承担生态屏障功能。如果说美国几十年前已经把造纸用材林由北向南转移，主要纸用材由云冷杉变为南方松，造纸协会也从威斯康辛州移至佐治亚州，那么伴随着我国木材利用从天然林转向人工林为主，则商品林采伐重点区域势必会由北向南转移。福建金森现主业是采育，募集资金投向也是兼并收购林地，坚守第一产业并且做大，如果实践证明其主营采育能够可持续发展，则对南方商品型林场的示范意义是开创性的。

第二，在现在上市公司森林资源板块中，树种大多是我国目前速生特点最突出的桉树与杨树，一般桉树轮伐期是5年（也有9年两主伐，第二桩是萌芽更新），杨树轮伐期是7年。投入产出周期越短则以短养长压力越小，这就能把林木生理成熟的长周期与上市资产每年都要产出足够现金流协调平衡起来，现有上市公司一般都兼有第一产业的营林和第二产业的加工，也含有以短养长的意思。而福建金森主营杉木林和松木采育，杉木轮伐期为16年（及以上）、马尾松为21年（及以上）、阔叶树为31年（及以上），现主营收入七成来自杉木，主伐期远长于桉树和杨树，以短养长矛盾更突出，其必要条件是要有足够的能进入主伐期的成（过）熟林作为运转的基础。南方国营林场大多经营几十年，只要整合成一定规模，实行股份制改造并转变经营机制，满足这一条件并不难。福建金森森林年生长量可达19.5万立方米，其中现有人工林年生长量为12.59万立方米，森林年合理采伐量为18万立方米，这按采伐量小于生长量原则是能够达标的。进一步要求应是以16年为杉木轮伐期而又有足够的年采伐量，所以规模要有一定要求，应该是年采伐面积乘以16或25的倍数；当年限额和木材生产计划要能支撑其经营现金流，倍数大一些，则回旋余地大，故其募投资金仍然在扩大林地规模、续租地,也可见其对专营营林、采伐的信心。

第三,20世纪60年代后,南方九省几十年主要造林培育树种是松树和杉树,这两个树种比桉树适生地域宽广,所谓造林"北方杨家将,南方杉家浜"是当时群众的形象说法。我国松树、杉树、桉树树种统计见表5-3。

表5-3 我国松树、杉树、桉树树种统计

树　种	面积/万公顷	蓄积量/万立方米
马尾松	1203.5	58787.7
杉　木	1126.9	73409.5
桉　树	254.6	4581.0

资料来源:第七次全国森林资源清查资料。

另外,我国有杨树1010.2万公顷,54939.1万立方米。马尾松和杉木主要分布在我国南方集体林区,马尾松林在江西、广西、湖南、湖北、浙江和福建等省(自治区)较多,面积占全国的65.92%,蓄积量占全国的60.86%;杉木林在湖南、江西、福建、广西和浙江等省(自治区)较多,面积占全国杉木林总面积的71.16%,蓄积量占全国的71.71%。已上市公司拥有的林木大多是桉树。现在有些地区富起来后,倾向于绿水青山优于金山银山,而桉树林对生物多样性及林地水土影响的争议不绝于耳,加上近年农地收入胜过林地,劳力价格急剧上涨,有些地区造桉树、杨树积极性有所滑坡,甚至限制桉树商品林采伐。而杉木、松木主产地闽、赣、湘、桂等地区有大批国有林场守着青山无法资本化,证券化是公众所有的商品林希望之路。

4. 案例启示:巧妙的上市策略

社会投资人对林业知之甚少,招股书和公开了披露材料是向投资人展示形象的主要渠道,福建金森招股书中展示了其上市技巧。

福建金森招股书不回避营林企业的林木生长期长、见经济效益慢的弱项,突出了其生态效益和政府支持。第一,林木生产周期长。用材林需到规定年龄才能主伐,必须规模化方可实现持续经营。第二,林木种植业强调可持续经营,限制性政策和扶持性政策并存,采伐限额管理制度会导致林木种植企业收益率较低,但同时会享受较低的税负及得到较多的政府补贴,在财务上体现为主要税种税率较低及营业外收入较大。第三,盈利模式。在生物资产成本计量模式下,林木种植业企业的价值,更多体现在森林蓄积量及其变化上。在国外、境外会计准则允许生物性资产按市场公允价值计入损益，即说森林资源蓄积量增长部分（中幼林应是正增长）、因市场价上涨部分（资源稀缺性增长是大概率事件）均可计入当年损益，这就使森林资源增值效益及时体现在当年财务报表上。而国内会计准则尚未实施此原则，当年现金流主要取决于采伐量与单价。报告期内公司（指福建金森，下同）获得的木材生产计划由年度计划加临时增加的计划两部分组成（见表5-4），公司的营业外收入和非经常性损益占利润比例较大，存在相关的利润来源及构成的风险。2009~2011年，公司营业外收入分别为846.30万元、1208.59万元和1145.30万元，占同期利润总额的比例分别为26.54%、30.02%和23.93%；公司非经常性损益占公司归属于母公司所有者的净利润比例分别为20.23%、14.75%和18.52%。该类收益存在较大的政策风险，并未必完全与经营获利能力相关。报告期内，政府补助占营业外收入比重平均超过90%。而由于林业兼有经济、社会和生态三种效益，政府对林业产业的支持是长期可持续的。

表5-4　2009~2011年公司实际获得木材生产计划量

年　份	蓄积量/万立方米	出材量/万立方米
2009	14.88	11.15
2010	16.81	12.60
2011	15.95	11.15

注：作者根据多方资料整理而得。

实事求是是证券法规披露信息的底线，但写实也有表述技巧问题，金森招股书具有较高水平，把企业的价值点挖掘得很充分，表述得很艺术。

第一，森林经营管理水平。公司集聚国有林业采育场的营林技术、育林经验和经营基础，高规范作业，集约化经营，造林育林投入超过本地林农平均水平1倍。杉木采用高世代良种育苗，马尾松采用容器育苗，造林成活率分别达到95%和98%；郁闭前幼林抚育5~6次，造林合格面积保存率均达100%；合理施肥，规范间伐，环保作业；建立物种、水质、地力和森林资源的作业监测和样地监测机制；严密森林"三防"和护林员巡护，报告期内病虫害成灾率平均在0.3‰以下，森林火灾受害率平均在0.7‰以下。公司的木材销售采取公开招投标方式进行，保证了公平、公开、公正效果，增强了公司内控，有利于公司与优质客户的长期合作。

第二，资源优势。与全国状况相比，公司林种结构中公益林比例极低，人工林比例很高。公司的人工林全部为用材林；光热水土条件好的林区，在森林保护发展差异政策中，处于越来越受鼓励开发经营的有利地位；光热水土条件好的地区，林木生长快，植被茂盛。光热水土条件优势对经济效益存在倍增效应，而实际上福建森林的生长率接近全国的两倍。我国林业生产单位经营面积普遍较小，我国国有林场平均森林经营面积为 0.99 万立方米（14.98 万亩）、森林蓄积量约 51.92 万立方米，公司经营的森林面积分别为全国和福建省国有林场平均规模的 3 倍和 8 倍，森林蓄积量为全国国有林场平均水平的 7 倍和福建省国有林场平均水平的 10 倍。

第三，FSC（Forest Steward ship Council）森林认证优势。遵循 FSC 原则和标准，福建金森的森林可持续经营水平进一步提高，构建了更和谐的经营环境，增强了公司的长期竞争力。通过 FSC 森林认证的木材制品，符合消费者环保消费心态，更易进入国际市场、享受关税优惠、绕开绿色贸易壁垒、进入发达国家的政府采购范围，因此，享有更高的售价，同时体现了公司的社会责任。

第四，区位与环境优势。福建省是全国林业大省，森林覆盖率达 63.10%，居全国第一位，也是最早进行集体林权制度改革的省份。根据第七次全国森林资源清查，福建的武夷山（公司林区所属）杉木在全国各杉木品种中具有最高的顺压强度、抗弯强度、静曲弹性模量、顺纹抗剪和冲击韧性，材性最好。

第五，森林资源扩张方面的优势。公司由国有资本控制，在收购国有林中处于有利地位，村集体和农民在对外合作造林时也更信任国有单位；公司商业方式的经营扩张已有 10 多年的成功经验，现有林权超过 2/3 面积初始由经营性的商业方式取得，据招股书，从 2007 年 10 月到 2011 年 6 月，公司共收购国有和农民专业户森林资源计 1.04 万公顷（15.6 万亩），蓄积量为 98.8 万立方米，计人民币 20178 万元；收购资源扩张经营效益明显，其募集资金投向只有一个，即向将乐县商品材基地建设林木资源资产并购项目计划投 28225 万元。

第六，林业龙头企业及国有采育场政策优势。公司享受龙头企业和国有林场采育场的优惠政策，如较易获得采伐限额追加，政策许可农业生产者销售的自产农业产品免征增值税。根据《关于重申经营木材征收增值税若干政策的通知》闽国税流〔1994〕041 号的规定，林业生产单位购进中幼林，经过一定年限养护后砍伐销售的，可免征增值税。国有企事业单位在内的所有企事业单位种植林木、林木种子和苗木作物以及从事林木产品初加工所得收入暂免征收企业所得税；种植林木、林木种子及苗木作物包括种植、栽培各种林木（含经济林木）、天然林（竹）、林木种子、苗木等，属于免税种植业的范围。补助项目主要有：国家确定育林基金要逐步全部返还给生产者；农业（含林业）的贷款贴息和燃油补贴是国家长期以来的重要扶持政策；为促进森林经营，国家将对抚育采伐进行财政补贴，目前处于试点阶段，补贴标准约每亩100元。且政府已确定对择伐进行补助，择伐不限面积，优先满足使用。福建金森上市还有两条做得非常巧：证券媒体纷纷评论，根据发行价12元计算，其相对的市盈率约为43.8倍。虽然按同行业可类比公司2011年的静态市盈率为30.86倍计算，其发行价超过125%这条"红线"；但按2012年可类比的同行业动态市盈率35.29倍计算，其"红线"市盈率则为44.11倍，金森市盈率43.8倍并未超标。另一点，在谈及市场份额时，招股书不以全国和全省为参照系，只讲县内份额，招股书表明福建金森的木材生产销售量居将乐县首位，2009~2011年木材产量分别占全县产量的28.24%、32.85%和47.15%。考虑到木材是大运量的商品，这样说也不无理由，应该说非常巧妙。

资料来源：张森林.金森上市案例引起的思考［J］.中国林业产业，2012（6）.

【本章总结】

上市对于一个公司长远发展具有巨大的重要性，最基本的是可以拥有一条融通资金的通畅途径，同时可以增强公司的公众信誉度，形成良性循环。企业上市需要专业化的投资银行和发达的资本市场协助，上市过程中也会遇到许多的问题。那企业为什么要上市？上市的操作流程是怎样的？上市地点又该如何进行选择？这些都在本章的学习过程中一一获得答案。希望投资者、管理者和相关读者通过本章的学习，更加了解企业上市的整个流程，并能够知道每个过程中存在问题的解决方式有哪些？

【问题思考】

1. 结合本章内容，你认为章首案例中的三个方案，哪一个方案符合市场逻辑？
2. 上市的基本程序是什么？
3. 买壳上市与 IPO 的差异表现在哪些方面？

【参考文献】

[1] 范苗."新三板"新规解读 [J]. 首席财务官, 2014 (3).

[2] 郭艳. 爱生药业买壳上市资本运作案例分析 [J]. 合作经济与科技, 2011 (11).

[3] 昝立永. 不上市的吉林首富 [J]. 英才, 2014 (2).

[4] 姚丽艳, 杨颖. 餐饮企业上市难的原因分析及应对策略——基于俏江南的案例研究 [J]. 企业导报, 2013 (13).

[5] 邢会强. 传媒企业上市路径 [J]. 资本市场, 2013 (8).

[6] 蓝裕平, 张卫国. 对国内企业上市地点选择的研究 [J]. 宁夏大学学报, 2010 (6).

[7] 周爱琳. 关于中信泰富买壳上市案例的启示 [J]. 现代经济信息, 2011 (17).

[8] 刘文祥. 国有企业上市公司资本运作的风险问题分析 [J]. 商业经济, 2013 (3).

[9] 魏勇强. 海外买壳上市和造壳上市评析 [J]. 金融理论与实践, 2012 (9).

[10] 李培馨, 谢伟, 王宝链. 海外上市地点和企业投资：纳斯达克、香港、新加坡上市企业比较 [J]. 南开管理评论, 2012 (2).

[11] 毕夫. 华为, 为什么不上市? [J]. 中外企业文化, 2013 (7).

[12] 蔡锦锋. 基于阿里巴巴和富基融通比较下的 IT 企业上市路径及效果评价 [J]. 新经济, 2014 (8).

[13] 张少颖. 加快科技企业上市 发展战略性新兴产业——以大连科技企业为例 [J]. 辽宁经济, 2012 (4).

[14] 朱元鸳, 孔玉生. 家族企业上市公司治理结构现状分析 [J]. 财会通讯, 2012 (20).

[15] 叶敏, 李国民. 家族企业上市后公司治理结构的研究 [J]. 长春工业大学学报 (社会科学版), 2013 (5).

[16] 孙春甫. 借壳上市的动因及交易模式分析——以大有能源借壳欣网视讯为例 [J]. 征信, 2013 (3).

[17] 张森林. 金森上市案例引起的思考 [J]. 中国林业产业, 2012 (6).

[18] 方国兴. 买壳上市相关法律问题探讨 [J]. 法制博览 (中旬刊), 2014 (2).

[19] 刘万琪. 买壳上市中的壳资源分析——以 ST 梅雁为例 [J]. 知识经济, 2011 (15).

[20] 郝智文. 煤炭类上市公司资本运营探讨 [J]. 中国集体经济, 2012 (12).

［21］张耀月.美的集团换股合并整体上市的背后——美的集团换股合并上市动因分析［J］.现代商业，2013（20）.

［22］代备鑫.民营企业海外上市动因及问题研究［J］.东方企业文化，2012（14）.

［23］张森林.南方商品型林场做大做强之路——金森公司上市案例引发的思考［J］.中国人造板，2012（9）.

［24］蓝裕平.内地股市买壳上市操作法［J］.国际融资，2011（1）.

［25］蓝裕平.内地企业选择上市地点要考虑估值差异［J］.国际融资，2010（8）.

［26］邵四华.培育我国房地产企业上市源的经济学分析——以天津市房地产企业上市情况为例［J］.中国房地产金融，2012（1）.

［27］肖大勇，罗昕，邓思雨，董雪.企业分拆上市动因：市值管理还是拓展融资渠道——同方股份分拆上市案例研究［J］.上海管理科学，2013（6）.

［28］曹月，褚旭芳.企业买壳上市风险及对策探究［J］.现代营销（学苑版），2013（6）.

［29］王璞，周红.企业上市全程指引（第2版）［M］.北京：中信出版社，2010.

第六章　企业资产重组

【本章要点】

☆ 把握资产重组的概念、类型；

☆ 知晓资产重组的基本程序；

☆ 重视资产重组的模式与风险管理。

【章首案例】

天舟文化资产重组造假事件

　　湖南天舟科教文化股份有限公司创办于2003年，注册资本达到5600万元，总资产达6亿元，法定代表人为肖志鸿。天舟文化是全国18家获得总发行资质的民营企业之一，是湖南省内民营出版发行企业中发行量最大、影响力

图片来源：www.t-angel.com.

最强的龙头企业和唯一具有图书、电子、报纸杂志出版物全国总发行资质的企业。天舟文化从创始人肖志鸿先生于20世纪80年代初开办的一个小书店起步，到2003年组建公司，2007年12月，变更为湖南天舟科教文化股份有限公司，2008年完成股份制改造，2010年在深圳创业板上市，成为中国民营出版传媒第一股。

　　1. 天舟文化资产重组造假始末

　　天舟文化在2013年7月8日发布2013年半年度业绩预告称，预计1~6月归属于上市公司股东的净利润为730900万元，比2012年同期下降45%~55%。公告称，2013年预计半年度公司销售收入较2012年同期基本持平，但归属于母公司净利润将同期下降45%~55%。主要原因是北京东方天舟教育科技有限责任公司、云上森林信息技术有限责任公司等子公司亏损较大，导致了公司利润下滑。

　　而在之前的 7 月 1 日晚间，公司发布的公告称，天舟文化正在筹划重大资产重组事项，公司股票自 7 月 2 日开市起停牌。公司承诺于 8 月 2 日前按照《公开发行证券的公司信息披露内容与格式准则第 26 号——上市公司重大资产重组申请文件》的要求披露重大资产重组预案或报告书；逾期未能披露重大资产重组预案或报告书的，公司将根据重组推进情况确定是否向交易所申请延期复牌；公司未提出延期复牌申请或延期复牌申请未获同意的，公司股票将于 8 月 2 日（周五）恢复交易，并自公司股票复牌之日起三个月内不再筹划重大资产重组事项。

　　天舟文化 8 月 27 日发布公告称，以发行股份及支付现金的方式，收购神奇时代 100% 的股权，并募集配套资金（本次交易的总对价为 12.54 亿元，其中股份支付 8.92 亿元，现金对价 3.62 亿元）4.18 亿元。同时，神奇时代承诺 2013~2015 年扣非后归属净利润不低于 8615 万元、1.2 亿元和 1.5 亿元，本次收购价对应 2013 年、2014 年和 2015 年净利润分别为 14.6 倍、10.4 倍和 8.4 倍，收购完成后天舟文化股本将增加至 25854 万股。在当时手游概念股暴涨的市场环境下，天舟文化这一重组方案一经公布，立即受到市场资金的狂热追逐。

　　天舟文化收购神奇时代 100% 股份后，由于自身业务的利润规模较小，将成为传统媒体行业中转型新媒体最彻底的公司，未来三年预计 80% 以上的净利润将来自神奇时代。天舟文化的股票自此开始大幅上涨，连续跑出 9 个涨停板，成为 A 股中鼎鼎有名的"妖股"。数据显示，8 月 27 日~10 月 9 日，公司的股价累计上涨了 257.68%，其股价最高达 51.12 元。然而在经过前期大涨之后，天舟文化迎来了两个跌停。截至 10 月 11 日，天舟文化报收 41.16 元，当日股价下跌了 6.54%，相对于 11 月 8 日开盘价 46 元，其股价下跌了 10.52%。

　　天舟文化于 11 月 30 日发布公告，称其接证监会通知，因参与重组的有关方面涉嫌违法被稽查立案，公司并购重组申请被暂停审核。公司目前尚未收到对上市公司的立案调查的通知书。

　　具体如何违法，上市公司方面并没有提供更多的信息。不过，有投资者认为，同此前可能涉嫌内幕交易有关。早在 10 月 11 日，就有传闻称，该公司重组过程中，涉嫌存在内幕交易，而内幕交易相关方并非天舟文化高管层，而是参与其他方。不过，天舟文化董事长秘书办事处工作人员当时对记者称，对此事情并不知情。但二级市场股价却大幅下挫，在过去的 37 个交易日，该公司股价暴跌了四成多。此后随着行业小幅调整后又重拾涨势，股价最高时达到

51.12 元。

2013 年 12 月 16 日，天舟文化在公司深交所互动平台上表示，目前未收到控股股东的解禁申请，控股股东所持的全部股份暂未解禁，不能上市流通。2012~2017 年天舟文化解禁时间如表 6-1 所示。

表 6-1　2012~2017 年天舟文化解禁时间

序号	股东名称	解除限售日期	新增可上市股份（万股）	限售股类型
1	罗韬	2012-08-20	16.90	首发新股限售股解禁
2	周学明	2012-09-24	52.39	首发新股限售股解禁
3	王崇亿	2012-09-24	52.39	首发新股限售股解禁
4	张艺耀	2012-12-17	5.70	首发新股限售股解禁
5	周艳	2012-12-17	5.70	首发新股限售股解禁
6	李强	2012-12-17	5.70	首发新股限售股解禁
7	张艺耀	2013-09-13	3.42	首发新股限售股解禁
8	湖南天鸿投资集团有限公司	2013-12-15	9912.86	首发新股限售股解禁
9	周艳	2014-03-10	4.28	首发新股限售股解禁
10	李强	2014-03-10	4.28	首发新股限售股解禁
11	湖南天鸿投资集团有限公司	2014-06-18	14869.30	首发新股限售股解禁
12	林丹	2015-06-11	3590.54	增发限售股解禁
13	李桂华	2015-06-11	3590.54	增发限售股解禁
14	李桂华	2016-06-11	2044.80	增发限售股解禁
15	李桂华	2017-06-11	4906.03	增发限售股解禁
16	储达平	2017-06-11	4906.03	增发限售股解禁
17	张环宇	2017-06-11	4906.03	增发限售股解禁
18	李广欣	2017-06-11	4906.03	增发限售股解禁
19	北京神奇博信投资管理中心（有限合伙）	2017-06-11	4906.03	增发限售股解禁
20	王玉刚	2017-06-11	4906.03	增发限售股解禁
21	杨锦	2017-06-11	4906.03	增发限售股解禁

2. 事件分析

主营青少年读物策划、制作、设计和发行等业务的天舟文化由于盘子小，屡屡成为资金炒作的目标。在 2011 年底的文化传媒板块热潮中，天舟文化股价的大幅上涨令不少投资者印象深刻，而 8 月底以来，天舟文化在业绩下降的情况下，股价反而出现了大幅的上扬。公司业绩持续下滑是推动天舟文化资产重组的直接原因。2013 年上半年，公司受新业务开拓费用大幅增长等因素影响仅盈利 613 万元，同比下滑 61.25%。公司不得不寻求改善当前状况的途径，而相对于其他融资方式，股权融资无疑是"见效快＋价格低"的最佳方式。公司拟定资产重组后，公司股票大幅上涨，呈现出一片繁荣景象，然后在 10 月 10 日后，公司股票大幅下跌。相关研究显示，股票市场对于重组事件有显著的反应，但是对于企业经营效益没有显著的影响。在天舟文化的此次重组中也能体现这两点，虽然公司股票在短时间内暴涨，但是这种趋势并不是持续的，而是一种短时期的效应，并且并没有改变公司利润下降的趋势。

3. 结论启示

第一，并购应回归理性。2014 年以来，文化传媒公司的并购风起云涌，特别是影视和手游的并购，并引起市场资金不断炒作，多家公司股价因此连续大涨。谁看见这么巨大的获利机会都会眼红。然而，一旦公司被监管部门稽查立案，投资者想要搞清楚到底是哪方违法比较困难。接二连三的并购被稽查，也反映了文化传媒企业的并购的确存在某些不理性因素。专注文化科技领域投资的博大创投董事总经理曹海涛坦承，文化企业高价收购影视、手游公司的确存在一些风险，比如被收购的公司业绩能否保持持续稳定增长，尤其是手游是否配合市场炒作做收购，而不踏实做主业。业内人士表示，虽然并购潮将持续，但文化企业未来更需深耕主营业务，拓展产业链进行优质标的的收购，而非盲目跟风或者单纯做利润。

第二，借壳上市不可取，也不应与企业并购一概而论。根据证监会 11 月 30 日发布的《关于在借壳上市审核中严格执行首次公开发行股票上市标准的通知》的规定，借壳上市标准由趋同提升到等同首次公开发行股票上市标准，并不得在创业板借壳上市。这一规定不仅有利于形成创业板宽进严退的市场机制，实现优胜劣汰；而且也有利于抑制市场上的投机炒作之风，培养投资者理性投资的理念。并且从股市的健康发展来看，不仅创业板不允许借壳上市，而且主板市场同样也应该不允许借壳上市。在这个问题上，市场期盼着创业板能够起到一个好的带头作用，然后将这一做法推广到整个 A 股市场。当然，需要厘清的是，创业板不允许借壳上市不等于创业板不允许上市公司进行正常的并购重组，实际上，不允许创业板公司借壳上市，并不影响创业板公司进行正常的并购重组。并购重组是企业发展过程中的正常行为，是有利于企业做大做强的。而且这是企业的自主行为，作为管理层来说，是不会加以禁止的。所以作为投资者来说，需要厘清这二者的区别，不要错误地把"创业板不允许借壳上市"理解成了"创业板不允许并购重组",这二者其实是不同的,前者是创业板公司被其他公司收购了,后者是创业板公司去收购其他公司。

第三,政府应尽快完善上市制度。纵观整个股票市场,即使很多上市公司都在采取资产重组的方式来扩大资产,但都不可避免地出现了各种各样的问题,也暴露了资产重组的缺陷以及股票市场的不成熟。而其实重组这个股市的毒瘤根源在于中国证券市场特有的审批制上市制度,这种僵化的行政审批制度严重影响了待上市公司上市的速度,一些急于登陆资本市场的上市公司不得不抄近路,谋求壳资源上市,于是关于重组的内幕消息就开始漫天飞。这种在国内独有的重组上市接着又产生了新的毒瘤:价值投资难以普及,一方面价值股票由于盘子大,上升速度缓慢;另一方面垃圾股借助重组凤凰涅槃,大幅暴涨。真假重组消息漫天飞舞,严重污染投资空气,助长了投资者投资的氛围。重组由于注入的资产确实可以改变上市公司的基本面貌,其股价的必然暴涨自然滋生内幕交易。那么,针对以上出现的各种问题,进一步完善证券市场监管机制,特别是创业板这块,完善审批上市制度是当务之急。另外,在市场上活跃的投资者们也应巩固自己的专业知识,谨慎投资,而不应盲目随大流,毕竟市场需要冷静而不应过于狂热。

资料来源:万萌菲等.天舟文化资产重组造假案例分析与启示 [J]. 当代经济,2014 (6).

第一节　企业重组概述

一、企业重组的概念

"资产重组"是一个中国特有的名词,在西方国家与此接近的是"Merger"一词,按照《大不列颠百科全书》的解释,"Merger"是"指两家或更多的独立的企业合并组成一家企业,通常由一家占优势的企业吸收一家或更多的企业"。实际上,我们的"资产重组"概念要比西方国家的含义广得多。以下是国内几种有代表性的观点:第一,资产重组是指企业为了提高公司的整体质量和获利能力而通过各种途径对企业内部和外部的已有业务进行重新组合或整合。外部并购扩张是资产重组的核心内容之一。第二,资产重组是指原企业改组为股份有限公司或有限责任公司时，依据改组方案，对资产、负债等进行的重新配置。第三，所谓的资产产权重组，是指政府按照其政策目标需要有计划地促进国有资产重新优化配置的一种产权管理行为。第四，资产重组是指通过不同法人主体的法人财产权、出资人所有权及债权人债权进行符合资本最大增值目的的相互调整与改变，对实业资本、金融资本、产权资本和无形资本进行重新组合。

资产重组指的是企业改组为境外上市公司时将原企业资产和负债进行合理划分，经过分立和合并等方式，对企业资产和组织重新组合及设置。

可以看出，国内学者在这一问题的认识存在着较大的分歧。本书认为，资本重组是指企业内部或企业之间的债务资本以及权益资本的重新配置与组合，其根本目的在于使资本获得最大的增值。

资产重组有狭义与广义之分。狭义上的资产重组既包括资产本身的重组，也包含资产所有权的重组。从更广泛的角度说，企业的资产除了传统的列入会计报表的物力资产以外，还应当包括在企业经营过程中起着重大作用而未被列入会计报表的人力资产，从这个意义上说的资产重组也就应当包括企业人员的流动与重新组配。

二、企业重组的分类

从按照资产重组的目的划分看，第一，生产经营性重组。指为改善本身产品的经营状况而进行的重组方式。其目的在于扩张本企业的生产规模，降低成本，提高产品质量和市场占有率。第二，资本经营性重组。是指投资者在对资本市场状况进行分析选择后对资产在不同企业之间的重组。这种资产重组，投资人主要追求投资回报，使资本在流动中增值。第三，生产经营与资本经营混合性重组。这种混合性重组的最终目的还是资本经营。第四，体制变革性重组。通过对企业产权制度、管理体制、领导体制的根本性改革，使企业真正成为自主经营、自负盈亏、自我约束、自我发展的经济实体，形成产权清晰、政企分工、权责明确、管理科学的新机制。

从按照行业划分看，第一，横向重组。指两个或两个以上属同一产业、生产同类产品企业进行的资产重组形式。实行横向重组的条件是：市场日趋成熟化，企业规模小而分散，盲目竞争十分激烈，价格战或成本战十分激烈。第二，纵向重组。指有原材料生产、供应和加工及销售，处于不同生产和流通阶段的企业之间的资产重组。它是大企业全面控制原料生产、调和各个环节、建立垂直结合控制体系的基本手段。纵向重组的目的在于控制从初级原料到生产再到销售的全过程，企图获取长远的经济利益。第三，混合重组。它既包括横向重组又包括纵向重组，或重组双方或多方属于没有关联关系的一种资产重组形式。

企业资产重组专栏 1

绯闻与现实：赣州稀土重组不平淡

图片来源：www.gz-re.com.

　　赣州稀土集团有限公司前身为赣州稀土发展控股有限公司，成立于 2010 年 11 月，2011 年 12 月更名为赣州稀土集团有限公司。2013 年 3 月 30 日，在国家工信委、环保部、国土资源部、科技部、国家发改委和中国稀土行业协会、中国稀土学会的认可、见证下，赣州稀土集团举行了正式的揭牌、挂牌仪式。这表明国家已明确了组建国家大型稀土集团的"1+4"构架，与包钢稀土、中国铝业、五矿集团、广晟有色一起，纳入国家大型稀土企业集团整合主体。集团注册资全 5 亿元，现有资产总额达到 23 亿元，净资产 12 亿元，资源价值数百亿元。拥有 9 个国有股东、6 家全资子公司、2 家控股企业，初步构建了集开采、加工、贸易、研发应用于一体的产业链，成为全国稀土行业的龙头企业、南方稀土第一大资源平台。

　　上述赣州稀土的现状看似平淡，但其重组的进程却不平淡，其间既绯闻不断，又有现实的经济博弈。

　　2011 年 3 月初，江西省政府办公厅下发《赣州市稀土整治工作方案》，提出："从赣州稀土矿业公司现有矿权中拿出部分采矿权组建新企业，加快先行上市。"自此绯闻就不断传播（见表 6-2）。

　　据不完全统计，至少有 16 家上市公司卷入"赣州稀土借壳上市"的绯闻，该绯闻已经发布，众多股民深信不疑，遭受重大损失。

　　什么原因让股民深信不疑？总结众多绯闻，不外乎有以下逻辑：

表 6-2　绯闻发布

绯闻发布时间	内容	绯闻效应	绯闻澄清时间	澄清后股价波动状况
2011 年 3 月 18 日	西南药业和昌九生化将被借壳上市	强势涨停	3 月 21 日，西南药业第一时间否认；3 月 24 日昌九生化澄清	西南药业股价应声而落；连续四个涨停后回落，并连续跌停
2011 年 3 月 24 日	赣能股份成为赣州稀土重组新的传闻对象	第二天涨停	3 月 26 日澄清	第二天股价回归正常
2011 年 3 月 26 日	诚志股份被传借壳上市	当天放量大涨	3 月 26 日晚澄清	第二天股价回归正常
2011 年 3 月 27~31 日	太极实业、桐君阁、中钢天源、泰山石油、旭飞投资、新都酒店、中成股份、*ST 星美、香江控股以及天音控股等被传借壳上市，这些公司先后澄清稳定股价			

绯闻首先介绍了赣州稀土有借壳上市的条件和潜在需求。比如"赣州稀土"全称为赣州稀土矿业有限公司，是赣州市国有公司，注册资本 9600 万元。公司介绍称，2007 年，该公司实现主营业务收入 8.07 亿元，实现税利 2.7 亿元。近日，赣州市人民政府批准印发了《赣州稀土矿业有限公司转型工作方案》。该方案从公司定位及总体目标、主营业务及经营管理方式、相关配套政策三大方面着手，力争在 5 年内将稀土矿业公司打造成南方离子型稀土领域最大的资源公司和矿产供应商。这则传闻提供的有关赣州稀土的介绍是基本属实的，这就让人对借壳方欲借壳深信不疑。接着传闻又介绍了壳方"今年急需重组，以免遭退市"的处境。

事实上，赣州稀土真正的上市日程起步于 2012 年。2012 年 6 月，黄光惠调任赣州稀土董事长，开始着手赣州稀土上市；9 月，赣州稀土集团初步拟定上市方案，开始与 ST 宏盛洽谈借壳事宜；12 月，ST 宏盛公告称终止与赣州稀土集团重组；2013 年 4 月，赣州市政府确立选择借壳公司四大标准。赣州稀土集团投票选中威华股份为借壳首选；11 月威华股份公告了与赣州稀土的重组方案。

资料来源：作者根据多方资料整理而成。

从按照企业的经营业绩划分看，第一，优—优型重组。即优势企业之间的资产重组。第二，优—劣型重组。指优势企业与劣势企业的资产重组。它是以优势企业的产品、商誉、商标、技术、资金及销售优势和劣势企业闲置的设备或其他资源进行资产重组，它既能使优势企业在较短时间内迅速扩大生产规模，又能使劣势企业尽快地恢复生产。第三，劣—劣型重组。通过重组使各方面优势得到集中，充分盘活存量资产，使闲置和半闲置的资产得到保值增值。

第二节　企业重组的动因

从理论上讲，关于资产重组动因主要来自以下理论：协同效应理论、股价信号理论、代理理论、股东控制理论等。一是协同效应理论。所谓协同效应理论，是认为企业的资产重组会引起各种资源的优势互补，产生额外的净效益。该理论的基本论点是指企业的资产重组会形成各个方面的协同效应，如经营、管理、财务及市场规模等。在经营方面，企业通过重组，可以实现相当规模的经济效应。而这种规模经济的效应可能来自研发、制造、营销渠道、人力资源等各个方面的资源共享，提高资源的利用效率，以及节约了外部沟通、谈判等交易成本。而在管理方面，管理效率较高的公司通过并购等方式收购效率低下的公司，通过对被收购方的各种整改，从管理效率上提高被收购方的经营情况。在财务方面，是指通过企业内部现金流动性的调剂余缺，并降低融资成本。比如收购一家现金流通紧张但投资机会较多的公司，可以借以介入相关投资领域，以实现财务上的优势互补。而若收购一家现金流充裕的公司，则可以从某种程度上改善企业集团的现金流通状况。在市场规模方面，是指可以通过兼并收购等方式达到一定程度的市场力量，使得公司在行业中的控制力进一步加强。二是股价信号理论。该理论主要是认为企业之间的收购兼并等资产重组会因由企业在股票市场中的错误定价而产生，如优质公司股价偏低或低股价公司拥有某些优质资产之时，会驱使其他企业前来进行兼并收购。三是代理理论。而在资产重组方面，代理理论的主要论点是，公司的经理可能背离股东利益最大化原则，而从自身利益出发进行不适当的资产重组活动。国外学者认为，公司经理可能为了自己能够控制更大规模的资产而进行不适当的过度并购，而同时，在公司规模扩张的过程中，也会给经理们以追求各种非正当利益的目标创造了机会。公司的经理可能会根据自己擅长的领域进行特定目标的收购，以此方式增加自己在公司中的重要性并提升地位。公司的经理可能会为了分散自己职业生涯的风险而进行不恰当的分业多元并购，而非专注主营业务。当公司经营情况优良、现金流量充裕的时候，作为公司经营者的经理往往并不是从股东角度来考虑将富余资金作为红利发放，而会寻求一些投资收益率不高的次等投资项目并进行投资，以此来避免自己控制的资产缩减，并增加自身在公司中的重要性。四是股东控制理论。这一类的理论其实也是根源于代理理论，其主要的观点是指公司内部大小股东对于公司的控制能力有所差别，大股东由于相对于小股东有绝对的控制权而导致其有动机从公司内部攫取更多利益，导致公司利润并不是按照股份份额来分配。学者们研究发现，大股东有多种渠道来实现对公司利益的攫取，比如同时兼任公司经理而分得过高的薪酬，对自己的其他公司进行不适当的担保以及各种关联交易等。

企业资产重组专栏 2

海润光伏重组过程中的大股东承诺

图片来源：www.hareon.com.

　　海润光伏科技有限公司（简称"光伏科技"——资产重组之前的称呼）成立于 2004 年，在光伏领域主要从事单晶硅棒、多晶硅锭、切方、硅片切割等环节的生产。

　　2008 年 1 月，光伏科技变更为股份有限公司，开始谋划 IPO；2008 年 4 月，光伏科技接受国信证券的 A 股上市辅导，但因金融危机于 2009 年夭折。

　　IPO 遇阻之后，在江阴市政府的牵线搭桥下，2010 年初，光伏科技开始与 *ST 申龙（股票代码 600401，公司全名：江苏申龙高科集团股份有限公司）接洽，拟进行资产重组实现借壳上市。*ST 申龙主要经营软塑彩印及复合包装产品的生产及销售。在与光伏科技接洽重组时，*ST 申龙已经连续三年亏损（2006 年度、2007 年度和 2008 年度），从 2009 年 4 月 2 日起公司股票被上海证券交易所暂停上市，2009 年依靠政府补贴才勉强实现盈利，也希望通过与其他企业重组以获新生。

　　光伏科技与 *ST 申龙经过多次协商和谈判，最终签署《吸收合并协议》和《吸收合并协议之补充协议》，以 2010 年 10 月 31 日为评估基准日，光伏科技评估作价 233511.11 万元，*ST 申龙以 3.00 元/股的价格向光伏科技全体股东发行 778370375 股股份换股吸收合并光伏科技。2011 年 10 月 26 日，中国证监会核准 *ST 申龙吸收合并光伏科技（证监许可〔2011〕1712 号）。

2011 年 11 月 11 日，商务部正式同意 *ST 申龙吸收合并光伏科技（商资批〔2011〕1326 号）。

2011 年 12 月 19 日，*ST 申龙向光伏科技全体股东发行 778370375 股股份吸收合并光伏科技，上市公司名称变更登记为"海润光伏科技股份有限公司"（简称"海润光伏"——重组之后的上市公司名称），原"光伏科技"依法注销，股票简称由"*ST 申龙"变更为"海润光伏"，股票代码仍为 600401。

在重组过程中，*ST 申龙与光伏科技全体股东签署了《利润补偿协议》，光伏科技全体股东承诺：海润光伏 2012 年度实现的归属于母公司所有者的净利润不低于 50965.79 万元，若实际盈利数小于上述盈利预测数，光伏科技全体股东在年报公布的 5 日内以现金方式向上市公司补足差额部分，江苏阳光集团为上述承诺行为提供担保，即如果经会计师事务所审核的海润光伏 2012 年实际盈利数小于 50965.79 万元，且光伏科技全体股东没能按照《利润补偿协议》向上市公司支付利润差额，则担保人江苏阳光集团在上市公司年报披露的 5 日内，以现金方式代为偿付利润差额及违约金。

重组后，海润光伏公司的总股本为 1036418019 股，其中原"光伏科技"的全体股东（共 20 名）在重组后均成为"海润光伏"的股东，共持有海润光伏股份 778370375 股，占比 75.10%（具体持股情况见表 6-3）。

表 6-3　原光伏科技股东（"大股东"）持有海润光伏股份情况

股东名称	持股数量（股）	限售原因	解除限售日期
江苏紫金电子集团有限公司	261946742	重大资产重组	2014 年 12 月 19 日
江阴市九润管业有限公司	192895245	重大资产重组	2014 年 12 月 19 日
YANG HUAI JIN	140627674	重大资产重组	2014 年 12 月 19 日
升阳国际有限公司	50675678	重大资产重组	2014 年 12 月 19 日
上海融高创业投资有限公司	37060473	重大资产重组	2014 年 12 月 19 日
WU TING TING	31385902	重大资产重组	2014 年 12 月 19 日
江阴市金石投资有限公司	18530236	重大资产重组	2014 年 12 月 19 日
江阴市爱纳基投资有限公司	11104332	重大资产重组	2014 年 12 月 19 日
江阴市润达轴承有限公司	1301887	重大资产重组	2014 年 12 月 19 日
姜庆堂	7733486	重大资产重组	2014 年 12 月 19 日
XING GUO QIANG	3138590	重大资产重组	2014 年 12 月 19 日
陈浩	3138590	重大资产重组	2014 年 12 月 19 日
张永欣	3138590	重大资产重组	2014 年 12 月 19 日
吴廷斌	3138590	重大资产重组	2014 年 12 月 19 日
冯国梁	3138590	重大资产重组	2014 年 12 月 19 日

续表

股东名称	持股数量（股）	限售原因	解除限售日期
Wilson Raymond Paul	2510872	重大资产重组	2014 年 12 月 19 日
缪建平	1883154	重大资产重组	2014 年 12 月 19 日
刘炎先	1883154	重大资产重组	2014 年 12 月 19 日
郝东玲	1883154	重大资产重组	2014 年 12 月 19 日
周宜可	1255436	重大资产重组	2014 年 12 月 19 日
合计	778370375	重大资产重组	2014 年 12 月 19 日
海润光伏总股本	1036418019 股		
大股东持股比例	75.10%		

资料来源：作者根据多方资料整理而成。

第一，企业重组的外部动因。外部动因主要包括宏观经济周期的变化、技术创新引发的产业结构调整和升级、市场竞争与政府对市场竞争的维护以及资本市场的创新四个方面。

宏观经济周期的变化。对多数企业来说，宏观经济的高涨和萧条无疑是影响企业兴衰的一个重要因素。企业的投资决策必须适应宏观经济的周期性变化，因而宏观经济的实际变化与人们投资及消费的预期变化往往联结在一起，因果累积、相互影响。

技术创新引发的产业结构调整和升级。新技术、新材料、新设备的发明和广泛运用极大地提高了企业的生产效率，与此同时也推动了产业结构的不断升级和调整。产业结构的调整是通过内部各个企业数量、规模、结构的变化来实现的。因而产业结构的调整既对某些企业的生存产生威胁，又为另一些企业的发展提供了机遇。

市场竞争与政府对市场竞争的维护。竞争既是市场的灵魂，又是企业的死亡威胁。逃避死亡的唯一办法是打败对手，主要条件是拥有对手不具备的竞争优势。竞争优势与企业家创新精神、研发投资、人力资本投资和生产规模扩张等因素是分不开的。通过企业兼并重组扩大企业规模，加强资本集中无疑是企业获得这些优势的重要途径。

资本市场的创新。金融工具的创新、中介机构作用的增强一方面降低了企业兼并重组的成本，推动了兼并重组的规模；另一方面也使得企业兼并重组的技术和反并购的技术竞相提高，使兼并重组活动更加复杂、激烈。

第二，企业重组的内部动因。作为市场的微观主体，企业的最终目标是最大限度地创造利润，因而企业进行兼并重组无非是因为并购活动更有利于实现这个目标。具体来说，企业并购的内因主要涵盖最佳生产规模、通过纵向一体化节约交易成本、多元化经营、谋求企业增长、实现优势互补、扩大管理者的控制权利益等方面。

最佳生产规模。对于规模偏小的企业来说，企业通过内部积累和外部扩张都能扩大企业规模，但是与内部积累方式相比，外部扩张的速度更快。

通过纵向一体化节约交易成本。企业通过兼并那些处于同一产业链的上游或下游企业，不仅可以保证原材料的供应，保证产品销售渠道畅通，而且可以节约交易过程中由于资产专用化引起的交易成本。

多元化经营。通过兼并其他行业中的企业，实行多角化经营，企业可以获得更加稳定的现金流，从而降低破产概率以及破产成本。

谋求企业增长。特定产品都有其特定的生命周期，具有长远发展战略的企业一般在生产第一代产品的同时会积极开发第二代产品或其他新产品。由于新产品开发无论在技术以及市场开发方面都具有一定的偶然性，因而，并购那些处于成长阶段的企业尽管需要多花费一些成本，但是投资风险却小得多。

实现优势互补。在一段时期内，受特定条件的制约，企业可能存在不均衡发展的情况，通过企业间的兼并联合可以实现优势互补。如拥有资金优势的企业，通过并购那些拥有特殊技术、无形资产的企业，获得相关行业的技术垄断优势或品牌优势，从而提升企业竞争力，实现企业的快速成长。

扩大管理者的控制权利益。对企业管理者来说，企业规模越大，他们所能获得的权利、声望和社会地位就越高，因而相对于企业的股东而言，管理者可能更希望自己的企业通过兼并重组等方式快速扩张。

企业资产重组专栏 3

国投托管重组中国高新，重组和转型并进

图片来源：www.sdic.com.cn.

高新张铜股份有限公司（以下简称"张铜"，中国高新投资集团公司）在 2008 年 2 月底披露的 2007 年业绩快报中显示：2007 年张铜实现净利润

4420万元。

2008年5月，张铜经初步调整后重新披露年报，新披露的年报显示：2007年，公司巨亏1.82亿元。

由于前后披露不一致，2008年6月，张铜因涉嫌发布虚假业绩公告，被证券监管部门立案调查，随即被14家银行追债，企业资金链断裂，资产被查封，生产经营陷入瘫痪。

2008年9月2日，张铜股票被ST处理，中小股东提起集体诉讼要求巨额赔偿的同时，中国高新也遭受牵连。中国高新的账户和资产被冻结，不仅造成18亿元以上的直接损失，而且面临股票退市风险。中国高新的承受和处置能力受到严峻挑战。

2008年9月3日，按照国资委要求，国投对中国高新先实施托管，随后再对其进行重组，实施危机处置和改革重组。

经过综合研判，国投引入了战略投资者——江苏沙钢集团有限公司（以下简称"沙钢"）作为张铜的重组方。

经过反复论证和艰苦谈判，2008年12月，确定了张铜发行股份向沙钢购买淮钢特钢63.79%股权的重大资产重组预案。2010年12月，重组预案通过了各有关方面的审核。

同时，国投着手调整机构，完善体制机制。按照"先启动后深化、先职能后流程、先岗位后职级"的"三先三后"思路，重新调整了中国高新职能部门和业务部门设置。

在对管理体制、经营机制等进行改革后，进一步调整了中国高新的发展战略，坚决收缩战线，推进结构优化，确立创投战略，促进可持续发展。

公司重组很快获得了成功，为民营企业借助资本市场实现快速发展创造了样板，实现了多方共赢，托管重组后中国高新实力和能力明显增强，品牌地位大幅提升，资产质量结构显著改善，国有资产得到保值增值，综合效益显著（见表6-4）。

表6-4　中国高新2008~2012年利润变化

年　份	2008	2009	2010	2011	2012
利润（亿元）	-4.95	—	1.79	2.5	2.98

另外，通过对中国高新的托管重组，国投进一步锻炼了队伍，提高了化解危机、开展国有资产经营的能力。中国高新成功战略转型，实现可持续发展，

也为国投进军战略性新兴产业、打造专业创业投资公司提供了一个新的平台，成为国投发展战略的重要组成部分。

　　资料来源：作者根据多方资料整理而成。

第三节　企业重组的方式

　　企业重组方式多种多样，不同重组方式的选择，也影响着企业重组价值的最大化。现阶段，更多的学者将企业重组方式分为以下几种：

　　第一，合并。合并是指两家或者两家以上相互独立的企业依据契约和相关法律合并成为一家企业的行为，合并之后，合并之前的企业不复存在，丧失法人地位。2005 年 10 月 27 日修订通过的《中华人民共和国公司法》第一百七十三条规定，"公司合并可以采取吸收合并或者新设合并。一个公司吸收其他公司为吸收合并，被吸收的公司解散。两个以上公司合并设立一个新的公司为新设合并，合并各方解散"。从中可以看出，广义的合并包含兼并。

　　第二，兼并。兼并是指在市场竞争中处于优势地位的兼并方采取有偿购买等方式获取被兼并企业的产权，将被兼并企业并入本企业的经济行为。兼并之后，只有兼并方继续保持原有法人地位，被兼并企业丧失法人资格，或者即使保有法人资格，但其投资主体也已经发生变更，被兼并企业不复存在。

　　第三，收购。收购是指一家企业通过购买目标企业部分或者部分资产、股票等方式以取得对方企业控制权的行为。收购与兼并不同，收购的目标是获得目标企业的实际控制权，当收购发生后，被收购方往往能继续保有其法人地位，而不会消失。

　　第四，剥离。剥离具体是指企业将其部分闲置的不良资产、无利可图的资产或产品生产线、子公司或部门出售给其他企业以获得现金或有价证券。从广义上讲，剥离还包括售卖和分立两种企业重组方式。

　　第五，售卖。售卖是剥离的一种方式，是指企业将不需要的资产整体或者部分出售给其他企业以获取现金或者有价证券的经济行为。

　　第六，分立。分立也是剥离的一种方式。企业分立可以划分为新设分立和派生分立，依据便是被分立企业是否存在。新设分立是指被分立企业将其全部资产进行分割，并入新成立的公司之中，被分立企业法人资格消失。派生分立是指被分立企业将部分资产分离，成立新公司的行为。分立之后，被分立企业法人资格能够继续保留。分立从其英文"Spinoffs"来看，是指企业将其在子公司中拥有的全部股份按照股东持股比例分配给公司股东的行为，分立之后，形成两家相互独立但是股权结构相同的公司，这本质上属于派生分立。

第七，托管。企业托管是指企业出资者或者实际控制人根据国家法律法规，以契约的形式将企业资产部分或者全部地委托给优势企业进行经营管理的行为，以实现企业价值增值。在企业的托管行为中，被托管企业的财产经营权和处置权也实现了转移，一般在签订托管契约时，也会商定在一定时间内优势企业以一定价格兼并该托管企业，这实质上是一种延期兼并。

第八，破产。破产是指企业长期处于亏损状态或者发生财务危机以致丧失偿还企业负债能力的一种企业失败。

企业重组方式除了上述几种之外，还包括接管或接收、标购、租赁、承包、资产置换等方式。合并、兼并和收购是现阶段企业重组通常会采用的三种形式，我们通常所说的并购，一般是指兼并和收购。

第四节　企业重组的模式及要求

企业重组一般有业务重组、资产重组、人力资源重组、管理体制重组等模式。

第一，业务重组。是指对被改组企业的业务进行划分，从而决定哪一部分业务进入上市公司业务的行为。它是企业重组的基础，是其重组的前提。重组时着重划分经营性业务和非经营性业务、盈利性业务和非盈利性业务、主营业务和非主营业务，然后把经营性业务和盈利性业务纳入上市公司业务，剥离非经营性业务和非盈利性业务。根据业务变更前后企业发生变化的程度以及新旧业务的各种关联程度，可以将重组划分为以下四种类型：一是扩张式重组。该类型只有新业务领域的进入行为，而没有旧业务的退出行为发生，因此，从表面上看是一种多元化（往往是相关多元化）行为，但是其与一般意义上的多元化有着本质的不同。因为拟构建的新业务将局部取代现存某核心业务在企业中的地位，为企业实现更好的发展提供一个新的战略平台。一般采取这类转型的往往是那些具有一定资源剩余且成长愿望较强的企业。二是脱胎换骨式重组。该类转型不仅有进入新业务领域行为发生，同时也有退出现存业务领域行为发生（往往是彻底退出现存核心业务领域），且新建业务将完全取代现存核心业务的主导地位，因此该类是程度最大的一种，同时也是难度较大一种（往往是跨行/产业转型）。从实际情况来看，该类重组常常发生于处于产业全面衰退环境里的企业，因此基本上是一种被动行为，从而存在较大的风险。三是中度重组。该类型并不要求彻底退出现有核心业务，只是部分退出，因此与扩张式类似，新建核心业务只是局部取代现存核心业务的地位。该类型往往发生在那些本身已是多元化经营的企业，为了谋求更好发展而对其经营业务链进行优化重构。四是高度重组。该类型更强调通过先适当收缩进而造就条件实现业务重构，以谋求更大的发展。与扩张式所体现的量的扩张不同，该类型往往是通过量的缩减来寻求一种质的提高，因此，该类型更是一种具有艺术性和技巧性的业务重构。

第二，资产重组。资产重组是指企业资产的拥有者、控制者与企业外部的经济主体进行的，对企业资产的分布状态进行重新组合、调整、配置的过程，或对设在企业资产上的权利进行重新配置的过程。资产剥离和购并是资产重组的两种基本形式。资产剥离是指将那些从公司长远战略来看处于外围和辅助地位的经营项目加以出售。购并主要涉及新经营项目的购入，其目的是增强公司的核心业务和主营项目。企业资产重组过程往往伴随着资产剥离和收购兼并活动的同时进行。对我国来说，伴随着国有企业改革的深化，资产重组方式多种多样，归纳起来有公司制改组、承包、租赁、企业兼并收购、托管、外资嫁接改造、破产重组、债务重组、股权重组等。从目前我国的资产重组情况来看，主要表现为四种类型：一是整体改组。整体改组是指本企业以整体资产进行重组，并将比较小的非经营性资产不予剥离而改组设立新的法人实体，原有企业解散。这种重组一般适用新建企业或"企业办社会现象"较轻的企业。采用这种重组方式，企业不需要对其资产进行剥离，关联交易少，重组过程较为简单，重组时间较短；但是，企业在重组时不能剥离不产生效益或效益低下的资产，不能裁减冗员轻装上阵，如果国有企业整体改组，最大的弊端则可能存在国有资产的潜在流失。二是整体改组分立。整体改组分立是上市公司最为常见的重组方式，主要有两种形式：一种是一分为二重组，即原企业经过重组后分为两个或多个法人，原法人消亡，但新法人仍然属于原所有者；另一种是主体重组模式（原企业法人保留），即从原企业重组中拿出生产经营性资产进行股份制改造，变成上市公司；其余非生产资产作为全资子公司隶属于改组的控股公司。三是新建聚合重组。新建聚合重组是指企业以一定比例资产和业务进行重组，设立一个法人实体，主要适用集团企业且集团企业中的生产性企业与非生产性企业界限较为清楚。四是共同重组。共同重组模式是指多个企业，以其部分资产、业务、资金债权，共同设立一个新的法人实体，其中的一个或两个企业在新实体中占有较大的份额。这一类型在上市公司极少看到，但对非上市公司而言，各种类型的企业都可以采用。

企业资产重组专栏4

天宏纸业重大资产重组始末

图片来源：www.xjzsw.gov.cn.

新疆天宏纸业股份有限公司，是由新疆石河子造纸厂作为主发起人，联合新疆教育出版社、新疆出版印刷集团公司、兵团印刷厂四家法人单位以货币资金入股，共同发起设立的股份有限公司。于2001年6月28日在上海证券交易所挂牌上市。是新疆唯一的纸业上市公司。

公司于2004年、2005年连续两年经营亏损，上海证券交易所对公司作退市特别风险提示，A股简称为：*ST天宏。

2007年5月，新疆石河子当地拟以石河子国有资产经营（集团）有限公司（以下简称"国资公司"）作为对新疆天宏重组的主体，收购当地具有较强盈利能力的新疆石河子银河纺织有限责任公司（以下简称"银河纺织"），以银河纺织资产与业务为载体对公司进行资产重组暨向特定对象发行股份购买资产。公司拟以常德天宏股权及本部造纸资产按照评估后的资产净值作价8728万元，和以每股4.27元的价格向国资公司发行股份不超过2443万股人民币普通股作为对价，购买国资公司持有的银河纺织100%的股权。

2008年9月1日，公司发布资产重组进展公告，因公司资产重组方中涉及资产存在法律纠纷，资产重组预案搁置。

2012年6月，公司发布重大资产重组进展公告，兵团国资委拟将石河子造纸厂及其持有的ST天宏41.90%股权通过无偿划转的方式由石河子国资公司划转至农十二师国资公司，本次划转结束后，ST天宏的实际控制人将变更为农十二师国资委。

2012年8月29日，公司公告了《新疆天宏纸业股份有限公司重大资产置换及发行股份购买资产暨关联交易预案》，本公司拟将拥有的全部资产及负债置换新疆生产建设兵团农十二师国有资产经营有限责任公司（以下简称"农十二师国资公司")持有的新疆天润生物科技股份有限公司（以下简称"天润科技"）89.22%的股权，两者评估值的差额部分，由本公司以向农十二师国资公司发行股份的方式进行支付，同时本公司分别向天润科技其他股东石波、谢平发行股份购买其持有的天润科技 7.35%、0.23%股权。

2013 年 3 月 27 日，新疆天宏纸业股份有限公司发布了《关于新疆天宏纸业股份有限公司重大资产重组延期复牌公告》，由于审计评估工作尚未完成，预计无法按期在 2013 年 4 月 1 日召开董事会，股票继续停牌，预计在 2013 年 4 月 22 日召开董事会并在次日复牌。

2013 年 10 月 28 日收到中国证券监督管理委员会《关于核准新疆天宏纸业股份有限公司重大资产重组及向新疆生产建设兵团农十二师国有资产经营有限责任公司等发行股份购买资产的批复》（证监许可〔2013〕1348 号），中国证监会核准公司本次重大资产重组及向新疆生产建设兵团农十二师国有资产经营有限责任公司发行 4551774 股股份、向石波发行 1626804 股股份、向谢平发行 50837 股股份购买相关资产。

2013 年 12 月 24 日，公司与新疆生产建设兵团农十二师国有资产经营有限责任公司、新疆天宏资产管理有限公司就本次重大资产重组置出的资产交割签订《资产交割确认书》。根据该《资产交割确认书》，新疆生产建设兵团农十二师国有资产经营有限责任公司及其全资子公司新疆天宏资产管理有限公司以 2013 年 10 月 31 日为交割基准日接收了全部置出资产。

至此，公司本次重大资产重组已实施完成。

资料来源：作者根据多方资料整理而成。

第三，人力资源重组。人力资源重组是运用现代化的科学方法，对人力资源进行合理的培育开发和优化整合，使人的思想、心理和行为处于最佳状态，知识、技能、经验、智慧、创造力和主观能动性得到充分发挥，做到人尽其才；使企业人力与物力保持最佳配置，做到人事相宜，人尽其用，以发挥最佳的组织效能，保证企业目标的实现。人力资源重组包含着以下几个方面的基本功能：

人力资源的整合：使员工接受企业的宗旨和价值观念，并内化为员工的价值观念和行为规范，对企业形成强烈的归属感和责任感。

人力资源的激励：向员工提供相宜的工作环境和相应的奖酬，满足员工在物质和精神方面的追求，激发和鼓励员工为实现企业目标发挥积极性和创造性。

人力资源的控制和调整：评估员工素质，考核工作绩效，作出相应的奖惩、升迁、解雇、聘用等决策。

人力资源的开发：对员工实施培训和再教育，提供发展机会，结合企业发展战略帮助员工确定个人发展方向和道路。

由此可见，人力资源重组强调人力资源的综合管理、优化组合和平衡发展；注重因人而异，根据人的需要和内在动因，有效激励人的责任感、成就感和事业心；注重群体对成员的吸引力，组织目标与个人发展的一致性；注重人的潜能开发与人力资源的投资强度；注重人与人以及人与工作、人与组织的关系协调。

人力资源重组应遵循三条原则：

首先是市场经济的原则。在市场经济条件下，包括劳动力在内的全部生产要素都以商品的形式进入市场，市场机制推动着生产要素的合理流动，促进各种资源包括人力资源的优化配置。因此，人力资本的重组也必须遵循市场经济的原则。通过人力市场，在劳动者和企业双方意愿的基础上，依靠竞争机制和价值规律的作用，实现最好的劳动力与最佳的企业结合，实现人力资源与物力资源的优化再配置，使人力资源得到合理利用，企业和个人都得到发展。

其次是个体素质与岗位要求相对应的原则。每一个体的性格、气质、知识、经验、特长、技能各不相同；不同的职级和岗位，对人员的素质和能力有不同的要求。因此，必须根据人的素质和能力，把人放在最合适、最相宜的岗位上，实现人与工作的有效结合，达到人事相宜、各尽其用。

最后是整体结构合理化的原则。所谓整体结构，是指企业各种类型人员的配置及其相互关系。根据这一原则，我们在实施人力资源重组时，把具有不同专业、知识、智能、年龄、性格、气质、志趣的人科学、合理地组合在一起，彼此取长补短，发挥每个人的长处。弥补每个人的不足，发挥出整体结构的最佳效能。

第四，管理体制重组。是指修订管理制度，完善企业管理体制，以适应现代企业制度要求的行为。2013 年 11 月，中央发布《关于全面深化改革若干重大问题的决定》，明确积极发展混合所有制经济，允许非国有资本参股国有资本投资项目。2014 年 2 月，国务院国资委副主任黄淑和在《国有企业改革在深化》一文中也指出，当前和今后一个时期，深化国有企业改革，重点是加快国有企业股权多元化改革，积极发展混合所有制经济和深化国有企业管理体制改革，健全完善现代企业制度。

第五节　企业重组中的资产剥离

　　资产剥离指一个企业出售它的下属部门（独立部门或生产线）资产给另一企业的交易。具体来说，是指企业将其部分闲置的不良资产、无利可图的资产或产品生产线、子公司或部门出售给其他企业以获得现金或有价证券。资产剥离的实质可以从广义和狭义两个角度进行解释：广义的资产剥离是指部分资产组合脱离企业控制的一种资产重组交易，它包括出售和分立等多种形式；狭义的资产剥离意味着企业将其所拥有的资产、生产线、经营部门、子公司等出售给第三方，以获取现金、股票或现金与股票结合形式的回报的　种商业行为。资产剥离的动因有以下几个方面：

　　第一，外部环境性原因是资产剥离的诱发因素。在经济高速发展的今天，技术革命日新月异、产品更新换代迅速，全球化的市场经济下竞争日趋激烈，中国作为世界工厂，很多行业产能过剩，迫使企业有必要建立有效的退出机制。

　　第二，内部性原因是资产剥离的根本因素。包括三种可能的原因。首先，上市公司进行资产剥离一般是为了亏损的业务，从而使企业能降低多元化程度，集中于主要业务的经营，或者是为了企业的其他业务的需要而筹集现金。其次，当公司通过多元化方式进入与其核心业务毫不相关的产业，没有产生有效的协同作用，公司就可以通过出售那些先前购买的这些业务部门，消除消极的协同作用。最后，管理层更替的原因，前任管理层之所以不剥离业绩很差的业务，这是因为外界会认为这是对他最初所做错误投资决定的承认，而这种承认对其能力和声誉来讲都是不利的。但是，新任管理层一般并不关心前任的声誉，所以会主动纠正前任的错误，将会尽快地将其剥离。

　　第三，特殊目的性原因。例如盈余管理。如果上市公司已经长时间地持有了准备进行长期投资的资产，管理层有时会做出剥离部分资产来获得此前未真正实现的收益，并以此来提高财务业绩；或者在业绩太好时选择出售部分资产，并以此来减少会计盈余，以达到减少上市公司近几年收益波动性的效果。

企业资产重组专栏 5

宝钢股份的资产剥离

图片来源: www.baosteel.com.

　　2012 年 3 月，宝山钢铁股份有限公司向其母公司宝钢集团及其全资子公司上海不锈钢、宝钢特钢转让不锈钢、特钢事业部的相关资产以及股权。剥离资产的总价格为 451.92 亿元，其中一次性现金 226.92 亿元，5 年分期支付 225 亿元，宝钢股份转让资产账面价值为 373.4 亿元，评估值为 469.2 亿元，将为公司带来 95.8 亿元的一次性收入。宝钢集团的支付方式分为三种：第一，宝钢股份一次性获得现金 126.92 亿元；第二，转移银行借款 100 亿元；第三，集团以分期付款方式支付剩余 225 亿元，5 年等额支付。

　　该次的资产剥离完成后，宝钢股份将完成对特钢和不锈钢业务的剥离。从剥离的结果来看，本次资产剥离将在三方面对宝钢股份的业绩带来正面影响：①一次性收益。考虑到 95.8 亿元还将征收土地增值税、企业所得税的各种税赋，我们按照 40% 综合税率计算，一次性收益将贡献 EPS 0.33 元。②减少亏损。此次剥离的标的资产在 2011 年已经形成亏损，合计 15.4 亿元，此次资产剥离有利于公司卸下包袱，提升盈利水平。③财务费用降低。考虑一次性现金、分期付款支付的支付方式，以及公司融资成本、资金运作效率及利息水平等因素，降低公司财务费用约 14 亿元。综合第二、第三方面可提高 EPS 0.12 元，总计剥离资产的业务可增厚每股收益 0.45 元。

　　宝钢股份在优质碳钢扁平材领域具有行业领先地位，普碳冷轧薄板和热轧薄板是宝钢股份最有竞争力的产品，高端优势明显、盈利能力强。以此为代表的碳钢业务是其主要最具竞争优势的主业；而不锈钢和特钢业务长期表现欠佳，盈利能力明显弱于碳钢业务。从企业战略的角度出发，宝钢有剥离外围业务、强化核心业务的动机。宝钢股份的管理层或许是预期到 2011 年报表的难看，其相关信息显示，为了短期盈利能力的改善，钢铁行业上市公司管理层普遍面临巨大的经营压力，所谓的行业自救和各出奇招缓解存货压力无疑体现了盈余管理的动机。

　　资料来源: 张昊等. 我国上市公司资产剥离特征与动因分析 [J]. 现代商贸工业，2013 (8).

第六节　企业重组中的风险管理

企业重组有可能成为企业腾飞的契机，也可能给企业带来极大的风险。重组活动是对重组主体经营决策水平、管理素质及自身资源条件的重大考验。按重组风险存在的不同阶段分为重组前的价值风险、重组中的财务风险和重组后的整合风险。

一、重组面临的风险

第一阶段：重组前风险。

第一，战略风险。资产重组只考虑战术层次，而没有考虑战略层次，是导致资产重组失败的重要原因。如果企业不能认识重组与企业战略之间的关系，资产重组可能遇到严重的困难。重组项目的远景应该与整个企业的远景相一致，企业的高层管理人员应该提供正确的企业远景。只有当利益相关者、目标延伸、战略定位以及成功的关键因素等战略要素被认知并在资产重组时予以考虑，重组的目标才是与企业整体的战略目标一致的。

第二，重组范围和规模风险。如果计划不当，重组的范围和规模确定不妥的话，有可能给企业的经营活动带来不利影响，可能无法使整个企业集团产生经营协同效应、财务协同效应，难以实现规模经济和经验共享互补。通过重组形成的新企业因规模过于庞大而产生规模不经济，甚至整个企业集团的经营业绩都为被并购进来的新企业所拖累。

第三，信息风险。在资产重组中，信息是非常重要的，知己知彼，百战不殆。真实与及时的信息可以大大提高重组行动的成功率，但实际上因信息不对称而贸然行动导致重组失败的案例不少。由于信息不对称，导致对重组对象的价值判断并不一定是完整和准确的。仅仅从重组对象的财务报表去判断其财务状况和经营成果是不够的，因为其财务报表可能含有虚假的成分。即使它是真实的，也可能因为会计确认基础的主观性以及会计政策的可选择性等主观原因以及未予披露表外事项的存在，造成对重组对象的价值作出错误判断。如果在重组的过程中高估了资产低估了负债而导致对重组收益作出错误判断，就会给重组带来风险。

第二阶段：重组中风险。

第一，融资风险。企业的融资渠道一般有自有资金、借款、发行债券、发行股票等。影响融资财务风险有两个因素：一是融资能力，是影响企业重组融资的最重要因素。融资能力包括内源融资和外源融资两方面。内源融资能力取决于企业可以获得的自有资金水平及有关税收折旧政策等，一般内源融资资金成本较低。外源融资能力债务融资和权益融资等方式，取决于外部融资渠道的多寡、企业的获利能力、资本结构及市场对企业的态度等。二是融资结构，即企业资本中债务资本与股权资本结构。债务资本包括短期债务与长期债务结构等。企业融资结构是否合理，是影响融资风险的主要因素。当重组达不到预期效果时，实际经营利润率小于负债利息时，就会产生利息支付风险和按期还本风险。在以股权资本为主的融资结构中，对外发行新股意味着将企业的部分控制权转移给了新股东，如果普通股发行过多，原股东可能丧失控制权，并购方反而面临被收购风险。

第二，反收购风险。在通常情况下，并购重组中的被收购企业对收购行为往往持不欢迎和不合作态度，尤其在面临敌意并购时，它们可能会"宁为玉碎，不为瓦全"，不惜一切代价布置反收购战役，其反收购措施可能是各种各样的。这些反收购行动无疑会对收购方构成相当大的风险。

第三，法律风险。各国关于并购、重组的法律法规的细则，一般都通过增加并购成本而提高并购难度。在我国，《证券法》第七十九条规定："通过证券交易所的证券交易，投资者持有一个上市公司已发行的股份的百分之五时，应当在该事实发生之日起三日内，向国务院证券监督管理机构、证券交易所作出书面报告，通知该上市公司，并予以公告；在上述规定的期限内，不得再行买卖该上市公司的股票"，"投资者持有一个上市公司已发行的股份的百分之五后，通过证券交易所的证券交易，其所持该上市公司已发行的股份比例每增加或者减少百分之五，应当依照前款规定进行报告和公告。在报告期限内和作出报告、公告后二日内，不得再行买卖该上市公司的股票"。由此可见，控股收购的成本将随收购股份的比例的增加而增加，收购的难度与收购风险也随之递增，反收购则相对比较轻松。

另外，不同的重组方式，在重组过程中面临的财务风险也有不同。如杠杆收购有力地推动了企业间的资产重组，但也伴随着一定的风险，容易助长证券市场的过度投机行为，加剧了证券市场震荡和为牟取差价、获取暴利而进行杠杆收购，扰乱目标企业正常生产秩序，造成社会经济不稳定；托管经营重组面临着由于委托人与代理人在目标、动机、利益、权利、责任等方面存在着差异，委托人具有因将资产的支配权和使用权转让给代理人后可能遭受利益损失的风险；买壳上市往往面临管理不规范、信息披露不及时不充分、对外债务及对外担保数量较多等问题。

第三阶段：重组后风险。

第一，管理风险。为了使员工对资产重组的抵触情绪达到最小，企业除了要找出自身的劣势以外，企业的资产重组还应该使用激励的方式获取企业的高层管理人员和其他领导者自始至终的参与和支持。资产重组失败很重要的一个原因是缺乏持续的管理投入和领导。

第二，企业文化风险。企业之间的资产重组结构整合，必然触动企业文化理念的碰撞。企业文化风险是指资产重组涉及的不同企业文化之间的冲突，给企业资产重组带来的风险。一个企业的管理模式和行为有时不能为另一个企业员工所接受，使得企业在内部管理上花费很大的精力和成本，完成重组之后的融合至正常运作经常需要很长的时间，而最终宣告失败的例子也屡见不鲜。许多重组过于注重技术因素，忽略了人的因素，阻碍了人的积极性的发挥，破坏了企业内部员工之间的协调，使得重组未带来预期的绩效。

第三，资产整合风险。经过重组后的企业资产数量必然会发生扩张，资产的存量质量必须要符合企业发展需要，不良资产必须得到剔除，否则重组后后续成本会大大增加。

企业资产重组专栏 6

广东金刚玻璃科技股份有限公司
关于重大资产重组的一般风险提示公告

图片来源：www.golden-glass.com.

本公司及董事会全体人员保证信息披露的内容真实、准确和完整，没有虚假记载、误导性陈述或者重大遗漏。

广东金刚玻璃科技股份有限公司（以下简称"公司"或"金刚玻璃"）因筹划重大资产重组事项，公司股票于 2014 年 3 月 31 日开始因筹划重大事项停牌，于 2014 年 4 月 8 日因重大资产重组继续停牌。公司股票自 2014 年 7 月 8 起复牌，按照相关法规要求发布风险提示如下：

1. 与本次重组相关的风险

（1）审批风险。本次交易尚需满足多项条件方可完成，包括但不限于取得金刚玻璃董事会、股东大会对本次交易的批准、中国证监会对本次交易的核准等。本次交易能否取得上述批准及取得上述批准时间存在不确定性，方案最终能否实施成功存在上述审批风险。

（2）交易终止风险。公司制定了严格的内幕信息管理制度，公司在本次与交易对方的协商过程中尽可能控制内幕信息知情人员范围，以避免内幕信息的传播，但仍不排除有关机构和个人利用关于本次交易内幕信息进行内幕交易的行为，公司存在因股价异常波动或异常交易可能涉嫌内幕交易而暂停、终止或取消本次交易的风险。

（3）交易标的估值较高的风险日。

（4）业务整合风险。本次交易完成后，上市公司将初步实现多元化发展战略，其运营管理能力、协调整合能力等将面临一定的考验。

（5）商誉减值风险。本次交易作价较汉恩互联账面净资产增值较多，根据《企业会计准则》，合并对价超过被合并方可辨认净资产公允价值的部分将被确认为商誉。本次交易完成后，在上市公司合并资产负债表中将增加一定数额的商誉。根据《企业会计准则》规定，本次交易形成的商誉不作摊销处理，但需在未来每年年度终了进行减值测试。如果汉恩互联未来经营状况未达预期，则存在商誉减值的风险，商誉减值将直接减少上市公司的当期利润，提请投资者注意可能的商誉减值风险。

（6）现金补偿无保障措施的风险。虽然公司为了应对业绩补偿承诺实施的违约风险，设计了股份锁定和分期支付现金对价的安排，但依然存在现金补偿无保障措施的风险。

2. 标的资产的经营风险

第一，市场竞争风险。我国移动互联网领域的行业集中度相对较低，竞争较为激烈。移动互联网技术和模式的发展日新月异，客户对于移动互联网的认识和要求也在不断提高，国内和国际许多公司正在加快进入移动互联网领域。汉恩互联如果不能持续提升技术水平、引进优秀人才、拓展优质客户、扩大业务规模、增强资本实力和抗风险能力、准确把握移动互联网及数字营销体验行业的发展趋势和客户对其需求的变化，公司将难以保持对客户的吸引力，进而对公司经营业绩产生重大不利影响。

第二，标的资产盈利能力波动风险。作为数字营销体验服务和移动运营服务的提供商，汉恩互联未来的盈利能力除了受数字营销体验和移动互联网行业发展趋势的变化的影响外，还受后续提供的数字展示和移动营销及运营服务的市场认可程度、自身运营能力等因素的影响。若后续服务未能得到市场的认可、用户体验度降低，汉恩互联自身的资源整合和运营能力及市场地位出现不利变化等都将直接影响汉恩互联的盈利能力。提请投资者关注汉恩互联未来业绩较历史业绩变动较大的风险。

第三，盈利承诺期内各年度资产评估预测的实现存在不确定性风险。

第四，核心人才流失风险。

第五，技术风险。

3. 其他风险

第一，标的资产近三年股权转让相关风险。近三年标的资产实际控制人袁帆、高媛与瑞华投资、杭州维思、苏州捷富、凯亚投资存在相对较为频繁的股权转让行为，且投资公司瑞华投资、杭州维思、苏州捷富皆在重组前实现退出。历次股权转让价格也存在一定的差异。虽然标的资产近三年股权转让行为皆存在具体的缘由，且转让价格具有合理性，但提请投资者关注相关事项及其潜在风险。

第二，股市风险。

第三，其他风险。公司不排除因政治、经济、自然灾害等其他不可控因素带来不利影响的可能性。

本预案披露后，公司将继续按照相关法规的要求，及时、准确地披露公司重组的进展情况，敬请广大投资者注意投资风险。

特此公告。

广东金刚玻璃科技股份有限公司

董事会

二〇一四年七月七日

资料来源：根据《广东金刚玻璃科技股份有限公司关于重大资产重组的一般风险提示公告》节选而成。

二、企业重组的风险防范

企业进行资产重组首先应从企业发展的战略目标出发，通过对企业面临的外部环境和内部条件的研究，分析企业资源的优势和劣势、能力的长处和短处，明确企业资产重组的动机。

确定重组目的后，企业应搜集各个可能的重组对象有关生产经营方面的信息，以避免信息风险。企业应搜集和分析的信息包括产业环境信息、财务状况信息、经营能力信息、重组对象高层领导信息等。产业环境信息指重组对象所处产业的基本情况及其发展阶段、在社会经济中的地位和作用等信息。财务状况信息主要指重组对象的资本结构、现金流、盈利能力等信息。经营能力信息主要指重组对象的经营目的、经营方针、经营计划、研究开发能力、生产规模、销售网络、管理能力、公共关系、人力资源状况及企业文化等信息。重组对象高层领导信息指重组对象的高层领导能力与品质、性格、气质、工作作风及管理方式与决策方式等信息。

企业应依据重组目的，在对搜集的各个可能的重组对象的信息进行全面、具体、细致的分析筛选比较之后，最终确定符合企业发展要求的重组对象。整个过程应该主要是市场导向型的，而不是政府导向型的。在目前资本市场有待完善，中介机构尚不发达的情况下，有关部门应该对政府行为空间作出限定，避免政府行为对资产重组过多的干预。这并不是说政府是多余的，事实上企业的资产重组涉及的很多方面，诸如资金的来源、富余人员的安置、债务包袱谁来背等棘手问题的解决都离不开政府的支持。企业在注意避免政府干预给资产重组带来风险的同时，也要正确地处理好与政府的关系，一个成功的资产重组案例必然是从企业自身的利益出发，同时又是符合政府在一定时期的政策意图的。

资产重组的运作过程主要有以下几个方面：明确重组目的，做好重组前的自身审查和重组对象的选择；聘请诸如投资银行、证券公司、会计师事务所、律师事务所等有实际操作经验和良好社会关系的中介机构；进行重组的可行性分析，要在用合作科学的方法对有关的资产进行正确的评估、选择合理重组方式的基础上，开展成本效益分析；筹措所需的资金进行重组；重组之后的整合。中介机构在资产重组中扮演着越来越重要的角色，选择一个好的中介机构能够为企业提供良好的咨询和建议，促进重组活动的成功。

在并购重组中，资产评估是确定并购价格的一个前提，被并购的企业资产转让底价，应该以资产评估净值为依据。真实可靠的评估结果可以降低资产重组的信息风险。为了防止高估目标企业的价值，并购企业在对目标企业的资产进行评估时应充分贯彻谨慎性原则，尤其是对无形资产的评估要适度，同时要全面深入地对目标公司的债权债务情况进行调查，评估的价值中应该减除不能实现的债权。

合理地选择重组的方式，有利于降低重组的成本，降低重组的反收购风险和法律风险。比如，在并购重组时，企业选择敌意并购的方式，事先并不与目标公司协商，而直接采取并购行为向目标公司股东开出并购价格或收购要约，这种敌意并购的方式有时间短、节奏快的优点，但是通常无法从正常渠道获取目标公司内部运营情况、财务状况等重要的资料，给其估价带来困难，同时会招致目标公司的反抗，导致并购风险的增加。而善意的并购方式事先与目标公司协商，征得其同意并通过谈判的方式达成重组的协议，并购双方充分地交流、沟通信息，有利于降低反收购风险和法律风险。

企业的资产重组应该制定相关的资金预算，并严格按预算支出，这样可以有效地避免融资风险。企业在实施重组前，首先应对重组各环节的资金需要量做出测算，根据重组过程中资金的支出时间，制定出资金支出预算。在完成重组资金需求及支出预算后，再根据企业财务状况和融资可能，对企业资金使用情况做出合理安排，在保证企业正常经营活动资金需求的前提下，确保企业进行重组活动所需资金的有效供给。企业重组时还可考虑与目标企业债权人协商达成谅解减轻债务，或以分期付款的方式减轻重组的现金支出，或以杠杆收购减少先期现金流出等方法来降低重组的融资风险。

重组手段完成后，还要对重组后企业的资产、人员进行整合，这可能是一个持续时间较长的过程，并且是一个相对艰巨的任务，在整合的过程中，企业要及时地对重组事项进行检讨，以确定重组的目标是否达到，总结在操作过程中有什么教训，这对今后的重组会很有帮助。

【章末案例】

飞鹤退市之谜

飞鹤乳业的公司名片上曾用中英双语印着"中国首家美国纽交所上市乳品企业"，这一直是其中高层员工引以为傲的资本，但这已经成为历史。

图片来源：www.feihe.com.

2013 年 6 月底，飞鹤国际董事长兼 CEO 冷友斌宣布，公司私有化工作在历时 8 个月后终于完成，冷友斌同摩根斯坦利旗下的亚洲私募股权部门联合以每普通股 7.4 美元现金的价格，总计 1.46 亿美元，公开回购了公司约 50% 的流通股股份。

如果没有国务院九部委联合发布《关于进一步加强婴幼儿配方乳粉质量安全工作的意见》（下称《意见》）及蒙牛闪电收购雅士利的大背景，飞鹤的此次退市必然不会受到如此关注。

如果说蒙牛收购雅士利拉开了中国乳业整合的大幕，那么飞鹤乳业退市，不失为一种收翅蓄力之举。

1. 价值低估

蒙牛乳业与雅士利国际联合公告发布的尘埃落定，被视为国内奶粉行业近年来最为显赫的并购大戏。紧接着就有消息传出，伊利欲借助《意见》这一新政的东风，完成对飞鹤、完达山等奶粉企业的并购，以平衡"蒙牛收购雅士利"之后形成的奶粉产业格局。

对于飞鹤乳业美国退市，有业内人士猜测其是为谋求在中国香港地区和内地的上市，从而获得更强的融资能力，借以完成对中小奶粉企业的整合，实现从区域品牌向全国品牌的扩张。各路消息的堆积发酵使得刚从美国抽身的冷友斌左右为难。冷友斌公开回应称："与奶粉新政无关，与伊利收购传闻无关，主要是近年来美国对中国的概念股打压太厉害，企业在美国资本市场已经没有融资功能，却每年还要付出 2000 多万元的维护成本，所以选择退市。"

冷友斌一手让飞鹤从负债 1000 多万元的空壳小厂，发展到中国首家美国纽交所上市乳品企业。奶源可控是飞鹤的竞争优势，除此以外，飞鹤领办奶牛标准化规模养殖牧场、行业产量排名前三位、婴幼儿奶粉产品全程可追溯、拥有 51 年的安全生产记录、产品具有高适应性等特点都为其在业内赢得了良好的口碑。这些竞争优势已经完全能够促使飞鹤领跑行业发展，在兼并重组过程中，飞鹤显然已经以产业模式、品牌价值、研发能力、渠道覆盖、市场认可等多方面优势，使当下政策所要打造的样本工程立体化。从这种意义上看，飞鹤作为行业政策下的"优等生"，冷友斌绝对不会卖掉飞鹤。

2003 年前的 5 月，冷友斌携飞鹤国际在美国纳斯达克上市，随后在 2005 年 4 月转到纽交所，成为第一家赴美上市的中国乳企。其股价自 2009 年从 40 多美元/股的高位下跌后，最低曾跌至 2.2 美元/股，其余时间一直徘徊在 6~7 美元/股。

冷友斌不止一次对媒体抱怨飞鹤的价值被低估，由于美国资本市场对中国概念股的打压，公司经营和股价长期不成正比。企业上市的目的是融资，但当下的金融形势让冷友斌短期内看不到融资的希望，面对美国资本市场高额的运营费用，继续维持已没有意义。

目前有40多家在美国上市的公司和飞鹤一样，通过私有化从股市退出。不过和其他企业不同的是，近期国家相关部门出台了一系列政策全面整顿乳粉市场，其中推动奶粉企业兼并重组成为重要内容。工业和信息化部提出，争取用两年时间，形成10家左右年销售收入超过20亿元、具有自主知识产权和国际竞争力的大型企业集团，将行业集中度提高到70%以上。在这个兼并重组信号下，蒙牛成功并购雅士利，飞鹤、完达山等企业也相继与伊利合并传出绯闻。飞鹤国际的退市，也引发了业界对于飞鹤未来是否会成为兼并重组对象的种种猜测。

2. 并购很难

飞鹤对于其他乳企最具吸引力之处在于，飞鹤是一家拥有全产业链布局的乳粉企业。冷友斌早在2003年飞鹤上市后，即开始修建牧场，在原料的自控上下足了工夫，并花费大量人力、物力和财力投入在原料的建设和产业链的完善上，而环顾当时的中国其他乳企，其中大部分企业的关注点都还集中在市场上。

对于伊利为抢占市场份额，收购飞鹤和完达山的传言，完达山在回应该问题时有颇多隐含，其董事长王景海称："目前企业间的合作还是机密，没有到公布的时候，一天没研究完，一天就没有消息透露。"与此形成强烈对比的是，刚刚完成退市的飞鹤态度相当坚决，董事长兼CEO冷友斌表示："我们坚决不卖企业，还有意收购其他企业呢!"

事实上，飞鹤与同在黑龙江的完达山乳业有着很多相似之处：同是拥有全产业链布局的乳粉企业；完达山董事长王景海和冷友斌同样表达过对不投牧场投市场的业内风气的不满；同样没有出现过恶性安全事故；同时传出将被伊利收购的消息，又几乎同一时间出面否认。现在还要多加一条，同是非上市公司。乳粉企业重组问题非常复杂，因为双方并非婴幼儿奶粉的重组，是企业资产的重组。重组后所有产品都由一方来生产，也就是一个品牌的总量，两家门槛是通的。两家企业如此相似，从完达山董事长王景海对乳粉企业兼并重组的如下看法中，也能从侧面看出冷友斌不愿飞鹤被收购的另一层原因。"如果企业重组，必须是在国家产业政策条件之下。全产业链的乳粉企业涉及收购，如果没有政府出面，后面将会遗留一系列复杂并难以解决的问题。"

乳品行业的产业链相比其他行业既长且复杂，以完达山为例，2013年完达山净资产达到35.6亿元。如果蒙牛、伊利收购完达山，单纯收购完达山这家企业相对简单，但是收购完达山的奶源基地就显得非常困难，其中将涉及地方利益、奶农的利益以及20万名就业劳动力和养活70万人口的问题。

3. 市场危机

除了企业之间的融合问题，国内乳粉市场的错综复杂因素也需要提前考量。据统计，中国进口奶粉的市场份额已经高达60%~70%，消费者对进口奶粉的盲目崇拜也直接加剧了二线企业的生存危机。此外，因为液态奶利润仅为1%~2%，奶粉利润空间相对较高，因此国内全国性品牌如蒙牛、伊利扩张奶粉业务，也将挤占二线奶粉企业的市场份额。

飞鹤的主要影响力在东北部地区，以及河北、山西、山东等三个市场，由此来看，它还是一个区域性的品牌。此外，飞鹤的营销策略依旧单一，近几年的市场并没有多大成长。2009年，飞鹤引入红杉资本，实现短时间扩张但又快速回落，这背后有其必然性。无论是奶源策略、生产布局、品牌影响力还是终端市场的运作，飞鹤还不能称为一线品牌，还存在诸多不足。

市场的急剧变化，致使冷友斌的扩张比其他乳粉企业慢了不止一步，这一着之失曾让飞鹤一度在逆风中前行。飞鹤的业绩在2009年达到顶峰，之后便开始一路下滑，甚至在个别季度出现了亏损。飞鹤曾与红杉签订"对赌条款"：如果飞鹤乳业2009~2010年每股收益未能完成预期目标，将要向红杉资本再次增发最多不超过52.5万股股份；从本次融资协议执行的第三年起，如果飞鹤乳业流通股15个工作日中的收盘价均价低于每股39美元，红杉资本将有权要求飞鹤乳业将这部分股份全部赎回；如果2009~2010年飞鹤达到协议规定的盈利目标，可以用原先的认购价来回购股份；如果未实现盈利目标，回购价格则必须是原先认购价的130%。

虽然已有蒙牛、太子奶输掉"对赌"的先例，但冷友斌对这场与红杉的"赌局"却充满信心。三聚氰胺事件爆发后，飞鹤奶粉因无一例产品检测含有三聚氰胺，销量出现"井喷"，最高单月同比增长达600%。而公司2009年第一季度财报显示，奶粉销售额较2008年同期增长318.4%，增至1076亿美元。

志得意满的冷友斌一定不会想到，3年后红杉资本因飞鹤的业绩未达标而终止了与飞鹤的合作，同时飞鹤要在一年内分 4 期向红杉资本支付约 6500 万美元。2011 年 8 月，飞鹤将旗下的两家牧场以 1318 亿美元左右的估值出售。对此，业界有猜测说飞鹤出售牧场是为了变现，来赎回当时跟红杉资本对赌失败后的股份。

种种原因致使 2010 年后的冷友斌的日子越来越难过，飞鹤的发展困局在一定程度上代表了国内二线奶粉企业的处境。冷友斌认为，如果当初把投入牧场的 20 亿元拿去投资市场，飞鹤的市场和品牌不会是现在的水平，当然，可能飞鹤也会涉及三聚氰胺事件中。有业内人士认为飞鹤乳业的美国退市行为是冷友斌在收翅蓄力，等待重新振翅高飞的机会。事实上国家整顿乳企的决心和想法很早就通过工业和信息化部、相关协会与主要奶粉企业进行过沟通，这或许也是飞鹤在 2012 年提出退市申请，并于 2013 年 7 月正式完成的一个动因。

退市给飞鹤的发展带来还债压力，冷友斌以公司资产、未来现金流量及受益为担保吸引摩根斯坦利为其注资以完成私有化，这更加剧了飞鹤的负债。同时，私有化减少了公司的现金或可变现资产，公司的偿债能力降低。另外，退市后没有了上市公司利润考核压力的冷友斌，可以把更多精力投入市场和渠道建设上。

现在冷友斌给自己的任务是，用两年的时间梳理品牌和渠道，将市场占有率提升一下。过去对于奶粉产品产业链前端的过度关注，让冷友斌忽视了对产业链下游的市场、品牌的投入，错失在 2008 年的逆境扩张机会，但面对当下的种种压力，2013 年的这次机会，冷友斌必定不会让自己再次错过。

资料来源：李韵.飞鹤退市之谜［DB/OL］.全球品牌网，2013-11-13.

【本章小结】

资本重组是指企业内部或企业之间的债务资本以及权益资本的重新配置与组合，其根本目的在于使资本获得最大的增值。本章思路分为两个部分：理论上从资本重组的概念、分类和动因三个方面介绍，实践上从资本重组的方式、模式以及资产剥离论述，最后列举了企业重组中面临的风险问题，并提出相关的解决措施。合理地选择重组的方式，有利于降低重组的成本，降低重组的反收购风险和法律风险，公司的经营者需要谨慎对待。

【问题思考】

1. 企业重组的基本程序是什么？

2. 企业重组的动因是什么？

3. 企业重组的方式有哪些？模式有哪些？

4. 如何加强企业重组中的风险管理？

【参考文献】

[1] 刘娇，刘可. 从战略角度分析柯达破产重组的原因 [J]. 行政事业资产与财务，2013 (18).

[2] 李韵. 飞鹤退市之谜 [J]. 中国经济和信息化，2013 (16).

[3] 孙春晓. 公司资产剥离动因和阻碍的研究综述 [J]. 新西部 (下半月)，2008 (11).

[4] 赵海龙，马伊安. 关于国有煤炭企业资产重组战略选择风险防范的研究 [J]. 中国总会计师，2009 (11).

[5] 王国峰. 关于企业改制及资产重组主要内容和模式概览 [J]. 中小企业管理与科技 (上旬刊)，2010 (3).

[6] 李丽娜，吴春峰，张昊. 国企改革的发展：宝钢资产剥离分析 [J]. 西安石油大学学报 (社会科学版)，2013 (6).

[7] 汪佑想. 国有企业改革及资产重组的具体操作程序及有关政策 [J]. 中国勘察设计，2010 (9).

[8] 张凤敏. 宽松融资环境下企业资产重组的风险 [J]. 中国乡镇企业会计，2010 (5).

[9] 王小中. 煤炭主业资产重组并购运作模式分析 [J]. 煤炭经济研究，2013 (2).

[10] 蔡琳. 企业兼并的理论和实践研究 [J]. 经营管理者，2010 (2).

[11] 梁树广. 企业兼并理论述评 [J]. 山东财政学院学报，2011 (3).

[12] 崔世娟，孙利，蓝海林. 企业业务重组战略研究——以华立集团为例 [J]. 管理案例研究与评论，2010 (1).

[13] 严先锋，顾岚敏. 企业重组动因及风险防范 [J]. 中国证券期货，2011 (10).

[14] 胡勇. 企业重组模式探析 [D]. 西南财经大学硕士学位论文，2005.

[15] 王海宁. 企业资产重组的类型 [J]. 中国改革，1998 (2).

[16] 马金辉. 企业资产重组运作的风险研究 [J]. 经济师，2008 (5).

[17] 鲍婷. 浅议公司并购重组的动因、模式与绩效 [J]. 企业导报，2012 (5).

[18] 李月秋，李新华.我国企业重组问题趋势分析——以一汽轿车股份有限公司为例 [J].商业会计，2014（4）.

[19] 张欣.我国上市公司不同资产剥离动因对绩效影响的分析 [J].商业时代，2014（6）.

[20] 张文敏，吴金波.我国上市公司资产剥离动因的实证分析 [J].新会计，2012（8）.

[21] 张昊，王微.我国上市公司资产剥离特征与动因分析 [J].现代商贸工业，2013（8）.

[22] 红炜.无锡尚德破产重组深层原因探讨 [J].中国总会计师，2013（4）.

[23] 胡永达.有色金属兼并重组动因分析 [J].中国金属通报，2013（36）.

[24] 黄敏莉.有效降低资产重组风险的财务方法论 [J].上海国资，2012（12）.

[25] 岑成德.中小民企资产重组的必要性初探 [J].中国民营科技与经济，2006（1）.

[26] 王蔚松.资产剥离：一种有效的退出战略 [J].上海国资，2012（7）.

[27] 廖蔚红.资产剥离理论分析 [J].经营管理者，2013（6）.

[28] 余景选.资产重组风险防范 [J].生产力研究，2004（8）.

[29] 刘建勇，董晴.资产重组中大股东承诺、现金补偿与中小股东利益保护——基于海润光伏的案例研究 [J].财贸研究，2014（1）.

[30] 万萌菲等.天舟文化资产重组造假案例分析与启示 [J].当代经济，2014（6）.

第七章　企业兼并收购

【学习要点】

☆ 了解企业兼并收购的内涵与方式；

☆ 理解资本运营与企业经营的关系；

☆ 知晓企业并购决策；

☆ 重视企业并购后的文化等方面的整合。

【章首案例】

关于收购春天的故事

中国春天百货于 2013 年 12 月 5 日正式在中国香港联交所退市。根据公开信息，历时近一年的王府井国际收购中国春天百货集团一事终于落停。

图片来源：www.wfj.com.cn/.

受宏观经济增速放缓、经营成本上升以及电子商务冲击等因素影响，传统百货业经历十余年快速增长后遭遇"瓶颈"。在传统零售业一片萧条的大环境下，王府井国际收购中国春天的消息一经传出，就引起了企业内外的广泛关注和种种猜测。收购中国春天历经了怎样的过程？中国春天下市之后，我们在提升自身业绩的同时，又将如何全面消化中国春天？

1. 波澜起伏的收购之路

自 2012 年上半年，王府井国际就启动了收购中国春天的计划。6 月初，王府井国际开始与中国春天的实际控制人陈启泰先生接触，在达成共识后开始方案的设计及论证；8 月中旬，经过王府井国际内部讨论后，确定正式立项；9 月组织完成了对中国春天门店的实地调研和专家访谈。在双方确定了组建财团共同收购的基本方案后，王府井国际于 2012 年 10 月，在开曼设立了窗口公司——贝尔蒙特公司作为境外收集信息和融资的平台。经过多轮艰苦谈判，王府井国际与中国春天达成了《股权销售协议》(草案)。2013年1月24日,王府井国际与中国春天控股股东签署股权买卖协议,1月31日发布了签署买卖协议的联合公告。此后,王府井国际向国家商务部、商务部反垄断局、国家发改委、国资委等部门和外汇管理部门提交了项目申请报告。2013年6月21日,王府井国际完成所有的项目核准和批准文件,6月28日,完成与大股东就中国春天39.53%的股权交割,并对其余股东发出了强制重组合并要约。截至2013年8月31日,受让总股本的96.72%,王府井国际成为中国春天的控股股东及实际控制人。目前,王府井国际对其余下股份的强制性收购已完成,中国春天已于2013年12月5日起在中国香港联交所退市,至此,中国春天成为王府井国际旗下全资附属公司。

谈及收购过程,王府井国际综合管理部部长张廷俊介绍说,本次收购是国内首次以完全市场化运作的方式实现内资企业并购外资企业的案例。在设计收购方案之初,我们没有可供借鉴的经验。如交易模式的选择,通过与相关中介机构的合作,我们发现,对香港市场上市公司实施私有化一般有两种模式,一是公开要约,二是协议安排。收购之初,我们采用了相对友好的"协议安排"模式,即中国春天大股东和王府井国际一同进行中国春天的私有化。但在实际的项目推进中,这一模式受到了多方不可控因素的制约和影响。为此,我们不得不在中途改变方案,转而采用现行的收购春天大股东股权的方案,但这种方案却存在着不能退市和需要融资额度与原方案相比大幅增加的问题。所以,在整个收购推进过程中,大家一直顶着巨大的压力。

"通过公开要约进行股权收购,需要收购方必须持有大量的自有现金做保障,这就导致我们必须在短时间内进行大规模的融资。而百货行业的资金大多是运营资金,用来做收购的沉淀资金并不是很多,为此,我们先后筹资近34亿元人民币,最终满足了香港证监会的收购要求。"张廷俊说,"通常情况,大额信贷没有一两个月,银行批复根本下不来,而政府的审批流程则更为复杂,但这次收购,我们从启动政府审批到审批完成,再到汇到境外,一共才用了四个半月的时间。之所以要快马加鞭地赶进程,一是迫于时间所限,根据香港银监会规定,签署股权买卖协议后必须在规定期限内进行公告,否则项目告吹。2013年1月24日,我们与中国春天控股股东签署股权买卖协议时,距离规定的最后期限仅剩两天。二是迫于资金所限,34亿元的贷款,一天所需支付的利息就有37万元,如果能提前10天完成收购,就可以为企业节约费用几百万元"。

张廷俊说:"如何做大做强,将是国内连锁百货集团在未来几十年内必将面对的课题。而在这一过程中,收购兼并是最为重要的手段。作为以投资、融资和股权管理为主要业务的商业资产投资发展公司,寻找新的收购项目,开展新的投资,将是王府井国际未来工作的重点。"因此,总结本次收购进程中的经验,对企业未来收购的开展大有裨益。

经验一是有关借力"外脑"。在收购案进行中,王府井国际聘请了大量的专业公司,借力"外脑",顺利完成了对中国春天的收购。参与交易的中介机构,包括香港的凯ës律师事务所、君合律师事务所以及美国的安永会计事务所等在内的数个专业机构。这些机构帮助我们对中国春天进行尽职调查,识别交易过程中可能存在的风险,或在收购中国春天的过程中,提供中国香港法律和财务顾问的帮助。多年来,我们一直强调自谋发展,但在收购领域,我们还是"新生",特别是境外收购,时间短、程度低、经验浅,而中介机构拥有丰富的投资、法律和融资人才。因此,我们要善于利用"外脑",借助专业力量,规避收购过程中可能出现的风险,提升收购成功率。但需要注意的是,谋求短期的快速发展,借助"外脑"不失为一种手段,但对于企业长期发展而言,培养核心人才才是发展根本。

经验二是有关借力"资金杠杆"。从资金角度看,王府井的资产负债率比较低,这说明企业有一定的资金沉淀,且资金状况良好,但在过去相当长的一段时间里,我们却没有充分利用这一资源。张廷俊说:"34亿元的交易额在收购市场上并不算很大,但在百货领域,这却是笔不小的数目。这期间,为解决收购资金不足的问题,我们尝试用了大量的资金杠杆,取得了很好的收效。未来,在实施收购兼并期间,我们不妨利用银行、信托等机构的资金支持,加速企业发展。这期间需要注意的是,必须要恰当地运用杠杆进行收购,必须在结合自身情况对目标公司产业环境、盈利能力、资产构成及利用等情况进行分析的基础上,选择策略方式,控制筹资风险,从而优化各种资源配置,以实现资本增值最大化。"

2. 任重道远的整合之路

王府井国际收购中国春天,对于王府井国际旗下的王府井百货而言,无疑意义重大,收购带来的首先是一连串的利好。

一是在门店数量上,重组前,王府井拥有30家门店,中国春天共有自有门店 16 家和管理店 3 家。完成收购后，王府井国际掌控的门店达到了 48 家，成为继万达、百盛之后，全国门店数量第三多的百货品牌。二是在网点布局上，王府井的门店主要位于北方市场，而中国春天的门店分布在厦门、贵阳、青岛、北京、六盘水、遵义、西安、南宁、太原、长春、沈阳共 11 个城市，其中，有 7 个城市我们尚未进驻。因此在网点布局上，此次收购能够形成良好的互补作用。同时，对开拓南方市场起到了重要作用。三是在自持物业上，目前，王府井 30 家门店的建筑面积合计有 130 万平方米，但自有物业占比不足 15%。而中国春天的 16 家自有门店中，建筑面积 46.4 万平方米，其中自有面积 22.4 万平方米，物业自持比例达到了 48%。在物业租金节节高涨的当下，收购中国春天可以弥补在自持物业方面的不足。四是在经营业态上，中国春天拥有丰富的奥特莱斯运营经验，已在北京、青岛、沈阳开设了三家奥特莱斯。其中，位于北京的奥特莱斯运营最为成功，沈阳奥特莱斯尽管开业不到一年，但发展态势良好。中国春天的奥特莱斯发展模式基本成型，这将对我们传统的百货业态经营形成一个有益补充。

收购带来的优势就摆在面前，如何将现今的优势转化为未来的赢势，这就需要围绕资源、体制和文化三方面内容做好整合与提升，即最大程度地利用资源、最高效率地促进文化与体制融合、最快速度地发挥企业整合效益。

鉴于很多失败的整合案例都是由于文化体制融合失败造成的，王府井百货集团董事长兼中国春天集团董事局主席刘冰强调，要保持中国春天管理团队和员工队伍的稳定。她说，这次王府井和中国春天的合作重组是股东间在股权层面的合作，王府井作为控股股东在控股中国春天后管理层不变，继续保持和完善市场化激励机制，力争在效益稳步提升的前提下不断提高收入水平。

与此同时，2013 年 7 月 8 日，由王府井和中国春天抽调专门人员共同组成了王府井春天百货调研组，从人力、财务、业务三个方面对中国春天的发展进行全面调研。目前，这一工作仍在推进中。工作组对大量数据和文字资料进行优化整理、统计分析和对实地访谈情况梳理汇总的基础上，初步形成《春天百货经营管理评估分析报告》。报告将从总部、区域、门店三个层面，对中国春天经营管理现状做出全面描述，提炼并总结了中国春天在管理机制、运营体系等各关键把控节点上突出的优势及问题，为完成评估与整合意见报告奠定了基础。调研结果及管理建议将提交中国春天董事会讨论。

3. 充满考验的试水之路

就在王府井春天项目组调研紧锣密鼓开展之际，王府井国际已经派人介入中国春天的部分业务项目，介入的首个项目即西安国贸春天广场（现已更名王府井百货西安店）。2013 年 9 月 15 日，9 名王府井业务人员进入西安店，开始对西安店的经营调整提供业务支持。据张廷俊介绍，此番派遣业务人员介入西安店调整，是基于其原有管理层的人员调动。

西安店位于西安市南关正街 88 号，距钟楼约 500 米，建筑面积 7.5 万平方米，拥有停车位 1200 个。该项目分为两期：一期 A 馆于 2006 年开业，建筑面积 2.5 万平方米，主营国际一线奢侈品，已经开业的品牌包括 Gucci（古驰）、Ermenegildo Zegna（杰尼亚）、Bally（巴利）、Cerruti 1881（切瑞蒂）、HUGO BOSS（雨果博斯）等；二期 B 馆于 2012 年 5 月开业，建筑面积 7.5 万平方米，目前定位于精品时尚百货。

从中国春天 2012 年的财务状况来看，西安店年销售业绩为 4769 万元，仅占中国春天年度经营业绩的 0.2%。其中，利润方面同比下降了 5.8%，虽然拥有众多的一线奢侈品牌，但西安店的发展却进入了"叫好不叫座"的尴尬现状，所以借助王府井的业务力量，对西安店业绩的提升提出具体措施，建立西安店业务经营监控体系，争取用较短时间使业绩得到提升，成为王府井整合中国春天业务的当务之急。

据悉，西安店一期 A 馆的调整工作已经启动。西安店副总经理高少云介绍，他们将延续其原有的高端路线，对一期 A 馆的品牌丰满度做进一步的完善。其中一层 Prada（普拉达）将开出一个 1000 平方米的旗舰店，Miu Miu（缪缪）将开出一个 600 平方米的旗舰店。此外，Gucci（古驰）正采用边经营边调整的方式进行扩容改造，该品牌调整到位以后，经营面积将达到 600 平方米，它将成为西安乃至西北市场中最大的一家 Gucci（古驰）形象店。从目前的项目推进情况来看，可以实现 2014 年"五一"的全面亮相。

高少云说："当前调整的焦点主要集中在二期 B 馆，有关这部分调整，我们目前设计了两个方案：方案一是与一期 A 馆形成错位经营，在沿袭王府井百货大众流行百货路子的基础上，做一个拉高，以此达到吸引客流的目的；方案二是延续一期 A 馆的高端定位，在第一、第二层精耕细作奢侈品，第三层以上主推功能配套。目前，我们正围绕这两个方案进行论证，待中国春天董事会确定方案后，将正式启动调整。我们希望 2014 年国庆节前能完成这部分调整，如果确定实施方案二，那么整个调整难度则势必会加大，重新开业的时间，也极有可能延后。"

虽然二期 B 馆的调整方案还没有最终落地，但有关化妆品的招商事宜却在2013 年 9 月就全面启动了。据来自集团百货事业部化妆采购部、当前负责西安店化妆品招商的陈宝冀说："对设计进驻的 20 个品牌，我们已经进行了全面摸底，通过与品牌商的多轮沟通，基本敲定了合作意向。刚开始做方案时，我们拟定的品牌是 26 个，后来相继拿掉了两个知名的大众品牌，为的就是保证整个西安店的高端定位。"据陈宝冀介绍，此番入驻的 20 个化妆品牌全部是一线品牌。

"在推进西安店调整过程中，我们与中国春天在业务层面的对接已经初见端倪。"高少云说，"目前，我们正会同中国春天的招商团队，对调整方案和品牌招商进行集中会诊。其中，有关西安店二期 B 馆的调整，中国春天方面就提出：二层全部引进设计师品牌的意见。如果中国春天董事会决定启用这一提案，那么原中国春天团队将成为一支重要的招商力量，因为在奢侈品领域，手握大量高端品牌资源的中国春天显然更有话语权"。据高少云介绍，目前已确定入驻的 Prada（普拉达）和 Miu Miu（缪缪）就是中国春天谈下来的，而且在时间、店资、客户进场等条件上都谈得颇为不错。此外，据中国春天方面负责奢侈品招商工作的副总裁蒋科介绍，他们已经与 Cartier（卡地亚）、Salvatore Ferragamo（菲拉格慕）、Tods（托德斯）等多个国际一线奢侈品牌进行了多轮沟通接洽。蒋科表示，中国春天团队将尽其所能将这些品牌资源带进西安店。

王府井在化妆品、男女装、功能项目等领域的招商和管理上，拥有比中国春天更丰富的经验，但就经营高端百货而言，与开云、历峰、路易威登、巴宝莉集团等奢侈品集团旗下的品牌几乎都有合作的中国春天则更具有优势。所以，不同于一般百货零售企业之间单纯追求规模的强强联合，收购中国春天属于互补型的整合，把控得好，能形成很强的合力。

据中国春天方面负责奢侈品招商工作的副总裁蒋科介绍，中国春天是一家靠收购成长起来的企业，从 2006 年开始先后收购了厦门嘉禾来雅、青岛海信广场、长春时代广场、北京赛特购物中心、西安美美百货等商场，都为中国春天带来了一定的奢侈品资源。据不完全统计，中国春天旗下已经汇聚了近2000 个高端品牌。蒋科说，近年来，我们先后进行了西安春天的招商和北京奥特莱斯、沈阳奥特莱斯的招商，这都给中国春天创造了与品牌建立联系的机会。蒋科强调，定期进行新项目的沟通，本身就有助于双方关系的建立。

谈及如何做好奢侈品的招商管理，蒋科认为，首先要组建一支高效精练的招商团队。他的团队只有五个人，但几乎每个人都能独当一面。蒋科说，精通法语、英语，且拥有一定有品牌资源的专业人才，是进入我们团队的首选。很显然，这有别于王府井的人才培养机制，中国春天的用人机制显然更具"实用性"。其次是要形成服务品牌商的意识。"什么叫服务品牌商？"蒋科说，"我们会定期对司机进行英语培训，让司机掌握简单的英文，以便我们可以随时了解品牌商的需求；我们会在接机时，为品牌商提供喜好的咖啡，如果我们不了解这个人的喜好，我们就会把所有的咖啡都买一遍。知道怎么服务品牌商，才能知道怎么服务顾客"。蒋科还说，"原则上我们团队的工作只负责到合同签订，进场开业则转由门店负责。但在后期的实际营运过程中，我们会不定时地了解品牌经营情况和实际需求。当我们的营运团队遇到一些沟通不畅或者无法解决的问题时，也会和我们反馈，通过我们的关系与品牌商高层取得联系，解决譬如货品不足、人员配置、店铺布局等方面的问题。"

"如今，中国春天已经下市，但这仅仅是王府井收购中国春天进程中迈出的第一步，对我们来说，双方未来的整合提升才是更为重要的任务。在百货零售业整合失败的案例比比皆是的情况下，整合是否能够顺利完成，则完全考验着我们的智慧。"

资料来源：www.wfj.com.cn.

第一节　并购的概念

一、并购的内涵

通常来说，并购（Merger and Acquisition）包括兼并（Merger）与收购（Acquisition）。

兼并是指在竞争中占据优势地位的企业将其他企业并入自身企业或企业集团中的行为，通常是通过产权的有权转让的经济形式进行，若被合并的公司申请解散并由存续公司申请变更等级的，称为吸收兼并或存续兼并；若两家以上的公司同时消灭而形成另一家新公司，则称为新设兼并或设立兼并。兼并完成后，兼并方将接收目标公司的所有资产和债权债务，需要履行被兼并方的所有权利、债务以及相关法律责任。

收购是指一家企业的经营控制权所有者改变，原来的投资者丧失了对该企业的经营控制权。根据我国《证券法》的定义，上市公司收购是指收购人通过在证券交易所的股份转让活动持有一个上市公司的股份达到一定比例，通过证券交易所股份转让活动以外的其他合法方式控制一个上市公司达到一定程度，导致其获得或者可能获得对该公司的实际控制权的行为。收购后原目标公司实体资格还保留。收购方成为目标公司的股东后，对目标公司的债务不承担连带责任，只是以自己的出资额作为有限承担责任和风险。

二、并购的动因

企业作为一个资本组织，必然谋求资本的最大增值，企业并购作为一种重要的投资活动，产生的动力主要源于追求资本最大增值的动机，以及源于竞争压力等因素，但是就单个企业的并购行为而言，又会有不同的动机和在现实生活中不同的具体表现形式，不同的企业根据自己的发展战略确定并购的动因。

第一，企业并购的效应动因。一是韦斯顿协同效应。该理论认为并购会带来企业生产经营效率的提高，最明显的作用表现为规模经济效益的取得，常称为"$1+1>2$"的效应。二是市场份额效应通过并购可以提高企业对市场的控制能力，通过横向并购，达到由行业特定的最低限度的规模，改善了行业结构、提高了行业的集中程度，使行业内的企业保持较高的利润率水平；而纵向并购是通过对原料和销售渠道的控制，有力地控制竞争对手的活动；混合并购对市场势力的影响是以间接的方式实现，并购后企业的绝对规模和充足的财力对其相关领域中的企业形成了较大的竞争威胁。三是经验成本曲线效应。其中的经验包括企业在技术、市场、专利、产品、管理和企业文化等方面的特长，由于经验无法复制，通过并购可以分享目标企业的经验，减少企业为积累经验所付出的学习成本，节约企业发展费用，在一些对劳动力素质要求较高的企业，经验往往是一种有效的进入壁垒。四是财务协同效应。并购会给企业在财务方面带来效益，这种效益的取得是由于税法、会计处理惯例及证券交易内在规定的作用而产生的货币效益，主要有税收效应，即通过并购可以实现合理避税；股价预期效应，即并购使股票市场企业股票评价发生改变从而影响股票价格，并购方企业可以选择市盈率和价格收益比较低，但是有较高每股收益的企业作为并购目标。

第二，企业并购的一般动因。企业并购的直接动因有两个：一是最大化现有股东持有股权的市场价值；二是最大化现有管理者的财富。而增加企业价值是实现这两个目的的根本，企业并购的一般动因体现在以下几个方面：

一是获取战略机会。并购者的动因之一是要购买未来的发展机会，当一个企业决定扩大其在某一特定行业的经营时，一个重要战略是并购那个行业中的现有企业，而不是依靠自身内部发展。原因在于：直接获得正在经营的发展研究部门，获得时间优势，避免了工厂建设延误的时间；减少一个竞争者，并直接获得其在行业中的位置。企业并购的另一战略动因是市场力的运用，两家企业采用统一价格政策，可以使它们得到的收益高于竞争时的收益，大量信息资源可能用于披露战略机会，财会信息可能起到关键作用，如会计收益数据可能用于评价行业内各个企业的盈利能力；可被用于评价行业盈利能力的变化等，这对企业并购十分有意义。

二是发挥协同效应。主要来自以下几个领域：在生产领域，可产生规模经济性，可接受新技术，可减少供给短缺的可能性，可充分利用未使用生产能力；在市场及分配领域，同样可产生规模经济性，是进入新市场的途径，扩展现存分布网，增加产品市场控制力；在财务领域，充分利用未使用的税收利益，开发未使用的债务能力；在人事领域，吸收关键的管理技能，使多种研究与开发部门融合。

三是提高管理效率。其一是企业现在的管理者以非标准方式经营，当其被更有效率的企业收购后，管理者更替从而提高管理效率，当管理者自身利益与现有股东的利益更好地协调时，则可提高管理效率，如采用杠杆购买，现有管理者的财富构成取决于企业的财务成功，这时管理者集中精力于企业市场价值最大化。其二是如果一家企业兼并另一家企业，然后出售部分资产收回全部购买价值，结果以零成本取得剩余资产，使企业从资本市场获益。

四是获得规模效益。企业的规模经济是由生产规模经济和管理规模经济两个层次组成的，生产规模经济主要包括：企业通过并购对生产资本进行补充和调整，达到规模经济的要求，在保持整体产品结构不变的情况下，在各子公司实行专业化生产。管理规模经济主要表现在：由于管理费用可以在更大范围内分摊，使单位产品的管理费用大大减少。可以集中人力、物力和财力致力于新技术、新产品的开发。

五是买壳上市。目前，我国对上市公司的审批较严格，上市资格也是一种资源，某些并购不是为获得目标企业本身而是为获得目标企业的上市资格，通过到国外买壳上市，企业可以在国外筹集资金进入外国市场。中国远洋运输集团在海外已多次成功买壳上市，控股了香港中远太平洋和中远国际。中远集团（上海）置业发展有限公司耗资 1.45 亿元，以协议方式一次性购买上海众城实业股份有限公司占股份 28.7% 的发起人法人股，达到控股目的，成功进入国内资本运作市场。

此外，并购降低进入新行业、新市场的障碍。例如，为在上海拓展业务、占领市场，恒通通过协议以较低价格购买上海棱光实业国有股份，达到控股目的而使自己的业务成功地在上海开展；还可以利用被并购方的资源，包括设备、人员和目标企业享有的优惠政策；出于市场竞争压力，企业需要不断强化自身竞争力，开拓新业务领域，降低经营风险。

第三，企业并购财务动因。在西方，对企业并购存在种种理论上的解释。有的理论认为并购中通过有效的财务活动使效率得到提高，并有可能产生超常利益。有的从证券市场信号上分析，认为股票收购传递目标公司被低估的信息，会引起并购方和目标公司股票上涨。综合各种理论，企业产权在买卖中流动，遵循价值规律、供求规律和竞争规律，使生产要素流向最需要、最能产生效益的地区和行业的同时，还要考虑由于税务、会计处理惯例以及证券交易等内在规律作用而产生的一种纯货币的效益，因此，企业产权并购财务动因包括以下几个方面：

一是避税因素。由于股息收入、利息收入、营业收益与资本收益间的税率差别较大，在并购中采取恰当的财务处理方法可以达到合理避税的效果。在税法中规定了亏损递延的条款，拥有较大盈利的企业往往考虑把那些拥有相当数量累积亏损的企业作为并购对象，纳税收益作为企业现金流入的增加可以增加企业的价值。企业现金流量的盈余使用方式有：增发股利、证券投资、回购股票、收购其他企业。如发放红利，股东将为此支付较企业证券市场并购所支付的证券交易税更高的所得税；有价证券收益率不高；回购股票易提高股票行市，加大成本。而用多余资金收购企业对企业和股东都将产生一定的纳税收益。在换股收购中，收购公司既未收到现金也未收到资本收益，因而这一过程是免税的。企业通过资产流动和转移使资产所有者实现追加投资和资产多样化目的，并购方通过发行可转换债券换取目标企业的股票，这些债券在一段时间后再转换成股票。这样发行债券的利息可先从收入中扣除，再以扣除后的盈余计算所得税，另外，企业可以保留这些债券的资本收益直至其转换为股票为止，资本收益的延期偿付可使企业少付资本收益税。

二是筹资。并购一家掌握有大量资金盈余但股票市价偏低的企业，可以同时获得其资金以弥补自身资金不足，筹资是迅速成长中的企业共同面临的一个难题，设法与一个资金充足的企业联合是一种有效的解决办法，由于资产的重置成本通常高于其市价，在并购中企业热衷于并购其他企业而不是重置资产。有效市场条件下，反映企业经济价值的是以企业盈利能力为基础的市场价值而非账面价值，被兼并方企业资产的卖出价值往往出价较低，兼并后企业管理效率提高，职能部门改组降低有关费用，这些都是并购筹资的有利条件。当前许多国有企业实施的技术改造急需大量发展资金投入，因此采取产权流动形式使企业资产在不同方式下重新组合，盘活存量以减少投入，迅速形成新的生产力。举例来说，在中国香港注册上市的上海实业控股有限公司斥资 6000 万元收购了上海霞飞日化公司，为我国企业探索了一条间接利用外资发展国产品牌的新路，霞飞虽然拥有驰名商标的优势，但是由于缺乏资金，仍然发展缓慢，并购完成后，注册在香港的公司作为向海外融资的途径。

三是企业价值增值。通常被并购企业股票的市盈率偏低，低于并购方，这样并购完成后市盈率维持在较高的水平上，股价上升使每股收益得到改善，提高了股东财富价值。因此，在实施企业并购后，企业的绝对规模和相对规模都得到扩大，控制成本价格、生产技术和资金来源及顾客购买行为的能力得以增强，能够在市场发生突变的情况下降低企业风险，提高安全程度和企业的盈利总额。同时企业资信等级上升，筹资成本下降，反映在证券市场上则使并购双方股价上扬，企业价值增加，并产生财务预期效应。

四是利于企业进入资本市场。我国金融体制改革和国际经济一体化增强，使筹资渠道大大扩展到证券市场和国际金融市场，许多业绩良好的企业出于壮大势力的考虑往往投入资本运营的方向而寻求并购。

五是投机。企业并购的证券交易、会计处理、税收处理等所产生的非生产性收益，可改善企业财务状况，同时也助长了投机行为。在我国出现的外资并购中，投机现象日渐增多，他们以大量举债方式通过股市收购目标企业股权，再将部分资产出售，然后对目标公司进行整顿再以高价卖出，充分利用被低估的资产获取并购收益。

六是财务预期效应。由于并购时股票市场对企业股票评价发生改变而影响股价，成为股票投机的基础，而股票投机又促使并购发生。股价在短时期内一般不会有很大变动，只有在企业的市盈率或盈利增长率有很大提高时，价格收益比才会有所提高，但是一旦出现企业并购，市场对公司评价提高就会引发双方股价上涨。企业可以通过并购具有较低价格收益比但是有较高每股收益的企业，提高企业每股收益，让股价保持上升的势头。在美国的并购热潮中，预期效应的作用使企业并购往往伴随着投机和剧烈的股价波动。

七是追求最大利润和扩大市场。企业利润的实现有赖于市场，只有当企业提供的商品和服务在市场上为顾客所接受，实现了商品和服务向货币转化，才能真正实现利润。与利润最大化相联系的必然是市场最大化的企业市场份额最大化。由于生产国际化、市场国际化和资本国际化的发展而使一些行业的市场日益扩大，并购这些行业的企业正在迎接国际开放市场的挑战。

企业兼并收购专栏 1

越秀集团收购创兴银行股权
——打造国际化金融控股集团

图片来源：www.yuexiu.com.cn/.

1. 收购创兴银行水到渠成

越秀集团收购创兴银行之路可谓水到渠成。

早在 2013 年 8 月，外界就流传越秀集团将收购某家香港银行。几经周折，同年 10 月，越秀集团与香港创兴银行联合宣布，越秀集团以 116.44 亿港元，折合约 91.36 亿元人民币收购创兴银行，每股作价 35.69 港元，收购最多 3.2625 亿股股份，占创兴银行已发行股本的 75%。

成立于 1948 年的创兴银行在香港地区设有总行及 51 间本地分行，并于 1994 年在广东省汕头市开设了分行，还在广州及上海设有办事处。

本次收购可谓一帆风顺，受到各方的支持。2013 年 11 月，广州市长陈建华会见香港创兴银行董事局成员时，对并购合作表示肯定。他认为此举符合穗港合作大趋势和广州市的产业发展特别是高端金融服务业的发展战略。而创兴银行高层负责人认为，越秀集团在众多询价方中，始终对合作抱有很大的热情；作为广州市的龙头企业，越秀集团有实力，也得到了广州市政府的大力支持。因此，创兴银行坚信在越秀集团团队的支持下，一定会办得越来越好，创兴银行的管理层将配合各项工作的开展。越秀集团也希望通过收购香港创兴银行带领越秀集团金融业务进入法律制度成熟、运行机制完善、国际化程度高的香港银行市场。此次收购成功标志着越秀集团的这一目标成为现实，这也是越秀集团建设以银行、证券为核心的国际化金融控股集团迈出的坚实的一步。

2．"3+X"战略国企发力金融

近年来，作为广州市第一个资产规模超千亿元的国有企业，越秀集团在金融领域一系列出手，引人注目。越秀房地产于 1992 年在中国香港联交所上市；越秀房地产投资信托基金于 2005 年在中国香港联交所上市，是全球首只投资中国内地物业的房地产投资信托基金。2012 年 1 月，越秀集团成立金融投资集团，金融产业作为越秀集团继房地产、交通之后的第三个核心产业最终确立。同年 8 月，越秀房地产开发的广州地标性建筑——广州国际金融中心（IFC）被注入越秀房产基金当中，越秀房产基金跃居为香港第二大和亚洲第六大上市房产基金。

越秀集团表示希望通过支持金融创新，全力将集团打造成"全牌照"的金融平台，从而逐步确立以房地产、交通基建、金融三大现代服务业为核心产业的"3+X"产业体系。

据了解，目前越秀金融旗下的金融机构包括广州证券、广州国投、香港越秀证券、金鹰基金、广州期货及越秀产投等。2012 年，越秀金融又相继成立了广州市资本规模最大的小额贷款、融资租赁公司和国内首家 CEPA 框架协议下的证券投资咨询公司，同时广州市融资担保中心也整体划转至越秀集团。在获得香港创兴银行控股权的同时，越秀集团旗下越证控股正式获香港证监会批准，成为华业期货有限公司的大股东。这是越秀金融集团以战略高度抢先打通境内外期货交易通道，实现全能型金融集团的重大成果。至此，越秀集团金融产业基础不断强化。

3．南方金融中心有望成型

成为立足广东、连接港澳、辐射泛珠三角的区域性金融中心一直是广州市的战略目标。分析人士认为，作为广州市的国企龙头，越秀集团在金融领域的一系列动作可以看作是该战略的重要环节。越秀集团董事长张召兴此前就曾表示，越秀金融集团应当成为广州市发展金融业务和建设区域性金融中心的重要支撑。他认为，越秀集团收购创兴银行的完成，将有利于广州市区域金融中心的建设。

据了解，广州市将加快建设区域金融中心作为推进新型城市化发展、增强国家中心城市的辐射力和带动力的重要工作之一。对此，广州市先后出台了

《加快建设广州区域金融中心的实施意见》《关于支持广州区域金融中心建设的若干规定》。2013 年末，广州市下发《关于全面建设广州区域金融中心的决定》，力求到 2015 年，将广州建设成为以香港国际金融中心为龙头、具有全球影响力的国际金融中心区域的重要支点。到 2020 年，金融业基本达到发达国家区域金融中心的水平。事实上，近年来，广州市在发展金融服务自助设备制造、试点农村资金互助社、做大做强汽车金融、大力推进融资租赁业发展上已经取得了一定的成绩。广州市副市长欧阳卫民近日表示，要发挥国家赋予广州的金融改革创新先行先试的政策优势，在金融市场体系建设、金融业务和产品创新等方面进行积极大胆的探索。进一步解放思想、锐意改革、勇于实践，争取早日建成广州区域金融中心。

2014 年 4 月，广州越秀金融投资集团有限公司正式更名为"广州越秀金融控股集团有限公司"，不仅进一步明晰了越秀金控的定位，塑造了全牌照金融控股集团的新形象，也成为广东省第二家正式以"金控"命名的国有金融控股平台。

目前，越秀金控的总资产已达到 1000 亿元，净资产达到 200 亿元，拥有 18 个穗港两地金融业务平台，涵盖银行、证券、保险、信托、租赁、基金、期货、产业投资、担保、小额贷款、证券投资咨询共 11 个金融业务领域，网点分布美国、中国港澳地区及中国内地 19 个省份、31 个城市，全面形成了以银行、证券为核心的金融控股格局，"跨境经营、全国拓展"的业务发展布局，以及"集团控股、分业经营"的金融管控格局，成为广东省最具实力的金融控股集团之一。

资料来源：www.yuexiu.com/newscenter/mtbd/18gku67ctb0f8.xhtml.

三、企业并购的发展

企业并购开始于 19 世纪末的美国，接着传播到以英国等资本主义为主的西方国家。主要原因是 19 世纪下半叶，科学技术取得巨大进步，大大促进了社会生产力的发展，给以铁路、冶金、石化、机械等为代表的行业大规模并购创造了条件，各个行业中的许多企业通过资本集中组成了规模巨大的垄断公司。在 1899 年美国并购高峰时期，公司并购达到 1208 起，是 1896 年的 46 倍，并购的资产额达到 22.6 亿美元。1895~1904 年的并购高潮中，美国有 75% 的公司因并购而消失。在工业革命发源地英国，并购活动也大幅增长，1880~1981 年，有 665

家中小型企业通过兼并组成了 74 家大型企业，垄断着主要的工业部门。后起的资本主义国家——德国的工业革命完成比较晚，但企业并购重组的发展也很快。1875 年，德国出现第一个卡特尔，通过大规模的并购活动，1911 年就增加到550~600 个，控制了德国国民经济的主要部门。在这股并购浪潮中，大企业在各行各业的市场份额迅速提高，形成了比较大规模的垄断。

1925 年发生了第二次并购浪潮。那些在第一次并购浪潮中形成的大型企业继续进行并购，进一步增强经济实力，扩展对市场的垄断地位。这一时期并购的典型特征是纵向并购为主，即把一个部门的各个生产环节统一在一个企业联合体内，形成纵向托拉斯组织，行业结构转向寡头垄断。第二次并购浪潮中有 85% 的企业并购属于纵向并购。通过这些并购，主要工业国家普遍形成了主要经济部门的市场被一家或几家企业垄断的局面。

20 世纪 50 年代末各主要工业国出现了第三次并购浪潮。第二次世界大战后，各国经济经过 40 年代后期和 50 年代的逐步恢复，在 60 年代迎来了经济发展的黄金时期，主要发达国家都进行了大规模的固定资产投资。随着第三次科技革命的兴起，一系列新的科技成就得到广泛应用，社会生产力实现了迅猛发展。在这一时期，以混合并购为特征的第三次并购浪潮来临，其规模、速度均超过了前两次并购浪潮。

20 世纪 80 年代兴起的第四次并购浪潮的显著特点是以融资并购为主，规模巨大，数量繁多。1980~1988 年企业并购总数达到 20000 起，1985 年达到顶峰。多元化的相关产品间的“战略驱动”并购取代了“混合并购”，不再像第三次并购浪潮那样进行单纯的无相关产品的并购。此次并购的特征是：企业并购以融资并购为主，交易规模空前；并购企业范围扩展到国外企业；出现了小企业并购大企业的现象；金融界为并购提供了方便。

1990 年以来，经济全球化、一体化发展日益深入。在此背景下，跨国并购作为对外直接投资（FDI）的方式之一逐渐替代跨国创建而成为跨国直接投资的主导方式。从统计数据看，1987 年全球跨国并购仅有 745 亿美元；1990 年就达到 1510 亿美元；1995 年，美国企业并购价值达到 4500 亿美元；1996 年上半年这一数字就达到 2798 亿美元；2000 年全球跨国并购额达到 11438 亿美元。但是从 2001 年开始，由于受欧美等国经济增长速度停滞和下降以及“9·11”事件的影响，全球跨国并购浪潮出现了减缓的迹象，但从中长期的发展趋势来看，跨国并购还将得到继续发展。

四、我国企业并购的演变过程

我国并购开始于 20 世纪 80 年代中期,起步落后于西方国家,主要原因是由我国的社会主义市场经济体制决定的,我国企业并购的发展可以分为以下几个过程:

第一,并购探索阶段 (1984~1987 年)。我国最早出现的并购为 1984 年 7 月河北省保定的市锅炉厂以承担 42 万元债务的方式对市风机厂进行兼并。之后,保定市政府以国有资产代表者的身份促成 9 家优势企业对 10 家劣势企业的兼并。

第二,第一次并购浪潮 (1987~1989 年)。经过资产重组,保定全市 1987 年全部消除预算内企业的经营性亏损,财政收入年递增达 19%,超过了当年工农生产总值的增长速度。继保定之后,武汉、南京、上海、北京等城市为解决企业亏损等问题,也都先后进行了企业产权方面的初步尝试。1986~1987 年,全国大多数的城市都出现了兼并。

第三,第二次并购浪潮 (1992~2001 年)。1992 年邓小平同志南方谈话正式确立了市场经济的改革方向;直到 2001 年 1 月 23 日,广州石化集团通过先托管后兼并的方式成功地兼并了广州乙烯厂,这次兼并是中国有史以来规模最大的一次兼并案,而且多次受到国家最高领导阶层的关注。通过此次兼并,使一个濒临破产的广州乙烯厂重新焕发了生机,盘活国有资产高达 75 亿元。

第四,第三次并购浪潮 (2002 年至今)。2002 年我国加入世界贸易组织之后,我国经济开始向全球化发展,此举促进了我国与世界经济的接轨,为保障我国企业并购正常稳健的发展,我国政府制定了一系列并购法规。如《指导外商投资方向的规定》、《外商投资产业指导目录》、《利用外资改组国有企业暂行规定》等。

第二节　企业并购的原则与方式

一、企业并购的原则

企业在选择并购的时候并不是杂乱无章的,完全根据经营管理者决策的走向而进行并购。如何制定正确有效的并购策略是影响企业并购成功与否的关键,因此企业在制定并购策略的时候应当遵循以下几个原则:

第一，投资有效性原则。企业并购时往往需要支出一大笔费用，可以说是企业的投资，如何保障投资的有效性是关键。投资的有效性如何来衡量，主要是对被并购企业内在价值的判断。企业在并购时，应当对目标企业进行分析和调查，考察目标企业是否拥有本企业所需要的资源或者业务优势，能否保障投资的收益性，在生产经营活动中企业关注的是市场回报率，企业并购的最终目标是扩大企业规模并且实现规模效益的增长。因此，在并购活动中应当注意目标企业的选择，注重考察目标企业的内在价值，寻求最大的投资收益。

第二，统筹性原则。企业并购的策划是有步骤的，而且是全局性的，因此企业在实施并购时必须对并购所涉及的各个方面以及每个影响因素进行研究，分别从动态和静态两个方面分析各个因素的相互影响和相互作用，在两种形态中找出一个平衡点，寻找出适合企业的最优策略。企业在进行统筹规划时，主要应该考虑到涉及的法律、财务、税收等各个利益相关部门，并购不是简单的企业结合，而是多个方面的融合，寻求企业并购优势的最大化才能够保证企业并购的有效性和降低企业并购的风险。

第三，谨慎性原则。虽然并购是企业快速扩张，得以超常规发展的有效手段，但并购面临的风险也是巨大的。根据美国科尔尼公司的统计，大约20%的并购案实现了预期目标，其余80%的并购多以失败而告终。由此可见，并购由"馅饼"变为"陷阱"可能只是一念之差所致。企业在进行并购战略选择时，应根据企业并购的战略目标，既不高估所选战略带来的预期收益而盲目地提高收购成本，也不低估所选战略需要的成本而导致作出超过企业经济实力的并购战略，以致最终因财力不足半途而废。所以，企业在选择并购战略时，要充分考虑到所选战略隐含的种种风险及未来的不确定性，对交易的成本要进行深入的研究，使并购战略成为实现企业并购战略目标的快捷手段。换句话说，企业在确定战略目标时，应以本企业的人力、物力、财力状况为基础，根据企业的财务状况、资源状况以及企业发展战略的需要来确定并购的战略目标；另外，要对目标企业进行尽职调查，全面、深入地对目标企业进行考察，并购双方之间应存在战略匹配关系，力求保持稳健的态度，借以提高企业并购成功的概率。

二、企业并购的运作方式

企业并购的运作根据不同的企业类型和并购主体存在不同的方式，下面根据企业所处行业等因素进行企业并购运作方式的研究。

从并购行业划分看，一是横向并购。横向并购是指处于同行业、生产同类产品或生产工艺相似的企业间的购并。这种购并实质上是资本在同一产业和部门内集中，迅速扩大生产规模，提高市场份额，增强企业的竞争能力和盈利能力。二是纵向购并。是指生产和经营过程相互衔接、紧密联系间的企业之间的购并。其实质是通过处于生产同一产品的不同阶段的企业之间的购并，从而实现纵向一体化。纵向购并除了可以扩大生产规模，节约共同费用之外，还可以促进生产过程的各个环节的密切配合，加速生产流程，缩短生产周期，节约运输、仓储费用和能源。三是混合购并。是指处于不同产业部门、不同市场，且这些产业部门之间没有特别的生产技术联系的企业之间的购并。混合购并可以降低一个企业长期从事一个行业所带来的经营风险，另外，通过这种方式可以使企业的技术、原材料等各种资源得到充分利用。

从是否通过中介机构划分看，一是直接收购。直接收购是指收购公司直接向目标公司提出购并要求，双方经过磋商，达成协议，从而完成收购活动。如果收购公司对目标公司的部分所有权提要求，目标公司可能会允许收购公司取得目标公司的新发行的股票；如果是全部产权的要求，双方可以通过协商，确定所有权的转移方式。由于在直接收购的条件下，双方可以密切配合，因此相对成本较低，成功的可能性较大。二是间接收购。间接收购是指收购公司直接在证券市场上收购目标公司的股票，从而控制目标公司。由于间接收购方式很容易引起股价的剧烈上涨，同时可能会引起目标公司的激烈反应，因此会提高收购的成本，增加收购的难度。

从购并的动机划分看，一是善意购并。收购公司提出收购条件以后，如果目标公司接受收购条件，这种购并称为善意购并。在善意购并下，收购条件、价格、方式等可以由双方高层管理者协商进行并经董事会批准。由于双方都有合并的愿望，因此，这种方式的成功率较高。二是恶意购并。如果收购公司提出收购要求和条件后，目标公司不同意，收购公司只有在证券市场上强行收购，这种方式称为恶意收购。在恶意收购下，目标公司通常会采取各种措施对收购进行抵制，证券市场也会迅速做出反应，股价迅速提高，因此在恶意收购中，除非收购公司有雄厚的实力，否则很难成功。

企业兼并收购专栏 2

定增方案被否　*ST 国药控制权保卫战打响

在 2013 年 8 月 30 日举行的临时股东大会上，*ST 国药的定向增发议案未

通过，这导致公司向大股东增发股票以"保壳"和提高持股比例的策略最终"泡汤"。

但市场对议案被否的反应却耐人寻味，*ST 国药昨日涨停。有人士分析，这正是中小股东所期待的。

值得注意的是，截至 2013 年 6 月 30 日，该公司的净资产为-3406 万元。根据退市制度，如果 2013 年公司净资产继续为负值，2014 年公司将暂停上市。

1. 方案一举两得

2013 年 7 月 31 日，*ST 国药公布了增发方案，向实际控制人控制的仰帆投资发行 1 亿股，募集 5 亿元资金用于补充公司营运资金。

对于为何选择增发而不是资产重组，公司执行总经理张斌解释："对募集资金用途并没有规定一定要有具体的投资项目，补充公司营运资金也是募投方向，只是买什么资产现在没确定，处在多选一的状况，肯定不会让 5 亿元现金趴在账上。"

对实际控制人来说，这一定增可以达到一举两得的效果。

一是定增实施后，实际控制人的持股比例从 16.59%提高到 44.81%，实际控制人的控制权得到加强。二是通过定增，达到"保壳"的目的。根据中报，截至 6 月 30 日，公司的净资产为-3406 万元，根据退市制度，上市公司的股票被实施退市风险警示后，公司最近一个会计年度期末净资产为负数的，其股票应暂停上市。定增使公司净资产由负为正，避免了暂停上市。

仰帆投资表示："定增为'保壳'，客观地说没错，但是'保壳'不是唯一目的，现金装进去了，干什么都可以，公司一直在遴选合适的资产，谋求今后持续发展。"

值得注意的是，此前，"中天系"曾举牌 *ST 国药，而有外界人士认为此举意在控制权。

对于"中天系"的增持，公司执行总经理张斌在股东大会前向媒体表示，仰帆肯定不会放弃对上市公司的控制权。

2. 中小股东反对议案未获通过

8 月 30 日，在 *ST 国药股东大会现场，大家最初比较关心近期举牌的浙江"中天系"会如何投票，但令人意外的是，据 9 月 2 日披露的表决情况，中小股东才是反对此次定向增发的"主力"。

参加此次股东大会的人数为 688 人，代表股份近 1.14 亿股，占总股本的

58.22%，反映中小股东参与投票非常踊跃。

*ST 国药这一次股东大会的主要目的是审议于 7 月 31 日推出的定向增发方案。而增发的对象是公司的实际控制人控制的公司仰帆投资。仰帆投资持有 *ST 国药第一大股东新一代科技 100%的股权。

一些无涉关联交易的议案，由于大股东参加投票，同意票比例较高，达到 64.96%，但仍然没过 2/3；涉及关联交易的议案，大股东新一代科技回避表决，同意票数仅为 50.49%，所有议案均没有过 2/3 的规定票数，连带无关定增的"未来三年分红回报规划"议案也未通过。

从现场获悉，此前举牌公司的"中天系"参与了投票，全部投的弃权票。

不过，从投票结果看，反对票数如此之高，甚至出现"中天系"参不参加投票、投不投同意票，议案都很难通过的局面。以参与表决的 1.14 亿股份测算，别除大股东新一代科技所持的 3244.43 万股，议案要获通过至少需征得 5436.5 万股以上同意，而实际上议案同意票数仅为 4111.63 万股，即便加上截至 8 月 16 日"中天系"持股的 982 万股，离 2/3 的比例还差 1300 多万股。

3. 暂停上市或进入倒计时

面对"中天系"的威胁，8 月 27 日，*ST 国药发布公告称，控股股东武汉新一代科技有限公司通过上海证券交易所交易系统增持了公司 50 万股，占公司总股本的 0.2556%。

有投资者表示，若此次增发成功，*ST 国药在短期内将没有重组压力，这是普通投资者不愿意看到的。而 9 月 2 日是 *ST 国药定增被否的第一个交易日，下午收市，*ST 国药涨停。

这次定增被否，*ST 国药除了控制权的问题之外，还存在"保壳"的问题。

*ST 国药已经连续多年每股净资产为负值，这意味着公司面临暂停上市甚至终止上市的可能。

而 *ST 国药年内再推出重组方案，时间上也有问题，但对于"中天系"则留下空间。据悉，"中天系"在 8 月 16 日举牌之后仍有增持，但未触发信息披露义务，股权之争也许正是小股东愿意看到的。

资料来源：http://news.xinhuanet.com/fortune/2013-09/03/c_125306105.htm.

从支付方式划分看，一是现金收购。现金收购是收购公司向目标公司的股东支付一定数量的现金而获得目标公司的所有权。现金收购存在资本所得税的问题，这可能会增加收购公司的成本，因此在采用这一方式的时候，必须考虑这项收购是否免税。另外，现金收购会对收购公司的流动性、资产结构、负债等产生影响，所以应该综合进行权衡。二是股票收购。股票收购是指收购公司通过增发股票的方式实现收购，公司不需要对外付出现金，因此不至于对公司的财务状况发生影响，但是增发股票，会影响公司的股权结构，原有股东的控制权会受到冲击。三是综合证券收购。综合证券收购是指在收购过程中，收购公司支付的不仅有现金、股票，而且有认股权证、可转换债券等多种方式的混合。这种兼并方式具有现金收购和股票收购的特点，收购公司既可以避免支付过多的现金，保持良好的财务状况，又可以防止控制权的转移。

三、并购的一般程序

企业并购的一般程序如图 7-1 所示。

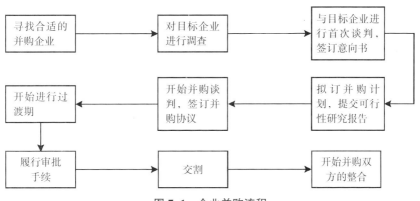

图 7-1　企业并购流程

企业在并购过程中的事项较多，应当注意以下几点：并购企业双方应当是在相同的行业中；在进行资产调查过程中应当聘请诚信且有能力的会计师事务所和律师事务所；在寻求双方协议平衡点时，应当考虑到企业自身的利益，注重投资与收益的平衡性；并购程序中主要是策略的制定，策略的有效性和可靠性是关键；公司在准备并购阶段，应当组织并购研究组，对整个并购阶段的事物进行监督和规划。

第三节　企业并购的决策

一、企业并购价格决策

企业在进行并购的过程中，并购的价格是主要投资费用，如何制定一个有效的价格在并购计划中是关键，下面采用博弈论进行分析。根据企业并购的方向可以将并购价格决策分为目标企业价格决策和并购企业价格决策。

第一，目标企业价格决策。被并购企业发现潜在或者是已经有意向并购本公司的企业不只一家时，可以采用博弈论中的拍卖价格模型来进行拍卖本公司，从而获取最大的利益，根据拍卖投标方式的不同可以分为以下几种类型：一是英式拍卖（English Auction）。这是我们最常见到的一种公开场合的拍卖形式。拍卖时通常会先规定一个起始价格，然后由投标者开始往上出价，一直到最后只剩下一个人愿意以其最终报价购买时为止。二是荷式拍卖（Ducth Auction）。这种拍卖方法正好和英式拍卖相反，拍卖是由一个最高的价格开始逐渐下降，一直降到第一个愿意以该价格购买的人出现为止。三是密封式第一价格拍卖（The First-price Sealed Auction）。这是工程招标最常采用的一种方法。拍卖时标价采用保密的方式进行，例如，将标价密封在信封之中。在所有的投标者都送出自己的标价之后，再由拍卖人拆阅并出售给标价最高的人。四是密封式第二价格拍卖（The Second-Price Sealed Auction）。这种拍卖方法是由 Vickrey 所发明，它最主要的好处是能够迫使每个人把自己的私人信息显露出来。目前第四种方法已是国际性招投标中常用的方法。

目标企业所应该做的是提供给投标者他们所需要了解的财务、前景等各种并购信息（不得为牟利而编造虚假信息）。根据投标者的风险投资偏好以及所处企业的资产购买力，目标企业可以为不同企业提供不同的风险信息，在信息完全相同的资本市场情况下，目标企业是不具有提价能力的，但是这是一种理想的竞价情况。现在的资本市场还是处于信息非对称的情况，并且投标者之间存在一种竞价关系，各自所得到的信息是非公开和流通的，根据纳什均衡中投资者在未知对方策略情况下不会改变自身策略的原理，目标企业能够通过提供不同的信息来达到利益的最大化。

第二，并购企业价格决策。评估目标企业的价值是企业定价的主要依据，对目标企业价值的评估主要有以下几种方法：

一是资产评估法。资产评估法主要是根据账面价值对企业的重置成本进行核算，从而得出企业资产的市场价值，企业在对账面价值的真实性和可靠性进行审核之后，对目标企业的资产项目和负债项目进行调整，调整后的资产减去负债所得价值为企业定价的主要依据，企业通过对所处行业的特点、成长性、获利能力等进行综合判定后得出企业最终的并购价格。

二是收益基础法。收益基础法主要使用的是贴现现金流法和市盈率模型法。通过对目标企业的股票市值的划算以及预期收益的估计来核算企业的价值，同时，针对通货膨胀率等因素对现有资产进行折算，通过计算获利和折旧及损失的差额来核算企业价值。

下面简单介绍贴现现金流法。

贴现现金流法是将企业所有的资产在未来继续经营状况下产生的预期收益，按照企业设定的折扣率贴现，主要是使用拉巴波特模型对未来企业自由现金流量进行预测，再使用资本资产定价模型估计预期股本成本率和其他长期资本要素的资本成本，计算出其加权成本，最后得出企业最终的现金流现值。主要公式如下：

$$V = \sum_{t=1}^{n} \frac{CF_t}{(1+k)^t} + \frac{P_n}{(1+k)^n}$$

其中，V 表示企业价值；CFt 表示计算期间企业第 t 年的现金流量；k 表示加权平均资本成本；n 为预测的年限；Pn 表示预期末企业的残值。

市盈率模型法是指以行业平均市盈率（P-E Ratios）来估计企业价值。按照这种估价法，企业的价值得自于可比较资产或企业的定价。根据市盈率计算企业价值的公式应为：

企业价值 =（P/EPS）× 目标企业的可保持收益

其中，P 为每股现行市场价格，EPS 为每股净利润，目标企业的可保持收益是指目标公司并购（交易）以后继续经营所取得的净收益，它一般是以目标公司留存的资产为基础来计算取得的。

三是期权定价法。企业并购本身就是一种战略投资行为，具有一定的期权特征，表现为并购企业在收购过程中所获得的实物期权。实物期权是项目投资者在投资过程中所拥有的、能根据在决策时尚不明确的因素改变行为的一系列非金融性选择权，如对企业投资决策的推迟与提前、扩大与缩减、放弃、转换等，属于广义的期权。这是一种新的思维方式，除了考虑传统意义下的现金流的时间价值外，它还充分考虑了项目投资的时间价值和管理柔性以及减少不确定性的信息带来的价值，从而能够完整地对投资项目的整体价值进行科学合理的估价。

企业兼并收购专栏 3

雅保公司收购宁波金海雅宝化工有限公司全部股权
——实物期权定价法的应用

1. 购买公司行业背景介绍：雅保公司（简称甲公司）

并购方（甲公司）是从事精细化工、特殊化工产品和销售的跨国公司，总部设在美国弗吉尼亚州。公司约有 4000 名员工，分公司遍布全球 38 个地区，服务 100 多个国家和地区。其核心业务主要包括：精细化工产品、聚合物化学品和催化剂三大部分。产品主要用于民用电子、石油石化加工、工业产品、医药用品、农产品、建筑及包装材料等领域。公司 2007 年的销售额为 23 亿美元。目前在中国的主要业务涉及聚合物添加剂、炼油催化剂、溴精细化学品和钾化学制剂等，尤其是阻燃剂产品占中国业务的 70% 以上。

该公司 20 世纪 80 年代开始进入中国市场，平均年增长率超过 20%，尤其在 2005 年和 2006 年这两年的业务增长都达到了 25%，2007 年中国的销售额已达 1 亿美元，预计 5 年内年均增长率超过 20%。由于对中国市场的前景看好，该跨国公司先后在北京、上海和广州设立了办事机构，并且在上海成立仓储公司，同时还投资近 2000 万美元在南京新建中国研发中心以及烷基铝工厂。除了销售，由于中国产品的成本优势，该公司还在中国采购抗氧剂和化工原料并销往其在世界其他地区的工厂，并且采购力度会逐年增加，预计今后几年的年均增长率将超过 20%，目前该公司的全球年销售额约为 20 亿美元。就其关键的核心业务而言，该公司在同类产品供应商中名列前茅，同时它也是目前世界上最大的烷基铝供应商，溴化物产品、阻燃剂和炼油催化剂的最大生产商和供应商之一。特别是它的溴系阻燃剂和矿物阻燃剂，以其品种齐全、品质优良，在中国和世界市场都取得了很大的成功。公司的业务还涉及各种终端市场、消费电子、精炼、药物、农业、石油化工品、建筑、汽车和包装等。

该公司的价值观是正直坦诚、有效管理、训练有素、创新发展、用户至上、双向交流以及团队合作。公司提出以"为生活创造化学"、"尽力满足客户的需求，帮助客户解决棘手的化学难题，共同保护我们的家园"、"迎接化学工业的挑战，建设更加美好的世界"的发展理念。

2. 目标公司宁波金海雅宝化工有限公司简介（简称乙公司）

目标公司乙公司成立于 1990 年，工厂位于浙江宁波，它的前身是一家家庭作坊式工厂，胡某为这个工厂的主要创始人和当前负责人。主要产品是一种化工助剂，叫抗氧剂。该产品应用范围非常广，主要应用于橡胶、塑料、炼油等化工行业。当时中国的产量还很低，国内需求的很大一部分需要进口。胡某当时发现了这个情况，同时看到了这个产品巨大的市场潜力，认为这是个非常好的产业切入点。胡某以家庭及其亲戚为主要员工，自筹资金，同时与浙江大学的一个科研小组合作，研发了生产该产品的一项专利技术，然后开始了早期的创业之路。

随着中国 20 世纪 90 年代的经济快速发展，乙公司抓住国家鼓励民营经济发展的政策机遇，依靠国内、国外两个市场，经过 10 年的发展，到 1999 年发展为员工 100 多人，产量 1500 吨，产值 7000 多万元，年销售额人民币 1 亿元的规模。在当地成为五大民营企业之一。

尽管如此，公司并没有满足取得的成果，2000 年以后，公司加大工业投入和提高研发能力，不断改进生产工艺和技术，使其产品具有较强的竞争力。截至 2005 年，公司规模扩大到员工 200 人，产量 4000 吨，产值 2 亿元，年销售额 2.7 亿元。

3. 并购的定价过程

在调查过程中，目标公司提供了历年来的财务历史数据。甲公司通过对财务数据的分析比较，对目标公司作出了一定的客观评价：

（1）总体来看，目标公司的资本结果比较健康，流动比率平均为 1.73，速动比率为 2，资产负债率为 0.23。

（2）通过对 2006~2008 年三年利润表分析，目标公司产品的毛利率保持在 30% 左右，净利率保持在 18% 左右，目标公司的主营业务收入和利润保持较高速度的增长，企业发展的前景较好。

（3）目标公司的产品附加值比较高，市场竞争力较强，该公司在这个产品领域里面处于领先的地位。

（4）目标公司 2006 年和 2007 年期间财务费用、管理费用与销售费用占销售额的 11% 左右，2008 年较高，占 16% 左右。

在上述客观评价基础上，并购方甲公司分别用收益基础法、期权定价法对目标企业的自身价值与并购附加价值进行了评估。经过评估，目标公司的自身价值约为 1.09 亿美元，它的附加价值区间为 2093 万~3155 万美元。目标企业的整体价值区间定位在 1.3 亿~1.4 亿美元。

4. 交易结果与成效

双方经历了将近一年半的努力，并购谈判最终达成一致，甲公司以 1.02 亿美元的价格成功购买了乙公司 75%的股份，相当于将乙公司的整体企业价值定位在大概 1.36 亿美元，其中商誉占到了总体企业购买价格的 30%左右。

甲企业通过此次并购，迅速地获取了成熟的生产基地和相关技术资源，为其扩展中国市场和稳定该产品的国际市场奠定了扎实的基础；同时也提高了甲企业对该类产品的市场定价权。乙企业通过这次并购活动，将企业十几年的经营成果按照市场价格进行了价值的重估，实现了自身企业价值的增值。同时乙企业的股东在这次并购活动中，将企业的整体价值直接转化为货币，给股东提供了更多其他投资机会，实现其多元化经营的目标。

并购活动的交割日是 2008 年 12 月 31 日，在此后的一年多时间里，甲公司按照制定好的时间表，顺利地进行和完成了预定的整合工作，使乙公司的生产经营活动稳定地进行和提高。

在并购后的一年中，乙公司的销售收入达到了 3.7 亿元人民币，基本与预期持平，但主营业务利润达到了 1.19 亿元，高于预期的 19%，其原因主要是甲公司控制乙公司后，提高了市场份额和该产品的市场定价权。在一年中，根据市场的需求情况连续涨价三次并取得成功，结果是其产品毛利率提高了三个百分点而销售额并没有因此下降。营业费用比预期略有下降但管理费用有较大涨幅，主要原因是并购整合的成本。全年净利润为 7186 万元人民币，略比预期高出 7.2%。总体说来，并购后第一年的经营业绩还是不错的，达到了并购预期。

与此同时，从甲公司全球业务的角度看，并购活动的结果是在短短的一年中，甲公司的营业收入迅速增加了 3.7 亿元人民币，部分达到了其制定的中国业务发展五年战略，也帮助它熟悉了中国的市场及其业务运作，积累和培养了一批有才干的人力资源。为其开展下一步市场策略打下了良好的基础。

资料来源：作者根据相关资料整理而成。

二、企业并购支付方式的决策

从国外支付方式看，一是现金支付。现金支付指并购公司以现金作为支付对价取得目标企业控制权的并购行为，可以分一次或在指定的时间内分几次支付。二是股票支付。也称为换股，是指并购企业向目标企业的股东发行股票，换取其对目标企业股权的并购行为。三是杠杆支付。杠杆支付是指并购公司以目标公司资产的经营收入来支付并购资金或作为此种支付方式的担保。四是期权支付。期权支付是一种衍生支付工具，主要包括可转换债券、认股权证、职工持股计划等。五是卖方融资。又称延迟支付，指目标企业股东（卖方）同意并购方推迟支付交易对价而取得的未来支付承诺。六是综合证券支付。又叫混合并购支付方式，它是指并购公司的支付对价，既包括现金，也包括股票或者认股权证、可转换证券、公司债券等两种以上的混合支付方式。

从我国主要支付方式看，西方国家资本市场历史悠久，并购支付方式较为丰富，而我国资本市场发展时间短，尚不成熟、不完善，上市公司并购支付方式较为单一，股权分置改革以前主要以现金支付为主，近年来也出现了股权支付、债权支付、资产置换、承债收购、政府无偿划拨等，其中有几种方式为我国特色的支付方式。一是现金支付。我国企业并购主要采用传统支付方式，一般会采取分期付款的方式。二是股票支付。股票支付是指并购公司通过换股（如吸收合并）或定向发行新股的方式，达到取得目标公司控制权的并购目标。股票支付可以说是一种不需动用大量现金而优化资源配置的方法。换股并购在国际上被大量采用，具体分为增资换股、库存股换股和股票回购换股三种形式。三是承债收购。即并购企业以承担目标企业债务为条件接收其资产或股权的方式，除此之外，并购企业并不支付额外的现金及有价证券。在政府扶持下在我国被广泛采用，尤其是在地方政府要保留壳资源的 ST 上市公司并购案例或拯救濒临破产的国有企业中。四是无偿划拨。又称无偿划转式支付，是我国特有的具有计划经济色彩的支付方式。指国家通过行政划拨手段将国有企业的控股权在两个国有资产管理主体之间无偿划转的方式，接受方无须向出让方做出现金、有价证券或其他支付等补偿。五是资产置换。交易的买方以自己拥有的实物资产或股权资产作为价款交给卖方，以此取得对卖方部分（全部）资产的所有权。六是债权支付。即债转股，指购买方以自己拥有的对卖方的债权作为交易的价款。一般是为解决卖方财务困难采取的支付方式。

企业兼并收购专栏 4

并购支付方式：信号还是择时？
——基于中国平安收购深发展的案例

1. 收购方介绍：中国平安

中国平安保险（集团）股份有限公司（以下简称中国平安）于1988年3月21日在中国广东省深

图片来源：www.pingan.com.cn/.

圳市注册成立，当时名为"深圳平安保险公司"，开始主要在深圳从事财产保险业务。随着经营区域的扩大，该公司于1992年更名为"中国平安保险公司"，于1994年7月开始从事寿险业务，并于1997年1月更名为"中国平安保险股份有限公司"。根据中国保监会《关于中国平安保险（集团）股份有限公司境外发行H股并上市的批复》（保监复【2003】228号）及中国证券监督管理委员会《关于同意中国平安保险（集团）股份有限公司发行境外上市外资股的批复》（证监国合字【2004】18号），中国平安获准在中国香港主板公开发行境外上市外资股（H股）1261720000股，H股已于2004年6月24日在中国香港交易所主板上市，并于2007年3月1日获准在上海证券交易所首次公开发行A股1150000000股。截至2009年3月31日，总资产合计7076.4亿元，总负债6261.71亿元，股东权益合计814.69亿元，每股收益为0.22元，按每股收益排名，中国平安目前在同行业上市公司中处于前列，主要包括人寿保险业务、财产保险业务、银行业务、证券业务，但后两者占总体收入比重不到4%。

2. 被收购方介绍：深发展

深圳发展银行股份有限公司（简称"深发展"）是在对深圳经济特区内原6家农村信用社进行股份制改造的基础上设立的股份制商业银行。1987年5月10日以自由认购的形式首次向社会公开发售人民币普通股，于1987年12月22日正式设立。1991年4月3日，深发展在深圳证券交易所上市，股票代码为000001。截至2009年3月31日，深发展总资产为5218.794亿元，总负债5048.073亿元，净资产合计170.72亿元，税后净利为11.22亿元。在18个城市拥有282个网点。每股收益0.36元，按每股收益排名，深发展A当时在同行业上市公司中处于第3位。

3. 收购方案

2009 年 6 月 8 日中国平安（股票代码 601318）A 股、H 股、深发展（股票代码 000001）A 股同时停牌。6 月 12 日中国平安发布公告，称该收购目的在于进行金融业的混业布局。并购完成后将持有深发展近 30% 股权，成为其第一大股东。根据公告，该收购分两步进行：

（1）中国平安控股子公司平安寿险认购深发展非公开发行的不少于 3.70 亿股，但不超过 5.85 亿股的股份。每股认购价格为深发展董事会批准本次股份认购的董事会决议公告日前 20 个交易日的股票交易均价，每股 18.26 元人民币。交易额介于 67.562 亿~106.821 亿元。

（2）中国平安受让深发展第一大股东新桥（New Bridge）持有的深发展 5.20414439 亿股股份，占深发展股份的 16.76%。该协议赋予新桥一份选择权：新桥有权按照协议的约定选择要求中国平安：①全部以现金人民币 114.491 亿元支付，合每股 22 元收购股份；②全部以中国平安新发行的 299088758 股 H 股支付。换股比例为"1 股中国平安 H 股换 1.74 股深发展"；换股价格为双方停牌前 30 个交易日的平均交易价格计算，平安 H 股每股 51.40 港元，深发展以每股 26 港元作价。

中国平安承诺在本次交易完成时以及本次交易完成前的任何时点拥有深发展股份不超过深发展当时已发行股份的 30%。整个交易金额上限按照现金换算约为 221 亿元人民币。如果交易成功，中国平安将最多以 221 亿元现金支配深发展的数千亿元资产，并享有 4 亿元的税后利润。中国平安 2009 年 3 月底的总资产为 7500.67 亿元，加上深发展资产，可控的总资产达到 1.2 万亿元，马上成为金融业的航母。

4. 支付方式解析

在设计兼并结构中，并购方需要决定是用现金支付，或是证券（债务和权益）支付，或是这些方式的混合。在信息对称、不存在交易成本、没有税收的理想条件下，采用何种支付方式都是不相关的，然而一旦现实情况不满足这些假设条件，那么支付方式的选择便是重要的。

在本案例中，中国平安巧妙地利用收购协议条款和手中既有资源，对收购支付方式进行了创新。

根据公告，中国平安收购深发展第一大股东新桥 5.204 亿元（16.76%）的股份，外加以每股 18.26 元认购深发展定向增发不超过 5.85 亿股。表面上看来，中国平安要为这笔最大将涉及 221 亿元的交易用现金买单。

协议中中国平安就收购新桥资本手中深发展 16.76% 的股份提出了两种方案，一是以每股 22 元人民币的全现金收购，二是以平安 H 股与之换股收购。如果为全现金收购，涉及金额为 114.5 亿元人民币。

协议规定如果换股，将按照"1 股中国平安 H 股换 1.74 股深发展；平安以停牌前 30 个交易日的 H 股平均交易价格计算"，那么平安 H 股按每股 51.40 港元交易，深发展则以每股 26 港元作价，换股将使新桥持有深发展的股票价值升值为 18.4238 亿港元 $[5.20414439 \div 1.74 \times 5140 - 5.20414439 \times 26]$。并且最近中国平安 H 股和 A 股股价频频高涨，6 月 15 日股价高达 61.3 港元，近期股价在 58 港元，远高于规定的现金交易价，如果以 51.4 港元每股换股，随后在二级市场以 58 港元交易套利，套利收益还有近 20 亿港元。

对于中国平安，一旦新桥选择换股，中国平安将节省近 115 亿元的现金。中国平安需要做的只是增发 H 股新股，然后与新桥进行互换而已，无须动用真金白银。但全股票支付可能不符合深发展对资金的需求。因此，中国平安尚需为收购深发展定向增发的不超过 5.85 亿新股而出资，交易额介于 67.562 亿~106.821 亿元。

中国平安收购协议中规定"交易完成，平安合计持有不超过深发展增发后总股本的 30%"，因为 30% 是触动中国资本市场要约收购的底线。如果触发该底线，中国平安必须对所有流通股票进行全面收购，二级市场股价将会非常高，收购成本将急剧上升。

协议中约定中国平安参与深发展增发"不超过 5.85 亿股"，如果以 5.85 亿股计，加上新桥转让的 5.20 亿股，中国平安持有平安 29.95% $[(5.85 + 5.20) \div (5.85 + 31.05433)]$ 的股份，刚刚接近 30%。这为中国平安手中原有 1.4 亿深发展流通股的套利提供了便利。

中国平安认购深发展定向增发的价格为每股 18.26 元，但复牌后两天内深发展二级市场价格最高达 24.53 元，其差价 6.27 元，为满足 30% 上限承诺，中国平安可以把手中已有的 1.40 亿股深发展流通股在二级市场交易，可赚取 8.78 亿元。因为中国平安可以一方面以 24.53 元售出，另一方面可以 18.26 元的增发价买回来。如果平安收购新桥实行换股，那么中国平安只需以 18.26 元每股价格购进 5.85 亿股深发展，共计为 106.83 亿元，再减去中国平安出售原有股份赚取的 8.78 亿元差价，中国平安实际上只需花费不足 100 亿元的现金，就能够完成这场总价值221亿元的收购。毫无疑问，这种安排对中国平安将是非常划算的买卖，换股节省了120亿元现金支出。

上述支付方式的设计，按照现有协议规定，中国平安很可能只需花费不到100亿元的真金白银，就能够将深发展30%的股份（总对价约为221亿元）收入囊中，从而达到支配对方5400亿元资产的战略目的。

当然，上述所有的安排都是建立在换股成立的前提下。中国平安换股是否成功面临三个不可控因素：如何取得中国监管部门尽快批复；中国资本市场在等待批复期间不发生大规模的"三率"（准备金率、利率、汇率）同调；或者中国平安的股价能够在高位维稳，以足够高的股价和套利空间诱惑新桥换股。

资料来源："第三届中国人民大学管理论坛"论文集。

三、企业并购融资决策

企业在进行并购时，在资金不足的情况下，就需要从外部进行融资来完成并购项目；从外部融资虽然能够尽快完成并购项目，弥补自身资金的不足，但是必须考虑到企业自身并购后企业的财务状况，过多的负债在并购形成的新企业有着不同程度的影响。我国现今存在的并购融资渠道较少，而提供融资服务的中介机构能力有限，无法满足大企业的要求，因此企业在选择融资的渠道时根据风险不同可分为以下几种手段：

第一，内源融资。内源融资是企业并购融资的首选。主要原因有两点：一是内源融资不增加企业的财务负担，财务风险小；二是在信息不对称条件下，内源融资不会向市场传递不利于公司价值的影响因素。因此在企业并购中，应尽可能合理地从公司内部筹集并购支付对价，除公司自有资金外，利用公司除现金以外的其他资产进行产权置换或产权出资，不仅能降低融资成本，减少融资风险，而且可以盘活存量资产，实现某些领域退出，收回债务等，对公司是极为有利的。另外，在保证并购企业控制权并保证每股收益增长的前提下，换股并购应该是除内源融资以外的优先考虑，不仅可以解决资金支付的问题，而且可以降低收购价格被高估的风险和并购整合风险、获得目标企业管理层支持等多方面的好处。

第二，卖方融资、信托等。如果并购企业拥有较高的经营管理水平、并购整合能力和风险控制能力，可以考虑采用卖方融资、信托等新型的融资方式。

第三，其他融资方式。如果上述两种方式仍不能满足并购需求时，应当在借款和发行证券（包括债券、股票和可转换债券）之间进行选择。选择时应考虑并购融资规划的结果，包括融资规模、期限、成本，确定企业的最佳资本结构。

然而根据不同利益主体出于不同利益要求的考虑，会采取不同的融资方式和融资方式组合，因此在做并购融资决策时，必须考虑并购企业和目标公司的实际情况，并结合其做出这一融资决策进行并购后可能产生的市场预期带来的影响，综合判断后才能做出满意的融资决策。

第四节　企业并购后的整合

一、文化整合

企业文化在企业发展中被认定为企业的灵魂，企业并购可以说是企业灵魂间的碰撞和融合，如何"吸收精华、去除糟粕"是关键。在企业对目标企业的企业文化进行整合时，应当建立一个系统的过程，保证文化整合的顺利进行。

第一，企业文化的整合方面。一是经营宗旨整合。企业在进行并购形成一个新的企业时，应当确立企业自身的宗旨即发展方向，不能被旧的宗旨束缚。二是价值观念整合。这是企业文化整合的核心和难点。目的是去除糟粕，留下精华，只有树立健康的价值观念，才能够在以后的工作生活中给职工以心理和行为上的规范。三是道德行为准则整合。道德规范的整合从一定程度上说是辅助企业员工行为准则的，法律的硬性要求并不能够很好地约束职工，应该从员工道德素质修养本身进行着手，提高职工道德观念，促使良好氛围的形成。四是组织机构整合。这是文化整合的保证。组织机构既是文化整合计划的制订者，也是执行者。

第二，企业文化整合的方式。根据并购双方企业文化变化程度及并购方获得的企业控制权深度，企业文化整合方式有三种。第一种，吸纳式文化整合。吸纳式文化整合是指被并购方完全放弃原有价值观念和行为假设。全盘接受并购方企业文化。它适合于并购方文化非常强大且极其优秀，能赢得被并购企业员工一致认可，且被并购方企业原有文化又很弱的情况。这是较常见的文化整合模式。第二种，渗透式文化整合。渗透式文化整合是指并购双方在文化上互相渗透，都进行不同程度的调整。这种模式适合于并购双方企业文化强度相似，且彼此相互欣赏的情况。这种模式操作性强，但并购方将放弃部分控制权，风险增加。如德国贝尔并购上海无线通信厂时允许保留双方文化优秀成分。第三种，分离式文化整合。这种模式中被并购方原有文化基本不变。其前提是并购双方均有较强的优质的企业文化，企业员工不愿文化有所改变。同时并购后双方接触机会不多，不会因文化不一致而产生大的矛盾冲突。

企业兼并收购专栏 5

联想集团并购文化整合

1. 联想及其企业文化

联想在全球 66 个国家拥有分支机构，在 166 个国家开展业务，在全球拥有超过 25000 名员工，年营业额达 146 亿美元，并建立了以中国北京、日本东京和美国罗利三大研发基地为支点的全球研发架构。联想集团成立于 1984 年，在过去的时间里，联想集团一贯秉承"让用户用得更好"的理念，始终致力于为中国用户提供最新最好的科技产品，推动中国信息产业的发展。联想文化的核心理念是"把员工的个人追求融入到企业的长远发展之中"。在公司发展过程中，联想勇于创新，实现了许多重大技术突破，凭借这些技术领先的个人计算机产品，联想登上了中国 IT 业的顶峰，从 1996 年开始连续 11 年位居国内市场销量第一，2002 年第二季度，联想台式电脑销量首次进入全球前五位。至 2003 年 3 月底，联想集团已连续 12 个季度获得亚太市场。到现在已经发展成为一家在信息产业内多元化发展的大型企业集团。联想在 2005 年 5 月完成对 IBM 个人电脑事业部的收购，这标志着新联想的诞生。新联想是一家极富创新性的国际化科技公司，由联想及原 IBM 个人电脑事业部所组成。作为全球个人电脑市场的龙头企业，联想从事开发、制造并销售最可靠的、安全易用的技术产品及优质专业的服务，帮助全球客户和合作伙伴取得成功。

1924 年，汤姆斯·约翰·沃森成立国际商用机器公司 IBM，IBM 迅速成长的半个多世纪，是世界经济大发展的时期，也是市场竞争日趋激烈的时期。电子计算机是高利润市场，也是竞争激烈的市场，沃森父子在这一市场获得超乎平常的成功，最主要的秘诀是他们始终不渝地坚持着三条理念：尊重员工个人的信念，尊重客户的信念，有理想、努力去执行一切任务的信念。

2. 企业文化和并购双方的价值观

克莱门特和格林斯潘在《并购制胜战略》一书中把企业文化分为三个层次：结构、感情、政治。

第一，结构。这种观点认为，企业的文化部分是由于物质结构及企业的行业性质和市场有关的几个因素决定的。例如，企业规模、企业成立年限、行业、地理位置、多样化水平、关联企业。

第二，感情。在个人或情感层次上，企业文化可以被定义为集体的思想、习惯以及组织雇用员工的行为模式。也可以说，组织是一个集体，企业文化是集体的灵魂。这种说法虽然看起来有些玄妙，但事实就是这样，员工在进入组织之前并没有受到企业文化的影响，只有在加入组织后，他才会受到企业文化的影响，从而形成一种气质和习惯，这说明企业文化独立于个人之外，通过群体的结合起作用。通常，并购者可以通过企业领导、管理结构和风格、物质环境和气氛、全部报酬的公平性和压力水平等感情因素来评估目标公司的企业文化，这些因素代表着分享信念体系或文化契约建立的障碍，也代表了员工所持有的对自己、对工作、对企业、对工作环境的态度和看法。

第三，政治。结构和情感之外，企业的权利构成方式也是企业文化的一个重要组成部分。不同的政治也将影响到并购者对整合方式的选择。并购者要明白，他所主导的整合将在根本上打散企业之前的政治，在新的权利体系下，并购者需要得到来自企业最主要力量的支持来对抗一切可能的反抗者。

3. 新联想基于沟通的文化整合

第一，新联想高管的文化融合。《信任的速度》这本书是联想全球高管的红宝书，这本书的观点就是人与人之间的信任由四部分组成：正直、出发点、能力、结果。联想高管会议经过讨论得出了很多具体的行动公约。比如，会议上美国高管说话很快，中国高管有时候跟不上听不懂，就索性不发言了。经过沟通，大家认识到这是误会，所以就制定一个规矩：以后会议，美国高管发言时，要把语速降低至少一半，并要经常与大家确认是否跟上，同时给中国高管发言的时间提高一倍，让中国高管有机会慢慢地表达观点。再如，以后中美双方高管提出一个解决问题的方案时，要先阐释这件事的出发点。还有，在会议上大家都承诺不接打电话、不打开电脑、专注地与会等。

第二，"沟通波段"的调整。联想集团总裁兼CEO杨元庆曾在内部会议上谈到，中国团队是不是真正认同新文化、坚定地把文化融合的道路走下去，确实是一项艰巨严峻的挑战。很多时候，大的道理和战略大家是认同的，但是一到具体工作交往中，因为背景不同、做事方式方法不同、沟通习惯不同，就会有可能产生冲突，一两次冲突之后，双方就容易看不惯对方，对彼此的专业性和价值产生怀疑。所以在整合中，中外双方人员在大原则上、文化理念上可能并没有冲突，出现问题的可能是"沟通波段"的问题，如果双方把波段都调整到一个频率上，或许文化的整合就变得简单容易。

一是联想"夜总会"。联想国际化之前，非常重视面对面的会议沟通，包括财政年度开始的时候都会召开财政年度誓师大会，总结过去、表彰先进；半年的时候召开半年总结会；在战略制定和执行过程中，有战略规划听证会、各级宣贯会，保证战略规划的沟通；在战略执行过程中，有各级别专项营运例会；在沟通反馈上，有CEO早餐会、座谈会等。

二是沟通组织的同步。沟通的职能在国际化企业中是一个非常重要的职能部门，通常会包括：外部的沟通，如媒体、公关、政府关系等；内部沟通，如内部会议、政策宣传等。老联想在沟通职能中，有三个组织来履行：第一个是品牌推广会，负责媒体、公关等工作；第二个是政府关系部，专门负责与政府的沟通；第三个是企划部的"中宣部"职能小组，负责内部的沟通，包括内部网站、内部媒体、内部会议等。为了保证双方团队在沟通职能上的同步，联想首先在全球组织中设置了沟通部门，由老外的高管来管理，并随后把中国的内部沟通部门合并到品牌推广部门中，实现了沟通组织的同步。

三是外籍助理的价值。联想副总裁刘晓林的助理是一位外籍秘书，叫科里，是一名美国人，因为科里不是从IBM过来的，所以谈不上从科里身上看两家公司的员工之间平起平坐谈业务的问题。但是即使这样，比如联想要接待外宾，虽然科里对公司的了解没有副总裁刘晓林多，但对于参观的客人来讲，只要比他们了解得多一些就可以了，在这种情况下，由科里来介绍公司的基本情况的效果会更好一些。换个角度，如果中国某个客户去国外的一家公司参观，是希望一位外籍高管用生硬的汉语介绍公司，还是希望一位中国人用流利的汉语来介绍呢？我想大多数人的回答是前者，所以，这也就是新联想认为外籍员工具有不可替代的价值之一。此外，除了语言层面，国外的员工必然有他们的专业价值，可以帮助公司获得更大的价值。

4. 联想的文化整合对中国企业跨国并购后文化整合的启示

第一，优势互补原则。充分考虑优质文化的兼容性、并生性和开放性，认真实践、选择、提炼重组企业中各种文化的合理内容，使之成为新价值观的组成部分，联想在文化整合中，坚持"文化输出"与"文化输入"相结合的原则，使中西方的文化优势相融合，从而形成中西结合、洋为中用的新联想的全新文化。

第二，优质主导原则。凡优质文化都具有较强的渗透力、持续创新力和实现资本增值能力，这些应该成为文化整合的主导，例如，客户至上、诚信、创新、更有竞争力等文化理念都是老联想和IBM员工的共识，自然这些共识会融入到新联想的企业文化中。

第三，动态创新原则。企业是不断发展的，企业的价值观、行为规范、管理制度也要不断发展，在保持核心价值观不变的情况下，根据企业战略目标的变化对企业文化进行调整是必要的，老联想的核心价值观是"把员工的个人追求融入到企业的长远发展中"。

资料来源：刘钊. 浅谈联想集团并购文化整合，经营管理者，2012（6）.

二、人力资源整合

由于人力资源整合工作涉及面较广，内容繁多，其整合存在于并购前后的较长一段时间内，针对人力资源整合的特殊性，企业应当成立一个专门进行人力资源整合的团队来保障整合工作的顺利进行，针对人力资源面临的问题，可以采用以下策略：

第一，建立完善的关键人员挽留和任用机制。现代企业开始以团队合作模式运营，其中，人力资源是团队的核心，负责协调各方面的工作，确保组织的有效运行。核心人力资源的流失不仅会影响整个团队的工作进程，还会对剩下的工作人员产生一定的心理影响，导致组织内部人心涣散，造成人员流失的恶性循环。人力资源整合不成功是造成企业并购失败的主要原因。

为了保证并购的成功，企业就必须确保团队的稳定，而团队中最重要的核心人员是关键，一个队伍只要有核心的存在就能保障队伍的正常运作，核心不散，那么其他人员的替换就不会产生太大的影响。在实践中，参与并购的企业要建立完善的关键人员挽留机制，普遍采用雇员挑选方法，根据并购的方式确定人才整合策略。如果并购后原有公司仍旧独立运作，大多数员工仍然占据原有的岗位，企业必须在第一时间确定高层管理者的位置，明确管理秩序和权责，防止内部的猜忌和涣散；如果是通过收购，由一个企业接管另一个企业的模式，通常情况下是收购方的管理层继续留任。不过，若被收购方的管理层十分出色，则企业会开出丰厚的条件诚意挽留，以行动证明新的企业并不看重裙带关系，而是遵循"选贤任能"的人才选拔和任用原则，从而稳定住被收购方的人心；若是在并购过程中，双方地位平等，那么针对每一个职位都需要对双方公司的员工进行综合评估，决出优胜者方能服众。由于并购所带来的不确定性因素众多且难以预测，重要的员工在并购后的过渡期容易受到外界的诱惑，有可能并购还未付诸实施，就有猎头公司前来挖墙脚，在你还没来得及发现谁是重要人才时，他们已经离任了，因此，为了留住人才，企业在实施以上用人方案时要遵循"及时、迅速、有效"的原则，尽早开展员工评估挑选工作，通过有效沟通，将人才流失率降至最低。

第二，改变员工的企业文化意识。没有及时与员工进行沟通和反馈，没有根据并购双方企业特点划分不同的群体，并制定相应的群体融合战略。要对企业文化进行有效整合，首先人力资源经理要指派专员对双方文化进行剖析，优化组合和培育新的企业文化内涵，通过宣传和培训等手段，让员工学习并接受新的企业文化。常见的文化整合主要有一体化、吸收、分隔和混沌化四种方式。其中，一体化是指经过双向渗透和妥协，形成包容双方文化要素和优势的混合文化；吸收是指并购方的企业文化取代被并购企业的文化；分隔是指限制双方接触，从而保持各自的独立性；混沌化是指被并购的企业员工抛弃原来的文化个性，同时又不认同并购企业的文化，被处于文化边缘状态。不同的企业要根据自身特点选择适合于自己的方式。

三、生产经营整合

企业在成功并购目标企业后，面临的问题是生产资源和商品市场的整合，如何选择一个有效的竞争性市场取决于新生企业的发展方向，即企业未来的生产方向是什么。生产经营整合主要有以下几个方面：

第一，商品生产线整合。成功并购目标企业后，获得其原有的生产线，企业再根据自身所拥有的产品进行对比，选择收益性较高的产品作为企业的主营业务。淘汰较落后的生产线，使用两者间较先进的生产线，提高生产效率，提高经济效益。

第二，市场份额整合。在市场经济体制中，市场占有率是企业能力的最直观表现，企业并购之后的市场份额可能是"$1+1<2$"，也可能是"$1+1>2$"，市场份额整合不是简单的数学加法，在完全竞争市场状态下，竞争者的减少会刺激同行业竞争者对市场份额的抢占，企业在进行市场份额整合过程中应当注意目标企业在其业务市场中的份额，以及目标企业在市场中的影响力，作为企业应当在并购前就对其做出全方位的调查，在树立新的企业品牌时，应当做出市场铺垫，而非凭空出世，新型的企业在市场中并不能迅速让顾客得知，在相同价格下，顾客会选择较为熟悉的企业进行购买。因此，企业应当加强宣传，在吞并其市场的同时，保障其市场份额的稳定情况下再扩张生产经营。

第三，销售渠道整合。每个企业有其自身所特有的销售渠道，销售是企业获利的核心部分，并购企业在获得目标企业的销售渠道时，应该将自身销售渠道和目标企业销售渠道进行对比，在相同的销售方向上选择最优销售渠道（只能选择其中一种渠道进行销售），不同方向的销售渠道则进行兼并，同时在考虑成本与利润方面，放弃较高成本的销售渠道。

四、资产债务整合

企业并购整合中最关键的是资产和负债的整合，这是企业财务状况的最直观反映。

第一，资产整合。企业整合资产，目的在于增加自身拥有的资产数量，并以资产为载体，更好地开展经营活动。在可用性原则、成本收益原则、协调一致原则的指导下，企业应认真对待存量资产的整合，具体要做到：流动资产整合，重在控制并提升流动资产质量、完善流动资产结构、加速流动资产周转；固定资产整合，应采取资产鉴别、资产吸纳、资产剥离的程序步骤；长期投资整合，本着促进企业战略发展、实现企业财务收益的目的，企业应针对被并购方的长期投资进行价值分析与质量评估，进而选出对被并购公司长期投资的最佳整合方式；无形资产整合，应在专利权整合、特许经营权整合、商标权整合、专有技术整合、土地使用权整合等方面深入进行。

第二，负债整合。企业并购整合能否顺利，并购活动能否取得成功，很大程度上还取决于债务整合的实际状况。企业并购后债务整合应坚持及时性、统一性、成本效益以及结构平衡性等基本原则，明晰企业具体的债务形式，其中包括向银行及金融机构的借款、企业在购销往来中以及开展其他经营活动时所出现企业间的债务、企业内部对职工个人的债务、企业发行债券产生的债务、企业内部一些特殊费用被拖欠发生的债务、企业向社会拆借产生的债务等。对此，并购后企业应积极转换长期债务和流动债务、转换负债和权益、整合并购企业和被并购企业的资产负债结构，同时可选取承担债务式并购和将负债转换为股权的债务整合方法。

【章末案例】

江西省 JY 公司并购 ZL 公司

1. JY 公司的情况介绍

JY 电力设备有限公司是赣州市供电公司下属的一家民营企业（三产公司）。专业从事油浸式电力变压器、油浸式全密封电力变压器、有载调压变压器、树脂绝缘式干式变压器、非晶合金变压器和箱式变电站以及高、低压开关柜等产品生产、研发、销售和设计服务为一体的规模型企业。同时公司还销售了 35kV 以下电力电缆、钢芯铝绞线、架空绝缘导线、电缆附件、柱上真空断路器、电力金具、隔离开关、避雷器等产品。

公司坐落在江西赣州市中心，占地面积 3000 平方米，拥有普通厂房 2000 平方米。公司成立于 1996 年，注册资本为 500 万元，企业类型为有限责任公司，现有在册员工 28 人。年生产能力达到 1000 台。经审计，截至 2006 年底，公司资产总额达 929 万元，负债总额 249 万元，资产负债率 26.8%，2006 年实现主业收入 862 万元，实现利润总额 61 万元，如表 7-1 所示。

表 7-1　JY 公司 2003~2006 年主要经济数据

单位：万元

名　　称	2003 年	2004 年	2005 年	2006 年
主营业务收入	611	739	734	862
利润总额	6	35	31	61
资产总额	786	801	861	888
净资产	465	488	519	534

资料来源：根据公司财务部门数据整理，作者作了一些技术处理。

2. 发展与竞争情况

第一，行业排名情况。与同业知名企业相比，在管理体制、经营思路、自有技术、财务控制、人才等方面存在一定差距。与赣州市同行相比较，JY 公司由于是江西省赣州市供电公司的三产公司，在全市一直处于发展前列，近年来综合排名处于市内行业第三位，具备一定比较优势。

第二，主导产品市场现状。自 2000 年以来，我国的房地产行业飞速发展，相配套的电力需求也迅猛增长，同时拉动了变压器行业的需求。庞大的市场容量，给变压器行业带来了无限机遇。随着大环境的发展，我国变压器行业的生产在未来 15 年内，应该是处于快速增长的一个过程。相关部门预计到 2015

年，我国变压器产量将超过 20 亿千伏安。

现在全省年需求量为 5000 台，其中赣州的需求量为将近 1500 台。针对"十二五"期间，我国在变压器行业的发展方向是：虽然在"十一五"期间已经达到国际一流水平，但仍然存在的不良竞争以及产能剩余的问题，所以"十二五"期间主要面临的问题是减少产能的过剩，避免原材料的不足。2009 年我国变压器的产量已经饱和，为 12.6 亿千伏安，2010 年的需求量也大概在 13 亿千伏安之内。然而我国的变压器厂仍在增加，面临着需要增长速度慢，而生产企业的产能增长速度快，该行业可能会产生严重的产能过剩，而年产能高达 30 亿千伏安，仅特变电工、西电集团和天威保变三大变压器生产企业的产能就超过 5 亿千伏安。这势必带来一段时间的价格下跌，利润下滑，竞争也将越来越激烈，供求不平衡也将导致该生产行业的发展越来越困难。

第三，公司的综合竞争力情况分析，如表 7-2 所示。

表 7-2　JY 公司市场的波特"五力竞争模型分析"

五　　力	情况分析
供应商的议价能力	原材料市场透明度高，供应商议价能力低
购买者的议价能力	采用招投标的采购方式，使得市场价格透明度越来越高，议价能力越来越强
新进入者的威胁	新进入者威胁一般
替代品的威胁	替代品基本没有
行业内现有竞争者的竞争	行业内现有竞争者能力强

第四，公司发展目标及分析。南方电网一般投资占国家电网公司的 1/3 左右，而"十一五"期间国家电网平均投资大概 1800 亿元，国家电网与南方电网的投资大概共有 2250 亿元，所以电力设备及输变电设备行业还是有一大片市场。

综合分析 JY 公司的内部资源和外部环境，当前 JY 公司变压器的销售具有较强的竞争力，从内部条件看，优势主要表现为管理体制、经营基础、地理区位、产业结构市场的开拓等方面，其自身有很大潜力得到充分的发展；从外部环境分析看，在国家加大垄断行业改革力度、国家电网对三产公司要求转型分离的改制力度以及变压器行业产能过剩、市场竞争加剧的大背景下，JY 公司仍然有较大的发展机会，主导产品市场有拓展空间，国家及区域经济发展环境优化等，都给 JY 公司在"十一五"期间发展提供了机遇。因此 JY 公司应积极运用自身优势，把握市场机会，巩固做强变压器产业，积极拓展电力设备其他产业，并把握机会，整合资源，并向其他产业延伸，加大生产能力投入，提高技术水平，打造品牌、创新公司管理机制和打开国际销售网络，增加自身核心竞争力，以高质量、高技术、低成本、优质服务占领市场，以产品的差异化和品牌的战略化开拓市场，实现行业一流，稳步并发展壮大。

3. ZL 公司概况

ZL 公司变压器有限公司是一家私营企业，专业从事油浸式电力变压器、油浸式全密封电力变压器、有载调压变压器、树脂绝缘干式变压器、非晶合金变压器以及箱式变电站等产品生产、研发、销售和设计服务为一体的生产型企业。

公司坐落在江西省南昌市，占地面积达 5000 平方米，公司成立于 2000年，注册资本为 500 万元，现有员工 100 多人，各类技术人员 70 多人。其中高级职称 5 人，大中专以上文化程度近 80 人。公司年生产能力已达 9800 台。经审计，截至 2005 年底，公司资产总额达 856 万元，负债总额 394 万元，资产负债率 46%，2005 年实现主业收入 318 万元，实现利润总额 12 万元。

4. JY 公司并购 ZL 公司的过程

第一，并购情况。企业的发展战略有很重要一项是收购与兼并，意思就是企业通过一些投资或者扩大规模来增加自身企业竞争力的一种方式，优点在于能使企业更迅速地扩大，提高企业效益，分散企业经营风险，更可以实现规模化、多样化的经营，同时增强企业的竞争力。所以，收购与兼并是企业战略发展并实现资本扩张技术提高的重要捷径。

目标企业的选择方面。由于同属于江西省的变压器企业，早前双方就有一些业务间的联系，加上在江西省赣州市供电公司的促成下，双方达成了并购的意向。

JY 公司与 ZL 公司是同类型公司，属于横向并购，此次合并属于新设合并，采取股权合作模式，即：

由 JY 公司出资 510 万元，ZL 公司出资 490 万元，共计 1000 万元作为 A公司的注册资本（见图 7-2）。

A 公司设立时的资产负债率不高于 40%，生产、销售变压器及相关电力设备。

第二，并购过程。并购双方首先组建并购团队，签订了合作意向书和调查

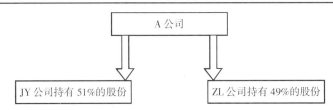

图 7-2　A 公司并购示意

保密协议书以及做了尽职调查以后，在江西赣州供电公司的主持及参与下，对 ZL 公司的收购进行了多次协商，对收购后管理的配备、股权的分配及股东构成进行了针对性谈判，最后双方达成友好协议，JY 的土地作为实物资本，估值在 310 万元。双方就收购问题达成一致后，由公司的法律顾问起草了并购合同，合同严谨全面，力争避免漏洞的存在。在江西赣州供电公司的主持下，双方于 2006 年 6 月正式签订了并购合同。A 公司正式成立，由 JY 公司控股。

经双方讨论一致通过，JY 公司并购 ZL 公司方案可行，其中 JY 公司占 A 公司 51%的股份，ZL 公司占 49%股份，公司类型为有限公司。

为了确保 A 公司的稳定及发展，增强 A 公司的竞争力，JY 公司的优秀管理员工 20 名与 ZL 公司的优秀生产线技术员工 50 名一并成为 A 公司的员工。

为了建立新的厂房，由 JY 公司出资的 30000 平方米土地作为 A 公司的办公地点，其中 15000 平方米为生产车间，8000 平方米为办公楼，7000 平方米为员工宿舍用地。

由 A 公司组建队伍将厂房统一建成现代化生产的车间，办公楼中需设立多媒体会议室，宿舍周边需设立操场。

由 JY 公司负责在赣州市进行贷款融资的主体并对需建设厂房以及后期的运营作好资金准备。

制定发展战略，由 ZL 公司将生产技术的研发及生产的改良作一定的发展方案。

5. 并购的整合分析

通过企业双方自身资源的状况进行资源的再配置，从而达到优势互补以及资源效益最大化是企业并购的最终目的。要实现这一点，企业在并购完成后，更重要的是对企业的各方面进行优良整合，才能达到优势互补。

第一，并购后企业战略方面的整合。JY 公司的总体战略是坚定不移的改革、创新与发展，将 JY 公司建设成为本行业有竞争力的领头企业，并将员工价值最大化，在生产方面进行产品多元化，在变压器的行业，与 ZL 公司的合并，完全符合JY公司未来发展的战略要求。而ZL良好的生产技术及原材料的渠道，为建立更好的品牌效应及提升生产质量起到了一定的影响力，为将来将A公司打造成领头羊起到了良好的作用。

A公司首先会将变压器产品专业化、精细化，从而带动其他的电力设备产品，提高生产工艺、拓宽销售网络是公司的初步战略。为了不使原有公司的市场出现损失，继续保留原有品牌。同时在销售的建设上加大了投入力度，加大了宣传和广告，另外也加大了销售公关的力度。

A公司采用统一品牌策略，即以一种品牌推出所有的产品。这种品牌策略有利于形成强大的宣传声势，降低广告费用。形成良好品牌后，可以带动A公司其他产品的销售。国内许多产品都是这样的运作模式，比如电器的一些品牌：长虹、TCL、美的都是由主力产品打造品牌后，再将新产品推广，这样就很好地发挥品牌的协调效应，运用品牌的延伸策略及销售渠道迅速占领市场，获得更高的经济效益，提升品牌的附加值，企业的知名度，树立良好的企业形象。

由于A公司生产的产品都是电力相关的产品，面对的客户也多数是供电单位或者是一些开发商、承建商，所以统一品牌，有利于增强企业的知名度，让品牌与企业的名称交相辉映，强化品牌的感染力，有利于提高企业及品牌的知名度。采用统一品牌的并购双方各种产品在产品质量、市场价格和目标市场上具有一致性，即产品形象一致，市场定位一致。

第二，企业组织和制度方面的整合。组织是企业发展的基础，并购后A公司必须对组织架构进行重造，原来JY公司因为研发生产方面人员不足，机构设置不全，很多工作开展不到位，因此A公司成立后立即对组织结构进行调整。考虑到公司暂时的规模及公司的目前效益及人工成本，部门的设置必须合理，一切围绕必要性为原则，坚持因事设岗，坚决不因人设岗。并购后共有人员200名，共13个部门。

第三，文化方面的整合。企业并购主要分三个过程：目标企业选择阶段、并购过程实施阶段、并购后整合阶段。第三个阶段最能说明企业并购是否成功，在这三个阶段中也显得最为重要。而在并购的整合中，企业的文化整合是一个难点，也是很容易被忽视的一点，是决定企业在未来发展是否成功的重要因素。企业文化包括企业在发展的过程中所培育出的属于自己特有的一些规范，包括企业的一些规章制度、企业的一些价值目标。企业文化的整合本身就是将不同特质的文化进行交流融合，从而形成一种全新的文化。并不是将原来两个企业的不同文化进行一个简单的加法，而是将原来不同企业的文化进行融合提升，建立一个能达成一致发展的新文化。主要是在发展目标、员工价值观、规章制度、组织机构、经营理念上的融合。

JY 公司的定位主要是面对供电系统内的多元化企业。企业精神是："真实、真诚、真心"，"立足专业、追求卓越"。这些都是企业的文化建设，领导首先以自己为榜样，潜移默化地将这些文化传给员工，通过人力资源部门定期开展的一些拓展活动，加强员工及中高层人员之间的了解，并设置一些文化宣传栏，宣传企业的未来发展目标、发展观、价值观，让所有员工能够更热爱与认同企业的文化，引导全体员工正确理解企业并购是属于企业的飞跃，克服员工因并购所带来的消极情绪，树立员工中有正确认识的榜样，让他们更好地进行交流，让员工在新的企业文化下茁壮成长，并实现他们自身的价值，分享企业成功的感受。

第四，人力资源方面的整合。作为技术、知识、创新能力等知识资源的掌握者，人才是企业最宝贵的资源，是企业在竞争和发展中的最重要因素。管理大师德鲁克在并购成功的五要素中指出，公司高层管理人员的任免是并购成功与否的关键所在，企业并购能否成功，在很大程度上取决于能否有效地整合双方的人力资源。

并购后人力资源的整合是整个企业能够正常实施运营的关键问题。当然，人力资源整合的成功并不能说明企业并购的成功，但如果人力资源整合不成功，该企业的整合势必不能成功。

在经营管理人才上，主要由原 JY 公司的总经理李经理担任 A 公司的总经理，李经理不但对 JY 公司的企业文化有很深刻的了解，对企业生产管理方面也有非常丰富的经验，其中分管生产、工程及行政部的经理由原 ZL 公司的总经理邵经理担任，邵经理对生产所需的原材料有独特的资源，对原材料的一些把关也有相当丰富的经验，并兼当总经理办公室主任。总工程师由原 ZL 公司的生产总监负责担任，总工程师对变压器产品的生产及研发工艺相当熟悉，在生产技术方面具有优势，分管营销部的副总由原 JY 公司的副总担任，该副总在江西赣州当地有非常多的人脉，首先他是赣州本地人，对赣州市场、赣州文化有相当深厚的认识，又有多年销售变压器的经验，对原有的市场有充分的了解。人力总监由 JY 公司的人力经理担当，由于该经理属于该方面的本科毕业生，对人力资源的架构、岗位的配备、人员的招聘及员工培训方面都有相当丰富的经验，所以由他担任最合适。财务经理由 ZL 公司的财务总监担任，由于该总监不属于赣州本地人，所以裙带关系不多，对待财务的问题可以秉公办事。

第五，企业财务的整合。在并购前 JY 公司对 ZL 公司分别对对方的财务状况及经营成果、市场竞争能力、库存商品以及固定资产的寿命周期等运用市场价值法、市场溢价法及资产评估法进行了财务评估，对并购后财务的整合规范提出了合适的操作策略，规范了并购后财务的控制，以及对并购后经营活动实行严格的产权控制，制定相关的内部控制文件、内部审计系统，起到了比较好的财务风险及经营风险的防范。

6. 并购前后绩效对比

第一，企业经营的规模效益。通过合并，A 公司在高效的企业管理体制下，扩大了产量，节省了管理费用；将两个公司的销售渠道整合后，又有更专业、更精致的产品来满足市场的需求，既降低了销售成本、公关成本，又在开发和生产工艺上有了很大的改进，采用新的生产线、新的技术来抢占市场。取得的效果如下：提高了市场的竞争力，增强了市场环境变化的风险能力，降低了 A 公司在面对市场竞争的风险；提高了市场的控制能力，走出了原来低价恶性竞争的状态，合并对两个公司来说都提高了产品的质量，从而使产品更有竞争优势；通过降低成本使得两个公司的收益更高，由于两个公司的合并，在运输费用、管理成本等方面都节省了开支，而且在原材料的供应方面，有了更低廉的价格、更优质产品的渠道，减少了由于原材料铜的上涨所带来企业生产成本上升所造成的风险；实现了企业间优势互补；都提高了企业间内部资源的利用率及外部资源的利用率。

第二，营业收入的分析。公司并购前后营业收入的数据如表 7-3 所示。

表 7-3　公司 2003~2011 年营业收入的变化情况

单位：万元

企业 \ 年份	并购前				并购后			
	2003	2004	2005	2006	2008	2009	2010	2011
JY 公司	611	739	734	862	—	—	—	—
ZL 公司	205	247	318	365	—	—	—	—
合计	816	986	1052	1227	1560	2680	3343	4582

第三，营运能力的对比。两家公司在并购后相对于之前两家公司的周转率都有提高，回收周期也缩短，ZL 公司尤为明显，充分说明两家公司在并购后

财务的风险及经营的风险在降低（见表7-4）。

表7-4　2005~2011年营运能力分析情况

单位：%

周转率	2005年	2006年	2007年	2008年	2009年	2010年	2011年
总资产	0.31	0.42	0.30	0.6	0.63	0.66	0.70
应收账款	2.85	4.33	3.55	5.55	6.78	10.23	15.22

　　第四，盈利能力对比。A公司在前两家公司的并购后，盈利能力明显增长，净资产的收益率显著提高，从表7-5可以看出，在两家公司并购后，对两家公司的发展是有很显著效果的。

表7-5　公司2006~2011年净资产收益率的变化情况

单位：%

收益率	2006年	2007年	2008年	2009年	2010年	2011年
JY公司	5.30	6.2	—	—	—	—
ZL公司	3.40	4.8	—	—	—	—
两公司平均	4.35	5.5	—	—	—	—
A公司	—	—	10.2	30.1	32	33

　　第五，成长性分析。从表7-6中可以看出，A公司的主营业务在并购后显著得到了提升，净利润率也显著增长，所以这次并购是相当成功的。

表7-6　2005~2011年成长能力分析情况

单位：%

增长率	2005年	2006年	2007年	2008年	2009年	2010年	2011年
主营收入	0.048	0.23	0.18	0.25	0.29	0.30	0.31
净利润	−0.350	−0.28	0.04	0.13	0.15	0.17	0.20

　　资料来源：本案例为江西理工大学本土案例研发成果之一，应原作者要求，本案例略去公司具体名称。

【本章小结】

　　本章主要介绍企业并购，即兼并和收购两个方面。首先从内涵、动因和发展演变过程讲解企业并购的概念，其次大致介绍企业并购的相关理论，再次从企业并购的运作程序和决策两个实践方面描绘并购流程，最后讨论企业并购的整合问题，包括文化、人力资源、生产经营和资产债务四个方面。企业并购可以提高自身的市场竞争力，通过不同企业间的优势互补提高企业间内部资源的利用率及外部资源的利用率。

【问题思考】

1. 为什么企业要兼并收购？

2. 企业并购的动因有哪些？

3. 你如何理解企业并购的过程？

4. 简要分析章末案例企业并购的文化整合、人力资源整合等方面与企业绩效的关系。

【参考文献】

[1] 齐修超. L 公司并购 S 公司支付方式选择研究 [D]. 济南：山东大学硕士学位论文，2013.

[2] 李达. 并购后的人力资源整合优化探讨——以 KL 信托公司为例 [J]. 人力资源管理，2014（5）.

[3] 王静，桑忠喜. 并购交易价格的实物期权理论之应用 [J]. 中国市场，2011（5）.

[4] 伊志宏，姜军，姜付秀. 并购交易方式：信号还是择时？——基于中国平安收购深发展的案例研究 [J]. 管理世界，2010（8）.

[5] 袁钰洁. 并购中的人力资源整合 [J]. 新经济，2014（2）.

[6] 任家虎. 并购重组市场化定价案例分析 [J]. 新会计，2013（8）.

[7] 王进虎. 策论企业并购动因及风险防范 [J]. 新财经（理论版），2014（1）.

[8] 马亮. 公司并购动因理论述评 [J]. 企业导报，2013（21）.

[9] 陈豪. 基于并购动因理论的企业并购理论综述 [J]. 环球市场信息导报，2014（3）.

[10] 宁静. 基于公司财务报告分析的企业并购定价研究 [D]. 衡阳：南华大学硕士学位论文，2012.

[11] 赖娇娇. 基于企业并购动因理论的贵州银行并购动因分析 [J]. 商品与质量·建筑与发展，2013（10）.

[12] 张帅. 基于战略发展的我国企业并购定价问题研究 [D]. 北京：北京化工大学硕士学位论文，2011.

[13] 骆金珏. 论企业并购活动中的文化整合 [J]. 管理观察，2014（7）.

[14] 朱斌，宫珂. 企业并购财务整合研究 [J]. 山东行政学院学报，2014（2）.

[15] 梁威. 企业并购动因研究——以航运企业为例 [J]. 经济视野，2013 (15).

[16] 李金梅. 企业并购后财务整合路径探讨 [J]. 财经界，2013 (30).

[17] 谢晓燕，陈雪娜，长青. 企业并购后财务整合研究——蒙牛集团并购君乐宝公司案例 [J]. 管理案例研究与评论，2013 (6).

[18] 朱文莉. 企业并购交易定价问题研究 [D]. 北京：北京交通大学硕士学位论文，2013.

[19] 赵甜羽. 企业并购协同效应及其实现 [J]. 2014 (6).

[20] 刘钊. 浅谈联想集团并购文化整合 [J]. 经营管理者，2012 (6).

[21] 杨冰峰. 浅谈企业并购的目标定位及原则 [J]. 新财经（理论版），2011 (6).

[22] 杨荣. 文化企业并购动因理论新探 [J]. 企业导报，2013 (18).

[23] 范瑞娟. 我国企业并购融资问题研究 [J]. 中国连锁，2014 (1).

[24] 杨西春. 我国企业跨国并购文化整合问题的研究 [J]. 湖北经济学院学报（人文社会科学版），2014 (3).

[25] 林影倩. 我国视频网站并购的动因及启示 [J]. 新闻界，2013 (19).

[26] 汪贵浦，余雷鸣，孔烨俊. 现金支付与股票支付选择对并购方绩效影响的实证分析 [J]. 中国农业银行武汉培训学院学报，2012 (3).

[27] 陈涛，李善民，周昌仕. 支付方式、关联并购与收购公司股东收益 [J]. 商业经济与管理，2013 (9).

[28] 张建辉. 中西方企业并购动因比较 [J]. 特区经济，2006 (5).

[29] 张晶，张永安. 主并方股权结构与并购支付方式的选择 [J]. 金融理论与实践，2011 (6).

[30] 杨春雷. 资产价值动态变化下的企业并购交易价格确定 [J]. 生态经济，2013 (6).

第三篇

管理篇

第八章　资本运营中的风险防范

【本章要点】

☆了解风险、资本运营风险的概念；

☆理解资本运营的管理程序与风险类别；

☆知晓资本运营风险的识别与防范；

☆熟悉资本运营的风险管理。

【章首案例】

如何理解京东方规避企业的资本运营风险

　　京东方科技集团股份有限公司（简称"京东方"，BOE）创立于 1993 年 4 月，创业 12 年来历经高速成长。公司注册资本为 9.76 亿元人民币，总资产 144.7 亿元人民币；公司主营业务收入从创立初期的人民币 1.2 亿元增长至 2003 年的 111.8

图片来源：www.boe.com.cn.

亿元人民币，集团合并后收入达到 161 亿元人民币。京东方起步于显示器科技、产品与服务，其中薄膜晶体管液晶显示器件是中国内地最大、全球排名第九位的 LCD 制造商。小尺寸平板显示器件，包括真空荧光显示屏（VFD）、超扭曲型液晶显示器件（STN-LCD）、有机电致发光显示器件（OLED）等，其中，STN-LCD 产销量全球排名第五位，VFD 产销量居世界第三位。显示器制造业务瞄准了数字电视领域，与松下、东芝合资生产的彩色显像管（CRT），是中国第二大彩色显像管生产商。显示器、平板电视，包括 CRT 显示器、液晶显示器、TFT 液晶电视、PDP 电视等，是全球第二大显示器生产商。还有与显示产品相关的精密电子零件与材料，大多居国内和世界前列。数字产品与服务则涵盖笔记本计算机、网络计算机、智能卡系统与机具、LED 大屏显示系统等。

1999 年 5 月，北京东方冠捷显示器工厂开工，京东方与台系 IT 制造业结亲。

2000 年 10 月，京东方推出笔记本电脑，次年 6 月又加入平板电脑阵营，8 月推出了数码相机，多元化跨路之大，势头之猛，令同行侧目。2004 年，京东方又突然回到了 LCD 领域，多变的业务、豪赌的资本属性暴露无遗，一时间成为产业内议论的焦点。

现在，京东方通过一系列的收购，在投资战略和业务方向上都明确向显示器靠拢。在垂直层面上，京东方通过整合，覆盖了从电子玻璃元器件到显示屏模块，再到显示器、显示终端的整个显示领域。而 2004 年京东方的营业额只有 16 亿美元，业务快速增长的动力何在？是"人有多大胆，地有多大产"还是京东方确实有过人之处？资本在其中起到何种作用？

京东方收购韩国现代 TFT-LCD 业务是一个非常典型的案例，一家成长型的科技企业难抵诱惑，大举吞并新兴业务。该收购案名列 2003 年中国十大并购案例。

2003 年 2 月 12 日，京东方科技集团以 3.8 亿美元的价格收购韩国 HYNIX 半导体株式会社旗下的现代显示技术株式会社的 LCD 业务。这是除联想收购 IBM PC 业务之外，迄今为止金额较大的一宗中国高科技产业海外收购。通过此次收购，京东方不仅获得了韩国现代的相关固定资产和无形资产，同时取得了直接进入国内显示器高端领域和全球市场的通道。京东方发布公告称，该公司 2004 年第三、第四季度经营业绩逐季下滑而出现亏损，预计 2005 年第一季度仍将处于亏损状态，而该公司股票也随后在 4 月 21 日、22 日、25 日连续三个交易日达到跌幅限制，这一情况也从一个侧面显示了京东方出现的亏损数额并没有像该公司公告中的那样轻描淡写。

根据有关规定，京东方就股票连续三天跌停发布了公告，该公司在公告中表示，因受周期波动影响，预计 2005 年第一季度亏损，亏损额不超过 4.55 亿元人民币！它已经超过了 2003 年全年 43796 万元的利润总额，更不用说和 2004 年业绩比较了，因此，该公司预计 2004 年净利润仅能达到 2003 年净利润水平的 50%。更为严重的是，45500 万元仅仅是京东方 2005 年一季度的预计亏损。为支付早在 2004 年 9 月即已竣工的新工厂建设用款，该公司于 2005 年 3 月底向由九家国有银行组成的银行团融资了 7.4 亿美元。据报道，在液晶面板价格跌破成本的局面下，京东方与银行团之间的融资交涉陷入僵局，后来是在北京市政府的支持下才终于达成协议。另外该公司股票上市以来出现最低值，难以通过增资的渠道筹措资金。京东方曾经在 LCD 市场上风光无限，然而，令该公司没有想到的是，本次该公司业绩巨亏也正是受了周期波动的直接影响。承受了资本的注入就意味着穿上了富有魔力的红舞鞋，舞者必须不断起舞。无法创造足够利润的京东方只能不断吸收新的资本注入，不断地再融资，才能缓解原先资本结构的压力。

　　资料来源：作者根据多方资料整理而成。

第一节　资本运营风险管理

　　何为风险？目前国内外学术界尚无统一定论。美国学者海尼斯（Haynes）最早提出了风险的概念，他定义风险是损害的可能性。风险损害可能说从企业经营角度出发，探讨了风险与损害之间的内在联系，强调损害发生的可能性。美国学者威雷特（Willet）将风险理论和保险联系起来进行研究，把风险与偶然及不确定性联系起来。他认为风险是客观存在的，其发生具有不确定性。美国学者佩费尔（Peffer）在其主张的风险因素结合说中认为，风险是每个人和风险因素的结合体。不确定性是主观的，概率是客观的。某事物发生和不发生，其概率相等时，不确定性最大。某事物的概率为 1 或 0 时，不存在不确定性。

　　资本运营风险是由于内外环境各种难以预料或无法预料和控制的因素作用，使资本运营系统运行偏离预期目标而形成的经济损失的机会或可能性。资本运营风险是资本运营活动本身及其环境的复杂性、多样性和资本运营运作人员认识的滞后性、活动条件的局限性的共同结果。

　　资本运营作为一种资本扩张战略，是企业迅速增强原有核心能力和获取新的核心能力的有效途径。企业的资本运营是一项充满风险的经营活动。企业无论是从开始筹措资本，还是在运营资本阶段，都伴随着大量的不确定因素，这些不确定因素给企业的整个资本运营行为带来巨大的风险。随着我国资本市场的发展，以及新的金融衍生物的产生，资本运营日趋复杂。资本运营活动的难度加大，其风险也越来越大。

　　资本运营的风险来源于多个渠道，既有系统性风险，又有非系统性风险，既有来自外部的风险，又有来自内部的风险。但大部分学者认为资本运营风险的一个重要来源是由资本运营的特点所决定的。

首先，由资本运营的风险性所决定。资本运营是企业高级的经营活动，这一活动的实施存在各种风险。企业进行资本运营，通过兼并、收购、参股、控股等形式，拥有被并购企业的全部或部分产权。这实际上是通过产权交易市场或资本市场购买企业产权的一次巨大的投资活动，而且是一次风险性极大的投资。并购对象选择是否得当，本企业的资源状况是否与所选择的并购对象对于资源的需求相匹配，这对企业来说，直接影响其并购活动能否取得成功，因而带有很大的风险性。据有关资料统计，即使是西方国家的企业，并购成功率也仅有 50%。在实践中，这样的例子很多。比如，有的企业在没有弄清楚目标企业的资产、债权、债务状况及其售动机的条件下，盲目并购，结果背上包袱，跌入了陷阱；还有的企业高估本企业的资源条件，特别是融资能力，结果使并购无法完成，或者虽然完成了交易，却无力进一步投入资源进行消化吸收，企业的资本经营并未达到预期的效果，甚至不但不能把并购企业搞活，反而恶化了本企业的经营状况，可以说是赔了夫人又折兵。

其次，由资本运营的复杂性所决定。资本运营作为企业的一种战略，与企业其他战略相比，是一种更为复杂的战略。资本运营战略包括四个方面的内容：①企业总体发展战略规划的制定，包括企业经营领域和行业的选择；②在总体发展战略规划指导下，选择具体的资本经营战略，如采取兼并、收购，还是控股、参股或其他产权运作方式；③对象企业的选择，以及本企业资源的评价、机会、风险分析等；④战略的实施，包括资本筹措，对象企业资产评估、谈判、交易及其并购之后的生产、组织、财务、人事等方面的整合。资本运营是一个复杂的系统工程，它需要经过一系列前后相连、环环紧扣的战略过程，每一个战略阶段和战略环节都必须谨慎操作，否则，稍有不慎，便会满盘皆输。

再次，由资本运营的扩张性所决定。资本运营战略实际上是一种企业的具体发展战略，是一种实现企业发展目标的战略手段。扩张性是这一战略的重要特性。虽然就全社会来说，资本运营并没有增加或减少社会资源总量，只是改变了这些资源的原有配置，提高了这些资源的运营效率；但是就进行资本运营的企业来说，它能控制、推动更多、更大范围的资本，使其为本企业的战略目标服务，企业的原有资本产生出一种放大效应、杠杆效应，从而产生最大限度的利润。当然，扩张性是就资本运营战略的一般特性而言的，有些情况下，特别是当企业外部环境对企业发展不利，以及本企业资源约束较大的时候，企业也需要缩小资本规模，实施收缩战略。比如，将企业资本从不利的行业、企业退出等。实际上，资本运营的过程就是企业不断调整、优化企业资本结构，实现企业资本最大限度增值的过程。在这一过程中，既有资本扩张，也有资本收缩，而更多的则是对资本的重组和组合。

最后，由资本运营的挑战性所决定。资本运营战略，是企业为了在激烈的市场竞争中求生存、求发展而制定的，或者是企业发现了有利于本企业扩张发展机会，或者是企业为应对外界环境的威胁、压力和挑战所采取的行动方案，因而，它要求企业不仅仅停留在适应外部环境这一层次上，还要强调企业发挥能动性、创造性，主动出击，主动进攻。资本运营如同一个大魔方，变化无穷，奥妙无穷，同时也充满着风险，有些企业通过资本运营迅速崛起，而另一些企业却由于资本运营失误而跌入陷阱，一蹶不振。

第二节　资本运营的管理程序与风险类别

一、资本运营风险的管理程序

第一，确定资本运营风险管理目标。资本运营风险管理目标是通过对资本运营风险的管理、防范和化解风险，尽量减少风险可能造成的损失，努力实现资本运营的预期目标。它是根据企业资本运营的实际情况及其所处的外部环境，在全面分析资本运营环境及其变化可能引起的风险，以及采取一定的风险管理措施可能化解和减少的风险影响程度的基础上制定的。制定资本运营风险管理目标必须切合实际，并具有一定的预见性。

第二，全面评估资本运营风险。风险评估主要是确定资本运营可能出现的风险点、可能引起风险的因素以及这些因素可能造成的风险损失。资本运营风险的评估过程实际上是识别风险、计量风险、确定风险承受力的过程。识别风险是资本运营风险管理的前提；计量风险是估计风险的影响程度；确定风险承受力则是根据风险发生的概率、可能造成的损失程度等因素，综合衡量企业承受风险的能力。在风险承受能力范围之内的风险及损失，企业可以采取一定的措施加以补救或忽略不计，而一旦风险所造成的损失超出风险承受能力，则企业可能陷入危机甚至破产。

第三，制定资本运营风险管理对策。风险对策是根据企业资本运营过程中已识别的风险及其风险强度提出的预防性建议。企业资本运营风险具有极大的不确定性，风险对策是为了消除和控制这种不确定性的发生、改变不确定性发生的时间、控制不确定性的影响范围以及减少不确定性可能造成的损失程度。

第四，采取风险防范与管理措施。风险防范与管理是根据资本运营风险管理目标，对资本运营过程中可能或已经出现的风险因素和风险环节，采取相应的风险管理措施，以努力消除潜在的风险、化解已经出现的风险、减少风险所造成的损失程度。同时，资本运营风险是动态的，企业必须随着外部环境的变化不断调整风险管理目标、重新评估风险、拟定新的风险管理对策，努力将资本运营风险控制在可以承受的范围之内。

二、资本运营的风险类别

企业资本运行中面临的风险主要包括操作风险及环境风险。操作风险包括：资本运营的动力不足、进程步伐缓慢的风险；筹资与投资效率低下、融资渠道不畅且单一的风险；资本市场的发展先天不足、发展滞后风险。主要包括经营风险、财务风险、管理风险、信息风险等。环境风险是指由于外部环境的不确定性和不停的变化引起的风险。包括法律法规风险、体制风险、社会文化风险等。

第一，经营风险。经营风险是指企业在资本运营过程中，由于经营状况的不确定性而导致的风险。就企业目前的情况看，经营风险主要是由经营方向选择不当和经营行为与市场脱节两方面的原因造成的。企业在资本运营过程中，若资本运营决策者对市场分析不透彻，对自身经营能力把握不准，或者目标选择不恰当，那么就有可能导致经营方向失误，这是经营风险的主要原因；企业在经营过程中没能及时、准确地掌握市场需求的变化，导致经营行为与市场脱节，那么企业的资本运营也必然面临风险。例如，当企业实行多元化经营、进入较为生疏领域的时候，更需要把管理能力能否适应新领域的要求放在至关重要的地位。否则，企业进行多元化经营借以分散风险的目的非但不能达到，反受管理风险之累。

第二，财务风险。企业进行资本运营需耗费大量的资金，单靠企业的自由资金难以支撑，为此最终付出的成本可能要远远超过事先预期的成本。企业资本运营所耗费的巨大费用将可能造成企业资金周转困难。财务风险在企业资本运营中处于非常重要的地位。小到支付困难，大到企业破产，都与财务风险有关，因为较高的债务结构往往使企业债务负担沉重，无法支付债务资金本息而破产。许多企业希望通过债务杠杆来完成兼并收购，但这样做财务风险很大，特别是在信息不对称、市场发生巨变以及经营决策出现重大失误情况下，以高负债进行资本经营，其财务风险就更大了。

第三，管理风险。从资本运营的宏观控制来看，管理风险主要源于国家对企业资本运营的监控系统尚未形成以及政府主管部门的过分干涉。从资本运营的微观过程来看，管理风险主要源于资本运营主体的管理素质不高及运营后对新企业的管理、协调不好等。目前，我国投资银行的经营运作才刚刚起步，缺乏具有较高素质的人才，制约着整个证券业和并购业务的发展，而一哄而上的大规模重组事件的快速涌现，在缺乏质量保证的前提下，必然会给企业后期的发展埋下潜在的隐患。

第四，信息风险。企业在决定是否进行资本运营、采用何种方式进行以及如何入手方面，应以足够充分的信息为依据。但在资本运营过程中，由于运营主、客体双方掌握的信息不对称，客体方会刻意隐瞒或不主动披露相关信息，致使主体方对客体方了解不够，看不到客体方的真实情况，从而给自身造成风险。信息不对称的风险影响着众多从事资本运营的企业。

第五，法律法规风险。在西方发达的市场经济国家，各国政府都制定了维护公平竞争、限制垄断的反垄断法或反托拉斯法，这些法案使大规模的、有可能形成垄断的并购行为受到了限制，有的并购方案甚至被迫中止，从而使并购企业损失严重。目前，尽管我国还没有完善的反垄断、促进公平竞争的法规，但公司法中含有某些增加交易透明度、维护公平竞争、保护投资者利益的相关法律条例。企业在资本运营中，特别是兼并收购中应仔细研究，以尽量避免受到不必要的法律限制，从而增加交易成本。

第六，体制风险。企业进行资本运营有其自身明确的动因，这个动因必须表现为经济动因，以追求经济效益为前提。但在我国企业资本运营过程中，市场经济体制尚处在逐步完善的阶段，国家在进行资本运营时强调盘活国有资产、促进国有企业改革，带有较大程度的行政色彩，许多企业的资本运营都是出于政府部门的强行捏合而最终实现的，重组双方常常缺乏利益冲动而缺少重组动机，导致管理层对重组后的企业发展和经营管理缺乏了解，并难以适应长期的运作，从而使企业资本运营在一开始便埋下风险隐患。

第七，社会文化风险。人们社会价值观念的改变，社会心态的不确定、社会信念的改变特别是企业文化的差异，都会给企业资本运营带来风险。社会文化风险是企业在资本运营中很容易被忽视的风险。事实上，许多企业资本运营的低效率就是由于在资本运营过程中不注意企业文化重构所导致的。

资本运营中的风险防范专栏 1

中铝收购力拓失败的文化根源

　　中国铝业是中国最大的氧化铝、原铝和铝加工材生产商，是全球第二大氧化铝生产商、第三大原铝生产商。中国铝业着眼于国际化多金属矿业公司的战略定位，立足国内，

图片来源：www.chalco.com.cn.

面向海外，积极整合国内资源，加快开拓全球业务以及广泛的产品组合。力拓是世界第二大矿业公司，成立于 1875 年，在全球拥有 60 多家子公司。该公司向中国出口铁矿砂、铜、铝矾土、氧化铝、铝等矿产品。中国是其仅次于北美、欧洲和日本之后的第四大市场。

　　2008 年 2 月，中铝集团携手美国铝业在市场高峰期以每股近 59 英镑的价格斥资 140.5 亿美元合作收购力拓英国公司 12% 的普通股股份，并持有力拓集团 9.3% 的股份，成为其单一最大股东。其中，美国铝业以认购中铝新加坡公司债券形式出资了 12 亿美元，其余 128.5 亿美元均为中铝出资。

　　2009 年 2 月，在金融海啸肆虐之际，力拓迫于 387 亿美元的债务压力，向中铝伸手求援以解资金难题。中铝开始实施第二阶段注资计划，12 月 12 日，中铝宣布将通过认购可转债以及在铁矿石、铜和铝资产层面与力拓成立合资公司，向力拓注资 195 亿美元，其中 123 亿美元将用于参股力拓的铁矿石、铜、铝资产，72 亿美元将用于认购力拓发行的可转换债券。如果交易完成，中铝可能持有的力拓股份最多上升到 18%，并将向力拓董事会派出两名董事。方案公布后立刻在澳大利亚和英国的力拓投资者中引起强烈反响，这些投资者认为也应获得参与配股的权利。此后，中铝开始寻找澳大利亚外国投资审查委员会的支持，但澳大利亚政府方面却阻碍重重。政府方面声称将根据力拓和中铝公司交易的具体情况来做决定，在国家利益方面将认真考虑。作为政府要求的审批程序之一，澳大利亚竞争与消费者保护委员会（ACCC）还对中铝公司的 195 亿美元投资进行评估。中铝通过了 ACCC 的评估，而且在 2009 年 3 月 27 日，收到中国国内四家银行提供的约 210 亿美元贷款，用以支付对力拓投资对价和其他有关本次投资的资金需求。

　　但随着经济形势复苏，大宗商品价格的上涨，市场形势发生了变化。力拓

逐渐缓过劲，便开始覆手风云，做出过河拆桥之举。北京时间 2009 年 6 月 4 日晚 9 时，我国企业迄今为止最大的海外投资交易在伦敦被力拓董事会否决，备受关注的中铝—力拓合作案最终由交易双方出面证实以分手告终，同时决定配股 152 亿美元，并与必和必拓组建铁矿石合资公司。中铝公司确认，力拓集团董事会已撤销对双方 195 亿美元交易的推荐，并将依协议向中铝支付 1.95 亿美元的分手费。这意味着我国企业迄今数额最大的海外投资交易遭否决。

在中铝增持力拓交易中，政治文化差异从一开始就存在。以中铝和其他中国企业接二连三大举投资澳大利亚资源为借口，反对党政客大肆宣扬"在澳大利亚人民与国家财富的婚姻里，工党政府和中国暧昧不清"，陆克文总理及其阁员的私人交往也被拿到有色放大镜下无限上纲。澳大利亚民间对这笔交易的反对也非常广泛。民意调查结果便显示，受调查者中反对准许中铝增持力拓股份至 18% 的竟高达 59%。力拓董事会最终决定毁约的公开理由是市场回升，但如果中铝增持案能够顺利如期通过审查，没有被澳大利亚外商投资审核委员会延长审查周期，国际初级产品市场和股市的回升幅度尚不至于给予力拓董事会如此强大的信心。因此，归根结底，力拓董事会毁约公开理由背后起作用的仍然是政治性风险。加大政府资源外交和对外援助的力度，通过国际投资协议的谈判，要求投资东道国简化对中国企业的审批程序，通过建立双边争端解决机制，参与多边争端解决机制，减少中国企业对外投资和海外经营的阻力，保护中国企业的利益。鼓励各类商业、准政府机构开展各种类型的投资洽谈会、信息服务等。

中铝和力拓并购案掀起的民族情绪，超出了原有的预期，有以下几个因素：一是必和必拓利用其娴熟的公众媒体宣传和院外游说能力，鼓动民众情绪，影响政府决策者的判断。二是在中铝并购力拓的关键时期，我国的国有企业连续宣布对澳大利亚矿业公司的收购，如五矿收购 OZ 矿业、华菱集团收购 FMG 铁矿石公司等。短时间内形成新闻热点，引起了民众更高的关注度。三是国内媒体对中铝收购力拓利益的过度宣传，如同国有银行引入战略投资者的"贱卖论"一样，引起了澳大利亚民众的强烈不满。

澳大利亚一位分析家指出，与其说中铝注资力拓交易的失败是市场博弈的输家，还不如说是价值思维新形式的牺牲品。

资料来源：作者根据多方资料整理而成。

第三节 资本运营风险的识别与防范

一、资本运营风险识别的技术与方法

资本运营风险识别的技术，是指企业在搜寻资本运营风险来源，分析企业资本运营风险的性质和特征时，所采用的专门识别手段和识别方法。资本运营风险的复杂性使得资本运营风险的识别具有较高的难度，需要运用相应的识别技术，才能达到预期效果。

第一，头脑风暴法。头脑风暴法（Brainstorming）从 20 世纪 50 年代开始流行，常用在决策的初级阶段，以解决组织中的新问题或重大问题。头脑风暴法一般只用来产生方案，而不是进行决策。当人们想起新观点时，他们就在房间里大声说出观点，这是对头脑风暴的普遍观点。告诉人们消除他们的拘束，任何观点都不会被评判，这样他们就能自由地大声说出任何观点，而此时没有感到任何不舒适。在提出的众多观点中会有一些非常有价值。因为这个自由思考的环境，头脑风暴会帮助促进产生那些突破普通思考方式的激进的新观点。但是这种方式依然存在一定缺陷。

第二，德尔菲法，又称专家调查法。它主要依靠专家的直观能力对风险进行识别，即通过调查意见逐步集中，直至在某种程度上达到一致，故又叫专家意见集中法。由于需要数轮反复收集与反馈意见，采用德尔菲法识别企业资本运营风险会持续一段时间，故该法适用于允许有较长的准备期限、无其他竞争方参与竞争的企业资本运营，以免由于多轮反馈征询意见拖长风险识别期限，而丧失资本运营恰当机会。主要包括四个基本操作步骤：拟定风险因子调查表—专家填写调查表—收集整理专家意见—匿名反馈。

第三，分段识别法。是指按照资本运营过程的阶段特征，根据不同阶段风险的成因与特点，采取相应的步骤和措施查找风险因子。企业资本运营可以分为三个阶段：运营前的准备阶段、运营中谈判和操作阶段以及运营后的整合阶段。由于不同阶段有不同的运营小目标、特点和工作内容，其风险产生机理和特征也不尽相同。

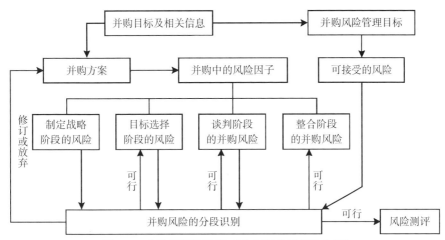

图 8-1　分段识别法流程（以上市公司并购为例）

结合图 8-1，分段识别流程具体步骤为：第一步，根据并购目标及相关信息，制订并购方案，明确并购风险管理目标；第二步，根据并购方案识别企业并购中的风险因子，根据并购风险管理目标，设定可以初步接受的并购风险种类与性质；第三步，按并购的四个阶段依次识别并购风险，并与可接受的并购风险进行对照；第四步，根据对照结果，若初步可以接受，即可继续下一阶段的风险识别，直至完成整个并购中的风险识别；若风险识别结果不符合要求，可根据情况修订并购方案，重新进行下一轮的风险识别或停止并购。

第四，风险树识别法。风险树识别法是指并购企业首先按照风险产生的载体，将并购方的风险、目标方的风险和并购环境的风险视作并购风险树三个分枝的节点；然后，将各个分枝中的风险因子视作风险树丫分枝的节点（见图 8-2）。

这种识别方法将并购风险逐层予以分解，以便顺藤摸瓜，找到可以承受的风险的具体形态。采用风险树识别法，并购企业并购风险管理企业可以清晰地判断风险的具体形态及其性质，适用于规模较小、风险因子易于查找的企业并购。风险树识别法的步骤是：第一步，根据并购目标及相关信息，确定可接受的并购风险；第二步，从弧分枝节点入手，收集并购信息，识别并购中的风险因子，与可接受的并购风险进行比较；第三步，综合所对应的丫分枝节点的风险，形成分枝节点的风险，并与可接受的风险进行比较；第四步，综合分枝节点的风险，形成整体并购风险，与可接受的风险进行比较并采取行动。

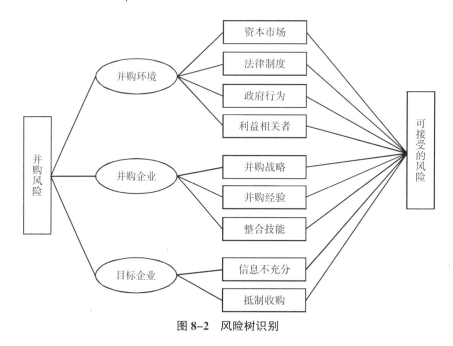

图 8-2 风险树识别

资本运营中的风险防范专栏 2

中海油并购尼克森风险识别

尼克森是一家位于加拿大阿尔伯塔省的独立的全球性能源公司，在多伦多和纽约证券交易所上市。2012 年 7 月 23 日，中海油发布公告称，已与

图片来源：www.cnooc.com.cn.

尼克森公司达成协议，以 151 亿美元收购尼克森，其现有约 43 亿美元的债务将予以维持。2013 年 2 月 26 日，项目完成最终交割，成为截至 2014 年 8 月国内企业完成的最大一笔海外并购案。

1. 政治风险

尼克森公司涉及的资产分布于加拿大西部、英国北海、美国墨西哥湾等地。因此，并购除需加拿大政府和中国政府批准外，还需获得其资产所在地欧盟和美国政府的批准。油气资产作为国家战略资源有其突出的政治敏感性。中海油在 2005 年要约收购优尼科时，就曾遭遇来自美国的政治风险影响。当时美国国内的政治舆论认为该笔交易对美国能源及安全构成"明显威胁"，这极大地影响了中海油的并购进程，使其在与并购竞争对手英国石油公司的较量中败下阵来，最终宣布撤回对优尼科的收购要约。时隔7年，中海油并购尼克森再次遭遇政治风险的考验。根据《加拿大投资法》，资产价值超过3.3亿加元的收购交易须经联邦政府审批，以确保交易能让加拿大获得"净受益"。自中海油2012年8月29日向加拿大政府提出审批申请以来，加拿大国内一直不乏反对的声音，他们认为加拿大的国家资产不应落入中国国有企业手中。在经历了漫长的4个月等待后，中海油最终于12月7日获得审批通过，其间经历了加拿大政府两次审查延期。在审批通过的同时，加拿大政府表示："未来外国国企如欲收购加拿大企业，将会面临更加严格的审核，尤其涉及自然资源的收购，只有在非常特殊的情况下才会获得考虑。"可见，能源企业在海外进行并购的政治风险切实存在，且将来有可能面临更为严峻的并购环境。尼克森交易在加拿大本国审批的一波三折，也为随后在美国的审批带来极大的不确定性。美国政府传统上相当重视对外资企业的政治安全审查，且尼克森处在美国的邻国加拿大，有着明显的地缘政治因素。2012年11月，中海油和尼克森曾重新提交申请，幸运的是，2013年2月12日，该并购案获得了美国外国投资委员会的批准，扫除了交易面临的最后障碍。

2. 财务风险

公告显示，中海油以普通股每股27.5美元对价收购尼克森，较该普通股上一交易日收盘价溢价61%。中海油认为并购符合公司的全球并购战略，公司是依据审慎的财务策略和价值驱动原则，综合评估尼克森公司现有资源、回报及风险因素做出的决定。但同时也应看到，并购尼克森确实给中海油带来巨额的债务负担与持续大额的资本支出，这都对中海油今后能否拥有一个持续、稳定的现金流带来考验。

第一，并购使得公司资产负债率大幅攀升。中海油发布的公告显示，并购后中海油总负债将由1299亿元人民币升至2662亿元人民币，资产负债率将由31%升至48%。而国际石油企业的资产负债率一般在20%~30%。并购后，如何保持合理的资产负债水平，是摆在中海油面前的一个重大课题。一方面，公司要顺利收购尼克森，需利用财务杠杆，获得更多外部融资。总额151亿美元的并购资金中，有60亿美元来自外部银行贷款。另一方面，并购后公司要实现持续经营，并为今后潜在的并购活动留有余地，需要公司拥有合理的资产负债水平，保持稳定的信用评级，从而不影响公司继续融资的能力。

第二，并购使得公司现金流面临考验。由于尼克森公司拥有的很多资产尚在投资期，回收并实现盈利尚需一定周期，因此给公司现金流带来压力。根据中海油发布的公告，尼克森 2011 年油砂储量占到公司总证实储量的 64%，但产量仅为总产量的 19%。从中海油披露的 2013 年第一季度经营业绩中可看到，并购后公司资本支出大幅攀升，由上年同期的 96.42 亿元人民币增至 148 亿元人民币，增长 53.5%，而同期的销售收入却仅增长 14%，由 492.82 亿元人民币升至 561.79 亿元人民币。

3. 人员整合与文化融合风险

中海油一直将国际化作为公司经营战略，虽然近年来一直活跃在国际能源并购市场，但整合像尼克森这样一家业务完整的大型跨国企业，对其遍布北美、非洲和欧洲的资产进行统筹化管理，对其资产进行保值、增值，对中海油来说，这种管理经验还是非常欠缺的。而且，东西方文化存在差异，若不能很好地沟通理解双方文化、理念与思想，肯定会大大影响并购整合效率。此外，整合过程中还需要大量技术及管理人才，中海油今后肯定也将面临较大的人员缺口。

资料来源：作者根据多方资料整理而成。

二、资本运营的谈判技巧：以并购为例

一般来说，在并购的不同阶段，沟通与谈判的重点与策略是不一样的。

在并购的前期准备阶段，沟通与谈判的重点是围绕如何接触、说服并购目标企业与并购方企业合作。在这个阶段，首先，并购方企业要做好充分谈判准备，做到知己知彼，对要谈判的目标企业的基本情况有深入的分析讨论，并形成对策；其次，与目标企业的初次接触要学会委婉地表达并购合作意向，尽量不要用并购、兼并这样的词语。

如果对方是一个小规模的私营企业，那就通过朋友介绍或者写亲笔信邮寄等方式直接找到企业的老板本人去谈。

如果对方是一个大中型的私营企业，那就应该慎重一些，通过一些圈内的专业中介机构含蓄地表达并购合作的意向，注意要保密，不要声张，一是给并购方企业面子，二是不要惊动其他的竞争对手。

如果对方是国有企业，则可以通过行业协会或者相关的政府单位来接触表达并购合作意向。

如果是外资企业，一般可以直接登门拜访去谈合作，因为老外的并购意识很

强，容易理解企业买与卖的交易行为。

做好了并购谈判的各种准备，也向目标企业表明了并购合作的意向，接下来是如何说服、打动目标企业与我们合作的问题了。关于这个问题，可以总结如下：动之以情、晓之以理、诱之以利、加之以威。

动之以情是说并购方企业要用一种真诚、诚恳的态度与热情表达自己与目标企业的合作意向，没有任何以大欺小、以强欺弱的成分，更没有欺骗、忽悠的意思，这是最基本的一点，也是很重要的。

晓之以理是说要给目标企业讲解并购合作的各种道理与好处，客观分析并购整合的趋势与必然性，通过摆事实、讲道理，让目标企业信服，这个理念引导的过程非常重要。

诱之以利是说通过前面的讲道理以后，紧接着通过为目标企业展示各种并购以后的实际利益来进一步说服目标企业，必要的时候可以通过提高并购交易的收购溢价和附加条件来"引诱"目标企业。

加之以威是在通过前面的三步不太奏效的情况下，无奈之下采取的一种必要的方法，就是在各种软说服不起作用的时候采用一种"威胁"的硬措施，比如可以告诉目标企业，如果不合作，我们就选择与其他的企业合作，而且会采取一些打压竞争的方法给目标企业造成经营压力，迫使其就范合作，当然这一招有些阴损，除非不得已，轻易不要这样做，但是我们要知道并购本身就是残酷无情的。

在并购交易的执行阶段，沟通与谈判的重点是围绕并购交易的价格与各种框架、条款等。在完成了与目标企业的接触、说服工作以后，这时，并购沟通谈判的重点就转移为并购交易的重心，也就是交易框架、价格、条款等方面，在这个阶段，要注意运用以下方法技巧：

第一，做好最充分的谈判准备。一般在正式谈判之前，并购方企业是对目标企业完成了详尽的尽职调查的，在谈判的准备期就要把调查中的各种必要的有利于并购方的事实依据列出来并一一形成谈判方案策略，务必确保在谈判前明确谈判的重点与底线，先谈什么、后谈什么，对方有可能会对哪些问题提出反对等各种细节尽可能地要成竹于胸。

第二，注意巧妙运用各种谈判技巧。其实，各种沟通谈判的技巧往往都是相通的，并购方企业要学会一些通用的沟通谈判技巧，多钻研一些各种商务沟通谈判的技巧以及应对技巧，对并购谈判将会起到不小的作用，比如常见的谈判策略有：多听少说、注意倾听、谋定后动、巧妙地应用开放式的提问方式、尽量少用绝对的词语来回答问题等。

第三，不要着急谈具体价格。没有不合适的价格，只有不合适的条款，要明白价格不是单纯的价格，价格的背后还有许多的附加条款，比如支付方式、兑现期限、税收安排、董事会安排、后期的整合安排等，所以在并购谈判的一开始不要太着急谈具体的价钱，先慢慢地求同存异，谈一些双方比较容易达成一致的条款，等到对目标企业的谈判策略有了一些了解以后再涉及比较敏感、复杂的谈判部分。

第四，注意不要透露重要的商业秘密。在并购的沟通与谈判中，一方面要引导对方露出自己的底牌与商业秘密，利于自己处于主动地位；另一方面要注意保护自己企业的重要商业秘密不外泄，以免被对方抓住把柄。

第五，要保持一定的谈判耐心。并购谈判是一件耗时费力的事情，尤其是当并购陷入谈判僵局的时候，这时候更需要具备一定的耐心，不要轻易放弃，也不要盲目冲动、头脑发热，以免因急躁造成谈判失误。

在并购协议签署以后的整合阶段，沟通与谈判的重点又转向了并购之后的各种整合工作。经过前面的沟通谈判，并购协议的签署预示着并购交易告一段落，接下来是更为重要的整合阶段，在这个阶段，沟通与谈判，尤其是真诚、巧妙地沟通更是发挥着巨大作用。

在并购之后的整合阶段，最首要也是最重要的一项工作是双方企业的人力资源的整合，在人员整合的过程中，沟通是第一原则，没有及时有效地沟通，并购之后的员工必然忧心忡忡、不知所谓，将直接影响到企业的经营效率，给企业造成损失。

一般在并购之后的整合阶段，沟通的策略技巧主要包括：在整合的初期就拿出一整套的沟通方案，包括各级人员、市场客户、供应商、经销商，特别重大的交易还要制定政府监管部门与舆论公众的公关沟通方案，做到有备无患；无论是与哪个部门的沟通，都要确保真诚、平等、公正的原则；开展沟通工作时要注意营造良好的开放、尊重、友善的氛围，并注意把沟通策略与双方企业的文化整合很好地衔接起来，让沟通发挥更大的整合作用；注意选择合适的沟通工具与方式，针对不同阶层、不同部门的人员要采取不同的沟通工具与方式；针对特别重要的高管与部门要采取特定的沟通方案，必要时要不惜一切代价留住关键人员与部门；在沟通的过程中不但要主动讲解，更要注意用心、有效地倾听，也就是要建立"双向沟通"的沟通机制，做到双方、甚至多方互动的良好沟通局面与效果。

资本运营中的风险防范专栏 3

烟台万华并购 BC 公司谈判始末

烟台万华聚氨酯股份有限公司（烟台万华）成立于 1998 年 12 月 20 日，是山东省第一家先改制后上市的股份制公司。公司主要从事 MDI 为主的异氰酸酯系列产品、芳香多胺系列产品、热塑性聚氨酯弹性体系列产品的研究开发、生产和销售，是亚太地区最大的 MDI 制造企业。

BorsodChem 公司（BC 公司）位于匈牙利，产品主要面向欧洲市场。2008 年世界金融危机之后，部分外国知名企业陷入资金流断裂、现金短缺的境地，这对于希望走出去的中国企业来说，无疑是一大机遇，将以较小的代价获得参与国际竞争和改变缺乏核心技术、国际品牌及缺乏全球化渠道的机会。

在全球金融危机影响下，烟台万华开始了内部竞争力的打造。与 IBM 合作进行集团管控战略规划，目的是保证整个烟台万华体系的信息透明化，使管理层能够快速了解生产运营过程中的信息，通过对信息的整合，实现卓越运营。为此，需要重新梳理、优化管理体系和业务流程，搭建 ERP 信息平台，设计可推广复制的管理模板，支撑业务拓展和价值链延伸，进行项目管理和培训，将企业业务过程中的知识和经验转移、沉淀下来，推进烟台万华管理的持续改进与提升。

与此同时，受金融危机影响，MDI 原料市场主要原料价格从最高点 15700 元/吨跌到 5000 元/吨，大宗商品价格也不断下跌，MDI 供求关系深受影响，烟台万华的外部环境极其严酷。随后，烟台万华在内部提出了全球化、差异化、精细化和低成本的"三化一低"改革措施，当年就启动了 SAP 的 ERP 项目。这一系列措施促使其在金融危机后依然保持较好的发展。但 BC 公司在 2008 年全球金融危机后不堪高负债重负，财务状况恶化，企业估值大大降低，内部管理层不得不做出出售公司的决定。

2009 年 8 月，万华做出了要收购 BC 的战略决策。万华总裁丁建生表示，聚氨酯是一个寡头垄断的全球化的产业，业内四大巨头已实现了欧、美、亚三大洲的产能及销售网络的布局。万华在中国市场取得了竞争的优势，但是，对万华来说，中国市场份额越大，风险越大，只有在寡头垄断行业实现全球战略制约与平衡，才能保证原有优势产能转变为安全可持续的盈利能力。而实现全球化的战略制约必须打入竞争对手的核心盈利区域。欧洲是四大跨国公司的主要盈利区域，市场规模大且靠近中东及东欧和独联体等新兴市场。早在2002年，万华就制定了国际化战略，并且，从2006年开始寻求海外建厂，但金融危机使万华选择了并购。

对万华而言，并购能缩短3~4年的审批时间，同时获得欧洲的市场通道和销售团队以及有经验的员工队伍。另外，并购将减少一家竞争对手。所以，与国内其他企业以获取技术与资源为目的的并购不同，万华此次收购是中国首例以战略制约作为主要目的的海外收购。

丁建生表示，历史上看，石化产业周期通常为7~9年一个循环。2009~2010年的周期谷底化工公司估值最低，是并购的最佳时机。BC公司目前拥有MDI产能22万吨、PVC产能40万吨、TDI产能9万吨，另外还有16万吨的TDI装置已完成90%建设。截至2009年底，BC公司总资产为16.4亿欧元，据第三方机构评估BC公司的重置价值约为18亿欧元。自万华做出决策后，其负责收购交易总操盘的公司高层做了大量的功课。当时，BC公司资本结构为：股权约为4.6亿欧元，次级债2.5亿欧元，高级债7.5亿欧元，次级债与高级债马上要还，而原股东已无力投入。

这时，聚氨酯行业其他跨国公司由于受欧盟反垄断法的限制不能对BC公司收购，其他投资者由于不具备产业整合优势，在危机时期又不敢贸然行动，这为万华收购BC公司提供了极好的机遇。但那时万华只能说是一厢情愿。

BC公司原大股东是欧洲最大的私募基金Permira。它们的实力雄厚，很难想象它们会将自己的企业拱手让给万华。2009年8月4日，万华团队第一次前往匈牙利谈判，对方很客气，也很尊重万华，但表示，它们的重组将要完成，欢迎万华过两三年之后再来商谈。

为了并购，万华曾找过国际知名的一家投行，然而，当这家投行得知对手是Permira公司时，就没有承接这一项目。万华因此背水一战，组成了专门的并购团队，从各方面着手进行研究。第一步，它们购买了BC公司部分高级债，直接接触它们的重组数据库。万华团队发现，如果要并购，关键是要收购和控制它的次级债。当时市场低迷，BC公司债券价格很低，2.5亿欧元面值的次级债在市场上以20%左右的价格在交易。如果万华控制次级债的50%，只需投入3000多万欧元，在重组过程中就具有否决权。负责该收购案的公司高层说："对方的博弈额度是12亿欧元，我们是3000万欧元，可以说我们是以1搏30。"

2009 年 8 月 4 日，万华在市场上买入 BC 公司约 1/3 的次级债，对方没有察觉。第二天，万华再去与之商谈，对方仍告之过两年后再来。于是，万华紧接着再买入其 1/3 次级债，之后它们乘飞机回国。飞机刚一落地，对方的电话就追了过来。万华如愿成为 BC 公司的利益攸关方。

然而，当万华的团队再回来时，它们发现突然间陷入了四面楚歌之境。Permira 公司与银行和地方政府的关系非常好，当地媒体包括西方主流财经媒体出现了大量的不实之词。许多媒体报道：万华要偷取技术。此时，虽然万华拥有了 2/3 的次级债，但仍有潜在危机，BC 公司原有股东和高级债持有人在政府配合下可进行事先打包的协议重组，从而撇开万华。当时万华面临欧洲 60 多家态度强硬的银行。尤其是对方请到了摩根士丹利的欧洲兼并总裁亲自操刀，帮助它们进行防御。至此，万华团队表示，它们特别感谢驻匈牙利大使馆的支持。

无独有偶，中国驻匈牙利商务参赞任鸿斌也经历了类似的情况。万华买了 BC 公司次级债以后，很快派人到匈牙利与中国驻匈大使馆进行沟通。巧合的是，第二天，匈牙利经济部副部长就紧急约见任鸿斌。任鸿斌表示："我到了他的办公室以后，才发现总理特使、经济管理专员、国家重大项目办主任、投资署的很多官员都在场，而且都是质询的态度，问你们中国人想干什么？"任鸿斌回答："万华作为投资商，对匈牙利的经济复苏和就业情况会有很大帮助。"此后，万华与中国驻匈牙利大使馆保持了密切的沟通。它们会见了匈牙利的很多高官，保持了非常密切的联络。匈牙利政府认可了万华的收购团队，匈牙利国务秘书在内部网站上以接受记者采访的形式，提出支持万华并购。

至此，万华已经投入了四五千万欧元。"那段时期是最艰苦的，涉及各种各样的商务谈判、法律部分以及社会调查。谈判过程持续了三个月，我们至少去了九次欧洲。经常是我们提出一个方案，对方讨论两个小时；对方提出一个方案，我们讨论两个小时，寸步不让。经过艰苦的努力，与对方签订了框架协议，以手中持有的次级债换取了对方 36% 的股权，同时还有很多的小股东保护条款，以及要敞开大门让我们调查。并且在 2013 年以后，我们还有权依市场价全面收购。"负责该收购案的公司高层说。

至此，万华对 BC 公司已十分了解，而且与原股东、匈牙利政府以及当地金融机构的关系也得到了改善。万华争取到国内银行如中国银行、交通银行的大力支持，开始收购 BC 公司一些比较便宜的高级债。当再次回到谈判桌前，万华提出全面收购的目标后，双方本已缓和的关系重新僵持起来。

　　万华不复如当初的轻松。它们投入已近百亿元人民币，包袱渐重，心理负担也增加，如果谈判破裂，将会失去辛苦赢来的各方支持和配合。而如果不慎进入破产程序，将有不可测的政治和经济风险。但是，反过来，Permira 公司也承担不起 BC 公司破产。作为欧洲知名基金，它们也难以承担谈判破裂将贷款银团置于破产重组境地的风险。

　　两军相逢，勇者胜，最后的胜利，往往在再坚持一下之中。万华谈判团队耐心地做对方工作："你们有很多投资标的，而万华只有这一个。"其实，经过半年的谈判，双方已然有惺惺相惜之意。在此情况下，万华开始各个击破，逐渐获得对方管理层及部分股东的支持。最终，双方签订了协议性的重组方案。事后，Permira 公司认为自己最大的失误是低估了中国的万华。

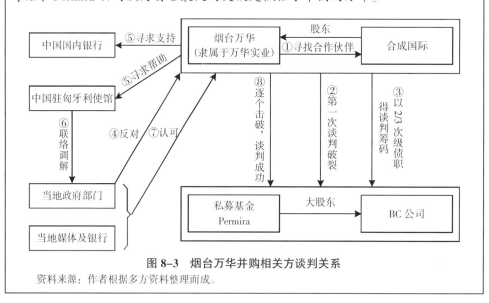

图 8-3　烟台万华并购相关方谈判关系

资料来源：作者根据多方资料整理而成。

三、资本运营中的财务风险防范

　　第一，知己知彼，合理制定资本运营战略。一方面，对自身实力进行准确地分析与定位。企业全方位地分析企业自身核心能力，找到自身的优势与劣势，才能明确并购方向，实现通过并购增加企业核心竞争力的目标，达到资源互补和协同效应，从而获得战略性资源，最大限度地降低并购风险。另一方面，详细分析企业所处环境及其发展现状。对企业所处行业的生命周期、竞争地位等进行全面的分析，考虑行业关联度，避免成本的增加。同时对于竞争对手也要做到"知己知彼"，充分了解当前市场中的竞争对手，才能知道企业自身所需的企业要素，有利于更准确地定位。最后，通过对企业的定位，制定可行的资本运营战略，同时组建高效的资本运营团队。根据运营战略，对企业进行针对性的调研与分析，综合考虑企业在生产要素、市场、管理技术等方面的相关性。

第二，积极防控融资风险。一方面，建立财务风险预警体系。建立财务预警体系是保证企业财务风险控制的重要措施，让风险控制在预想的范围内，实现风险的可控化和最小化，减小企业融资风险对企业造成的危害，以保证企业在市场经济条件下得到长足的发展。财务风险预警体系就是要设立一系列敏感性的财务指标，通过指标的变化来预测财务风险的高低，从而起到预警的效果。企业在运行中，要立足于市场，通过财务分析，了解融资中存在的经营管理风险。掌握一定的风险发展规律，才可以防范和避免融资风险对企业发展造成的不良影响。通过观察分析做出判断，根据负债情况计算出偿债保本收益的相关数据，合理安排资金结构，进而有效地防范和控制融资风险。另一方面，完善企业内部财务管理。企业的发展与壮大离不开科学合理的规章制度，要想让企业做大做强就需要从健全制度、强化制度、提高管理水平着手。建立良好的组织机构，是提高企业经营效率、降低经营风险的基础；引进优秀的管理人才、营造良好的企业文化，是保证企业充满生机和活力的根本；规范财务制度、提高财务信息的质量，是增强融资能力、降低资金成本的源泉。这一切都是为企业树立一个良好的社会形象，让企业的发展成为人们的一种共识，从而得到银行、金融机构和企业员工、社会各界的信任，提高企业的融资能力。此外，拓宽企业财务融资渠道。在具体实践中，采用多种方式、多方位拓展企业融资的渠道，是降低企业融资风险、提高融资效率的方向，也是提高企业竞争力的根本出路。在企业融资方面，流动资金贷款、银行承兑汇票、商业承兑汇票、信用证、应收账款保理等方式可以满足企业临时经营周转所需短期资金，为扩大资金流量，还可以通过融资租赁和实物租赁进行长期融资，除了银行贷款之外，还可以发行企业内部债券和发行股票，充分利用民间资本来实现企业的发展。可以通过股权融资、债权融资、民间融资等多种形式，使企业融资呈现多元化发展的格局。同时，企业要根据自身需要合理选择融资方式，让资金成为资本，为企业发展提供强有力的保障。只有企业制定了切合实际的融资策略，并充分利用自身优势进行合理的运营，才能实现降低财务中的融资风险，优化企业融资行为，保证企业融资可持续发展的目的。

第三，实行运营分析控制，提升风险的掌控能力。开展运营活动分析的目的是使企业资本运营向着战略目标发展，通过将全面企业控制与资本运营分析控制相结合，找出发生偏差问题所在，并根据实际情况解决问题或修正资本运营状况。建立运营情况分析制度，结合资本经营中各个环节的信息，对企业运营情况进行分析，定期出具分析报告，及时发现和解决问题。

第四，加强人员素质建设和信息化建设。人员素质建设不仅包括财务管理队伍素质建设，还包括其他部门管理人员及工作人员队伍的素质建设。加强财务管理队伍素质建设能够加强财务管理具体工作的管理水平，提升其工作主动性，加强财务管理在整个企业经营活动中的主动参与程度，发挥财务管理工作对企业生产经营决策的积极作用，同时企业要加强对兼具企业管理、资源管理、信息化管理、办公自动化操作技能等多方面复合型人才的引进力度。在企业内部其他人员的素质提升方面，不仅要为企业员工提供更多提升本职工作技能及理论知识的机会，开展各种有针对性的技能培训课程等，同时还要加强他们对财务管理及风险防控等方面的专业知识学习与掌握程度，提升财务风险防控工作的执行力度。

第四节　资本运营风险管理

资本运营风险管理是指企业研究经营活动的不确定性与可能带来的风险，对这些不确定性进行预测、防范、控制和处理，以最小成本确保企业资本运动的连续性、稳定性和效益性的一种管理活动。

第一，确立资本运营风险观念。资本运营风险的客观存在和巨大作用要求企业负责人和每位员工，特别是财务人员要牢固确立风险观念，既不能无视其存在，也不能畏惧其发生。但是，必须有充分的思想准备。

第二，明确企业发展战略。资本运营的基础是生产经营。一个企业要想通过资本运营赢得市场竞争优势，实现规模经济，就必须通过对宏观经济运行的趋势、市场变动格局、行业发展前景、产品市场占有率、投入产出效果、自身的生产经营素质条件和发展潜力等进行分析，确定企业发展的战略定位，并在此基础上制定企业生产经营、资本运营发展的中长期发展规划，有的放矢地确定资本运营的手段方式，使股份化改造、兼并收购、合资嫁接、联合协作等资本经营方式围绕着一个明确的目标进行。否则，为资本运营而进行资本运转的企业发展将无从谈起，资本运营也将成为无源之水、无本之木。

长期以来，企业为了追求所谓的规模经济，通过收购兼并盲目地进行外部扩张，却忽视内部的经营管理，不能形成科学规范的有效内部控制体系。过于追求规模经济而进行的盲目市场扩张，给企业的正常经营带来了额外的风险。多元化经营本来可以在一定程度上分散经营风险，但会导致企业投资过剩，使运营资金出现短缺的问题，增加了企业的运营风险和经营成本，容易使企业陷入经济效益低下的陷阱，摊子铺得过大使其丧失原有主业的优势竞争地位。片面追求无关联的多元化扩张，不仅不能给企业带来机遇和跳跃性发展，还可能导致企业资金链断裂以致破产，在很大程度上阻碍了我国企业核心竞争力的形成。

第三，灵活运用各种风险管理方法。一是风险规避。在资本运营活动中遇到风险，通过放弃其中一些项目就可以减少或者消除风险带来的损失，风险规避能够在风险事件发生之前完全消除某一特定风险可能造成的损失。而其他方法只能减少损失发生的概率或损失的严重程度。在企业资本运营中，规避风险是尽可能对所有会出现的风险运营活动敬而远之。对风险损失直接设法回避，这不失为最简单易行、全面、彻底的处理方法。二是风险控制。当资本运营风险从潜在的转化为现实时，企业已无法通过风险规避来消除风险带来的损失，只能通过采取一定的措施将风险造成的损失控制在一个适当的范围之内。三是风险隔离。将某一可能的风险因素在时间上或空间上隔离起来以减少这一风险可能造成的损失对整个资本运营过程的影响程度。风险隔离可以比较有效地控制风险，从总体上减少风险所造成的损失程度。只是这种方法增加了风险单位的数量，总体管理费用增加。四是风险转移。对可能发生的风险采取一定的措施进行转移，以减少风险可能造成的损失。为了资本运营活动的正常进行，将风险转移出去是非常必要的。一般通过合约的形式将风险转移给参与计划的其他人身上。虽然风险转移不能消除风险，但可以减少某一承受者的损失程度。五是风险分散。一般包括选择合适的资本运营方式和扩大资本运营主体的优势覆盖面两种形式。通过不断改善内部条件，加强自身的优势并增加优势覆盖面，从而降低企业在风险面前遭受损失的程度。

第四，高度重视资本运营的尽职调查。在资本运作过程中，信息的作用至关重要。信息不对称是客观存在的。为防范信息风险，避免不慎落入陷阱，企业在资本运营时，应高度重视尽职调查。资本运营中的尽职调查包括各方面资料的搜集、真伪的辨识、权责的划分、法律协议的签订、中介机构的聘请等。在实际操作中要做好尽职调查：首先要依靠企业自身有关专业人才的力量；其次要充分利用行业专家的力量，聘请他们作为资本运营的顾问；最后要利用经验丰富的中介机构的力量。这些中介机构包括会计师事务所、资产评估事务所、律师事务所以及投资银行等。实践证明，中介机构在为企业设计重组模式，进行可行性分析，协助谈判与签约及协助制定和实施重组具体方案中，能帮助企业提高资本运营的效率。

第五，建立和健全内在的风险规避制度。加强内部管理，建立健全科学合理的治理结构，建立科学的人力资源管理制度，增强民营企业抵御风险的能力，这是防范资本运营风险的基础性工作；完善政府与民营企业分配制度，处理好对出资者的利益分配、对经营者的利益分配以及对劳动者的利益分配；为民营企业引进懂资本运营、懂管理的高级人才，从多渠道融资，降低资本运营风险；在资本运营对目标企业进行价值评估阶段，做好尽职调查，从而减少资本运营中的不确定性风险；将投资散布于各类资产中，在目标企业发展的若干阶段分批投入资本来分散非系统风险；注重企业主营业务和核心业务的巩固和长远发展，以此为基础开展资本运营。已有的实践证明，资本运营成功的关键在于一切并购业务都必须围绕主营业务而进行，否则，必将本末倒置，使企业发展误入歧途。瑞典的伊莱克斯集团公司是国际上知名的资本经营成功的典范，该公司资本经营成功的秘诀是在实行并购战略过程中，始终围绕一个宗旨，就是所有兼并收购活动都必须集中在公司的核心业务上，即家用电器和商用电器。对并购公司中与核心业务无关的部门或分公司经过整顿和包装后将其出售。这样，该公司在搞好生产经营的基础上，以分拆出售所并购的企业这一方式取得了大量的利润，获得了需要的生产要素，不断扩大企业规模，从而使这样一个制造煤油灯的作坊成为世界级的企业巨人。

【章末案例】

从邮政行业特点看江西邮政公司资本运营风险

1. 公司简介

江西省邮政公司是中国邮政集团公司的重要组成部分，成立于 2007 年 2 月 6 日，是一家主要经营国内和国际邮件寄递、报纸、杂志等出版物发行、邮政汇兑、邮政储蓄、邮政物流、邮票发行等业务的国有独

图片来源：www.jxpost.com.cn.

资企业，在保障公民通信权利、保障通信安全的同时，实现社会效益和企业效益的共同增长。江西省邮政公司在中国邮政集团公司的领导下，按照党中央、国务院和江西省委、省政府的总体要求，通过体制机制创新，进一步加快发展

步伐，大力推进现代化企业制度的建立和完善，促进江西邮政向信息流、资金流和物流"三流合一"的现代邮政业方向发展。同时，江西省邮政公司主动融入地方经济发展，服务百姓生产生活，不断提高经营和服务水平，切实保障普遍服务和特殊服务质量，更好地满足社会多元化、多层次的用邮需求，为构建"三个江西"、推动江西在中部地区崛起做出了积极的贡献。

目前，江西省邮政公司开发并建成了邮政综合计算机专用信息网，电子汇兑、11185 客户服务、速递跟踪查询、邮政绿卡 POS 消费、报纸、杂志发行、邮区中心局生产作业和中间业务平台等 50 多个科技含量较高的系统；建成了 11 个直复营销中心、1500 个电子化营业网点、1306 个与全国联网的邮政储蓄网点、1618 个汇兑网点（其中联网网点 1405 个）、183 台 ATM 自动柜员机；拥有信函自动分拣机、包裹自动分拣机等机械化、自动化、电子化设备 4000 多台（套）；建成 13 条省内物流专线、3 条省际物流专线，并连接中邮物流华东网、北方网、西北网、南方网；建成邮政服务"三农"代办点 1.76 万个，精品网点 6937 个，已经初步建成了集实物传递、信息传输、货币流通于一体，横联国际、纵接城乡的现代化邮政服务网络。

2. 资本运营可能产生的风险

但是，在发展的表象后面，江西邮政的发展还是存在一些不容乐观的因素。从现实情况出发，江西省邮政公司开始逐步实施资本运营战略。具体来讲，主要包括：邮政业进一步重组和改革，实现"网业分离"；利用"三产"的资源和优势进行股份制改革；利用邮政储蓄的优势搞好资本的中间业务；拓宽融资渠道，培育和发展多元化的投资主体等。从目前的实际情况来看，可能产生的风险是：

第一，体制风险。首先，由于邮政企业缺乏资本运营方面的人才，在缺乏质量保证的前提下，必然会给企业后期的发展埋下潜在的隐患。其次，政府依靠行政手段对企业进行重组时所采取的大包大揽的做法，比如以非经济目标代替经济目标，过分强调"优帮劣、强管弱、富扶贫"的解困行为等，背离了市场原则，给邮政企业的长远发展带来了风险。最后，被并购企业人员的安置因体制影响，常常被作为重组时的一项重要附加条件。这种接收或重组本身为重组企业的后续发展埋下了潜在的风险。

第二，财务风险。邮政企业和其他企业的资本经营一样，在进行资本运营将耗费大量的资金，为此最终付出的成本可能要远远超过事先预期的成本，资本运营所耗费的巨大费用将可能造成企业资金周转困难。在资本运营中，由于所付代价过高，举债过于沉重而导致公司破产倒闭的事例屡见不鲜。企业资本运营还会降低分配投资资金的灵活性。在邮政企业资本运营的过程中，由于打破了原有企业资金收益率的平衡状态，而新的企业格局又使各环节的经营相互依赖，因此企业可能被迫在边际部分投资，以维护企业的整体性，而不能向收益率高的地方分配足够的资金，从而会降低邮政企业的整体收益率。

第三，营运风险。指邮政企业在资本运营完成以后不能产生协同效应，甚至被并入的某一公司业绩下滑拖累整个邮政企业集团，企业资本运营的目的是想通过扩大规模、前向一体化、后向一体化或者非相关多角化等战略获取竞争优势。但是这些战略行为将使企业面临新的市场环境和新的价值链。当企业忽视资本运营行为后的新领域和新形势的特点，想当然地采用过去适用的、成功的一套战略，认为某一环节中较强的市场地位能自动地扩展到另一个环节中，企业将面临巨大的战略风险。企业资本运营所带来的另一营运风险是尽管企业意识到各方在联结上的差异，但是为了维护企业的整体性，参与资本运营的各关联企业将被迫与母公司的政策与目标看齐。营运风险还体现在资本运营所构造出的新公司因规模过于庞大而产生规模不经济的问题上。

第四，管理风险。邮政企业进行资本运营，也必然要实现组织结构管理制度、人事等方面的一体化。这种系统的结构性变革，可能会遇到新加入公司的顽强反抗，这在人事变动方面表现得尤其明显。当出现麻烦时，总公司可能不得不为新吸收企业提供一个新的管理当局。如果事先未做好准备，企业将面临优秀管理人员不足的问题，企业整体管理效率下降将不可避免。此外，参与资本运营就意味着双方将通过固定的方式进行内部交易。当向重组体内的另一单位购买产品时，买方单位一般不会像与外界供应商打交道那样去努力压低价格，而且内部交易的合同会更宽松，从而可能导致交货的延期。弱化激励的另一个极端是两个生产系统都没有懈怠，但是内部交易的有限选择，会激化双方在价格及交货等方面的矛盾。对买方单位而言，卖方高于市场价格的内部价格是那样地令人难以忍受；而对卖方单位而言，由于买方需求量有限且要求苛刻，从而导致自己没有足够的规模降低成本来提高服务水平。

第五，信息风险。资本运营的动因是多元的，企业受这些动因驱使，会采用不同的方式进行资本运营，企业在决定是否进行资本运营、采用何种方式以及如何入手上往往是以足够的信息为依据的。然而我国许多企业在进行资本运营时，由于对目标企业了解不够，待到重组和并购后，才发现是一个烫手的山芋。这就是交易双方"信息不对称"的结果。"信息不对称"的风险影响着众多的从事资本运营的国有企业在资本运营中，在不知己、不知彼的情况下贸然行动而遭受失败的案例不少。因此，邮政企业在进行资本运营活动前，应对目标公司作充分的调查研究，减少信息风险，以谋求发挥双方优势，达成最优资本运营效果。

第六，法律风险。在资本运营中，各国出于维持公平竞争的考虑，制定了一些反垄断法案，这些法案可能会制约资本运营行为，让资本运营者制定的资本运营方案付诸东流。中国也不例外，例如《证券法》第七十九条对上市公司资本运营有这样一条规定："通过证券交易所的证券交易，投资者持有一个上市公司已发行的股份的百分之五时，应当在该事实发生之日起三日内，向国务院证券监督管理机构、证券交易所做出书面报告，通知该上市公司，并予以公告；上述规定的期限内，不得再行买卖该上市公司的股票。"以后每递增就要重复该过程，持有股份时，继续进行收购的即被要求发出全面收购要约。这套法律程序造成的收购成本之高使收购困难重重。"宝延风波"就是典型例子。"宝延风波"开了我国股市进行有实质意义的股权并购的先河，其引出的法律风险对我国企业资本运营产生的影响十分巨大。因此，邮政企业在进行资本运营前，必须对相关法律规定做全面和细致的研究。

总之，邮政企业资本在运营过程中可能潜伏着多方面的风险，企业的资本运营成功与否，取决于企业能否在资本运营过程中有效地防范和控制各种风险。

3. 资本运营的风险防范

第一，应明确邮政企业资本运营的基础是邮政业务经营。邮政企业要想通过资本经营赢得市场竞争优势，实现规模经济，就必须通过对宏观经济运行的趋势、市场变动格局、行业发展前景、业务的市场占有率、投入产出效果、自身的经营素质条件和发展潜力，确定企业发展的战略定位，并在此基础上制定企业经营、资本运营发展的中长期发展规划。有的放矢地确定资本运营的手段方式，使股份化改造、兼并收购、合资嫁接、联合协作等资本经营方式围绕着一个明确的目标进行。

第二，处理好坚持主业与实施多元化经营战略的关系。处理关系要注意，一是主业是一个企业的优势所在，二是稳固的主业是多元化的基础。因此，企业的资本运营要有利于促进企业主营业务的规模经营、新经济增长点的开拓，而不是简单地变换资本形态。因此，企业在资本运营中要保留有利于扩大未来最具市场扩展潜力的某些资产，同时果断淘汰那些未来没有前景的资产形态，从而使企业资产置换围绕着市场与产业扩张。

第三，选择和引入符合条件的资本运营主体。符合条件的主体应该是：①选择具有较强的经济实力，具有控股和资产置换所需的资金、技术和管理能力，其项目符合国家产业政策支持发展的方向；②资本运营、资产重组必须有明确的目的，都是为了企业自身和被控制对象的长期和长远发展；③企业本身已形成较强的市场拓展能力和较为齐全的经营管理班子，具有吸收、消化被控资源的能力。这些条件是一组相关联的充分必要条件，缺一不可，否则资本运营将给企业招致更大的风险。

第四，资本运营避免过于行政化。在推进企业运营的过程中，有许多企业是应行政命令而进行资产重组。在市场条件下，有效率的制度必然是能使人们在特定环境、特定条件下以最小成本捕捉获益机会的某种社会安排；而市场机制的特点，正在于能使人们自愿而主动地针对各自面临的特殊条件积极采取行动。因此，邮政企业资本运营的未来发展方向是在市场机制作用下做出的行为。

资料来源：作者根据多方资料整理而成。

【本章小结】

企业的资本运营是一项充满风险的经营活动，企业无论是从开始筹措资本，还是在运营资本阶段，都伴随着大量的不确定因素。这些不确定因素给企业的整个资本运营行为带来巨大的风险。不少企业由于在资本运营的过程中忽视了资本运营中可能存在的主要问题，没有进行科学、有效的风险管理。大部分都以效率低下甚至整个企业的倒闭而告终。因此，企业要在激烈的竞争环境中发展壮大，必须加大对这些风险的防范与管理。

【问题思考】

1. 什么是资本运营风险管理？其特征和作用有哪些？
2. 资本运营风险管理程序包括哪些内容？
3. 如何构建有效的风险评估体系？

【参考文献】

[1] 张志元，陈继强. 资本运营管理中的风险与防范 [J]. 山东社会科学，

2004（10）.

　　［2］蔡恩泽.德隆危机再现中国民营企业家的伤痛［J］.新西部，2004（7）.

　　［3］蔡昌，黄克立.资本运营［M］.西安：西安交通大学出版社，2005.

　　［4］赵颖，全海清.中国民营企业资本运营的风险识别［J］.经济研究导刊，2011（11）.

　　［5］曹岈.国有企业资本运营风险及防范措施［J］.安徽农业大学学报，2001（6）.

　　［6］张庆龙.资本运营与风险防范［M］.北京：企业管理出版社，2008.

　　［7］任秀梅.国有企业资本运营风险机理透析［J］.理论前沿，2007（6）.

　　［8］王开良.资本运营技巧与风险管理［M］.北京：中国书籍出版社，2013.

　　［9］张爱芝.关于企业资本运营的风险及其对策研究［J］.投资与合作，2011（10）.

　　［10］施颖，王志辉.湖南中小企业资本运营的现状及障碍分析［J］.沿海企业与科技，2009（4）.

　　［11］房红.企业资本运营的风险及价值分析［J］.企业资本运营的风险及价值分析，2010（3）.

　　［12］周敏.浅谈资本运营中的风险管理［J］.商业经济，2011（9）.

　　［13］师洪发.我国中小企业资本营运存在的问题及分析［J］.中国电子商务，2012（17）.

　　［14］乔全营.我国中小企业资本运营的原则与影响因素研究［J］.中国证券期货，2012（11）.

　　［15］马丽娅.中小企业的资本运营探析［J］.商情，2012（32）.

第九章　公司治理

【学习要点】

☆ 了解公司治理的内涵；

☆ 理解公司治理的模式；

☆ 熟悉内部治理机制和外部治理机制。

【章首案例】

"雷士照明"事件

1998 年创立的雷士照明是中国最具影响力的照明产品和应用解决方案提供商之一，自创立之初雷士就一直保持高速增长，通过自主研发体系，开展持续创新运动，为大众提供高品质、节能、优美的人工照明环境。产品涉及商业、家居、办公、户外、光源电器、电工六大领域，特别是商业照明一直保持行业领先地位，是一家中国领先的照明产品供应商。

雷士照明在广东、重庆、山东、浙江都拥有自己的制造基地，总面积达100 多万平方米，并在广东和上海设立了两大研发中心，在全国共拥有 36 家运营中心和 2500 多家品牌专卖店，组成了完善的客户服务网络，目前全世界有 30 多个国家和地区有雷士的经营机构。2001 年 6 月雷士全面通过 ISO9002质量体系认证。

雷士的终极目标一直是创建世界级的照明品牌，致力于倡导光环境理念：以人工照明美化商业与人居空间，以照明节能保护人类健康生存环境。因此，雷士不断推进先进照明技术的研发与应用，以专家精神践行品牌信念和承诺。2008 年 3 月"雷士"商标被认定为中国驰名商标。

1. 事件回顾

2012 年 5 月 25 日，雷士照明当日发表公告称，因个人原因，公司创始人吴长江辞掉公司一切职务。阎焱作为公司的非执行董事、赛富亚洲基金的创始合伙人，接任为雷士照明董事长，同时来自施耐德电气的张开鹏则接任首席执行官。

关于吴长江突然离职的原因，多数业内人士认为与公司股权结构和控制权的抗争有关。至此，以投资人夺取企业控制权、创始人被迫离开为导火索，持续近半年的"雷士照明"事件拉开序幕，随后上演了"创始人辞职、回归受阻、逼宫董事会、和谈破裂、和解回归"等一系列吸引无数眼球的"雷士逼宫大戏"。与此同时，雷士供货商和销售商也卷入其中，以雷士照明董事会为代表的"倒吴派"与支持吴长江的员工代表、经销商等"挺吴派"进行了拉锯式谈判。雷士经销商为了表达对事态的不满，有近九成的供应商停止向雷士照明供货，雷士一度陷入停产危机，这也严重影响到了雷士的日常运营。同时在雷士重庆总部、万州工厂、惠州工厂等基地，工人相继罢工，有员工拉起"无良施耐德"、"吴总不回来，坚决不复工"等横幅，以此发泄对投资者的强烈不满，事件闹得满城风雨。

这场因创始人与投资人之间管理权与控制权之争而引发的"雷士照明"事件持续半年，最终以两大对手公开和解，阎焱欢迎吴长江回归、曾因争夺管理权对峙数月的三方达成和解而告终。雷士事件风波虽然平息，但雷士照明因创始人与投资人之间管理权和控制权之争而引发的内部争执却成为国内公司治理失衡的一个经典案例。这一事件给我国的企业家与投资者留下了很多的思考。

2. 公司内部治理分析

雷士起步于1998年。1998年底，吴长江与另外两位同学杜刚与胡永宏共同注资100万元成立雷士照明，其中吴长江出资45万元，杜刚与胡永宏各出资27.5万元。从股权结构看，吴长江是占比45%的单一大股东，而相对两位同学的合计持股，他又是小股东。2002年，雷士进行了一次股权调整，三人股权均等，都是33.3%。2005年，由于吴长江主推渠道变革，从而引起第一次股权纷争，最终以另两位股东选择出局，但是雷士必须即刻向每个股东各支付5000万元，并在半年内再各支付3000万元而告终。总额1.6亿元的现金流出让雷士不堪重负，吴长江开始寻找资金。在吴长江最需要资金的时刻，亚盛投资总裁毛区健丽担起了协助吴长江融资的责任，她带着自己的团队开始对雷士提供全方位的金融服务，最终亚盛向雷士注资994万美元，并获得雷士照明30%的股权，由此吴长江股份被稀释为70%，这算是雷士的第一次融资。随着雷士的发展，其不断扩大企业规模，开展了资本市场的收并购，又完成了港交所的上市。随着这些动作的进行与完成，仍然需要大量的资金支持，因此雷士照明又进行了五次融资。2011 年 7 月 21 日，雷士引进法国施耐德电气作为策略性股东，由软银赛富、高盛联合、吴长江等六大股东，以 4.42 元/股（较当日收盘价溢价 11.9%）的价格，共同向施耐德转让 2.88 亿股。在这次转让中，施耐德耗资 12.75 亿港元，最终得到雷士 9.22% 的股份，至此，创始人吴长江早已失去第一大股东地位，而软银赛富在雷士上市以前就已是相对控股的第一大股东。然而遗憾的是，吴长江并未意识到自己所面临局势的危险性，非但没有应有的警惕，竟然还跟随软银赛富及高盛再次出让 3.09% 的股权给施耐德，可谓"引狼入室而不自知"。

股权转让后的雷士董事会由九人组成，其中创业元老吴长江和穆宇为执行董事，来自赛富的阎焱和林和平占两席，施耐德的朱海占一席，高盛的许明茵占一席，另三人为独立董事。九人董事会中吴长江只占两席，难以控制董事会。在赛富、高盛、施耐德联合起来成为一致行动人后，吴长江更是寡不敌众。于是吴长江退出董事会，施耐德的张开鹏成为雷士的新任 CEO，这实质上进一步强化了施耐德对雷士的控制。当吴长江意识到发生了什么时，他已经失去了对雷士的控制权。

吴长江没有足够多的资金收购可以控股的股权，所以他只能选择非常规手段。强大的经销商网络一直是雷士最有价值的资产之一，控制了经销商就能在一定程度上控制雷士的命脉，而经销商因为施耐德的新政策对自己不利选择站在吴长江一边。吴长江认为出于自身利益的考虑，赛富和高盛会为保护投资者而向他妥协。于是，吴长江开始了以经销商为筹码，试图恢复对雷士的控制权。当时经销商和供应商所提的五点要求也体现了这一点：第一条，要求改组董事会，主要针对阎焱的董事长职位，实质是要求提升吴长江影响力，降低阎焱及赛富等对董事会的影响力；第二条，争取员工期权看似是为员工争权益，实质是想通过站在吴长江一边的员工行使期权在未来稀释现有股东的股权，扩大吴长江及其一致行动人的总股权；第三条，吴长江作为创业元老和单一大股东回雷士工作必然进入董事会且同时必须担任管理要职，这条主要是为了得到董事会及其宝贵的投票权和直接的管理权；第四条，让施耐德退出雷士，目的是消除目前的最大麻烦；第五条，为了防止未来赛富和高盛将股权出售给其他战略大鳄，避免今天的一幕重演，在董事会增加两个席位，为的是增加董事会中吴长江一致行动人的数量，加强对董事会的控制，为未来可能出现的冲突做好准备。然而这些要求都未能改变投资者与雷士之间的治理乱象,悲剧几乎已成定局。

3. 启示

在中国,近年来许多企业的发展案例都在不断证明一个真理,公司转型在企业发展到一定程度必将成为趋势,不论家族企业与否,企业转型一般要求所有权和管理权的分离,如果转型顺利,企业发展将会上一个台阶,发展更好;如果转型失败,则雷士一幕又将会重演。只有采用现代化的企业管理制度,遵循市场规律,才能使企业顺应市场经济发展,实现企业的可持续性长远发展,从而在最大程度上避免企业家与投资者之间的矛盾,实现双赢。雷士事件并不能全怪投资者,因为对高盛、赛富亚洲等类型的投资者来说,首要问题是如何保证雷士照明的盈利与风险控制,在这些专业投资者看来,保证公司规范经营、确保盈利的基础是现代化的管理方式以及对董事会决议的遵守。

吴长江作为管理者,既然选择引进投资者,那么就要从自身做起,改变以前粗放式的管理模式,学习新的现代企业管理制度。中国民营企业在发展中需要投资者的帮助是很常见的,但与投资者产生矛盾和冲突的案例也屡见不鲜,一方面是在利益分配与发展模式上产生分歧;另一方面也说明,中国民营企业的创业者及管理团队在企业转型方面仍然需要学习先进的公司治理经验,从而使自己的企业发展更上一层楼。

更值得关注的是,中国民营企业在追求利润和价值的同时,更需要根据本企业的实际情况,逐步建立起一套适合现代企业运营和自身特点的公司治理制度或机制,在追求效率的同时也能坚守治理原则,最终实现公司利益最大化。因为,唯有公司治理结构完整,中国民营企业才能够有更加光明的未来。

资料来源:作者根据多方资料整理而成。

第一节 公司治理的内涵

一、公司治理问题的产生

随着公司制企业的日益发展以及企业制度的变化,现代化公司往往有两个显著特征：其一是股权结构的分散化，随着资本市场的发展，大量的公司股票分散到社会公众手中，而近20多年来，一些国家的机构持股得到了迅猛发展，尤其是美国，在总量上占美国全部上市公司股本的50%；其二是所有权和控制权的分离，从20世纪30年代开始，现代公司开始由受所有者控制转变为受经营者控制，并且管理者权利的增大逐渐损害了资本所有者的利益，在古典企业中，所有者与经营者合二为一，故二者之间不会产生利益分歧，但如今所有权和经营权的分离，由此产生了两个利益主体的分割问题，因此引起了两种权利与两种利益的竞争和冲突。

于是，如何治理公司逐渐成为现代公司管理的焦点与核心。20世纪60年代以来，公司的所有权与控制权分离的状况日趋严重。在美国，许多公司董事会中公司经理占了多数，甚至在一些公司中首席执行官（CEO）与董事长由同一人兼任，受聘于公司所有者的管理者最终反过来得以控制公司的现象比比皆是，由此引起的由于偏离企业利润最大化目标所造成的各种问题越来越引起人们的关注。从20世纪70年代中期至80年代早期开始，美国开始了关于公司治理问题的讨论，到80年代末，英国的不少著名公司如蓝箭、科拉罗尔等的相继倒闭，引发了英伦三岛对公司治理问题的讨论。

"公司治理"这一术语在20世纪80年代正式出现在英文文献中。从此以后，它不仅在理论研究中被越来越频繁地被提及，还成为实务界关注的焦点。无论是学者、企业家，还是监管机构、新闻媒体，都对公司治理表现出了空前高涨的热情。

实际上，在经济与管理实践中早已存在公司治理中所研究的基本问题，公司治理也已经过几个世纪的演变。应该说，公司治理方法的每一次更新一般都是针对公司失败或者系统危机做出的反应。例如，最早记载的治理失败是1720年英国的南海泡沫，这一事件导致了英国商法和实践的革命性变化。1929年美国的股市大危机又使得美国在其后推出了证券法。1997年的亚洲金融危机使人们对东亚公司治理模式中存在的问题有了清醒的认识，2001年以安然、世界通信事件为代表的美国会计丑闻又暴露了美国公司治理模式的重大缺陷。这些治理失败的案件往往都因舞弊、欺诈或不胜任等引起，最终引发了人们对经济微观层面上的公司治理问题的思考，但从另一方面看，这些事件又促进了公司治理的改进。这些持续的演进造就了今天的各种与公司治理有关的法律、管制措施、机构、惯例甚至还有市场等。

近年来，尤其是2008年由美国次贷危机引发的全球金融危机使人们愈发意识到现代公司治理问题已经关乎国家经济的命运。公司治理问题研究在国外（主要指市场经济发达国家）开始得较早。目前，公司治理在一些国家已经成为商业经济研究的一个核心问题。

二、公司治理的内涵及构成

（一）公司治理的内涵

虽然早在 100 年前就有了对于公司治理的研究，国内外学术界也对此做了大量的研究，但是在公司治理的内涵上却意见不一，没有一个统一的定义模式，这一般是由于研究者在进行相关研究时采取的角度不同造成的。公司治理的英文是"Corporate Governance"，国内一般翻译成"公司治理结构"、"公司治理机制"等。

第一，国外关于公司治理的定义。"公司治理"概念的最早提出是在 20 世纪80 年代初期。1975 年 Williamson 曾提出了"治理结构"的概念，这实际上已经很接近公司治理的概念了。

Philip L.Corchran 和 Steven L.Wanick 认为公司治理问题包括在高级管理人员、股东、董事会和其他利益相关者的相互作用中产生的具体问题。构成公司治理问题的核心是：①谁从公司决策中受益；②谁应该从公司决策中受益。当"是什么"和"应该是什么"之间存在不一致时，公司治理问题就会出现。

Sheifer 和 Vishny（1997）认为，公司治理要处理的是公司资金的供给者确保自己可以获得投资回报的途径问题。例如，资金供给者如何使得管理者将一部分利润返还给他们，他们如何确定管理者没有侵吞他们提供的资本或将其投资在不好的项目上，资金的供给者如何控制管理者等。

布莱尔（1999）认为，公司治理可以被归纳为一种法律、文化和制度性安排的有机整合。她认为这一整合将决定上市公司可以做什么，控制权在谁手里，这种控制是如何进行的，如何分配在从事的活动中所产生的风险与回报。

可以看到，公司治理可以从不同的角度来理解，它是一个内涵非常丰富的概念，不可能用只言片语就将其阐释清楚。而且，随着对公司治理的进一步深入研究，还可能会对公司治理赋予新的含义。

第二，国内关于公司治理的定义。我国学者吴敬琏认为，公司治理结构主要由三者组成，其中包括所有者、董事会和高管，并且三者之间存在一定的制衡关系。所有者将自己的资产交由董事会托管；公司董事会作为决策机构，对高管具有聘用、奖惩和解雇的权力；高管受雇于董事会，组成董事会领导下的执行机构，在董事会的授权范围内经营企业。

钱颖一指出，公司治理结构其根本是一套制度安排，用以支配若干在公司中有重大利害关系的团体——投资者、经理人员、员工之间的关系，并从这种联盟中实现经济利益。公司治理结构包括：①如何配置和行使控制权；②如何监督和评价董事会、经理人员和员工；③如何设计和实施激励机制。一般而言，良好的公司治理机制能够利用这些制度安排的互补性质，并实现一种结构降低的代理成本。

林毅夫、蔡昉认为，公司治理结构是指所有者对一个企业的经营管理和绩效进行监督和控制的一整套制度安排，并且通过从公司内部直接控制和外部竞争实现间接控制两个不同的角度定义公司治理。他们认为内外两个角度的重心是所有者对经营管理和绩效的监督和控制。

张维迎认为，公司治理结构从狭义上讲是指有关公司董事会的功能、结构，股东的权利等方面的制度安排；从广义上讲是指有关公司控制权和剩余索取权分配的一套法律、文化、制度性安排，这些安排决定公司的目标，谁在什么状态下实施控制，如何控制，风险和收益如何在不同企业成员之间分配这样一些问题。而且随着对公司治理的进一步研究，还可能对公司治理赋予新的含义。

所以，公司治理要解决的主要问题有以下三方面：第一，如何在所有权和控制权分离的情况下解决经营者和股东之间的委托代理问题，从而保证股东利益最大化的问题；第二，在股权分散的情况下，如何协调各股东之间的关系，特别是保护中小投资者不被大股东侵犯的问题；第三，在股东追求利益最大化的情况下，协调利益相关者之间关系的问题。

综上所述，公司治理（Corporate Governance），又译为法人治理结构，是现代企业制度中最重要的组织架构。从狭义上讲其主要是指公司的股东、董事及经理层之间的关系；从广义上讲公司治理还应包括公司与利益相关者（如员工、客户、经销商、供应商、债权人、社会公众）之间的关系，及相关法律、法规等。

（二）公司治理的构成

在实际研究中，我们一般将公司治理分为内部治理和外部治理两大块。内部治理指的是公司通过法人治理实施的治理活动。我们常说的公司治理指的是法人治理。法人治理的核心内容是公司内部的公司治理机构的设置及其权力分布结构。在现代公司中，公司权力结构配置是确保公司正常经营和科学决策的重要内容。根据权力制衡的思想，现代公司在组织机构的设置时应使其相互制衡，这就是公司治理机构。设立这些公司治理机构的目的是保证公司的健康运作，形成一套健全的激励约束机制。常见的公司治理机构包括股东大会、董事会、执行机构、监事会等。一般认为，内部治理是公司治理的核心。公司外部治理一般指外部力量如证券市场、经理市场、产品市场以及银行、机构投资者等对企业管理行为的监督。外部治理作为内部治理的补充，其作用在于使经营行为受到外界评价，迫使公司管理层自律和自我控制。

公司治理模式由于各国经济、政治、法律和民族文化等方面的差异，形成了不同的治理模式。

根据不同的标准，形成了不同的关于公司治理模式的分类方法，常见的分类包括外部型与内部型、控制型与距离型、基于银行型与基于市场型等。本书中，我们主要结合中国的特殊情况对公司治理模式从以下角度探讨：第一，英美治理模式，一般也是我们所说的外部型、距离型、基于市场型治理模式；第二，德日治理模式，一般也可以称为内部型、控制型、基于银行型治理模式；第三，亚洲的家族治理模式。

第二节　治理模式

一、英美治理模式

由于历史的原因，英美两国在文化价值观、政治、经济、法律制度等很多方面存在着千丝万缕的联系，相似度很高。它们在公司治理方面虽然有一定的差异，但其本质是一致的，因此学术界把两个国家的治理模式合称为英美治理模式。

总体来讲，英美国家公司治理股权结构高度分散，社会公众持股较为普遍。对投资者利益保护非常重视，外部董事地位突出，并购盛行，非常看重短期利益，强调物质激励。

1. 英美公司内部治理结构的特点

英美公司的股东非常分散，多数股东持有的公司股份份额不大，且治理成本普遍偏高。理论上股东大会是公司的最高权力机构，但它并不是常设机构。由于股东过多，要经常就公司发展的重大事宜召集所有股东开股东大会并作出有关决策显然并不现实。在公司治理中常设机构是董事会，在日常的经营决策中，董事会因得到股东们的授权而拥有较大的权力，但其必须向股东承诺健康经营公司并确保公司的业绩。

为了确保董事会合理履行股东大会授予的权利，英美的董事会内部大都设立不同的委员会，以规范董事会的经营决策，包括审计委员会、薪酬委员会、任免委员会、执行委员会等。与此同时，公司的董事分成内部董事、外部董事和独立董事。内部董事作为公司经营管理的核心成员，一般都在公司中担任重要职务。外部董事不在公司中任职，但拥有一定股权，它在公司董事中所占比例一般较大。独立董事制度首创于美国，后在全球范围内掀起了公司董事会改良的热潮，常由具有较高声望及名誉、与企业管理层关联较少的人担任，独立性是其最大的特点。

从理论上讲，董事会有权寻找代理人代为执行经营管理公司的权力，这个代理人是公司决策执行机构的最高负责人，一般称为首席执行官，即 CEO。CEO在公司中往往拥有较大的权力，一般由董事长或者掌握实权的执行董事兼任。CEO 在公司中不但拥有总经理的全部权力，也拥有董事会的部分职权，既掌握着公司的最高行政权，又是股东权益的代言人。CEO 作为决策层与执行层的桥梁，其设立标志着原来董事会的部分决策权转移到了经理层手中，实现了公司决策层与执行层的有效衔接。

英美公司内部一般不设立监事会，而是采用单一董事会制度，公司的内部监督主要依靠来自公司外部的非执行董事来完成，并通过外部聘请专门的审计事务所来完成有关公司财务状况的年度审计报告。为了协助董事会或公司监督子公司的财务状况和投资状况，公司董事会内部也设立审计委员会，不过这里所说的审计委员会并不负责有关公司财务状况的年度审计报告工作。

2. 英美公司外部治理结构的特点

英美国家提倡民主制度、反对财富和权力过度集中、强调股票在资本市场上的流动性。进而形成了其建立在高度分散、流动的股权结构基础上的股东监控机制，也就是典型的"市场主导型"的外部治理结构。公司中股权结构尤其是大股东的构成状况是公司股东监控机制模式的基础。英美公司股权结构的高度分散性主要由以下几点来体现：第一，资本市场相当发达和完善，股权结构分散化，私人投资者和社会事业机构投资者掌握了大部分股权，银行无法在英美公司的外部治理中发挥作用；第二，机构投资者必须按法律规定分散投资，在外部治理中发挥的作用十分有限；第三，私人投资者"用脚投票"现象普遍。所以总体来说，英美股东在对公司监控权上表现得比较消极。

公司治理专栏 1

安然事件的发生与发展

安然曾经是叱咤风云的"能源帝国"，2000 年总收入高达 1000 亿美元，名列《财富》杂志"美国 500 强"中的第七位。2001 年 10 月 16 日，安然公司公布该年度第三季度的财务报告，宣布公司处于亏损状态，金额总计达 6.18 亿美元，这一消息引起投资者、媒体和管理层的广泛关注，从此拉开了安然事件的序幕。2001 年 12 月 2 日，安然公司正式向破产法院申请破产保护，破产清单所列资产达 498 亿美元，成为当时美国历史上最大的破产企业。2002 年 1 月 15 日，纽约证券交易所正式宣布将安然公司股票从道·琼斯工业平均指数成分股中除名，并停止安然股票的相关交易。至此，安然大厦完全崩溃。短短两个月，能源巨擘轰然倒地，社会舆论一片哗然。

安达信公司作为安然公司多年的审计师，在为安然公司提供审计服务的同时，还为其提供了大量非审计服务，并且用于非审计服务的收费高于审计服务收费。正因为如此，人们对于安达信未能及时发现安然公司的舞弊行为表示疑问。而 2002 年 1 月 10 日，安达信公开承认销毁了与安然审计有关的档案，这就更加证实了人们的疑问。很快，安然公司丑闻转化为审计丑闻。2002 年 10 月 16 日，休斯顿联邦地区法院对安达信妨碍司法调查作出判决，罚款 50 万美元，并禁止它在 5 年内从事相关业务。

但是事情的变化令人难以置信，2005 年 6 月，美国最高法院推翻了 3 年前对安达信公司所作的有罪判决。负责审理此案的全体法官一致认为，当年对安达信"妨碍司法公正"的裁决是不恰当的，原陪审团作出的庭审说明太过含糊。然而，这一裁定对因安达信倒塌而深受打击的 28000 名员工来说已经没有太大意义了。

美国相继爆出的造假事件，严重挫伤了美国经济恢复的元气，投资者和社会公众也对此失去信心，这引起美国政府和国会的高度重视。美国社会各界强烈呼吁美国政府拿出强有力的措施，严厉打击公司造假行为。

萨班斯—奥克斯利法案 (Sarbanes-Oxley)，即萨班斯法案就是在这样的背景下出台的。法案有两个最为引人注目的地方：一是改进公司治理结构，强化内部控制与责任。萨班斯法案的主要内容之一是明确公司管理层责任（如对公司内部控制进行评估等），要求管理层及时评估内部控制、进行财务报告，尤其是对股东所承担的受托责任。同时，加大对公司管理层及白领犯罪的刑事责任。二是强化审计师的独立性及监督。法案要求：建立一个独立机构来监督上市公司审计、审计师定期轮换、全面修订会计准则、制定关于公司审计委员会成员构成的标准并独立负责审计师的提名、对审计师提供咨询服务进行限制等。

资料来源：安然事件［OB/OL］. www.baike.com.

二、德日治理模式

从历史来看，日耳曼民族和大和民族在发展过程中一直面临着较大的生存压力，两国的家族传统由来已久，专制统治思想严重，为了更好地生存与发展，他们非常强调集体的力量，重视对集体利益的保护，奉行集体主义思想，凝聚力强，善于合作。而这种观点反映到公司治理上就是股权结构高度集中，银行和实业公司是公司的主要股东，利益相关者的利益能够得到有效保护，内部董事在内部治理中占据主导地位，外部治理力量较弱，一切公司的稳定为前提，注重精神激励，追求长期利益。

1. 德日公司的内部治理结构的特点

法人之间相互持股是德日公司股权结构最为基本的特征。日本公司在这个方面表现得尤其突出。日本法律不允许控股集团的出现，对法人相互持股则不设任何限制，故企业间交叉持股现象较为普遍。事实上，在日本，实业公司拥有日本全部上市公司股票的比例超过1/4。

德国和日本公司在表决权方面的特点为高度集中，实行多元投票权和限制最大投票权制度，与英美体系中的同股同权或一股一票截然不同。私人投资者持有的股票占很少一部分，私人投资者和其他投资团体如政府、保险公司等均把股票的投票权委托给银行代理行使。这样，在股东大会上，最有权威的主体是银行，也是真正行使权力的机构。因此，德国和日本的公司很少召开股东大会，即使召开股东大会，也很难看出公司的实际决策是如何做出的。此外，德国和日本的公司还有很多非正式的公司治理机制代替股东大会发挥作用。德国和日本的证券市场不发达，个人股东在公司治理中难有作为。

德日公司的董事会功能与英美公司有着明显的差异。在德国，双层董事会制度非常流行，即在公司内设立执行董事会和监督董事会，监督董事会主要行使监督职能，它是在股东代表和员工代表共同决定的基础上构建起来的，这里的股东代表主要是指银行代表和具有特殊技能的专家。内部董事是日本董事会的主要组成力量，董事会的核心职能是负责公司的战略经营。董事会成员分为代表董事和一般董事，分别包括主要银行派出的董事和企业的高、中层经理人员。在紧密银企关系和法人交叉持股基础上形成的会社组织是日本公司的内部治理结构的特点。德国和日本企业的董事会并不是股东真正行使监控权力的机构，董事会的运作不是根据代表董事的数量实施控制的，董事并不是作为股东的代表而存在。

2. 德日公司的外部治理结构的特点

与英美公司相比，德日公司的股东监控机制较为积极主动。具体的运作方式在一般情况下股东并不直接参与公司控制和监督，而是通过一个能依赖的中介组织或股东当中有行使股东权力的人或组织来代替他们控制和监督公司的经营行为。当经理的工作不能令股东们满意时，可以直接"用脚投票"，对经理人员进行惩罚或者撤换经理人员。由于政策限制较为严格，德国和日本的资本市场极不发达，产权交易不频繁，直接融资较为困难，德国和日本公司主要通过向银行借款来扩大生产规模，这种融资方式在第二次世界大战后一直占主导地位。同时由于交叉持股现象普遍，其股权结构相当复杂，难以通过资本市场收购到足够份额的股票，因此，德国和日本公司极少被恶意接管。

三、亚洲的家族治理模式

家族企业广泛分布在东亚的很多国家和地区，包括韩国、新加坡、马来西亚、印度尼西亚、泰国、菲律宾等国家和中国的香港、台湾地区，企业所处成长环境的差异不可避免地也反映在其治理模式上，因此各国的家族治理模式既有共性，也存在一定的差异，具体表现如下：

第一，东亚各国的家族企业的所有权与经营权主要掌握在家族成员手中。当企业创办者以及子女、家族其他成员及其子女以及其他亲朋好友等拥有企业所有权绝对的份额时，企业的控制权与经营权自然就掌握在了家族成员手中，而当家族企业为了企业发展不得不向外让出部分所有权时，企业所有权呈现出多元化的特点，但家族成员一般不会丧失对企业的控制权，除了所有权，企业的主要经营管理权也被家族成员牢牢把握着。

第二，家长制决策特征明显。在家族企业中，由于所有权与控制权高度集中，创业者往往处于主导地位，大多数情况下他们就是家族的家长。在企业中，家长万能的集权管治非常明显，具有支配地位的个人或持股家族可以独自作出重大决定，范围涉及公司经营管理的方方面面，如新企业的创办、新业务的开展、人事任免、决定接班人等，董事会成员的任命几乎完全掌握在控制公司的家族手中，在这些决策中中小股东的利益容易受到威胁。另外，由于企业创办者对于企业的创办和发展起到了功不可没的领导作用，他们往往理所当然地担任了家族的家长。即使这些家长已经隐退，不再参与企业的具体经营管理工作，仍然能够间接影响企业实际管理者的决策行为。

第三，经营者往往受到来自家族利益和亲情的双重激励和约束。对于第一代家族创业者而言，企业作为他们一手打拼出来的成果，他们往往非常渴望成功，希望有所作为，企业发展壮大之后，他们就像对待自己的孩子一样珍惜自己的企业，并期望能够基业长青。而对于第二代、第三代经营者来说，他们继承父辈们留下的产业，本身也面临着一定的压力，如何在促进企业持续发展的同时维持亲密的家族关系，把家族的产业和名声发扬光大是对他们的经营行为进行激励和约束的主要机制。因此，与非家族企业经营者相比，家族企业经营过程中发生道德风险和机会主义的概率较低，家族股权与血缘关系纽带对他们起到了双重约束作用。

第四，在深受儒家文化影响的韩国和东南亚国家，本土家族企业对员工管理会体现出非常明显的家庭化倾向，主要表现在企业管理理念家庭化、员工管理方式家庭化、企业氛围家庭化等几个方面。因此，家族企业内部往往凝聚力高，氛围较为和谐融洽。

第五，来自银行和资本市场的外部监督较弱。家族企业在发展壮大的过程中常常会遇到资金短缺的难题。家族企业建立之初，创业者本人或亲朋好友的积蓄是资金的主要来源，剩下的则来自别的投资者或银行贷款。由于实力强大，大多数家族企业内部就开设有银行，银行只是其企业体系的组成部分，这样一来，与家族其他系列企业一样，内部银行只是实现家族利益的工具，因此，银行为家族的整体利益以及家族内的其他系列企业服务就变成了理所当然的事情。所以，属于家族的银行很难对同属于家族的系列企业起到真正的约束，基本上是一种表面上的软约束。为了获得企业发展所需的资金，部分没有涉足银行业的家族企业一般都采取由自身所属的系列企业之间相互担保的形式向银行融资，这也大大削弱了银行对家族企业的监督力度。

第六，在东亚家族企业的发展过程中，家族企业与政府之间存在着密切的联系，其中，东南亚华人家族企业最为典型，这与华人家族企业为了逃避政府设置的种种障碍以及民族歧视等有着直接的关系，他们认为只有与土著居民或政府官僚相结合，华人家族企业才能更好地生存和发展。而在韩国，政府作为经济发展的主导力量，企业为了取得政府的支持，都会非常重视与政府建立密切的联系。

公司治理专栏 2

从方太看中国家族治理

　　方太公司是一个典型的家族所有企业。其创始人、现任公司董事长茅理翔，早年是教书先生。改革开放后，他率先投入商品经济大潮。

图片来源: www.fotile.com.

　　1985~1995年，十年创业，单打独拼，茅理翔靠着自己的智慧和毅力把一个濒临倒闭的镇办工厂发展成世界最大的点火枪生产基地。1996年，公司已初具规模，一方面，政策环境改善，私有经济社会地位得到法律确认，有利于企业明晰产权；另一方面，发展压力加大，点火枪产品市场困于恶性竞争，生产厂家竞相压价，市场混乱，利润空间严重缩水。

　　在此背景下，茅理翔携独子茅忠群创建方太公司，正式明晰家族企业产权，并放弃原主产品点火枪，主攻抽油烟机，很快打开市场。现在，方太已成为中国厨房领域的著名品牌，在厨房电器、集成厨房技术与产品的研究、开发、生产与销售等领域都颇有建树，更成功进入全球厨房市场，是中国厨卫电器制造的龙头企业之一。

　　如今茅理翔已淡出公司管理，将公司悉数交由其子打理。自己周游世界、著书讲学，成为国内家族企业发展研究的专家，在宣讲自己学说的同时也为方太做了很好的推广。

　　在股权结构和内部管理方面，方太采取了两极的方式，茅理翔将其解读为："坚持家族所有，淡化家族经营，为家族企业嫁接现代企业制度。"

　　首先，从股权结构上看，方太公司100%为家族所有。茅理翔育有一子一女，其女儿目前拥有14%的公司股权，但仅作为股东享受股东收益，与公司管理事务无关。其余股权为茅氏夫妻和儿子所有。儿子茅忠群为公司总经理，钦定接班人。一方面，方太的股权是绝对家族集中、家族控制，董事长、总经理、财务总监（董事长夫人）掌控企业的人财物、产供销决策大权；另一方面，除此三人外，公司领导层和管理层，不再允许任何茅氏及姻亲家族内的人士进入，而全部通过招聘从外部引进。公司组织机构为事业部制，完全按照股份有限公司的管理模式运行，各主要事业部长，包括总经理助理均由外聘人士担任，其中绝大多数管理人员都曾有过在合资企业和国有企业相关的任职经历。

其次，在子继父业这个家族企业十分敏感的继承问题上，方太的做法同样是相当的传统和独特。在方太公司成立之初，茅理翔即把儿子推上总经理的位置用心培养，自己则置于辅佐地位，而且在实际管理过程中绝非让儿子当木偶，自己幕后遥控，而是真正赋予并尊重儿子的决策权。

一个典型的事例是，接受儿子的建议更改公司名字。方太公司原名"飞翔"，这个名字承载了茅理翔创业的艰辛，也隐含着他和女儿的名字，具有纪念意义。但儿子一上来就认为，一个富有创意又同时能与商标合一的新名字，会比原有的名字对企业发展更有利。茅理翔听后，忍痛割爱，于是"方太"诞生了；再如转产抽油烟机是儿子决定的，请香港著名烹饪节目主持人方太（方任莉莎）做广告也是儿子提出来的，茅理翔起初坚决不同意，认为风险太大，但儿子用科学的市场分析说话，在痛苦思索之后父亲决定放手让儿子去尝试，结果成功了。

在继承权方面，茅理翔有他独特的见解。他认为，既然继承人有得天独厚的继承机会，就应该让他尽早尝试、锻炼。若儿子是人才，他等于尽早培训了自己，拥有了施展才华的空间；若不是，及早发现，换人就是，这是家族企业的优势所在。

试想，一个20多岁的毛头小伙子，如果不是处于继承人的地位，是不可能得到继承人资格的。当处于平等竞争条件时，老到、经验无疑会使其他资深管理层人士捷足先登，即便创业者认定一位年轻人才华过人，也会由于得不到管理层的认可和拥戴，而不能使其有效开展工作。

但作为所有者之一的继承人，则可以因产权关系而轻易越过这一障碍，但其中存在的问题是在评判继承人的继承资格时，如何能够坚守公正，不被亲情左右。在这个问题上，提供另一面最佳例证的是金庸先生，他因为家族内没有合适的接班人，便潇洒放手，将一手创建并陪伴自己近半个世纪的明报集团转让，而后颐养天年。

在研究了多年家族企业的经营之道后，茅理翔给出了自己对家族制的结论：

第一，民营企业创业初期，必然要依靠家族制，绝大多数的民营企业靠血缘、地缘、学缘而共同创业；第二，发展到一定阶段，必须淡化家族制，不淡化就无法建立现代企业制度，也无法引进高层次人才；第三，按中国目前民营企业的情况，要彻底否定家族制还不太可能。

资料来源：佚名.从方太看中国家庭企业治理结构 [N].经济参考报，2007-01-30.

第三节 内部治理机制

一、内部治理的缘起

1932 年，美国著名法学家伯利和米恩斯合作发表了《现代公司与私有财产》一书，该书对公司治理理论影响深远。书中提到通过作者对美国纽约证券交易所上市的 200 家公司的实证调查，得出一个重要结论，即美国公司的经营权已经在很大程度上脱离了所有权，与之相对应出现的新问题便是代理成本问题。

所有权与经营权的分离必然产生代理成本问题——原因是所有者与管理者（所有者的代理人）之间利益最大化目标存在着很大程度的背离。正是这种背离使得所有者额外支付一些成本——对管理者进行监督的成本。

可以说，代理成本问题是所有权与经营权相分离的衍生品，故公司内部治理自诞生伊始便关注如何减少这一成本。减少这一成本最便捷、有效的方法便是将所有权与经营权合二为一，主要是通过公司管理层收购所有权的方式。这种方式的优势在家族企业中得以显现，Anderson 等对标准普尔 500 指数选取的上市公司进行了实证分析，发现由家族控制的公司（家族企业）其业绩较之普通公司的表现更为出色。

而所有权与经营权合二为一的缺点是其直接摒弃了现代公司的根本特征，重新回到现代公司产生之前的历史起点——传统公司。传统公司存在着种种困境，如融资困境（现代公司通过分散股权获取资金，而传统公司不愿分散股权）、继承困境（现代公司采用职业经理人制度，职业经理人往往比创始人或其子孙具有更强的经营才能）。现代公司的所有权与经营权相分离，使得专业化和集中管理成为可能，这一制度安排为那些不具备经营管理的专业技能但有投资愿望的投资者提供了参与投资公司的机会。公司实行有限责任，降低了投资者进行投资的风险，但大公司在拥有众多投资者的情况下，每个投资者都亲自参与公司的经营管理不太可能，投资者必须让渡其经营权以实现自己的利益最大化。可以说，所有权与经营权的分离保证了现代公司的持久生命力。

所以，上述所有权与经营权合二为一解决代理成本问题的治理方式不适合现代股份公司，特别是对于上市公司而言，公司所有权与经营权的分离已经成为必然，这种分离也是上市公司赖以生存的基础。

二、内部治理的内容

现代公司制度造成了所有权与经营权的分离，这种分离使得代理成本不可避免地存在。代理成本中最为重要的部分是公司股东对于代理人的监督成本。公司股东对代理人的监督成本主要包括两个方面：一是委托人（股东）需要建立激励机制，以最大限度地调动代理人（董事会和管理层）的积极性，使委托人与代理人目标一致；二是委托人需要建立监督机制，以防止代理人道德风险问题的发生，限制代理人与委托人目标的偏离。经济学家厉以宁指出，"在很大程度上，公司内部治理是公司投资者采取措施防止其权利被管理者剥夺的一套机制"。

换言之，公司内部治理所要解决的核心问题乃是监督制衡，即所有者对经营者的监督制衡，从而实现股东利益的最大化。

公司权力配置中最为重要的一项权利便是公司的经营决策权。经营决策权掌握在谁手中产生了两种配置模式：一是"股东大会中心主义"；二是"董事会中心主义"。

第一，从"股东大会中心主义"到"董事会中心主义"。如上所述，所有权和经营权的分离是现代股份公司制度的根本特征。尽管实现了所有权与经营权分离，但传统公司法理论仍然认为公司的最高权力机关和运行的核心机关是股东大会，股东大会可以决定公司的一切事务，包括公司的经营管理事务，公司设立的董事会只是股东大会的执行者。这种将股东大会的权力看作至高无上、董事会完全听命于股东大会的权力配置被人们称为"股东大会中心主义"。"股东大会中心主义"的典型代表是日本，如在1899年日本颁布的《商法》中规定：股东大会有权任命公司董事、监事；有权审议批准公司决算预算；有权决定公司利益分配；有权对公司的经营权进行支配，并对经营权进行监督；股东大会对法定事项之外的任何事项也有决定权。可以说，日本将股东大会设置为一个可以直接干预董事会的万能机构。

与"股东大会中心主义"权力配置相对应的配置模式便是"董事会中心主义"。"董事会中心主义"强调董事会是公司治理结构的核心，公司的重大经营决策权由董事会掌握，股东大会沦为次要地位，股东大会只拥有法律和公司章程规定的几项基本权力，如修改公司章程、变更公司组织形式。除此之外，公司的所有事务都是由公司董事会来决定，股东大会不得干预董事会的决定。"董事会中心主义"的典型代表是美国，如《美国公司法》规定"董事会可以行使公司的所有权力，董事会也可将权力进行授权；公司必须在董事会的指导下进行的日常事务的经营管理"。

"董事会中心主义"的权力配置模式已为发达国家所广泛采用。大陆法系国家的公司也采用此模式，可以说，从"股东大会中心主义"到"董事会中心主义"权力配置的转变成为历史的必然。如日本，在1899年颁布的《商法》中采取典型的"股东大会中心主义"，而在1950年的《商法》修改中，转而采用"董事会中心主义"，将原来由股东大会决定的事项交由董事会决定。大陆法系的代表国家德国在1937年的《股份公司法》中也摒弃了"股东大会中心主义"的权力配置模式，规定"股东大会只对法律和章程中所规定的事项有决定权，与业务经营相关的事项，由董事会决定。

实现从"股东大会中心主义"到"董事会中心主义"权力配置的转变并非偶然。经济合作与发展组织在《公司治理原则》中对这一现象给予解释：公司的股东包括个人和机构，他们在利益、目标、投资能力等方面存在差异；商业进程的发展需要公司管理层迅速做出决定；基于高速运转的市场环境使得公司事务复杂多变，公司股东很难胜任管理公司事务的能力；故此，制定公司策略、管理日常事务等权力须从股东手中转移至公司董事会手中。此外，在公司治理发展的进程中需要考虑利益相关者的利益，而要求仅以投资为目的的股东在决议时考虑到利益相关者较为困难；尽管董事由股东大会选任，但董事会在其成立后将是一个相对独立的机关，董事会能够从整体利益、从大局出发，独立地为公司和全体股东的利益服务，而不是单纯地、片面地对其提名的股东负责。

第二，我国《公司法》中经营决策权的配置。目前，我国《公司法》依然采取"股东大会中心主义"的权力配置模式。例如，《公司法》关于股东大会职权的规定并未将有限责任公司和股份有限公司加以明显区分，股份有限公司和有限责任公司股东大会职权的法定内容同为十项，股东大会的职权包括：决定公司的经营方针和投资计划；选举和更换非由职工代表担任的董事、监事，决定有关董事、监事的报酬事项；审议批准董事会的报告；审议批准监事会或者监事的报告；审议批准公司的年度财务预算方案、决算方案；审议批准公司的利润分配方案和弥补亏损方案；对公司增加或者减少注册资本做出决议；对发行公司债券做出决议；对公司合并、分立、解散、清算或者变更公司形式做出决议；修改公司章程。

此外，《公司法》还允许章程规定其他职权。而股份公司董事会的职权，也未和有限责任公司加以区别，从其职能来看，亦是主要负责由股东大会批准的事项。

我国《公司法》选择"股东大会中心主义"的权利配置模式的原因在于：我国将对财产所有者的利益保护放在首位是长期的传统意识。我国改革开放的社会实践，贯穿了国家要全力保护公有财产及私有财产合法利益的理念，各项法律制度的设计都要适应这一普适性的社会价值，故《公司法》规定"股东大会中心主义"的公司治理结构符合这种认识状况。将股东大会作为公司经营决策的最高机构，在我国改革开放的初期，具有积极的意义。

但是，随着我国加快推进市场经济，特别是对于上市公司等大型资合性公司而言，若不加区仍和那些封闭的小型人合性有限责任公司采用同样的公司治理结构，将限制我国上市公司的进一步发展。可以说，我国《公司法》奉行的"股东大会中心主义"存在着以下弊端：其一，我国加入世界贸易组织后面对日益复杂、瞬息万变的市场竞争，需要公司的经营决策能够快速做出反应，而依靠非常设性的股东大会予以应对显然无法满足需要。其二，上市公司的股东在经营管理大型公司上欠缺经验，随着公司经营活动的扩大化、复杂化，由股东亲自经营更显力不从心。其三，股东大会中心主义使得董事会走向两个极端，要么只是股东大会决议的执行机关无法发挥其积极性，要么在控股股东的庇护下使得董事会的权利行使不受限制，从而出现"内部人控制"现象。

由此可见，我国《公司法》应进行相应修改，将目前采取的"股东大会中心主义"权力配置模式转向为"董事会中心主义"，从而让董事会成为经营管理的决策机关，决定公司经营管理事项。

第三，对经营决策权的制衡。从"股东大会中心主义"过渡到"董事会中心主义"，并非意味着赋予董事会不受约束的经营决策权。"董事会中心主义"在强调董事会享有经营决策权的同时，亦需强化对董事会的权力制衡。我国《公司法》在对董事会的权力进行制衡的制度设计，主要包括两个层面：一是强化股东对董事会的制约；二是强化监事会对董事会的制约。

从股东对董事会的制约看。我国《公司法》中股东对董事会的制约主要体现在股东可以选择或解除董事，同时若董事违反信赖义务，股东可以提起诉讼。要保证股东对董事会的制约和监督能有效行使，必须增加公司信息透明度、保证信息披露。在世界范围内，公司内部治理的焦点主要是强化信息披露。国际公司治理组织制定的《全球公司治理原则》将"披露与透明化"作为公司治理中的首要问题。国际公司治理组织要求公司应当定期披露公司的重大信息，使得投资者在购买股票以及出售股票时能够根据该信息做出正确的决定。信息披露的范围，包括公司经营状况、工作目标、公司潜在风险、公司利益相关者、集团公司中各公司的关系、大股东的信息、特别表决权、重大相互持股与相互担保关系以及不同表决权和关联交易信息等。经济合作与发展组织在《公司治理原则》中也同样强调信息披露的重要性，并将其作为与股东权利同等重要的问题来进行处理。经济合作与发展组织要求公司披露的信息包括公司财务状况、公司业绩状况等重要信息以及公司运营结果、公司目标、主要股份持有情况和表决权情况、董事会具体成员和公司高管的薪酬、董事会成员信息等。

我国《公司法》中针对上市公司的信息披露已做出相关规定，并且中国证监会这些年通过努力，使得上市公司的信息披露取得很大进步。但是对于非上市公司以外的普通股份公司，《公司法》第九十七、九十八条仅要求："股份公司应当将公司章程、股东名册、公司债券存根、股东大会会议记录、董事会会议记录、监事会会议记录、财务会计报告置备于本公司。股东有权查阅公司章程、股东名册、公司债券存根、股东大会会议记录、董事会会议决议、监事会会议决议、财务会计报告，对公司的经营提出建议或者质询。"可见，《公司法》并未要求董事会主动、及时、准确披露信息，因此，难以保证对董事会进行有效的监管。为此，在对《公司法》再次修改时，应要求非上市股份有限公司的董事会主动披露重大信息，充分保证公司运营的透明度是非常有必要的。

从监事会对董事会的制约来看，监事会是股东大会领导下的公司常设监察机构，执行监督职能。监事会与董事会并立，独立地行使对董事会、总经理、高级职员及整个公司管理的监督权。为保证监事会和监事的独立性，监事不得兼任董事和经理。监事会对股东大会负责，对公司的经营管理进行全面的监督，包括调查和审查公司的业务状况，检查各种财务情况，并向股东大会或董事会提供报告，对公司各级干部的行为实行监督，并对领导干部的任免提出建议，对公司的计划、决策及其实施进行监督等。

公司治理专栏 3

万福生科财务造假案中的内部治理原因分析

1. 案例始末

万福生科前身为 2003 年 5 月 8 日成立的湖南省桃源县湘鲁万福有限责任公司，经过一系列的增资扩股与公司制度改革，万福生科于 2011 年 9 月 27 日在深圳证券交易所创业板挂牌上市。

图片来源：www.wanfushk.com

公司经营范围包括生产、销售高麦芽糖浆、麦芽糊精、淀粉、淀粉糖、糖果、豆奶粉、大米蛋白粉、油脂、食用植物油；收购、仓储、销售粮食加工、销售大米、饲料；生产销售稻壳活性炭、畜牧养殖加工，属于农业生产类企业。

2012 年 9 月 14 日，万福生科收到中国证监会的"立案稽查通知书"。

2013 年 3 月 2 日，万福生科披露《关于重大披露及股票复牌公告》，公司经过自查对外公告称，2008~2011 年累计虚增收入 7.4 亿元左右，虚增营业利润 1.8 亿元左右，虚增净利润 1.6 亿元左右。

2013 年 4 月，中磊会计师事务所对万福生科出具保留意见的审计报告。

2013 年 5 月 10 日，证监会对万福生科欺诈上市一案作出了行政处罚。

2. 造假案发生的内部治理原因

（1）股权过于集中。股权结构是影响公司治理的重要内部因素。一般而言，股权结构的分散可能出现内部管理人控制公司的局面，产生经营者与所有者之间的委托代理问题；而股权的过于集中将产生大股东控制企业的情形，大股东为了追求个人利益，有时将违背企业的整体利益，甚至不惜损害中小股东的利益。万福生科作为一个由民营企业家创办而成的民营公司，带有较为严重的家族控制色彩，其创始人龚永福（董事长）夫妇总共持有万福生科 59.98% 的股份，为万福生科第一大股东，对公司具有绝对控制地位。深圳盛桥投资管理有限公司作为第二大股东，持股比例只有 4.78%，与第一大股东的持股比例相差较大，无法对第一大股东形成有效的制衡。创始人一股独大的情形使得公众公司成为控制股东的私有公司，这不仅会损害股东大会决策的民主性与有效性，也无法发挥现代公司股东大会对公司治理效应，因而对第一大股东龚永福夫妇的造假行为无法形成有效制约。同时股权过于集中的另一个负面效应是董事会的"私有化"。根据《公司法》规定，董事会人员的聘任由股东大会决定，而万福生科的董事长由第一大股东龚永福担任，其配偶任执行董事，股东大会与董事会的"私有化"为龚永福进行财务造假开通了"绿色通道"，如 2012 年 8 月 18 日公司第一届董事会第十六次会议审议通过了《关于接受控股股东财务资助的关联交易的议案》，公司控股股东、董事长龚永福向公司提供 300 万元财务资助，期限为 1 年，利率为 6%。

（2）独立董事监督作用有限。实务中一般要求独立董事人员具备利益的独立与专业的胜任能力，对公司的重大事项发表合理、客观的意见。独立董事作为中小股东在企业的代言人，是防止企业进行违法经营的重要防火墙。从万福生科披露的年报中可以发现，其董事会成员有9人，独立董事3人，符合《公司法》中关于董事会人数结构的要求。然而从其以往的履职报告中可以发现，3位独立董事基本上没有实现独立董事制度应有的治理效果。在万福生科造假被揭露之前，独立董事对企业内控制度、审计事务所的聘任以及年度财务报告等基本事项都发表了无保留意见。这种严重不称职现象与独立董事自身的知识背景、独立性具有较大的关联性。根据万福生科年报资料显示，独立董事中具有财务专业背景的只有邹丽娟一人，同时她也是中准会计师事务所的合伙人。由于事务所之间存在较大的业务往来，这种聘请会计师事务所合伙人担任独立董事的做法是否合理，本身存在一定的争议。

（3）内部审计缺失。目前企业内部审计机构设置存在多种模式，主要有以下几种：①内审机构隶属于财会部门；②隶属于总经理和财务副总经理；③隶属于监事会；④隶属于董事会；⑤在董事会下设审计委员会，审计机构隶属于审计委员会。从万福生科公布的《内部控制有效性的自我评价报告》中可以发现，万福生科采取第五种模式，在董事会下设审计委员会，审计部直接隶属于审计委员会，公司审计部在其直接领导下依法独立对公司内部各部门的财务收支、生产经营活动进行审计、核查，对经济效益的真实性、合规性作出有效合理评价，并对公司内部管理体系以及内部控制制度的建立与执行情况进行监督检查。这种模式的审计机构设置在实际中具有一定的合理性也有一定的局限性。当董事会多元化时，由于审计部门直接向审计委员会负责，可以提升审计部门对其他部门审计活动的独立性与权威性。当公司领导个人权威较高以及独立董事没有履行应有的职责时，审计机构受董事会干预的风险也较高，审计机构较难发挥完善的监督管理作用。万福生科由第一大股东龚永福兼任董事长，董事会9人中有1人（杨荣华）为龚永福的配偶，2人（蒋建初、肖德祥）为龚永福以前的同事，龚永福的相关利益者占董事会席位比例达50%以上，这使得董事会变成龚永福私人议事机构，隶属于董事会的审计机构自然不能对董事长授意的造假活动起到应有的监督作用。从万福生科长达5年的造假历程可以发现，万福生科内部审计机构的监督作用非常有限，审计人员没有起到应有的防错揭弊作用。

（4）监事会构成不合理。根据《公司法》的相关规定，监事会成员中应当有不少于1/3的员工代表，董事、高级管理人员不得兼任监事。然而从万福生科公布的资料中可以发现，万福生科监事会人员缺乏必要的独立性与合理性，监事会成员有 3 人，其中 2 人为龚永福以前的同事或客户，只有 1 人来自独立的中介机构，没有职工代表。这种缺乏独立性的监事会必然不能发挥应有的监督作用。

资料来源：黄文凤. 公司内部治理视角下万福生科造假案例评析 [J]. 新会计，2013（13）.

第四节　外部治理机制

企业价值不仅受到自身禀赋及内部治理机制的影响，而且受到企业所在地区的社会和经济层面制度框架所构成的外部治理环境的影响。事实上，外部治理机制是一系列的制度安排，作为一种制度安排，外部治理机制的有效性与企业内部治理机制是相互联系的，并且内部治理机制内嵌于外部机制之中。公司外部治理机制有很多渠道，综合来看主要分为市场机制、行政机制和社会机制。

一、公司治理的市场机制

公司外部治理的市场机制是指公司控制权市场和职业经理人市场。其中，公司控制权市场包括收购和接管，形成对公司高管人员的有效约束。

最早提出公司控制权概念的是伯利和米恩斯。在关于两权分离企业的描述中，遵从了早期企业理论的思路，将剩余索取权等同于所有权，控制权被看作与所有权相对的概念，即实际影响剩余分配的权力，也就等同于经营者掌握的管理权。曼尼在 1965 年第一次较为系统地阐述了公司控制权市场理论，他认为，公司控制权市场是以兼并、收购等形式表现出来，是以获取公司控制权为目的的市场。

公司控制权市场中，争夺控制权是不同的管理团队通过争夺控股权或股东的委托表决权以期获得对董事会的控制权，进而达到更换管理层或修改公司战略的行为。又因为这种接管往往是外部力量介入的结果，所以又经常被称为"外部接管市场"。首先，从微观层面上讲，通过公司控制权市场可以形成对违背股东利益的管理者进行淘汰的持续性外部威胁。这种外部威胁在美英模式的公司治理体制中发挥着非常重要的作用。从财务管理理论角度出发，企业应追求股东利益最大化，股价则是股东利益的最好反映。因为在一个有效的资本市场上，股票价格应当能够真实地反映公司的经营业绩。当企业经营不善、业绩下降时，其股价就下降。下降到一定程度时，企业的价值被低估，即低于其市场的正常价值，收购或接管该企业就有利可图，在资本市场上就会有人以高于市场的价格向股东公开收购股权或征集委托权。由于存在着完善、活跃的公司控制权市场，管理层时刻面临有可能被撤换的压力。因为收购兼并往往意味着改组董事会，任命新的经营者，实施新的战略，使企业脱胎换骨，重新回到利润最大化的轨道上来。作为管理层只有通过努力工作，尽可能减少在职消费，向股东证明他们确实是在尽职尽责。因此，一个运作顺畅的公司控制权市场的存在可以防止公司管理层经营低效和不良管理行为。同时，公司控制权市场的存在大大削弱了所谓的所有权与控制权的分离问题。其次，从宏观层面上讲，公司控制权市场是一国调整产业结构、改善行业结构的主要场所。从资本市场的基本功能来看，基于市场准则的收购兼并有利于资源配置的优化。从总体上看，以代理投票权竞争、收购为代表的外部公司控制权市场在公司治理中有着重要的作用，正是由于它的存在，才给管理者带来不安和威胁感，使其行为不致偏离公司利益太远，从而在一定程度上缓解了代理和经理人的道德风险问题。

中国控制权市场的发展经历了四个阶段：1990年，上海证券交易所成立，1993~1994年可以看作是中国控制权市场的起步阶段。控制权市场开始形成是在"宝延风波"之后，尽管在这一阶段控制权交易已经出现了自发性的萌芽，但是由于当时的资本市场处于建设初期，相关的法律法规尚不完善，这个阶段的控制权交易市场还未完全形成气候。1995~1999年为扩张阶段。这个阶段，上市公司的控制权转让数量大量增加，在1998年披露出来的就有70多家，到1999年增加到了84家。2000~2005年为成长阶段。随着各种规章制度的颁布，公司控制权交易的特征也发生了较为显著的变化，主要表现为：上市公司的治理结构得到较大的改善，具备行业导向性和实业背景条件的战略性并购已形成一定规模；竞争性行业的管理层收购强势起步；以民营企业、外企企业及自然人为主的多元化并购格局逐步形成，真正的实现了管理层作为股东的控制力；而政府的干预方式则由直接参与转变为间接提供制度保障。中国证监会于2005年4月发布的《关于上市公司股权分置改革试点有关问题的通知》，标志着我国股权分置改革正式启动，从此进入了第四个阶段，这个阶段和国外成熟的控制权市场的差距逐渐缩小，为控制权市场发挥治理效力奠定了基础。

二、公司治理的行政机制

公司外部治理的行政机制是指政府对发行市场和流通市场的管制。政府管制意味着政府将私人产权或产权中的一部分属性拿走，置于政府名下。政府是由不同等级的政府组织构成的，各级政府组织又是由不同级别的政府官员组成的。政府官员作为管制的直接执行者，他们可以利用手中的自由裁量权来影响政府管制的实际边界。管制越复杂，管制细节就越不可能通过事先的管制法律来规定，执行者的权限就越大。这样，名义上属于政府的管制权力往往会落入巴泽尔式的"公共领域"，引发被管制企业寻租。而被管制企业的寻租行为将激励政府官员利用管制来"设租与护租"，最终结果是进一步侵蚀投资者的私人产权。而完整意义的公司治理，必须以明晰而完整的产权为基础，否则，股东大会、董事会、经理层之间的权力配置将得不到保证，内部治理机制将难以发挥效应。政府管制侵蚀了私人产权，降低了内部治理机制的治理效应。

现阶段，上市公司治理机制中各种问题的不断暴露的根源就在于我国公司治理的行政机制的不完善，在公司上市时没有做到严格把关，没能从源头杜绝问题的产生。鉴于此，上市公司治理机制的完善和健全，必须从源头抓起，严格把关，控制好企业募股和上市的标准，不断提升相关行政管理部门的管理水平，加大监察力度，规范各级市场的正常运作，严肃处理违法违规现象。

三、公司治理的社会机制

公司治理的社会机制指作为上市公司治理的中介机构，如证券公司、律师事务所、会计事务所等的信用机制，这一机制属于信息服务与监督机制。

作为信息服务机制，信用要求相关利益主体及专业的信息咨询、信息提供机构与人员必须及时、准确、客观、真实、全面地传递和披露信息。

作为信息监督机制，信用通过信息的享用者对信息的公示、信息的持续公开的监督来促进信息提供者提高信用水平，进而增强整个经济活动的信用度。由于现代社会全方位、多层次、宽领域的开放性，信用的信息化、社会化、公开化已成必然，这样一个人（自然人、法人）在社会经济活动中的信用状况极易被社会公众知悉，从而相应地获得一种社会评价。

以上市公司的信息披露为例，首先会在公司内部形成保障信息披露真实的制约机制，其中有股东、股东会对董事、董事会制约，有董事会对经理层行为的制约，有董事会内部各董事之间以及独立董事与非独立董事之间的制约，还有监事会对董事会及经理层的制约等。与此同时，在公司外部还存在着会计师事务所对公司提供的财务报表进行审计，进而实现其对公司的制约。还存在监督机构对公司信息披露的监管。通过相互制约，从而保障最后摆在公众面前的公司所披露的信息达到及时、准确、客观、真实、完整。上述各环节、各主体之间的信息披露的制约机制实质上是信息的公开、服务与监督过程，在这一过程中，在信用制约机制得以正常运转的情况下，即如能充分、有效发挥各相关当事人的制约作用情况下，是可以防止信息披露的不真实的，上市公司在信息披露方面的信用机制也因此可以得以维护。对公司的外部监督约束来说，通常是通过信息披露监管机构的日常监督、检查及相应的制度安排，来防止或减少外部约束机构不守信用情况的发生。可见，信用的制约机制发挥作用的前提是各相关方必须切实、忠实履行自己的义务，一旦一方义务履行有瑕疵、一个环节出现问题，就可能导致整个信用制约机制的瘫痪。

为此，中介机构作为市场良性运行的重要一环，必须努力提高其监督和管理水平，秉承诚实信用的原则开展相关活动，发挥应有的作用，防范上市公司违法违规行为。

公司治理专栏 4

普华中天董事长勾结会计师事务所造假被举报

2013 年上半年，上海家化前董事长葛文耀与平安方面的矛盾浮出水面后，普华中天火速上位，挤掉了自 2010 年就开始担任上海家化会计师的安永会计师事务所。

图片来源：www.jahwa.com.cn.

2014 年 3 月，上海家化年报出炉。让外界瞩目的是，2013 年年报中，普华中天对公司内部控制出具了否定意见的审计报告，列举的头项重大缺陷即指公司与吴江市黎里沪江日用化学品厂存在的关联交易，涉及金额逾 24 亿元。

上海家化 2013 年年报可见，前任安永华明的审计报酬为 184 万元，内控审计报酬为 120 万元。而普华中天的审计报酬为 322 万元，内控审计报酬为 130 万元。对于普华中天审计费用猛涨的情况，有股东在 6 月 12 日召开的公司第三次临时股东大会上提出质疑。与此同时，接到了上海家化前任高管的联名投诉。

据媒体报道，该投诉信称：上海家化董事长谢文坚在 2013 年家化公司支付普华中天168万元会计审计费用和130万元内部控制咨询费用的基础上，又在2013年11月底至12月底公司接到上海市证监局监管整改措施通知书后，擅自并独自做出决定聘请该事务所为家化做审计和内控的同一批人（以张津为首）来做此次整改项目的咨询，而且事先没有通过上海家化董事会审计委员会，也没有签订任何合同，所有公司内部审批和交易流程都是违规后补的，此项目共花费109万元人民币。

投诉信还表示，为感谢张津帮助自己免费设计董事长个人长期激励方案、帮助找人做自己的税务顾问，谢文坚还于2013年4月决定将标的额451.9万元人民币的家化供应链优化咨询项目给普华永道（张津是牵线搭桥人），给出"该服务收费不影响注册会计师的审计独立性"的意见，但是遭到王茁的率先坚决反对而暂时作罢。

报道同时透露，投诉信表示，因已得和将得之好处而对谢文坚投桃报李的普华合伙人张津，根据谢文坚的授意，罔顾准则和事实，完全丧失独立性、公正性和专业性，炮制出一个对上海家化联合股份有限公司内部控制进行否定的审计报告，严重夸大了上海家化在内部控制问题上的微小瑕疵，全面否定了上海家化在内部控制方面的成绩和成果。最后谢文坚又拿该审计报告大做文章，以所谓有媒体负面报道使公司遭受损失这一荒唐而牵强的理由解聘了王茁先生的总经理及董事职务，还辞退了王茁先生，违法解除了公司与王茁先生签订的无固定期限劳动合同（王茁先生已经在上海家化工作了20余年），并且恶意剥夺了王茁先生所享有的市值近1000元人民币的股权激励。就此，其开创了中国资本市场中因总经理反对董事长个人的胡作非为，而遭董事长蓄意打击报复的闻所未闻的恶劣先例。

资料来源：作者根据多方资料整理而成。

第五节　经营者的激励与约束

激励和约束机制的通俗说法是奖励与惩罚机制，这是对于参与者预先设定的一个标准执行与处理方法。激励与约束是有机结合在一起的，相互促进的，它们在企业中是完整和统一的形式。一方面，在企业经营和管理中，激励机制可以通过运用各种管理资源去激发参与者的工作动力，以此来实现组织目标的管理活动；另一方面，约束机制是在企业经营和管理中，通过运用各种管理资源制约参与者做出偏离组织目标行为的管理活动。可以看出，激励与约束是相互制约与促进的，没有激励会导致工作中的无动力，而没有制约又会导致工作中的随意性，它们必须相互影响和作用才能取得最佳的效果。

一、经营者的激励

总体来看，对经营者激励的方式大致可以分为物质性激励与非物质性激励，具体如下：物质性激励可以是来自薪资、福利或股权方面。非物质激励可以是来自带薪休假、职业发展和工作培训方面，也可以是来自荣誉与情感方式方面，或是来自企业文化方面的激励。

第一，完善薪酬保障体系。很多企业根据效益的好坏，来评定管理层和员工层的工资标准。这种薪酬方式不利于提高企业上下的积极性，使经营者陷入被动不利的局面。因此要建立科学的薪酬保障体系，可以建立现代化的年薪制度。它主要针对目前企业经营者激励与约束机制的漏洞而建立的，是斩断激励机制弊端的一把利剑。在实行年薪制的过程中，要注意以下两个问题：一方面，要将经营者的职权、利益和贡献有机结合。在企业面临重创的情况下，经营者肩负起企业的生存与发展的重大使命，对扭转企业发展的局势起到重要的作用。因此，要在薪酬保障上给予经营者更多的优惠政策，从而使薪酬标准与其所做的贡献成正比，充分肯定经营者创造的价值。与普通员工同酬或略高，必然会降低创造的积极性。另一方面，年薪制度要兼顾企业的发展水平，薪酬标准要适度。在提升经营者薪酬水平的同时，还要考虑企业实际的运行情况，不能脱离实际任意调整薪酬的标准。比如要考虑各种不可预见的因素和客观条件，要联系企业以往的运行经验，对存在的问题进行思考和总结。薪酬作为激励机制的重要方面，既要体现效益为先的原则，还要区别对待不同的工作量与难度，保证经营者的收入合理合法。

第二，加大经营者持股优势。扩大经营者的持股数量，会在很大程度上解决企业内部纠纷，缓解所有者与经营者之间的冲突，是一种切实可行的长效激励机制。通过对经营者的股份制激励，可以明确经营者的身份和职能，迅速实现激励的目的。首先，要清楚加大持股的目的，它是为了充分实现经营者的管理才能，留住高素质的人才而进行的。其次，要制定合理的持股比例与方式。好的持股方式会激发经营者的动力，使其有一个可靠的物质保障做支持，还要科学分配股票的持有数量，增强激励的效果。比如，国家财政部明文规定：企业经营者持股比例不得超过总数的25%，不能低于总数的20%。再次，企业经营者购买股票的资金也需要格外关注。在一定的环境下，经营者的固定资产有限，不能有效利用手头的资金进行购股。对此，银行方面可以加大信贷投入力度，经营者可以利用抵押的方式，进行分期付款，从而实现购股的目的，使激励机制进一步得到完善。

第三，开展股票期权制度。股票期权指经营者在有效时间里，按照既定价格购买股票的方式。和以上提到的两种激励措施相比，其优势更加明显。一方面，建立股票期权制度可以有效减少企业流动的资金，既可以避免资金的浪费，还可以调节税收，实现资源的合理配置；另一方面，薪酬制度比较注重企业的短期利益，对经营者的激励还不全面，而股票期权制度具有持久、稳定的特点，可以源源不断地为经营者提供激励保障。此外，在我国市场经济不断发展变化的今天，很多经营者希望拥有足够的股票认购权，作为一项切实的保障。开展经营者的股票期权制度，进一步深化了激励机制，从而提高企业的综合运营能力，使企业在市场竞争中立于不败之地。

第四，建立科学的非物质激励机制。在现代社会，企业员工的需求结构呈现明显的多元化趋势，既注重物质利益的实现又追求精神需要的充分满足。企业单用物质激励不一定能起作用，必须把物质激励和非物质激励结合起来才能真正地调动广大员工的积极性。美国管理学家皮特就曾指出，"重赏会带来副作用，因为高额的奖金会使大家彼此封锁消息，影响工作的正常开展，整个社会的风气就不会正"。尤其对于已经具有很高收入的经营者来说更是如此。所以我们还应积极探索建立科学的非物质激励机制，全面满足经营者的精神需要，形成更强大、更持久的激励力。

二、经营者的约束

约束的方式大致可以按照内部约束和外部约束来划分。内部约束是指通过企业内部的规章制度、组织机构，甚至是合同等来进行约束。外部约束是指通过法律、道德、市场甚至是媒体来进行约束。

第一，股东对经理人的股权约束。改进股东大会上的权力配置机制，发挥中小股东监督约束经营者的作用。在股东大会上推行以下表决制度对经理人股权约束是有效的：在选举董事时采用累积表决的权力配置方式；在议决涉及不同类别股东利益的重大事项时，采用双重表决的权力配置方式。所谓双重表决，就是公司的某项决议只有在得到出席股东大会的多数股权持有者同意和各类别股东中多数股权持有者同意时才能通过。

第二，完善独立董事制度。鉴于当前独立董事制度存在的弊端，需要进一步完善独立董事制度，主要可以采取以下措施：首先，要改变董事长兼总经理的制度安排，因为两职一人担任时，独立董事是很难约束经营者的；其次，要建立独立董事的任期考评和奖励制度，通过一套考评办法对任期内独立董事的贡献进行考核评价；最后，要进一步完善独立董事工作规范。不仅要明确独立董事的权限，而且要明确其责任。对独立董事参与企业治理的工作要提出规范化的要求，强化独立董事的制度约束，授予监事独立监督权。授予监事独立监督权有利于强化对经营者的日常监督，监事的独立监督权应包括业务执行的监督权、会计核查权、对经营者违规行为的制止权和人事弹劾权。

第三，强化监事会的监督约束功能。首先，适当增加监事会人数，把利益相关者引入监事会的同时，规范监事会的工作制度。监事会工作规范中应明确规定，董事和经理有义务定期向监事会报告公司的重大经营方针、决策和自己的工作情况，监事会有权审查或委托专家核查公司账簿，监事会要制定切实可行的考核标准、程序和方法，定期对公司经营情况进行检查。其次，完善国务院外派监事会制度，强化外派监事会的监督约束功能。实践证明，由国务院外派到国有企业的监事会比企业内部的监事会独立性大得多，其监督作用更明显。

第四，法律约束。市场经济的实质是法治经济，要依靠法律来构建经营者活动的外部框架，并辅之以一定的政府监管的经济体系。从我国的现状来看，强化企业经营者法律约束的主要措施包括：完善公司法，增加有关规范企业内部各利益主体的条款，即不仅要对企业的地位和行为做出明确的法律规定，而且要对企业内部包括经营者在内的各利益主体的地位和行为也做出明确的法律规范；健全体现人力资本约束的专门法律，制定职业经理人法，对职业经理人的地位及责、权、利等做出明确的法律规定等；加强出资人财产保护立法，对侵犯出资人财产的行为，依法严惩不贷。

第五，人才市场的约束。建立经营者人才市场，就是要建立以经营者人才市场供求平衡机制为基础，以公正、公开、公平竞争和双向选择为基本原则，以利益导向机制为价值取向的市场调节机制。一个竞争充分的经营者人才市场对经营者的激励约束是强有力的，它改变了行政任命的企业经营者任职机制，使企业经营者的任命市场化；它能够降低企业内部的代理成本问题，一方面可以促使经营者努力工作，保持自身良好声誉；另一方面可以刺激经营者不断学习，提高自己的人力资本价值，以获得更高回报。

第六，资本市场的约束。资本市场可以及时反映企业经营结果的市场评价。例如股票市场，若股票价格下降，一些股票持有者就会转让手中的股票，这有可能导致此企业被其他企业接管，对公司经营者形成压力，带来约束。

【章末案例】

王先生的困惑

HD 公司的全称是 HD 实业有限公司，始创于 1998 年 9 月，注册资金 50 万元，经营范围包括：不锈钢管材、板材，阀门及配件，化工管材配件及设备等。公司位于江西省赣州工业园，地理位置优越，交通运输方便。公司现有员工 468 人，高级管理人员 22 人，高级工程师 42 人，大专以上文化 160 人，中专以上文化 226 人。如表 9-1 所示，从 2003 年开始一直到 2010 年，HD 公司的职员数量不断增加，职员的文化素质大幅上升，突出表现为具有大专以上文化的职员占公司职员总数的比例越来越大。受公司规模变动等因素的影响，2011 年，HD 公司的职员总数大幅减少，公司规模也大幅缩小。

表 9-1　HD 公司职员增长变化情况

单位：人

	2003 年	2004 年	2005 年	2006 年	2007 年	2008 年	2009 年	2010 年	2011 年
具有大专文凭以上人数	66	79	150	198	223	230	256	280	224
具有中专文凭以上人数	110	122	100	200	229	280	305	350	226
公司职员总数	190	210	280	423	512	540	560	840	468

公司本着"以人为本，服务发展"的管理理念，大力推动科学管理，公司的资产不断增加，从图 9-1 中的数据可以看出 2007~2011 年 HD 公司的利润变化的基本情况，2007~2009 年，公司的净利润由 53 万元增加到 182 万元。受家族成员离职的影响，2010~2011 年，HD 公司的资产由 134 万元减少到 63 万元。公司目前的规划是：利用自己的实力与基础，以钢管深加工为主，瞄准国内迅猛发展的新能源市场，研发新产品，开拓新领域，在未来的 5~10 年把公司发展成为管材产业的领头羊。目前，公司独立研发的高端无缝钢管产品，质量好，性能稳定，符合国际、国内标准。

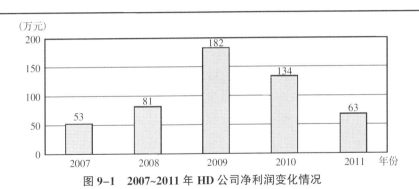

图 9-1　2007~2011 年 HD 公司净利润变化情况

　　1981 年，HD 公司的创始人王先生，凭借自己勤劳好学的品质，来到江西赣州，加入不锈钢管材的生产销售行业。最初，他是一家小型的不锈钢企业的车间技术工人，经过多年的打拼，王先生根据自己对市场动态的敏锐分析，毅然决定独自创业，这一决定也得到了其妻子吕女士的支持，于是夫妻俩将多年的积蓄全部投入自己创办的企业。随着事业的发展，王先生也将自己的家属和亲戚请到公司，共谋发展，在长达十多年的合作中，公司积累了雄厚的资产，王先生到南昌谋求更大的发展，将公司交与妻子吕女士的弟弟帮助打理，随后王先生却发现公司财务管理混乱，但其妻弟又无法解释，极大地影响了他们之间的关系。2007 年 1 月，其妻子吕女士的弟弟在未做任何移交的情况下自动离职，同年 3 月，吕女士弟弟又单独组建赣州 HY 不锈钢物资材料有限公司，经营产品范围包括不锈钢材料及阀门、化工材料等业务。2010 年 10 月，王先生的女婿杨先生对 HD 公司的人力资源管理制度非常不满意，在完成与 HD 公司正常移交后，离开 HD 公司自行创业创建 QC 实业有限公司，主要从事市政工程项目建设。毫无疑问，这些大大削弱了 HD 公司的市场竞争力。

　　让王先生十分困惑的是，他对公司治理现状不满意。HD 公司目前拥有 3000 万元注册资本，56 位管理人员，取得国家装修二级资质，通过 ISO9000 质量认证，是赣州市最具有发展潜力的私营企业。HD 公司用 15 年的时间顺利完成从创业到守业的过渡，企业家族成员拥有公司 100% 的控股权，公司的总体框架是由总经理、各职能部门及其下属项目部门构成，总部共 15 人，在总部人员编制中，公司的家族成员共有 9 人，集中在材料、财务与预决算部门，其余都为基层管理人员。公司的管理结构与扁平型组织类似，管理幅度较大，管理层次较小，目前 HD 公司的领导层由总经理、财务总监、技术总监组成，其收入包括固定工资与利润提成两部分，职工福利与公司绩效挂钩。如图 9-2

所示，公司的利润提成有一个 50 万元保值点和 100 万元期望点，这既能保证公司运作成本不超过公司的承受能力，又能有效提高管理层的积极性，公司先要提走 50 万元，是为保证资产保值增值，将 50 万元作为利润提成的分层点，超过 50 万元的部分表示公司当期的业绩，超过越多，公司业绩越好，治理绩效也越高，将 100 万元作为另一个临界点，说明公司的发展期望值非常高，如果当月公司没有盈利，那么领导层也就没有利润提成，各部门为得到更多的福利，就必须认真贯彻执行公司的政策，为提高公司的绩效作贡献。通过分析，王先生认为公司治理存在如下问题：

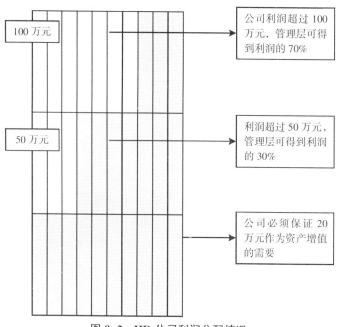

图 9-2　HD 公司利润分配情况

1. 产权问题

HD 公司在创办初期，需要投入大量的资金，而资金来源主要依靠王先生与妻子吕女士多年的积蓄，两个人在奋斗的道路上都怀着共同的信念，彼此信任，再加上他们之间的亲缘关系，不愿意清晰明确地进行公司财产分割。公司日益壮大之后，王先生又觉得更不必在公司内部清楚地界定产权，这就为日后家族成员之间发生产权纠纷埋下隐患。

HD 公司属于典型的产权结构单一的家族企业，其特征是公司的所有权与经营权合二为一且高度集中。在创立初期，所有权与经营权合一为公司减少了经营管理成本，极大地促进了公司经济的发展与公司的迅速成长。一方面，经济增长与公司规模扩张引起公司资金需求旺盛；另一方面，公司资金主要来源于所有者的积累，这就造成公司规模扩张与资金不足之间的矛盾。如何实现公司产权的合理分配，解除当前公司在财务、人才、利益分配等方面的困境，就成为目前公司迫切需要解决的问题。HD 公司的产权就只属于王先生及妻子吕女士，其他人没有产权，这种单一的产权结构使公司的上层领导及其家族成员要承担很大的风险，公司的领导层在面临这种风险时，更倾向于采取保守策略，限制公司规模扩张，而尽量避免改革的局面，这就使公司在市场竞争中缺乏竞争力，阻碍公司的发展。

2. 股权问题

在 HD 公司中，股权结构很不合理，高度集中在王先生与妻子吕女士手中，王先生和吕女士作为共同的出资者，又同是一个家族的内部成员，理应拥有公司的股权，但是，在 HD 公司中，其他金融机构，如基金与养老保险等分散型投资机构，所持股份在其股权结构中的比率很低，而且公司的所有者十分看重公司的绝对控股权，不愿意采取控制权分散的股权融资形式。股权结构单一现象的产生具有深刻历史根源，在我国，大部分的家族企业都处在企业发展的初期或者中期，很少有家族企业已经建立完善的现代家族企业制度。这些企业刚刚完成所有权与经营权的"第一棒"交接，新的领导层继续沿用原有的"家长制"的股权结构，要么只有一个绝对的控股股东，该股东掌握公司绝对的控制权；要么拥有一个相对较大的控股股东，同时还有其他股东，但是绝对控股权依然掌握在家族成员手中。股权结构单一对我国中小型家族企业产生的危害很大，我国的中小型家族企业逐渐形成单一性、集中性和封闭性的模式，直接导致企业的决策权、执行权与监督权三权合一，企业在形式上是有股东大会、董事会和经理层，却没有实质性的意义，家族企业中不能建立有效的监督与约束机制，不可避免地会导致随意专断的决策出现，这更加不利于企业的健康发展。

3. 缺乏科学的财务管理观念和健全的人才引进机制

在 HD 公司中，王先生比较忽视财务管理的重要性。公司财务部门不要求设置会计报表，日常财务运作均由王先生一人拍板。这与公司的创业历史有很大关系，王先生是凭借个人的独特眼光和吃苦耐劳的精神，实现了资本的原始积累，创立 HD 公司，因此，在公司规划未来时，更多考虑的是怎样完成好生产与销售的任务。至于财务这一方面，托付给妻子吕女士弟弟负责打理，节约运作成本，但这也为日后家庭成员离职埋下隐患。家庭内部缺乏专业的财务管理知识和理念，难以有效理清财务关系和业务，导致财务管理混乱。随着经济全球化的推进与市场经济的完善，公司规模的进一步扩大，公司面临的内外部环境都不一样，公司还是习惯原有的管理模式，还停留在原有的财务管理水平上，认为财务管理的价值只是应付现金管理，实现财务收支平衡的目的，这说明公司从上到下都缺乏正确的财务管理意识的指导，没有建立自己的财务管理体系。

另外，HD公司在财务决策方面大多是依靠王先生的个人智慧，对财会人员的要求只停留在记账、算账与报账这一层面，年轻的财会人员缺乏锻炼机会与实践经验，因此财务会计人员的财务管理水平都比较低，大都对《会计基础工作规范》等相关法律不够了解，法治观念淡薄，缺乏自我约束，经常变更伪造会计凭证和账簿，蒙混过关。在我国的中小型家族企业中，缺乏健全的人才引进机制，不少财会人员没有会计从业资格证，非法上岗，这往往导致企业会计行为随意性大，财务工作不规范，财务管理一片混乱。有的财会人员为避免花费太多精力，不愿意建账；又担心按章纳税，也不敢建账；缺乏专业知识，不能建账。于是时常发生银行与税务部门什么时候需要，企业就什么时候补账现象。财会人员多提费用、乱调成本、瞒报收入，人为制造"厂长成本"、"经理利润"的现象，屡见不鲜，既不利于企业管理效率的提高，又不利于企业财务职能的发挥。

4. 利益分配问题

从HD公司的整个发展过程来看，家族成员是公司核心领导层的重要组成部分，公司的创始人王先生及妻子吕女士为公司的成立提供全部启动资金。随着公司的成长，家族成员之间的关系出现了一些变化。2003~2006年，因吕女士弟弟不能在财务资金的使用情况上作出详细说明，破坏了吕女士弟弟与王先生之间的团结，造成公司的财务纠纷。王先生于2006年把公司的现金流动管理工作交给杨先生负责，进一步激化了王先生与吕女士弟弟之间的矛盾，最终使吕女士弟弟于2007年1月在未向公司做任何职务移交的情况下离开公司，同年3月自行组建赣州HY不锈钢物资材料有限公司，从事不锈钢材料及阀门、化工材料业务。这对公司造成了巨大的打击，恶化了公司经营环境。

资料来源：作者根据江西理工大学MBA本土案例整理而成，应作者要求，本书省去公司具体名称。

【本章小结】

现代化公司有两个显著特征，一是股权结构的分散化，二是所有权和控制权的分离，由此产生了两个利益主体的分割问题，因此引起了两种权利与两种利益的竞争和冲突。于是，如何治理公司逐渐成为现代公司管理的焦点与核心。本章首先介绍了公司治理的产生、内涵及构成，其次介绍了外国的几种典型的公司治理模式，然后分别从公司的内部治理机制和外部治理机制两方面内容详细讲解了公司治理缘起、内容，最后针对公司治理中存在的问题提出对经营者的激励与约束措施，激励与约束是有机结合在一起的，相互促进的，它们在企业中是完整和统一的形式。

【问题思考】

1. 公司治理的内涵及构成是什么？

2. 不同的治理模式有哪些异同？

3. 内部治理机制与外部治理机制的关系是什么？

4. 如何做好经营者的激励与约束？

【参考文献】

［1］何福英. 产权与竞争：对经营者激励的思考［J］. 吉林工商学院学报，2013（3）.

［2］刘常国. 刍议不同公司治理模式下的股权激励效应［J］. 财经界，2014（8）.

［3］贾英. 大型国有企业内部治理缺陷与对策分析——以鲁能集团为例［J］. 财经界（学术版），2013（19）.

［4］黄文凤. 公司内部治理视角下的万福生科造假案例剖析［J］. 新会计，2013（10）.

［5］柴美群. 公司治理模式再造研究——以信息对称为视角［J］. 技术经济与管理研究，2014（3）.

［6］刘晓霞，马建兵. 公司治理内涵的反思与层次性解构［J］. 甘肃社会科学，2012（1）.

［7］王海清. 公司治理内涵探析［J］. 商业经济，2012（17）.

［8］韩东京. 公司治理视角下上市公司并购模式的选择［J］. 会计之友，2013（30）.

［9］马连福，石晓飞，王丽丽. 公司治理有效性与治理模式创新——第七届

公司治理国际研讨会综述 [J]. 南开管理评论，2013 (6).

[10] 张亚男，孙璐，杨彩. 国有企业经营者激励机制分析 [J]. 合作经济与科技，2014 (5).

[11] 彭景. 国有企业外部治理机制及其完善 [J]. 人民论坛，2012 (35).

[12] 田楠，傅燕冰，白云生. 公司治理结构国外模式的特点及启示 [J]. 中国核工业，2013 (5).

[13] 吴学品，常晶晶. 基于多层统计模型的公司外部治理环境研究 [J]. 浙江树人大学学报（人文社会科学版），2014 (1).

[14] 董潇丽. 基于公司外部治理的中小股东权益保护体系构建 [J]. 财会通讯，2013 (20).

[15] 顾林，方海珍. 基于行业特征的公司治理结构研究——以建筑企业为例 [J]. 管理观察，2013 (34).

[16] 张伟. 论公司内部治理的路径 [J]. 哈尔滨师范大学社会科学学报，2014 (1).

[17] 陆云芝. 内部治理视角下对担保内部控制失效问题的探究——以南京医药为例 [J]. 广西财经学院学报，2013 (4).

[18] 周子元，付禹铭. 企业经营者激励与约束问题研究 [J]. 中国管理信息化，2014 (8).

[19] 邹晓勇. 浅论公司治理的内涵及其理论基础 [J]. 企业改革与管理，2014(4).

[20] 杨光. 浅析公司治理模式 [J]. 市场周刊（理论研究），2013 (10).

[21] 王凤彬. 领导者与现代企业组织 [M]. 北京：经济管理出版社，1997.